스타트업 커뮤니티 웨이

창업 생태계의 진화

스타트업
커뮤니티 웨이

창업 생태계의 진화

THE STARTUP
COMMUNITY WAY

브래드 펠드 이언 해서웨이 지음

이정원 옮김 전정환 해제

커뮤니티는
성공과 그 성
장은 자원을 다
게 활용하면서
얻는다. 성공
다는 부와 무
은 기업가정신
정에 매우 중

전문적인 비즈니스, 산
업, 그리고 기업가정신
에 특화된 미디어 제공
자들뿐만 아니라 전통
적인 뉴스 미디어들까
지도 국가, 지역, 세계
의 스타트업 커뮤니티
에 대한 정보를 흐르게
하는 역할을 하고 있다.
오늘날 이러한 조직들
은 대부분 온라인이며
기사와 팟캐스트와 동
영상을 통해 스타트업
커뮤니티의 동향에 관
한 필수적인 정보를 제
공한다.

본 또는 '신뢰 네트워크'는 개인들을 집단으로 묶어주
규범과 가치에 기반을 둔 관계에 뿌리를 두고 있고,
더 효과적으로 협력할 수 있게 한다. 신뢰 네트워크
진행되고 모호하며 진화 중인 상태에서 높은 성
하는 복잡계에서 중요하다. 특수부대, 현대의 항
피언십 스포츠, 초성장 스타트업 모두 성공적
거두려면 신뢰와 공유된 목적의식에 기반을
가 필요하다.

번창하는 스타트업 커뮤니티에는 충분한 수의 창업
자가 필요하다. 여기에는 경험이 많은 창업자 또는
연쇄 창업자, 이제 막 시작한 초심자 또
는 경험이 없는 창업자, 창업의 꿈을 품
고 있는 예비 창업자, 초기 창업자, 심
지어 활동을 중단한 창업자도 포함된
다. 확장 가능한 비즈니스 모델을
적용해 사회 문제를 해결하려는
사회적 기업가도 있다.

스타트업 커뮤니티에서 자주 나오는 불평은
"자본이 부족하다"라는 것이다. 이 자본은 보
통 재무적 자본을 가리킨다. 좀 더 구체적으
로는 엔젤 투자자와 벤처 투자자
들의 투자금이다. 안타깝게도
좁고 제한적인 관점인데 왜냐
하면 단순히 재무적 자본 발
고도 스타트업 커뮤니티에
의미 있는 영향을 미치는
다른 자산이 많이 있기 때문
이다.

지방 정부는 스타트업 커뮤니티에서 영향력 있
는 역할을 한다. 규제 및 세금 정책은 고급 인재
양성만큼이나 영향력이 클 수 있다. 지역의 정책
입안자들은 창업 활동의 조유자 자산 조
달에 좀 더 적극적으로 참여할
가능성이 크다. 여기
에는 인큐베이터 비
용 지원 등의, 연건과
학습 촉진, 시민들의
지발적인 활동 지원,
스타트업과 창업자 장
려 등이 포함된다.

제이커넥트
J-Connect

7년 전 우리나라 스타트업 생태계를 어떻게 하면 활성화할 수 있을까 고민하던 당시 만난 책이 브래드 펠드의 『스타트업 커뮤니티』였다. 이 책을 통해서 여러 가지 영감을 얻었고 이후 스타트업얼라이언스를 운영하는 데도 도움을 많이 얻었다. 그런데 그 책을 개선해 확장한 후속편이 나왔다니 더욱 반갑다. 혁신적인 스타트업 생태계를 각자의 위치에서 만들고자 고민하는 분들에게 이 책을 권한다.

-임정욱, TBT 공동대표

많은 스타트업들과 함께 일하면서 창업자들이 갖는 상호신뢰와 연대감, 그리고 뭔가 가치 있는 것을 추구하고 있다는 공유된 믿음이 건강한 스타트업 생태계를 지탱하고 있다는 점을 느끼게 되었다. 이 책은 스타트업 커뮤니티라는 개념을 통해 이런 과정과 현상을 명료하게 설명한다. 여러 지역에서 스타트업 커뮤니티가 탄생하도록 애쓰고 있는 이들에게 다시금 찬사와 응원을 보낸다.

-김도현, 스타트업얼라이언스 이사장

우리의 미래는 두 가지에 달려 있다. 서울을 중심으로 한 수도권 지역이 글로벌 스타트업 생태계 허브가 되는 것. 다른 하나는 춘천, 제주, 광주, 부산 등 지역 거점의 스타트업 생태계를 활성화하는 것. 이 책은 지역 스타트업 생태계 활성화에 대한 구체적이고 실천적인 길을 제시하고 있다.

-석종훈, 퓨처플레이 파트너·전 청와대 중소벤처비서관

우리나라에 '벤처'라는 개념이 도입된 지 40년이 다 되어가지만 창업 생태계라는 표현이 등장한 것은 불과 10년도 되지 않았고 스타트업 커뮤니티라는 말은 여전히 생소하다. 투자 규모와 투자 수익률 외에 핵심 단어가 없던 국내 현실에서 스타트업 문화와 커뮤니티를 만들고 나아가 지역 창업 생태계를 만드는 데 투자하고 있는 사람으로서 콜로라도 볼더를 포함한 전 세계의 사례를 보는 것만으로도 가슴이 뛴다. 이 책이 국내 각 지역의 창업 생태계에 불을 지펴주기를 바란다.

-양경준, 크립톤 대표

스타트업과 유니콘이 낯설지 않은 시대, 우리 지역의 스타트업 커뮤니티 활성화를 꿈꾸는 이들에게 영감과 공감을 주는 책이다. 스타트업 불모지에서 커뮤니티를 키워낸 경험이 있는 저자와 번역서를 해제하고 옮긴 이들의 진정성이 느껴진다. 이들의 한 목소리, "세상에 똑같은 스타트업 커뮤니티는 하나도 없다."

-최성진, 코리아스타트업포럼 대표

기존 산업 생태계와 스타트업 생태계의 접점을 찾는 방법을 고민하는 시점에 스타트업 커뮤니티의 일원으로 직접 참여하는 것이 성공 가능성을 높일 수 있음을 깨닫게 한 책이다. 또한 단순 협업 혹은 지원 모델이 아니라 #먼저주기#GiveFirst의 철학으로 신뢰의 네트워크 구축이 우선되어야 함을 다시금 돌아보게 한다. 스타트업 커뮤니티의 존재 이유가 창업자의 성공을 위함이라는 단순화. 잊지 말자.

-고은숙, 제주관광공사 사장·전 제일기획 옴니채널비즈니스본부장

지역은 저마다의 장점과 한계를 갖고 있다. 장점과 한계는 스타트업 커뮤니티에서 극대화되고 극복된다. 중심에는 #먼저주기가 존재한다. #먼저주기의 실천은 곧 스타트업 커뮤니티의 경험이 되고, 경험은 선순환의 원동력이 된다. 모든 지역에 스타트업 커뮤니티와 #먼저주기가 필요한 이유다.

-이재승, 카카오 제주협력 이사

우주산업을 하는 저에게 이 책을 읽으면서 가장 먼저 생각난 것은 프랑스 국립우주연구소CNES의 툴루즈 우주센터인 B612였다. 인구 50만의 도시인 툴루즈는 정부, 지자체, 기업, 대학이 하나의 커뮤니티로 상호연결성을 가지고 세계적인 항공우주산업 도시를 만들어 내었다. 창업 생태계에 있어서 커뮤니티의 활성화와 시스템의 중요성을 담고 있는 이 책의 일독을 강하게 권하고 싶다.

-이성희, 컨텍 대표

지역 커뮤니티가 스타트업 생태계를 만드는 좋은 동력이라는 인식이 보편화되고 있다. 제주맥주를 설립하는 데 많은 영감을 준 브루클린 브루어리도 지역 커뮤니티를 기반으로 새로운 경제 생태계를 만들었으며, 제주맥주도 제주창조경제혁신센터가 만들어가는 스타트업 커뮤니티와 함께 성장하고 있다. 책에서 언급된 스타트업 커뮤니티 원칙은 지역 커뮤니티를 자신들만의 스타트업 커뮤니티로 확장하는 방법을 안내해주고 있기에 많은 경영자들에게 좋은 나침반이 되어준다. 스타트업 커뮤니티를 만들어가며 새로운 시각이 필요한 사람들에게 이 책을 추천한다.

-문혁기, 제주맥주 창립자·CEO

한 아이를 키우기 위해선 온 마을이 필요하다는 아프리카 속담이 있다. 이처럼 스타트업도 육성되기 위해선 온 지역의 모든 주체의 힘이 필요하다. 그러기 위해 조금이라도 서로가 의지가 되고 지지자가 되는 제주스타트업협회라는 커뮤니티를 만든 지도 벌써 4년이 지나고 있다. 지역의 스타트업 커뮤니티는 어떻게 해야 할 것인지, 제주스타트업협회는 어떻게 해야 할 것인지, 그리고 어떤 원칙이 필요한지 다행히도 이 책을 통해 다시 되돌아보는 시간을 가졌다. 대가 없는 #먼저주기. 커뮤니티에서 우리가 먼저 그렇게 선순환을 이뤄내야 한다. 그래야만 이후에 지역은 아이러니하게도 그 대가를 얻을 수 있다.

-남성준, 다자요 대표·제주스타트업협회 회장

인력이 없는 지역에서 비즈니스를 한다는 것은 창업이 아니라 '창조'다. 스타트업 커뮤니티는 고독한 창조자를 위한 한 줄기의 빛이다. 불확실성을 담보로 위험과 실패에 뛰어든 고독한 창조자들은 용감한 선동자들이 함께 싸워주길 바란다. 지속가능한 스타트업 생태계를 위한 '선동'을 꿈꾼다면 이 책에서 지혜를 얻길 바란다.

-김하원, 해녀의부엌 대표

캐치잇플레이는 2016년 제주에서 창업하였다. 지금까지 40억 이상의 투자유치 성공, 150만 이상의 누적 다운로드와 교육 카테고리 매출 1위와 인기 1위, TIPS 성공 판정, 삼성 C-LAB OutSide 선정이라는 성과를 달성하였다. 이런 성과들은 지역 창업 생태계와 커뮤니티의 도움 없이는 불가능했을 것이다.

-최원규, 캐치잇플레이 대표

2018년 컬럼비아 주최 카카오컨퍼런스에서 만난 독일인 바이어는 농민들에게 카카오콩을 가장 싸게 사 오는 방법을 나에게 코치하듯 알려주었다. 그때 그에게 "난 내가 하는 비즈니스를 우리 아이들이 이어서 100년 가는 기업으로 일구고 싶습니다. 단기간의 이익을 내기 위해 하는 협상보다는 오랜 시간 함께 가고 싶은 협상을 하고 싶습니다"라고 말했다. 이 책은 제주의 시골에서 시작한 작은 사업가도 세상을 변화시킬 큰 꿈을 가질 수 있다는 희망을 주는 책이다.

-김정아, 카카오패밀리 대표

일러두기

본문의 각주는 별도의 표기가 없다면 옮긴이가 쓴 것이고,
미주는 모두 저자가 쓴 것입니다.

스타트업 커뮤니티 웨이는 모든 지역에 적용 가능하다

이정원, 제주창조경제혁신센터 사업전략팀장

어떻게 인구 10만 명의 중소 도시 볼더는
스타트업의 도시가 됐는가?

미국 중서부에 있는 콜로라도주의 볼더는 주변 권역을 포함해 인구 33만 명이 사는 중소 도시다. 2017년 기준으로 미국 내 국내총생산 GDP은 상위 18위이고 1인당 국내총생산은 7만 달러로 상위 11위이다. 이러한 수치가 놀라운 것은 석유나 천연가스 또는 거대 산업의 도움 없이 일구어낸 것이기 때문이다. 해발 고도 1,600미터 로키산맥 산기슭에 있는 인구 10만 명의 작은 대학 타운에서 테크 분야 창업이 중심이 돼 이루어낸 놀라운 성과다. 미국 경제 전문지 『블룸버그』의 조사에 따르면 콜로라도 볼더 지역은 2016년 이래로 미국 내에서 인구수 대비 과학, 기술, 엔지니어링, 수학 분야 인재와 일자리 비율을 종합한 지수에서 줄곧 1위를 차지하고 있다.

콜로라도는 남북으로 로키산맥이 관통하고 있는데 과거 금과 석탄 등 지하자원을 채굴하는 광산업이 활발했던 곳이다. 볼더는 골

드러시* 시기에 채굴자들에게 장비를 공급하던 여러 도시 중 하나로 시작됐다. 일찍부터 교육과 연구 분야에 관심을 가지고 콜로라도 주립대학교와 두 개의 과학기술 분야 연방 연구소를 적극적으로 유치했다.

또한 볼더는 자연경관 보존을 중점으로 하는 정책을 펼치고 있다. 1950년대부터 산 경관을 지키기 위해 법으로 개발을 제한해왔다. 1967년부터는 도시 주변의 녹지공간을 매입하기 위해 0.4퍼센트의 판매세를 거두어 곳곳에 공원을 조성했고 자연을 파괴하지 않도록 주요 도로를 우회해서 만들었다. 신규 주택 건설은 매년 2퍼센트로 제한하고 있다. 부동산 가격도 덴버와 같은 주변 대도시보다 비싸다. 팽창 반대 정책을 기조로 하고 있어서 토지 이용에 매우 보수적인 규제를 적용하고 있다. 그러다 보니 기업 활동을 할 수 있는 공간도 많지 않다.

볼더에는 스타트업 커뮤니티를 활성화한 먼저주기의 문화가 있다

그럼에도 많은 창업자가 볼더에서 창업하거나 머무르려 한다. 자연환경이 잘 보존돼 있어 살기 좋고 아름다운 곳이면서 동시에 먼저 베푼다는 의미의 '먼저주기Give First'로 상징되는 스타트업 커뮤니티 문화가 있기 때문이다. 먼저주기란 기업가정신을 가지고 있는 사람이 반대급부를 전혀 기대하지 않고 다른 사람을 돕는 것을 뜻한다. 자선의 의미가 아니라 경험 많은 창업자들이 먼저 경험한

---

* 19세기 미국에서 금광이 발견된 지역으로 사람들이 몰려든 현상. 1848~1849년 캘리포니아주에서 금이 발견되면서 시작됐다. 1858~1878년 콜로라도에서 일어났다.

것에서 오는 통찰을 기반으로 다른 초기 창업자들이 여러 도전을 헤쳐나갈 수 있게 돕는다는 의미에서 시작됐다.

기업가정신으로 대가를 바라지 않으며
다른 사람들을 돕는다

브래드 펠드는 1995년 테크 분야에서 엑시트한 창업가다. 그는 초기 단계 스타트업의 투자자로 활동을 시작했을 때 아름다운 자연환경에 반해 볼더에 잠시 머무르게 됐고 6개월 후에는 아예 정착했다. 당시만 해도 볼더에는 창업자도 투자자도 많지 않았다. 다만, 볼더는 거주민의 30퍼센트가 학생과 교직원이고 연구소를 중심으로 박사학위 소지자들도 많아 독립적으로 사고하며 지적으로 호기심이 큰 사람들이 많다는 특징이 있었다.

그는 도시에 새로 유입되는 인재들에게는 언제든지 함께할 수 있는 네트워크를 연결해주었다. 그가 투자한 곳이 아니더라도 도움을 요청하는 창업자들에게는 항상 응답하고 지원했고 기업가정신으로 대가를 바라지 않으며 다른 사람들을 돕는 먼저주기를 시작하고 일상에서 보여주었다.

그의 실천은 이곳 문화의 하나가 돼 새로운 사람들을 지역으로 끌어모았다. 그리고 이 생태계에서 성장한 사람들은 일상에서 계속 그 가치를 실현하는 선순환 확장을 만들었다. 볼더에서 시작된 이 문화는 저자의 전작인 『스타트업 커뮤니티』에서 소개된 볼더 명제의 근간을 이루고 있다. 볼더 명제는 크게 네 가지 원칙을 담고 있다. 첫째, 기업가가 스타트업 커뮤니티를 이끌어야 한다. 둘째, 커뮤니티 리더의 장기적인 헌신이 필요하다. 셋째, 참여하고자 하는 사람은 모두 포용해야 한다. 넷째, 전체 창업가들을 참여시키는 활동을 지속해서 진행해야 한다.

먼저주기는 콜로라도 창업 생태계를 규정짓는 가장 특징적인 문화다. 이러한 문화는 커뮤니티를 지지하고 강하게 만들며 지속되고 있다. 초기 스타트업의 성장을 돕는 액셀러레이터인 테크스타의 설립과 함께 제도적으로 정착됐다.

테크스타는 브래드 펠드가 연쇄 창업자이자 투자자인 데이비드 코헨David Cohen과 함께 2006년 콜로라도 볼더에 설립했다. 2019년 기준으로 1,600개의 스타트업을 배출했는데 이들의 기업가치는 180억 달러에 이른다. 미국 내 보스턴, 시애틀, 뉴욕, 오스틴으로 확대됐으며 해외 지역과 22개의 액셀러레이팅 프로그램을 운영하고 있다. 테크스타는 지속적으로 먼저주기 문화를 추구하고 있다. 이는 테크스타의 행동 지침Techstar Code of Conduct에도 잘 나타나 있다.

테크스타의 행동 지침이란 세상에서 선한 영향력을 발휘하고 먼저주기를 모토로 하는 전체 테크스타 네트워크의 일원으로서 어떤 것을 해야 하고 어떤 것을 하지 말아야 하는지를 알려주는 가이드라인이다. '먼저주기We Give First' '진정성을 갖고 행동하기We Act with Integrity' '다른 사람에 대해 존경심을 갖고 대하기We Treat Others with Respect' 등 크게 3원칙을 기준으로 행동 지침을 제시한다. 먼저주기란 어떤 행동들이고 어떻게 실천할 수 있는지 살펴보면 다음과 같다.

테크스타 행동 지침

먼저주기

① 언제라도 가능하다면 다른 사람들을 돕는다. 다만 도움을 요청을 할 때는 상대방의 시간을 존중해서 명확하고 핵심적인

것을 커뮤니케이션해야 한다.

② 네트워크 내에서 온 요청에 빠르게 답한다. 테크스타 네트워크의 구성원들이 보낸 요청에 대해서는 우선으로 답하며 평일 기준 2일 이내에 답한다.

③ 선순환을 만들어간다. 어떤 대가를 기대하지 않고 커뮤니티 안에 있는 사람들에게 먼저 줌으로써 생태계를 만들어가기 위해 주도적으로 일한다.

④ 다른 사람들의 도움에 대해 감사히 여긴다. 고객, 멘토, 우리의 성공을 가능하게 만드는 함께하는 모든 사람에게 감사함을 표현한다.

⑤ "노No"라는 답변도 존중한다. 요청한 것에 대해서 "노"라는 답변을 받아도 그 결정을 존중한다.

⑥ 인재풀과 비즈니스 기회를 공유한다. 직접 채용하지는 않았지만 최종 후보에 있었던 사람들은 네트워크에서 공유한다. 좋은 비즈니스 기회들을 인지했을 때도 네트워크에서 공유한다.

볼더에서 뿌리내린 먼저주기 커뮤니티 문화는 테크스타의 확장을 통한 스타트업의 성장뿐만 아니라 스타트업의 성장에 의해 영향을 받는 지역사회와 취약 계층들을 지원하는 조직들이 생겨나는 것으로도 이어졌다. 대표적인 사례가 '콜로라도 1퍼센트의 기부Pledge 1% Colorado'라는 비영리단체의 설립이다. 이곳은 민간기업이 1퍼센트의 지분, 수익, 제품, 시간 등 어떠한 형태라도 자산의 1퍼센트를 지역사회에 환원할 수 있도록 기부를 돕고 있다. 콜로라도 볼더에서 설립돼 성장한 랠리 소프트웨어도 지분의 1퍼센트를 기부한 기업이었다. 이 기업이 상장되면서 1퍼센트의 기부는 150만 달러의 가치가

됐다. 이 비영리 조직에는 2019년 기준으로 콜로라도 전역에서 228
개 기업이 가입해 있으며 기부액은 800만 달러에 이른다.

장기적 관점을 갖고 지속가능한
스타트업 커뮤니티를 만들자

브래드 펠드는 한 지역에서 창업 생태계가 성장하기 위해서는 20년
이 필요하다고 말한다. 장기적으로 지속가능한 생태계를 위해서
는 구성원들이 상호작용할 수 있는 커뮤니티가 필요하다. 또한 커
뮤니티에는 구심점을 제공하는 문화가 뒷받침돼야 한다. 콜로라도
볼더 사례의 핵심은 경험 많은 세대가 먼저 대가 없이 커뮤니티에
자발적으로 헌신하는 정신이라는 것을 보여주고 있다.

3부 | 스타트업 커뮤니티 웨이로 진화하자

4부 │ 결론

추천 서문

한때 스타트업 커뮤니티는 비즈니스 세계에 갑자기 등장한 희귀 동물 같았던 적도 있었지만 2020년인 지금에 와서는 전혀 그렇지 않다. 이제 이 책에서 소개할 진전에 관한 수많은 흥미로운 이야기에서 보게 될 것이다. 스타트업 커뮤니티는 미국을 비롯해 전 세계 어디에서나 만들어지고 있으며 에너지가 넘치고 가능성이 충만하며 우리가 모두 원하는 미래를 만들려는 야망으로 가득 차 있다. 이것은 아주 중요한 발전이다. 한마디로 말해 경제 발전을 위해서뿐만 아니라 공정한 사회로의 발전을 위해서는 기업가들과 그들이 내는 아이디어가 필요하다는 것이다. 그러기 위한 가장 효과적인 방법이 스타트업 육성이다. 조직과 사람들로 이루어진 커뮤니티 안에서 공유가 이루어지면 스타트업들이 몇 배나 더 효과적으로 발전할 수 있다.

이 책의 저자인 브래드 펠드는 스타트업 커뮤니티들이 생겨나는 데 많은 기여를 했다. 스타트업은 저마다 고유하고 예측 불가능하고 불안정하다. 그렇다고 관리할 수 없다는 말은 아니다. 올바른 관리 방법을 갖춘다면 가능하다. 스타트업 커뮤니티도 마찬가지다. 그가 전작『스타트업 커뮤니티: 지역 창업 생태계 구축』에서 다룬 주제이기도 하다. 스타트업 커뮤니티의 (하향식이 아니라) 상향식 구조를 구축하는 데 필요한 실행방법과 원칙을 제시했다. 스타트업 커뮤니티는 층층의 통제가 아니라 신뢰 네트워크를 바탕으로 만들어진다. 따라서 과거의 공공재나 경제 발전을 다루는 방식으로는 지속될 수 없다. 스타트업 커뮤니티는 엄격하고 위계적인 법칙과 절차를 따르는 방식이 아니라 효과적인 학습을 통해 오류를 최소화하는 방법으로 의사결정을 하는 대응적이고 유연한 방식으로 접근해야만 번창한다. 스타트업 커뮤니티 구축자들은 감이나 추측에 의존해서는 안 되고 창업자들처럼 데이터를 수집해서 직접 상황을 분석해야 한다. 그래야만 다양성이 확보되고 적극적으로 참여하는 커뮤니티가 될 수 있다. 그런 커뮤니티에서는 구성원들이 서로 활력과 경험을 나누고 성공한 선배 창업자들은 장기적인 안목을 갖고 헌신적으로 이끌어간다. 혁신적인 창업자들이 사용하는 방법들처럼, 브래드는 눈에 잘 띄지 않게 숨어 있는 시스템을 구체화해서 전 세계의 지역을 혁신하고 성장시키고자 하는 사람이면 누구라도 활용할 수 있게 했다.

이제 스타트업 커뮤니티는 새로운 발전 단계로 접어들고 있다. 브래드는 다음 단계의 핵심 사안을 다루는 데 가장 적합한 사람이다. 스타트업 커뮤니티가 전통적으로 좀 더 위계적인 조직들(그들은 혁신적인 기업들과 함께 일하고는 싶어 하지만 자신들의 낡은 관행과 경영 스타일에서 벗어나지 못하고 있다)과 공존하면 어떤 일이 벌어질까(혹은 어떤 일이 벌어지지 않는가)? 그들이 서로의 강점을 존중하고 세상에 긍정적인 영향력을 끼치기 위해 함께 일하려면 어떻게 해야 할까? 이번에도 브래드는 이런 질문에 관해 변화를 이루는 방식과 도구를 명쾌하게 내놓는다. 그와 공저자 이언 해서웨이는 깊이 있는 경험과 철저하고 집약적인 연구와 분석을 합쳐 스타트업 커뮤니티가 앞으로 나아갈 길의 기본 틀을 만들었다.

　모든 혁신적인 창업자는 기존 제품을 지속해서 개선해간다. 브래드도 예외는 아니다. 이 책 『스타트업 커뮤니티 웨이』는 단순히 전작 『스타트업 커뮤니티』의 후속작이 아니다. 처음에 내놓은 생각들을 정제하고 확장한다. 이 책은 스타트업 커뮤니티와 대학, 정부(지역, 국가), 대기업, 문화, 미디어, 지역, 자금조달 등 전통적인 기관들 간의 점점 보편화되고 종종 복잡해지는 관계 그리고 상호의존성을 아우르고 있다. 스타트업 커뮤니티를 이렇게 더 큰 네트워크 시스템 안에 둠으로써 브래드와 이언은 이들 간의 상호연결성뿐만 아니라 더 큰 공동체와 사회 전반과의 연관성도 조명한다. 『스타트업 커뮤니티 웨이』는 성공적인 창업 생태계를 만들기 위해 갖추어야 하는 행위자, 요인, 조건을 각각 가까이에서 아주 상세하게 들여다 보는 동시에 더 큰 그림을 보기 위해 멀리서 조망한다. 그리고 네트워크로 연결된 스타트업 커뮤니티의 역동적인 관계에 선형적 사고를 적용하려 한다거나 사려 깊게 설정된 범위 내에서 자유롭게 작동하도록 놔두기보다 통제하려 드는 것과 같이 쉽게 저지를 수 있는 실수도 살펴본다. 공동의 목표를 이루기 위해 어떻게 협력하면 좋을지를 알려주기 위해 종종 서로 분절돼 있는 부분들을 가깝게 연결해 설명하고 있다.

　나는 브래드에게 동지애를 느낀다. 그의 저서는 기업가정신과 그 활용에 관한 나 자신의 사상이 발전해 온 과정을 반추하게 한다. 나는 『린 스타트업』에서 성공적인 스타트업을 구축하는 방법을 소개했으며 『스타트업처럼 혁신하라』에서는 전작에서 제시한 방법의 범위를 확장해 대규모 조직, 기업, 정부, 비영리 단체에 혁신 창업가적 경영방식을 적용할 수 있도록 했다. 나도 브래드와 같은 신념을 갖고 있다. 오늘날 창업가적 마인드셋은 일상적인 삶을 향상하는 것뿐만 아니라 모든 유형의 조직, 시스템, 목표, 그리고 정책을 수반하는 것들에 적용돼 세상을 미래로 나아가도록 이끌어 주는 중요한 역할을 한다.

이 책에서 브래드가 전작의 내용을 정정한 것 중에서 하나가 특히 공명이 있었다. 그는 전작에서 스타트업 커뮤니티가 '20년 관점'에서 운용돼야 한다고 말했다. 그런데 이 책에서는 '매일 오늘부터 20년 관점'으로 바꾸었다. 혁신의 작업은 끝없이 계속되는 것이다. 진정한 수확을 거두려면 장기적 사고가 중요하다. 여기에서 장기적 사고란 기업이—그리고 국가와 세계가—미래에 어떤 모습이기를 바라는지 계속해서 성실하게 포괄적으로 고려하는 것을 말한다. 우리는 기회와 자산이 공정하게 분배되고 지구 환경과 그 안에서 더불어 살아가는 모든 사람에 대한 관심이 우선시되는 미래를 원한다. 그런 미래가 정말로 실현되려면 지금까지 해온 모든 일을 넘어 이제 새로운 도전을 해야 할 때다. 이 책은 완벽히 그 출발점이 돼줄 것이다.

2020년 4월
에릭 리스, 『린 스타트업』 저자

서문

2014년에 나*는 라스베이거스 시내에 있었다. 이곳은 사람들이 라스베이거스에 있을 때 대부분 시간을 보내는 화려한 야경을 배경으로 한 호텔과 카지노가 밀집된 곳이 아니었다. 자포스의 창업자 토니 셰이Tony Hsieh의 주도로 대규모 리노베이션이 진행 중이던 오래된 상업 지구였다. 건물들이 되살아나고 있었고, 이제 라스베이거스 시내는 프리몬트 거리에서 끝나는 것이 아니었다.

그곳에선 현재 테크스타의 일부가 된 스타트업 커뮤니티 구축에 힘쓰는 비영리 단체 업글로벌UP Global의 연례 정상회의가 열리고 있었다. 나는 당시 업글로벌의 이사였고 정상회의에는 세계 70개국에서 온 500명 이상의 혁신 창업자들이 참석했다. 전 세계에서 온 창업자들은 업글로벌의 스타트업 위크엔드, 스타트업 위크, 스타트업 다이제스트 프로그램의 운영 방법을 논의했다. 또 그들은

---

* 저자 주) 이 책을 함께 쓰며 우리 두 사람 중 한 사람의 이야기를 말할 때 1인칭과 3인칭 중 어느 것을 쓸 것인지 고민이 되었다. 많은 이야기들이 브래드의 것이어서 우리는 1인칭은 브래드를 칭하고 이안은 일관되게 3인칭으로 칭하기로 했다.

스타트업 커뮤니티를 구축하고 창업과 혁신 정신을 널리 퍼뜨리는 방법을 논의하는 세션에도 참여했다.

행사장 안은 스타트업들이 뿜어내는 에너지와 열기로 뜨거웠다. 주로 영어로 대화했지만 참가자들의 보디랭귀지와 토론과 개성 있는 스타일이 한눈에도 국제 행사라는 것을 보여주었다. 전 세계의 다양한 연령대의 사람들이 모인 자리였다.

나는 스타트업 커뮤니티에 관한 몇몇 토론에 참여했고 내 책 『스타트업 커뮤니티』에도 잔뜩 사인했다. 전 세계에서 온 스타트업 커뮤니티 구축자들과 연신 미소를 지으며 쉴 새 없이 셀카도 찍었다. 날씨는 더웠고 마음은 따뜻했다.

마지막 날 저녁 연회 때는 행사의 열기가 최고조에 달했다. 하지만 나는 지난 이틀 동안의 일정으로 완전히 녹초가 돼 거대한 연회장의 한쪽 구석에 조용히 서 있었다. 그런데 갑자기 모르는 사람이 다가와서는 다 들리도록 "내 인생을 바꿔주셔서 고맙습니다!"라고 소리치더니 내 머리에 야구모자를 씌워주었다.

"내가 뭘 했는데요?"

"모자를 보세요!"

젊은 남자의 말에 모자를 벗어보니 중동 지역 스타트업 위크엔드의 것이었다. 나는 조금 뒤로 물러나 서 있는 그의 눈에 눈물이 맺히는 것을 보았다. 우리는 두 팔을 벌리고 꼭 껴안았다. 20대의 중동에서 온 젊은 남자와 40대의 미국계 유대인은 라스베이거스 시내에서 만나 껴안고 스타트업과 스타트업 커뮤니티를 두고 교감했다. 한 사람의 인생이 바뀌었다. 아니, 두 사람의 인생이 바뀌었다.

2008년 가을에 내 오랜 친구 벤 카스노차Ben Casnocha는 『아메리칸The American』에 「스타트업 타운」이라는 기사를 썼다. 맛보기로 살짝

소개한다.[1]

지난 15년 동안 볼더는 그냥 작은 히피 대학 도시에서 인상적이고 성장해가는 인터넷 창업자, 초기 단계 벤처캐피탈리스트, 블로거 집단을 자랑하는 작은 히피 대학 도시로 바뀌었다. 볼더는 어떻게 이것을 해낼 수 있었을까? 그리고 스타트업을—지역적인 차원에서 전반적인 경쟁력을—키우고 싶은 도시, 정책 입안자들, 창업자들은 볼더의 성공에서 무엇을 배울 수 있을까?

이 기사를 보았을 때, 나는 볼더에서 스타트업과 기업가정신을 중심으로 일어나고 있는 것과 관련해 갖고 있던 직감을 재확인했다. 사람들은 2007~2008년 세계 금융위기와 곧바로 이어진 대침체Great Recession*에서 벗어나는 방법으로 기업가정신에 관해 이야기하기 시작했다. 실리콘밸리, 뉴욕, 보스턴 같은 지역은 '창업 생태계'라고 불리고 있었다. 그런데 벤은 기사에서 '실리콘밸리, 뉴욕, 보스턴, 그리고 볼더'라고 했다. 그렇다. 거기에 볼더도 들어 있었다.

볼더는 실리콘밸리, 뉴욕, 보스턴과는 많이 다르다. 인구 약 10만 7,000명의 작은 도시다. 볼더를 포함한 광역 카운티의 인구는 31만 5,000명이다. 2008년 기준 인구 70만 명의 덴버(덴버를 중심으로 하는 주변 광역 인구는 290만 명)에서 자동차로 30분밖에 걸리지 않지만, 두 도시는 정체성 측면에서 완전히 서로 달랐다. 내가 1995년에 볼더로 이사한 뒤 계속 들은 농담이 두 가지 있다. 하나는 "65제곱킬로미터(25평방마일)의 볼더 밖으로 나가면 딴 세계다

---

* 2008년부터 2009년까지의 경제 침체를 말한다.

*"였다. 또 하나는 "US-36번 도로를 타고 볼더와 덴버 중간으로 가려면 비상수문과 에어락을 통과해야 한다"였다. 내 관점에서 보면 볼더의 전체 인구는 아마도 미드타운 맨해튼의 한 블록 안에 다 들어갈 것이다. 사무실 건물을 아파트로 개조한다면 말이다.

그 후 몇 년 동안 나는 창업 생태계에 관해 파악하느라 많은 시간을 보냈다. 혁신 클러스터, 국가 혁신 시스템, 혁신 네트워크, 스타트업 인큐베이터에 관해 할 수 있는 한 모든 것을 읽었다. 내가 2006년에 공동 설립한 테크스타가 처음에 보스턴에서 시작해서 시애틀과 뉴욕으로 확장되면서 스타트업 문화가 발전하는 방식에 비슷한 패턴이—긍정적인 것과 부정적인 것 둘 다—보이기 시작했다. 2011년까지 내가 '스타트업 커뮤니티'라고 부르기 시작한 새로운 구성체에 대한 관점을 정립했다. 그리고 2012년에 저서 『스타트업 커뮤니티: 지역 창업 생태계 구축』을 펴냈다.

이 책은 볼더 명제Boulder Thesis라고 부르는 개념, 즉 지속성 있고 견고한 스타트업 커뮤니티를 만드는 방법에 관한 네 가지 원칙을 중심으로 썼다. 『스타트업 커뮤니티』가 출간된 직후 카우프만재단 Kauffman Foundation에서 볼더 명제가 훌륭하게 설명된 '스타트업 동네 StartupVille'라는 짧은 동영상을 제작했다.[2] 내가 직접 볼더 명제를 설명하는 4분짜리 영상이다. 이 영상은 그 후 몇 년 동안 스타트업 커뮤니티를 주제로 한 수많은 강연에서 오프닝을 장식했다. 그리고 1년도 채 되지 않아 '스타트업 커뮤니티'는 하나의 현상을 나타내는 표현으로 자리매김했다. 최소 인구 10만 명이 넘는 도시라면

---

* 볼더의 진보적인 정치와 여유로운 라이프 스타일, 록키산맥 산기슭에 위치함으로 인해 만끽할 수 있는 놀라운 자연의 아름다움을 총체적으로 일컫는 말이다.

어디든 스타트업 커뮤니티를 만들 수 있다는 전제는 전 세계 기업가들의 가슴에 주문처럼 새겨졌다.

벤이 기사를 쓰고 불과 12년 만에 일어난 변화다. 스타트업 동네에서는 그리 긴 시간이 아니다. 만약 당신이 『스타트업 커뮤니티』를 읽었다면 볼더 명제의 두 번째 원칙이 '장기적인 관점을 취하라—최소 20년 이상'임을 알 것이다. 시간이 지나고 그것을 '장기적인 관점을 취하라—적어도 오늘부터 20년 이상'이라고 수정하게 됐다. 스타트업 커뮤니티가 지역에 얼마나 중요한지 그리고 스타트업 커뮤니티에 참여하는 모든 사람에게 장기적인 관점이 얼마나 중요한지를 강조하기 위해서다.

몇 년 전에 나는 이언과 친구가 됐다. 우리 둘은 2014년에 공동의 친구인 리처드 플로리다Richard Florida를 통해 알게 됐다. 그 후 우리는 몇 년에 걸쳐 수시로 소통하며 아이디어를 나누고 각자의 일과 집필 작업에 관해 이야기했다. 이언은 뉴욕 대학교에서 '스타트업 시티' 과목을 맡게 돼 강의 준비를 하고 있었다. 나는 그에게 스타트업 액셀러레이터의 모범사례를 보는 관점을 알려주는 것으로 강의 콘텐츠 개발을 도왔다.[3]

2016년에 이언은 새로운 도전을 준비하고 있었다. 당시 그는 낮에는 주요 테크 기업과 미디어 회사들의 자문에 응하고 밤과 주말에는 스타트업과 창업자들과 함께 일하는 방법을 고민하며 글을 쓰고 찾아보기도 했다. 그는 어떻게 하면 창업자들을 돕는 것을 중심으로 그의 일을 잘 정렬할 수 있을지 조언을 구하기 위해 나에게 연락을 해왔다. 우리는 직접 협업할 수 있는 방법을 탐색하기 시작했고, 몇 번 반복해 본 후 지금 당신이 읽고 있는 이 책을 공동 집필하기로 했다.

2016년에 이르러 기업가정신은 전 세계적인 현상으로 자리잡았다. 기업가치가 10억 달러 이상인 스타트업을 칭하는 유니콘이라는 단어는 더는 전설 속의 동물이 아니었으며 '스타트업 커뮤니티'도 널리 퍼져 있었다. 2017년 봄에 이언은 나와 본격적으로 일을 함께하기 위해 볼더로 왔다. 우리는 여러 아이디어를 내며 이리저리 궁리해보기 시작했다.

　그 시기에 미국에서는 도널드 트럼프Donald Trump가 막 대통령으로 당선됐고 영국은 유럽연합을 탈퇴하는 브렉시트의 공식 절차에 돌입했다. 그런 상황이 우리의 마음과 달리 작업을 지체시켰다. 한 발짝 뒤로 물러나 서구 사회의 역동성을 되돌아보게 된 것이다. 이언은 미국인 이방인으로 런던에서 거주하며 브렉시트를 직접 목격한 뒤 볼더에 온 지 얼마 되지 않은 터였다. 그가 미국에 도착해보니 정치적 분위기가 완전히 달라져 있었다. 무언가 크고 중요하고 불편하고 분열적인 것들이 진행되고 있었다. 우리는 그런 상황에서 『스타트업 커뮤니티』의 속편이 단순히 2012년의 내용을 수정하고 한 단계 더 발전시키는 데만 중점 두기보다 좀 더 광범위한 해결책으로 제시돼야 한다고 생각했다.

　많은 협업이 그러하듯 우리의 작업에 박차가 가해지기까지는 시간이 좀 걸렸다. 이언은 연구조사를 엄청나게 많이 했다. 방대한 양의 문헌을 읽고 지난 5년 동안 등장한 스타트업 커뮤니티의 다양한 접근법을 연구했다. 셀 수 없이 많은 전 세계의 스타트업 커뮤니티 구축자들과도 이야기를 나누었다. 그는 읽고 듣는 모든 것에 대해 항상 열린 자세로 임했는데, 여기에는 내가 주장하는 창업자를 중심에 놓는 접근법을 비판하는 저술과 아이디어도 포함됐다.[4]

　이언은 2017년 한여름에 초고를 완성했다. 물론 모든 초고가 그렇듯이 다시 써야 했다. 당시 초고는 너무 구태의연했고 현안이 된 문제들을 다루지 못했다. 이언은 좀 더 많은 사람과 이야기를 나누면서 창업자를 비롯해 스타트업 커뮤니티를 적극적으로 만드는 사람들과 그 커뮤니티에 참여하고자 하는 점점 더 늘어나는 행위자들(예를 들어 대학, 정부, 기업, 재단) 사이에는 접근법이 엄청난 차이가 있다는 사실을 깨달았다.

그러한 단절은 잘 알려져 있었는데 우리가 보기에 그건 누가 맞고 틀리다는 식으로 단순하게 설명하고 넘어갈 일이 아니었다. 그러한 논리는 적대감을 불러일으켜 의미 있는 협업을 와해하고 문제가 지속되는 원인이 되었다. 이 단순한 설명도 잘못된 것으로 드러났다. 진짜 문제는 뿌리깊은 인간의 본능인 통제 욕구와 불확실성의 회피가 합쳐진 구조적 한계에 기인한다. 그러한 고정성은 스타트업 커뮤니티에서 예측가능한 실수로 이끌고 기회를 잃어버리게 한다.

우리는 스타트업 커뮤니티의 확장과 현대화가 아니라 스타트업 커뮤니티 안에서 이루어지는 협업과 관련된 핵심적인 쟁점들을 다루어야 할 사명이 있다고 판단했다. 사람들이 조직에서 강요되는 한계나 스스로 부여한 내면적 한계를 뛰어넘도록 격려하는 것에 더해서 생각과 행동 방식을 적극적으로 변화시키도록 도와주고 싶었다.

그러자면 우리의 주장을 설명하는 틀이 필요했다. 우리의 생각을 뒷받침하는 유의미한 증거를 제시하지 않으면 쉽게 일축당할 것이고 스타트업 커뮤니티와 참여를 원하는 행위자들 간의 격차는 그대로일 것이기 때문이다. 그래서 2017년 가을에 이언은 해결책을 찾는 임무에 돌입했다. 그것은 예기치 않은 여행으로 시작됐다.

환경의 지속가능성을 다루는 잘 알려지지 않은 웹사이트에 올라온 글을 하나 발견하고는 고무되어 바로 그 엄청나게 똑똑한 사람들을 만나기 위해 뉴멕시코에 있는 산타페 연구소로 떠났다. 이언은 올바른 길을 찾아가고 있었다.[5]

2018년 1월 우리는 그동안 수집하고 써온 모든 자료와 이언이 새로 작성한 개요를 검토하기 위해 만났다. 이언은 복잡적응계를 스타트업 커뮤니티를 설명하는 중심축으로 삼자는 아이디어를 내놓았다. 나는 복잡계 이론과 산타페 연구소에 대해 잘 알고 있었기에 그 말을 듣자마자 마음에 들었다. 우리는 복잡계와 관련된 개념을 더 깊이 파고들었다. 처음 구상했던 것과는 완전히 다른 내용으로 책의 목차를 구성하기 시작했다.

우리의 친구이자 동료이면서 창업자이자 투자자이자 커뮤니티 구축자인 테크스타의 크리스 하이블리Chris Heivly는 창업 생태계를 개발하기 위한 새로운 사업 라인을 구상하느라고 바빴다. 그는 노스캐롤라이나주 더럼 지역의 스타트 커뮤니티를 이끄는 리더였고 다른 여러 지역에서도 활발하게 활동하고 있었다. 그때쯤 이언과 크리스는 1년째 정기적으로 토론을 하고 있었다. 나도 크리스를 비롯한 테크스타의 동료들과 그 주제를 가지고 더 자주 이야기를 나누었다. 크리스는 자신의 실제 경험과 다른 여러 도시의 현장에서 얻은 통찰을 합쳐 우리가 이론과 실제를 연결하도록 도와주었다.

2018년과 2019년에 걸쳐 테크스타와 그 밖의 다른 곳에 있는 여러 동료들과 함께 글을 쓰고 대화하며 작업했다. 마침내 우리는 『스타트업 커뮤니티』에서 처음 소개한 개념의 속편이 될만한 너무나도 공유하고 싶은 것이 나왔다고 느꼈다.

1장

서론

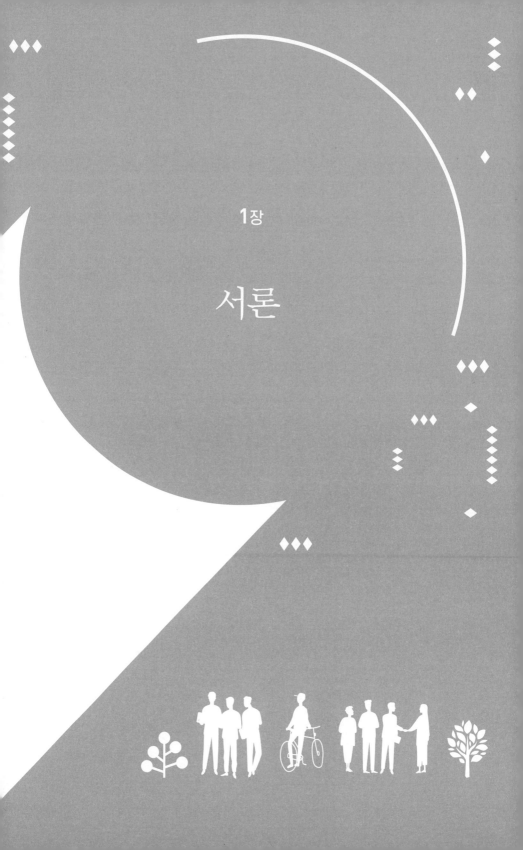

전 세계적으로 지난 10년은 기업가정신의 변혁기였다. 어디에나 있는 초고속 인터넷과 저렴하면서 강력한 원격 컴퓨팅이 결합되어 디지털 사업을 시작하는 비용을 극적으로 낮추었다. 창업자들이 장소에 덜 구애받고 더 많은 곳에서 새로운 사업을 시작할 수 있게 됐다. 그러나 스타트업이 활용할 수 있는 자본이 일부 지역에서는 풍부하지만 여전히 많은 지역에서는 부족하다. 보스턴과 올랜도, 아니면 영국 런던과 베네수엘라 카라카스를 비교해보라. 인재와 기술은 어디에나 흔히 있지만 실질적인 기회도 어디에나 흔한 것은 아니다.

오늘날 혁신 주도형 스타트업 활동의 성장과 지리적 확산은 깊이 있고 실증적으로 증명할 수 있으며 그 범위가 세계적이다.[1] 오늘날, 스타트업을 지원을 하고 지식을 공유하는 커뮤니티의 존재가 다른 투입요소 및 자원들과 밀접하게 연관되어 있다는 것은 잘 알려져 있다. 협업과 장기적 관점의 중요성도 창업자들과 스타트업 커뮤니티 구축자들에게 널리 인식되고 있다. 이러한 원칙들은 전 세계의 많은 스타트업 커뮤니티 리더십의 중심에 있다.

2012년에 출판된 『스타트업 커뮤니티: 지역 창업 생태계 구축』
은 이러한 사고의 변화를 가져오는 중요한 계기가 됐다. 미국 콜로
라도주 볼더의 사례를 활용해 창업자와 다른 이해관계자들에게 자
신들이 사는 지역에서 스타트업 커뮤니티를 발전시키는 실질적인
지침을 제공했다. 동일 주제의 다른 책들과 달리 『스타트업 커뮤니
티』는 지역에 기업가정신을 위한 협업 시스템을 구축하는 데 중심
이 되는 행동, 문화, 실천적 요소들을 강조했다.

최근 몇 년 동안 진전이 있었지만 아직 더 많은 연구가 필요하
다. 여전히 많은 스타트업 활동이 세계적인 엘리트 대도시에 집중
돼 있다. 정부, 대기업, 대학 같은 행위자들은 서로 협력하지 않고
다양한 혁신 창업자들과도 협력하지 않고 있다. 이러한 행위자들
은 너무나도 자주 창업자들에 의한 상향식 환경을 지원하기보다는
활동을 통제하려고 하거나 또는 하향식으로 자신들의 관점을 강요
하려고 한다. 이처럼 지역의 스타트업과 관계하고 지원하고자 하
는 많은 개인과 조직들의 창업가적 마인드셋과 동떨어진 모습을
계속 보게 된다. 그렇게 된 데는 구조적인 원인이 있을 것이다. 하
지만 올바른 곳에 초점을 두고 지속적인 실행을 해나간다면 장애
물을 극복할 수 있다.

이 책의 목적은 창업자부터 정부, 서비스 제공자, 커뮤니티 구축
자, 기업 그리고 그 외 참여자들에 이르기까지 스타트업 커뮤니티
와 관련된 모든 당사자들을 좀 더 효과적으로 정렬하는 것이다. 우
리는 이 책이 전작인 『스타트업 커뮤니티』가 만들어낸 토대와 세
계 곳곳에서 스타트업 커뮤니티에 헌신한 사람들이 이루어낸 성과
위에 쌓여 변화를 끌어내기를 바란다.

다음 세대

이 책은 전작『스타트업 커뮤니티』를 토대로 일부 영역을 좀 더 심층적으로 파고들면서 또 한편으로는 다른 부분에서의 근본적인 실수를 바로잡았다.『스타트업 커뮤니티』의 개정판이나 재판이 아니라 그 뒤를 이어 시작되는 속편이다. 발전이 이루어진 부분을 확인하고 새로운 조사와 탐구가 필요한 부분은 발전시키고 조정도 하면서 새로운 방향으로 나아간다.

전작에서는 볼더를 바탕으로 스타트업 커뮤니티 구축의 기본적인 틀을 보여주었다. 이번 책에서는 지리인 장소와 무대 둘 다 넓혀 기존 스타트업 커뮤니티들을 세계적인 관점에서 바라보고자 했다. 우리는 개념을 좀 더 일반화하려고 했고, 특히 다음의 질문과 관련해서 그렇다. 이제 스타트업 커뮤니티가 만들어졌으니 다음엔 무엇을 해야 할까? 다시 한번 강조한다. 세상에 똑같은 스타트업 커뮤니티는 하나도 없다. 니즈가 일치하거나 똑같은 시간의 틀에서 작동하는 스타트업 커뮤니티는 없다는 말이다. 한 도시에서는 성공적이었던 방법이 적어도 다른 한 도시에서는 전혀 효과를 거두지 못할 수 있다. 이것은 스타트업 커뮤니티 같은 시스템의 속성이기도 하다.

내가『스타트업 커뮤니티』를 썼을 때만 해도 스타트업 커뮤니티라는 주제에 맞는 실질적인 콘텐츠가 거의 없었다. 그때는 스타트업 커뮤니티라는 표현조차도 새로웠지만 지금은 그 현상을 지칭하는 표준적인 명칭이 되었다. 지난 8년 동안 스타트업 커뮤니티를 둘러싸고 많은 탐구와 진전이 이루어졌다. 하지만 세상의 많은 것이 그러하듯 스타트업 커뮤니티가 진화함에 따라 관련 조언과 전략이 너무 복잡한 양상을 띠게 됐다. 그저 출발선상에서 실용적인 지침만 얻길 원하는 사람들은 접근할 수조차 없게 됐다. 우리가 지난 몇 년간 사람들과 대화하면서 가장 많이 들은 것도 "우리 스타트업 커뮤니티도 『스타트업 커뮤니티』에 나오는 볼더 명제를 따르고 있습니다. 그런데 그다음 단계에서는 무엇을 어떻게 해야 할지 모르겠습니다"라는 말이었다.

이 책에서 우리는 그 장애물을 다루면서 창업 생태계와는 구별되는 (동시에 그 일부로 통합되는) 스타트업 커뮤니티의 새로운 개념적 틀을 만들고 여러 실제 사례들을 보여줄 것이다.

우리의 접근법

우리는 실용적인 접근법은 물론이고 연구로 증명된 접근법을 취했다. 우리는 공동 저자로서 서로를 안전지대에서 벗어나도록 이끌었다. 서로가 다른 관점으로 문제에 접근함으로써 자신의 준거의 틀에 머물러 있기보다는 전체적인 그림을 볼 수 있게 했다. 우리 각자는 「장님과 코끼리」 우화에 나오는 장님보다는 좀 더 맥락을 알고 있었지만 다른 경험, 관점, 역량을 활용해 끊임없이 서로의 생각에 도전하면서 이 책의 생각들을 발전시켜나갔다.[2]

스타트업과 스타트업 커뮤니티 그리고 이들이 지역사회와 경제에 미치는 영향에 관한 우리 두 사람의 이론과 실무 경력을 합치면 수십 년에 이른다. 나는 30년 이상 테크 부문 창업자이자 벤처캐피탈리스트였다. 2007년부터 파트너로 있는 파운드리그룹을 포함해 두 곳의 벤처캐피탈 회사를 공동 설립했다. 창업자들의 성공을 돕는 세계적인 액셀러레이터이자 네트워크 조직인 테크스타도 공동 설립했다. 그러한 일과 저술 활동 그리고 기업가정신과 관련한 수많은 비영리 활동들에 관여해 오면서 세계 각지 스타트업 커뮤니티의 육성에 참여해왔다.

이언은 선도적인 싱크탱크, 대학, 정책기관과 함께 일하며 기업가정신, 혁신, 도시, 경제 성장 분야를 연구하고 글을 썼다. 애널리틱스, 전략, 혁신, 공공정책 분야에서 경영 컨설턴트로도 일했다. 그는 연구자, 저술가, 교육자로 기업가정신의 여정을 시작했고 점차 현업 전문가로 진화해갔다. 처음에는 스타트업 직원으로, 그다음에는 창업자로, 지금은 고문이자 멘토이자 투자자로 발전해갔다.

하지만 우리 두 사람의 경험과 지식은 단지 시작점에 불과하다. 이 책은 우리 이전의 수많은 연구자들의 연구를 토대로 하기 때문이다. 우리는 오랫동안, 특히 지난 몇 년 동안 집중적으로 스타트업 커뮤니티와 관련된 다양한 주제를 다루고 분석하는 수천 페이지에 달하는 자료를 검토했다.[3] 학계 논문, 비즈니스와 정책 연구, 실용서와 이론서, 사례 연구, 블로그와 웹사이트의 비공식인 해설까지 출처가 다양하다. 좀 더 깊게 살펴보고 싶은 사람들을 위해 참고 자료를 신중하게 선택했고 책 맨 뒷부분에 출처도 상세하게 실었다.

이와 함께 우리는 전 세계 수천 명의 창업자와 스타트업 커뮤니티의 참여자들과 이야기를 나누었다. 그들의 경험과 지식은 우리가 생각을 발전시켜나가는 데 큰 영향을 끼쳤다.

이 책은 모두 네 종류의 코너로 구성됐다. 첫 번째는 스타트업 커뮤니티의 원칙을 각 장 첫머리에 간략하게 설명했다. 두 번째는 본문 전반에 걸쳐 간간이 섞여 있는데 창업자와 스타트업 커뮤니티 구축자들이 직접 기고한 실제 사례들로 바로 그 앞에서 설명한 본문 내용과 관련이 있다. 세 번째는 '가치와 미덕' 코너인데 스타트업 커뮤니티를 장기적으로 건강하게 유지하는 데 필요한 일련의 구체적인 행동 특성들을 설명했다. 마지막으로 네 번째는 우리가 쓴 짧은 에세이가 있다. 해당 장과는 관련 있지만 본문의 흐름과는 구분되는 내용이다.

더 깊은 동기

우리는 지구에 사는 모든 사람이 최고의 기쁨을 주는 곳에서 일하고 자유롭게 살 수 있어야 한다고 믿는다. 그러한 장소에서 모든 사람에게는 의미 있는 일을 할 기회가 주어져야 한다. 아직 그런 일을 할 기회를 찾지 못했다면 직접 그런 일을 만들어내는 데 필요한 자원에 접근할 수 있어야 한다. 기본적인 인권, 법치, 개인의 자유가 보장되는 상대적으로 안정되고 평화롭고 공정한 사회에서는 이렇게 하는 것이 가능할 것이다.

그러한 목표를 달성하기 위해 갈 길이 멀다. 현재 전 세계 인구의 10퍼센트가 극심한 빈곤 상태에서 살고 있다. 비록 30년도 채 되기 전의 35퍼센트보다는 현저히 낮아졌지만 말이다.[4] 또한 세계 인구의 반 이상이 정치적으로 자유로운 사회에서 살고 있지 못하다.[5] 수많은 사람이 실업 상태에 있거나 또는 일하는 시간이 적거나 제 능력을 활용하지 못하는 저고용 상태에 있다. 그리고 많은 지역에서 기회가 있어서라기보다는 불가피해서 사업을 소유하게 된다.[6] 수백만 명의 민간인들이 매일 분쟁의 고초를 겪고 있다. 전 세계 대부분의 지역에서 일정 형태의 차별이 지속되고 있다. 많은 이들이 남보다 더 어렵고 불리한 상황에 놓여 있다.

우리는 기업가정신이 정치, 경제, 문화의 경계를 초월할 수 있다고 믿는다. 현재의 지정학적 분위기와 전 세계적으로 직면한 많은 사회적 난제들 앞에서 이것은 특히 중요하다.

창업자로 성공을 거두기 위해 꼭 실리콘밸리 혹은 런던, 상하이, 볼더, 두바이, 뉴욕 등으로 갈 필요는 없다. 우리는 사람들이 어디에서 살기로 선택하든 기업가정신을 추구할 권리를 얻길 바란다. 그러기 위해서는 필연적으로 상충관계가 생길 수도 있지만 자신이 살고 싶은 곳에서 사업을 시작하는 사람이 그렇지 않은 사람보다 성공할 가능성이 더 크다.[7] 나는 『스타트업 커뮤니티』에 이렇게 적었다.

나는 당신이 전 세계 어느 도시에서든 장기적이고 활기차고 지속가능한 스타트업 커뮤니티를 만들어낼 수 있다고 굳게 믿는다. 하지만 올바른 철학, 접근법, 리더십과 오랜 기간에 걸친 헌신이 필요하다. 쉬운 일은 아니다. 그래서 이 책을 통해 그 방법을 알 수 있게 돕고 당신이 사는 도시에 멋진 스타트업 커뮤니티를 만드는 도구를 제공하고자 한다.

우리는 『스타트업 커뮤니티』의 출간 후 8년 동안 전 세계적으로 일어난 창업 활동을 보면서 더욱더 결심을 굳혔다. 재능 있고 하고자 하는 의욕이 있는 개인은 선택한 곳 어디에서나 확장 가능한 비즈니스를 창업하고 성장시킬 수 있어야 한다. 또 그 개인은 그 과정에서 지원과 지식 공유가 이루어지는 커뮤니티를 구축할 수 있다. 우리는 기업가정신을 통해 세상을 더 나은 곳으로 만들 수 있다고 믿는다.

오늘날 디지털 기술의 보편화, 기업가정신에 관한 풍부한 정보, 지속적인 경제 성장 추구로 인해 스타트업이 전 세계 사람들, 정부, 기업, 그리고 그 밖의 이해관계자들의 주목을 받고 있다. 오늘날 혁신 창업가에 대한 관심과 그 여세가 전례가 없이 느껴진다.

기업가정신은 디지털 시대를 맞이해 비약적 성장 기회를 얻었다. 스타트업이 성장을 하는 데 환경이 미치는 영향이 크다. 환경이라는 외부적 요인은—더 중요하게는 외부적 요인과 창업자들 그리고 그들 상호 간의 연관성—왜 어떤 지역에서는 영향력이 큰 스타트업이 계속 배출되는 반면 다른 어떤 지역은 그렇지 못한지 설명해준다.

많은 도시, 지역, 국가에서 창업자들의 성장을 지원하고 지식 공유 커뮤니티를 육성하려고 시도했지만 그다지 큰 진전은 없었다. 실패하는 이유는 지역 창업자들을 위한 환경을 개선하는 방법에 대한 지식이 없기 때문이 아니다. 참고할 만한 실제 사례가 부족해서도 아니다. 우리에게는 이론과 자료는 충분하고 동기를 부여하는 성공담도 넘쳐난다. 그런데도 왜 스타트업 커뮤니티의 육성이 어려운 것일까?

볼더 명제

활성화된 스타트업 커뮤니티에서 특징적으로 나타나는 태도, 행동, 관행, 가치는 많은 창업자들에게는 굉장히 자연스럽게 느껴지는 것들이지만 직관을 거스르거나 일반적인 행동 보상 기준과 일치하지 않을 때가 많다. 특히 대기업, 대학, 정부 같은 기관을 대표하는 사람에게는 그렇다. 이러한 조직들은 위계적이며 스타트업 커뮤니티와 상반된 방식으로 운영된다. 스타트업 커뮤니티는 혁신 창업 기업처럼 네트워크 모델 안에서 번창한다.

나는 『스타트업 커뮤니티』에서 어느 지역에서나 스타트업 커뮤니티를 만들 수 있는 기본적인 토대로서 볼더 명제라는 개념을 소개했다. 볼더 명제의 네 가지 원칙은 다음과 같다.

1. 창업자 출신이 스타트업 커뮤니티를 이끌어야 한다.
2. 리더들의 장기적인 헌신이 필요하다.
3. 스타트업 커뮤니티는 참여하고자 하는 사람은 모두 포용해야 한다.
4. 스타트업 커뮤니티는 전체 창업자 집단을 참여시키는 활동을 지속적으로 제공해야 한다.

볼더 명제는 단순하면서도 강력하지만 의도하지 않은 부정적인 결과를 가져오기도 했다. 스타트업 커뮤니티 내에서 창업자들과 그 외 다른 사람들 사이에 틈이 벌어졌다. 내가 창업자는 리더leader라고 하고 나머지 사람들은 피더feeder라고 불러 스타트업 커뮤니티의 사람과 행동을 나눈 것이었다. 이러한 접근법은 창업자의 고유한 역할에 집중해서 바라보면 유익하지만 이것을 스타트업 커뮤니티에서 리더가 피더보다 더 중요하다고 해석하는 사람들도 많았다. 내가 의도한 바가 아니었다. 리더와 피더 모두 스타트업 커뮤니티의 지속과 성장에 꼭 필요하다.

스타트업 커뮤니티는 복잡적응계다

이 책을 쓰기 시작하며 우리는 두 가지 단순한 질문을 했다. 우리는 볼더 명제에서 무엇을 배웠는가? 그리고 스타트업 커뮤니티가 어떻게 발전하고 진화하는지를 설명할 수 있는 더 강력한 틀이 있을까?

우리는 스타트업 커뮤니티를 이해하고 관여하는 가장 좋은 방법은 대략 '상호작용에 관한 연구'로 정의되는 복잡적응계complex adaptive system의 렌즈를 통해 접근하면 된다는 결론을 내렸다.[8] 우리가 이 두 가지를 처음 연결한 것은 아니다. 학계에도 그런 연구가 조금이지만 있었고 우리가 높이 평가하는 일부 대중적인 연구들도 복잡계 이론의 영향을 받았다.[9] 우리는 이 책 전체에 걸쳐 이론적인 연결고리를 실제와 연결해 복잡계의 개념을 설명해서 주류로 만들어야 할 사명이 있었다. 그래서 우리는 각자 복잡계 이론을 깊이 연구했고 볼더 명제를 토대로 복잡적응계를 지원하는 '스타트업 커뮤니티 웨이'라는 틀을 고안했다.

사람들이 스타트업 커뮤니티를 구축할 때 저지르는 실수를 열거해보았다. 그랬더니 복잡적응계와 상호작용할 때 저지르는 실수와 유사한 것들이 많다는 것을 알 수 있었다. 『스타트업 커뮤니티』를 읽은 사람이라면 이러한 실수들이 익숙할 것인데 다음과 같다.

- 비선형 세계에 선형 시스템 사고를 적용하려는 것
- 스타트업 커뮤니티를 통제하려고 드는 것
- 문제만 따로 떼어내어 다루는 것
- 스타트업 커뮤니티의 상호작용보다는 부분들에만 초점을 맞

추는 것

- 스타트업 커뮤니티를 공식화하거나 복제하는 것이 가능하다
고 믿는 것
- 측정 대상이 잘못된 것. 특히 포착하기는 쉽지만 성과를 끌어
내는 데 덜 중요한 것들을 측정하려고 시도하는 것

각각의 실수에 대해서도 살펴보겠지만, 우선 그전에 이 책은 스타트업 커뮤니티 구축 방법에 대한 설명서가 아님을 밝힌다. 대신 여러분 자신의 발견 과정을 도울 수 있는 지침이 되는 원칙과 통찰을 제공할 것이다. 그렇다고 단순한 이론서는 아니다. 이 책에는 스타트업 커뮤니티를 구축하는 것을 넘어서 사업 경영, 효과적인 공공정책 설계, 더 나은 리더와 멘토가 되는 방법 등 실천적인 통찰이 들어 있다.

복잡계 과학을 스타트업 커뮤니티와 연결해 얻은 통찰은 여러 집단의 사람들이 어려운 문제를 해결하기 위해 함께 일하는 관계의 복잡계를 탐색할 수 있도록 돕는다. 오늘날 세계는 정보가 기하급수적으로 늘어나고 그들 간의 초연결이 이루어지고 있다. 이 많은 것을 처리하기가 너무나도 벅찰 정도다. 그 어느 때보다도 많은 정보에 접근할 수 있게 됐지만 단점도 있다. 잘못된 의사결정의 틀을 적용하면 아무리 의도가 좋은 개인과 조직도 처참한 결과를 맞이하게 된다. 선형 시스템 사고에서 복잡계 사고로의 전환은 이러한 문제를 다루는 강력한 방법이 된다.

2012년의 우리

내가 2012년에 『스타트업 커뮤니티』를 펴냈을 때는 위계적인 하향식의 산업 경제에서 네트워크로 연결된 상향식의 디지털 경제로의 전환이 이미 진행 중이었다. 동시에 네 개의 중요한 사건이 발생해 미국과 전 세계 스타트업과 창업자들이 나아갈 길을 크게 바꿔놓았다.

첫째, 세계는 1929~1933년 대공항 이후 가장 깊고 가장 길었던 침체에서 서서히 빠져나오고 있었다. 그러면서 기존의 생산 모델이 많은 기업과 노동자들에게 더 이상 효과적이지 못하다는 점이 분명해졌다. 일자리가 크게 줄어들고 불안정해졌다. 젊은 인재들이 사회에 기여하는 새롭고 더 나은 방법을 찾아 나섰다. 이 기간 동안 월스트리트에서의 기회가 사라지자 최고의 인재들이 실리콘밸리로 향하기 시작했다.[10]

동시에, 세 가지 디지털 기술, 즉 유비쿼터스 초고속 인터넷, 스마트폰, 클라우드 컴퓨팅이 융합됐다. 그러면서 디지털 기업을 창업하는 것이 더 많은 곳에서 훨씬 저렴하고 쉬워졌다. 필요한 것은 오직 인터넷, 노트북, 상상력이었다.

셋째, 그 완전한 효과는 최근에서야 명확해졌는데 전 세계 중앙은행들이 채택한 저금리 전략이다. 불황에서 조금씩 회복되고 있던 기업과 가계를 위한 경기 부양책이었다. 하지만 지속적인 저금리로 전 세계적으로 유례없는 많은 양의 재무적 자본이 스타트업에 투입했다. 투자자들이 더 높은 수익률을 위해 벤처캐피탈 같은 모험 자본을 찾아 나섰던 것이다.[11] 이러한 현상은 지금까지 계속되고 있다.[12]

마지막으로, 기업가정신에 대한 관심이 좀 더 폭넓은 행위자들과 지역에 확산됐다. 2011년 오바마 대통령은 미국 전역에 걸쳐 스타트업 커뮤니티를 육성하기 위한 '스타트업 아메리카'라는 국가 계획을 발표했다. 대학들도 기업가정신 프로그램을 우선순위에 두기 시작했다. 초기 단계 투자에 집중하는 다양한 신규 벤처캐피탈 펀드가 자본을 모으고 실제로 투자하기 시작했다. 늘어나는 기업 벤처캐피탈 그룹들도 마찬가지였다. 스타트업 액셀러레이터와 인큐베이터를 포함해 스타트업을 지원하는 방식이 규모와 범위 면에서 빠르게 성장했다.[13] 스타트업에 대한 미디어의 관심도 커졌다. 기업가정신이 다시 한번 접근하기 쉬워지고 변화의 발판이 마련됐다.

변화가 빠르게 확산되는 다른 시기와 마찬가지로 사람들은 기업가정신이라고 하는 현상을 적용하는 방법을 알고 싶어했다. 닷컴 버블 때의 과잉 흥분된 상태와 비교하여 이 시기에 다르게 느낀 것은 사람들이 일을 제대로 하기를 원했다는 것이다. 돈을 벌겠다는 하나의 목적만 있는 것이 아니라 전 세계의 도시에 활기 있는 스타트업 커뮤니티를 효과적으로 구축하는 방법을 알려고 노력했다.

『스타트업 커뮤니티』는 콜로라도주 볼더에서의 내 경험을 바탕으로 스타트업 커뮤니티 구축자들을 위한 기본적인 틀과 실행 지침을 제공했다. 1990년대 중반까지만 해도 볼더에는 스타트업 커뮤니티라고 할 만한 것이 거의 없었다. 많은 스타트업 활동이 고립된 상태에서 이루어졌고 사람들을 조율해서 함께 모이게 하는 활동이 거의 없었다. 하지만 몇몇 헌신적인 창업자들이 일으킨 유기적인 상향식 움직임으로 스타트업 커뮤니티가 형성되었고 시간이 지나면서 서서히 변하기 시작했다.

지금 볼더에서는 커뮤니티 문화가 스타트업 활동을 넘어 도시 전체에 영향을 미치고 있다. 이러한 좀 더 폭넓은 목적과 책임 의식이 지역 스타트업 커뮤니티를 형성했다. 처음부터 계획이 있었던 것은 아니고 단지 서로를 찾아나선 핵심적인 창업자 그룹이 있었고 이 것을 장려하는 문화가 있었을 뿐이다. 성공적인 스타트업 커뮤니티를 갖고 있는 많은 다른 도시들처럼, 볼더는 활성화의 열쇠가 소규모의 신뢰할 수 있고 헌신적이며 모범을 직접 보이는 창업자들에게 있다는 것을 발견했다.

사실 볼더는 그러한 방향으로 나아갈 수 있는 많은 것을 가지고 있는 상태였다. 바로 잘 교육받은 인력, 선도적인 연구 대학, 활발한 첨단기술 기업과 연구소, 풍부한 생활편의시설, 방금 설명한 강력한 공동체 의식이 있었다.[14] 그러다 보니 볼더를 스타트업 커뮤니티의 모델로 삼는 것은 너무 이상주의적이라는 비판도 있다. 그렇게 생각할 수 있지만 그런 비판은 중요한 부분을 놓치고 있다. 볼더의 교훈은 모든 것이 완벽해서, 만일 똑같이 따라 한다면, 유사한 결과를 어디에서든 얻을 수 있다는 것이 아니다. 올바른 교훈은 볼더의 협력적인 특성이 그 지역이 이미 갖고 있는 자원을 최대한 활용할 수 있게 했다는 데 있다. 협력적인 문화는 성공 가능성을 높여주고 궁극적으로 자원을 끌어당긴다. 그리고 나면 선순환이 형태를 갖추게 된다. 하지만 모든 일들이 항상 그런 방식이었던 것은 아니었고 볼더 커뮤니티에 관여한 우리 모두는 열심히 노력했다. 볼더를 똑같이 흉내내는 것보다는 볼더가 주는 교훈에서 배워야 한다. 도움을 줄 수 있고 협력적인 필요충분한 수의 사람들을 끌어모으는 것이 창업자들의 성공 가능성을 높여준다. 현재 다른 자원들이 얼마나 이용가능한지에 상관없이 말이다.

2020년의 우리

대침체 이후 8년이 지난 지금 전 세계의 스타트업 활동은 최고조에 달하고 있다.[15] 전 세계 경제의 회복, 기술적 기회의 확대, 극도로 낮은 자본 비용, 스타트업에 뛰어든 사람들의 엄청난 증가로 더욱 가속화했다.

전 세계적으로 스타트업 커뮤니티의 규모가 커졌고 더 많은 곳에 생겨났으며 참여하는 사람과 조직도 늘어났다. 그 어느 때보다 스타트업 관련 행사도 많아졌다. 그만큼 기업가정신에 대한 열정과 낙관론이 사회의 많은 분야에서 비할 데 없이 높아졌다. 스타트업 활동의 급증은 실증적인 연구결과로도 입증된다. 연구에 따르면 미국과 전 세계에서 스타트업 활동이 상당히 많이 늘어났고 지리적 분포도 넓어졌다.[16] 미국의 스타트업 성장은 매년 기록을 갈아 치우고 있고 전 세계 다른 지역에서도 스타트업의 성장 속도가 더욱더 빨라지고 있다.[17]

이러한 흥분된 상황에도 불구하고 주의해야 할 몇 가지 이유가 있다. 발전은 인상적이지만 아무도 불가피한 차질이 생겼을 때 어떤 일이 일어날지에 대한 문제를 다루지 않고 있다. 지난 10년 동안 불어온 순풍이 느려지거나 갑자기 방향이 바뀌어버린다면 지금의 열광적인 관심도 함께 증발할까? 창업자들은 항상 새로운 회사들을 만들겠지만 스타트업 커뮤니티의 행위자들은 순풍이 역풍으로 바뀔 때에도 계속 자원을 제공하고 헌신할 것인가? 이 책을 인쇄하기 전 마지막 주에 변화의 바람이 우리에게 불어왔는데 바로 코로나바이러스 감염병이 전 세계를 휩쓴 것이다. 변화는 순식간에 결정적으로 난데없이 발생할 수 있다는 것을 매우 확실하게 보여줬다.

다음으로 우리가 참조한 많은 지표들은 기업가정신과 스타트업 커뮤니티에 대한 투입 지표들이다. 투입의 증가가 자동적으로 더 나은 결과로 치환되는 것은 아니다. 참여와 활동이 늘어나 스타트업 커뮤니티에 영향을 끼침으로써 나타나게 될 결과는 꽤 지연될 수 있고 때로는 한 세대가 걸릴 수도 있다. 이것이 짧은 기간 동안에는 실망, 의심, 자포자기로 이어질 수 있다. 복잡계에서는 원인과 결과가 많은 경우에 정확하게 성립될 수 없고 긴 피드백 주기로 인해 심리적인 영향을 약화한다.

마지막으로 사람들은 잘못된 교훈을 받아들이고 올바른 교훈을 무시할 때가 많다. 우리는 급성장하는 스타트업 커뮤니티에서 볼더 명제의 네 가지 원칙 각각을 지키지 않는 경우를 자주 보게 된다. 그런 경우 창업자 주도가 아닌 경우가 많고 포용성도 찾기 힘들다. 많은 사람과 조직이 장기적인 관점을 취한다고 주장하지만 현 주기에서 10년째 접어들게 되면 더 낮고 더 빠른 결과를 요구하는 목소리가 나오게 된다. 참여자들이 모든 것이 잘 되어간다고 생각하기 시작하고 기업가정신 활동과 행사가 쓸모없는 시상식, 파티, 콘퍼런스, 대규모 자금 모금 발표로 전락할 때 창업자 집단의 참여는 소외된다.

복잡계 이론으로 설명하는 스타트업 커뮤니티

광범위한 기간에 걸쳐 시스템을 관리하는 일련의 원칙들이 발전되어 왔다. 산업혁명 기간에는 노동력을 관리하고 효율성을 개선하고 생산을 늘리는 방법으로 공식화했다. 1900년대 초에 이러한 원칙들을 중심으로 프레더릭 테일러Frederick Winslow Taylor와 헨리 포드 Henry Ford 같은 산업 분야의 선구자들이 계층 시스템을 구축했다.[18] 이 원칙들을 토대로 한 과학적 관리의 현대 이론은 20세기에 대부분의 산업화된 국가에 뿌리내렸다. 그러나 1990년대 중반에 상업 인터넷의 등장으로 상황이 바뀌었다. 하드웨어, 소프트웨어, 네트워크를 포함한 커뮤니케이션 기술의 급진적인 혁신으로 새로운 형태의 비즈니스 상호작용이 생겨났다. 지난 10년 동안 계층제에서 네트워크로, 하향식 비즈니스 접근법에서 상향식 접근법으로 급격한 변화가 일어났다. 그에 따라 원칙에서도 변화가 나타났는데 스타트업 커뮤니티 웨이와 유사하다.

『스타트업 커뮤니티 웨이』의 지적인 토대는 복잡계 이론에서 나온다. 복잡계 이론은 학제 간 과학으로 물리학자, 진화생물학자, 사회과학자들이 세상의 내재된 복잡성을 더 잘 설명하기 위해 발전시켰다.[19] 복잡계 이론은 명료하면서도 동시에 지적으로 도전적인데 왜냐하면 항상 행동하고 서로 반응하는 많은 연결된 참여자들이 있는 동적 시스템의 행동을 설명하기 때문이다. 그것은 왜 일들이 계획에 따라 진행되지 않는 경우가 많은지, 왜 예측 가능한 실수를 저지르는지, 어떻게 하면 내재된 정신적, 사회적, 조직적 한계를 극복할 수 있는지 설명해준다.

스타트업 커뮤니티는 근본적으로 복잡적응계다. 간결성을 위해 이 책에서는 '복잡적응계' 대신 '복잡계'라는 표현을 사용할 것이다. 다음은 스타트업 커뮤니티에도 해당하는 복잡계의 몇 가지 특성이다.

복잡계는 통제할 수 없다. 인간은 사물을 통제하려는 강한 욕구가 있다. 그러나 통제할 수 있다는 건 착각이다. 실제로 우리가 통제할 수 있는 것은 지극히 적다. 스타트업 커뮤니티에서는 통제나 제어를 통해서 원하는 결과가 나오게 하려는 것은 헛된 노력이다. 하지만 이 책에서는 단순히 통제하려고 하지 말라고 조언하지 않는다. 그 대신 통제하고 있다는 착각에서 벗어나라고 제안한다.

복잡계를 완전히 이해하는 것은 불가능하다. 스타트업 커뮤니티처럼 복잡계의 정도가 높은 시스템은 극단적으로 불확실하다. 결과를 예측하는 것은 헛된 일이다. 인간은 불확실성을 고질적으로 뿌리 깊게 싫어하다 보니 예측 가능한 실수를 하게 된다. 복잡계를 다루는 더 좋은 전략은 작은 규모의 실험을 하며 그것으로부터 배우고 필요한 부분에서는 적응하고 다시 이 과정을 반복하는 것이다. 결과를 제어하려 하는 대신 올바른 결과가 자연스럽게 나오도록 올바른 조건을 설정하는 데 초점을 맞추어야 한다.

복잡계는 전체적인 시각에서 보아야 한다. 스타트업 커뮤니티에서는 모든 행동에 반응이 따르고 더 나아가 연쇄적인 행동과 반응을 일으킬 수 있다. 이러한 행동들은 불분명하거나 지연될 수도 있다. 환원주의*나 사일로** 접근법은 현재 상황에 대한 최소한의 통찰만을 제공하므로 기존 문제를 해결하려고 애쓰는 동안 새로운 문제를 발생시킬 수 있다.

---

* 복잡하고 높은 단계의 사상이나 개념을 하위 단계의 요소로 세분화하여 명확하게 정의할 수 있다고 주장하는 견해다.
** 원래 뜻은 곡식이나 사료를 저장하는 굴뚝 모양의 창고를 의미한다. 이러한 사일로의 모습이 조직 내에서 개별 부서끼리 서로 담을 쌓고 각자의 이익에만 몰두하는 현상과 유사하여 비유한 말이다.

복잡계에서는 상호작용이 매우 중요하다. 복잡계에서는 개별적인 요소들이 필수적이기는 하지만 그 요소들 간의 상호작용이 가장 중요하다. 스타트업 커뮤니티에서는 사람들이 개별 요소들 간의 연결과 상호작용에 집중하기보다는 개별 요소들 자체에 집중하는 실수를 저지른다. 이러한 실수가 생기는 이유는 개별적 요소들은 유형적이고 눈으로 직접 보거나 조정하기가 쉬운 반면에 연결이나 상호작용은 한층 더 미묘해서 진전되는 데 오랜 시간이 걸리기 때문이다.

작게 시도하고 실패를 통해 배워라. 복잡계에서는 불확실성과 비선형성이 따르므로 스타트업 커뮤니티의 참여자들은 실패를 예상하고 실패하는 것을 편안하게 받아들일 필요가 있다. 실험은 실패할 가능성이 크므로 민첩한 접근법을 추천한다. 작은 실험을 많이 시도해서 피드백을 얻어 조정하고 다시 이 과정을 반복하라는 것이다.[20] 항상 고객을(스타트업 커뮤니티의 고객은 창업자) 염두에 두어야 한다. 모 아니면 도라는 식의 전략은 사용해서는 안 된다. 작게 시작해야 일이 잘못되어도 쪽박 찰 일이 없다.

진전은 고르지 못하고 느리고 불시에 일어난다. 복잡계는 비선형 행동, 상전이phase transition (빠르게 나타나는 거대한 변화), 극단적이고 영향력이 매우 큰 사건이 정규분포 곡선에서보다 더 많이 나타나는 두꺼운 꼬리 분포를 갖는다. 작아 보이는 행동들이 갑자기 일어나는 거대한 변화를 만들어낼 수 있다. 원인과 결과를 파악하거나 여러 프로그램이나 정책의 결과를 확실하게 예측하기가 어렵다.

전염은 진보를 가속하거나 억제하는 힘이다. 복잡계에서는 상호연결성의 특징이 있어서 아이디어, 행동, 정보가 바이러스나 금융 시장 공황과 비슷하게 넓고 빠르게 퍼진다. 창업자의 성공을 도와주는 건강한 생각과 관행을 스타트업 커뮤니티에 불어넣는 것이 중요하다. 무엇이 도움이 되는지 분명히 하고 나쁜 생각, 행동, 정보의 영향력은 약화하면서 말이다.

고유의 강점을 토대로 쌓아 나가라. 역사와 지역적 맥락은 복잡계의 근간을 이룬다. 실리콘밸리를 재현하는 것은 불가능하다. 이것이 우리가 자주 "실리콘밸리가 되려고 하지 마라"라고 말하는 이유 중의 하나다. 모든 스타트업 커뮤니티는 남을 모방하기보다는 그 스타트업 커뮤니티만의 고유한 최고의 모습을 찾는 데 집중해야 한다. 모든 도시마다 그곳만의 기원과 역사적 전개 그리고 고유한 일련의 문화적, 지적, 자연 자원이 있다. 다른 지역을 모방하려고 할 것이 아니라 자신의 지역을 향상하는 것에 집중해야 한다.

기다리지 마라. 도시 전체가 참여할 필요는 없고 지역의 여건을 개선하는 것에 헌신할 믿을 만한 핵심 리더 집단이 필수적이다. 핵심 리더들의 수가 6명 정도로 작을 수도 있지만 그들은 모두 20년의 여정에 함께 헌신한다. 일을 시작하고 점점 많은 사람을 참여시키고 하고 있는 일을 노출하고 다시 그 과정을 계속 반복하면 된다. 전염 효과는 영향력이 커서 스타트업 커뮤니티의 진로를 완전히 바꾸는 전환점이 갑자기 나타날 수도 있다. 리더들이 자발적으로 시간을 내 창업자들을 도와주면 그걸 보고 나머지 사람들도 시간을 낼 것이다.

볼더 명제가
스타트업 커뮤니티 웨이로 진화하다

우리는 이 책을 통해 볼더 명제의 가치가 확고해지는 한편 우리가 스타트업 커뮤니티 웨이라고 부르는 이 틀을 더욱 강력하고 견고하게 만들 수 있기를 바란다. 이 틀은 교체라기보다는 진화로, 내가 스타트업 커뮤니에 관해 생각하고 글을 쓰기 시작한 이래 지난 10년간 우리와 많은 창업자들 및 커뮤니티 구축자들의 경험에 기반하고 있다. 볼더 명제와 마찬가지로 스타트업 커뮤니티 웨이는 스타트업 커뮤니티에 장기간 적용하면 커다란 영향을 미치는 단순명료한 원칙들이다. 네 가지 볼더 명제도 들어 있는데, 볼더 명제를 교체하는 것이 아니라 스타트업 커뮤니티 웨이의 부분 집합이라고 보면 된다.

1. 창업자 출신이 스타트업 커뮤니티를 이끌어야 한다.
2. 리더는 장기적으로 헌신해야 한다.
3. 스타트업 커뮤니티는 참가자들의 상호작용으로 만들어지는 복삽적응계다.
4. 스타트업 커뮤니티는 가이드를 받고 영향을 받을 수는 있지만 통제될 수는 없다.
5. 모든 스타트업 커뮤니티는 저마다 고유하며 복제가 불가능하다.
6. 스타트업 커뮤니티는 계층제가 아니라 신뢰 네트워크를 통해 조직된다.
7. 스타트업 커뮤니티는 참여를 원하는 사람들은 모두 포용해야 한다.

8. 개방성, 지원, 협업은 스타트업 커뮤니티에서 대단히 중요한 행동이다.

9. 스타트업 커뮤니티는 전체 창업자 집단을 의미 있게 참여시키는 활동을 지속적으로 제공해야 한다.

10. 스타트업 커뮤니티는 측정에 대한 요구가 잘못된 전략을 밀어붙이게 만드는 함정을 피해야 한다.

11. 창업자를 우선시하는 것, 받기 전에 먼저 주는 것, 지역에 대한 깊은 애정은 스타트업 커뮤니티의 필수적인 가치다.

12. 스타트업 커뮤니티는 창업자가 성공했을 때 그리고 그 성공의 자원을 다음 세대를 위해 재순환할 때 추진력을 얻는다.

13. 최고의 스타트업 커뮤니티는 다른 스타트업 커뮤니티와 서로 연결돼 있다.

14. 스타트업 커뮤니티의 가장 중요한 목적은 창업자들의 성공을 돕는 것이다.

우리는 기업가정신과 혁신 창업 마인드셋이 사회에 매우 큰 가치를 준다고 믿는다. 스타트업 커뮤니티가 전 세계로 퍼지고 있는데 스타트업 커뮤니티의 성장과 발전이 주는 교훈은 모든 종류의 조직에 적용될 수 있다. 우리는 스타트업 커뮤니티 웨이를 정부, 학계, 대기업, 비영리 단체에 적용하면 매우 효과적인 결과를 얻을 수 있다고 믿는다. 계층 구조가 자주 복잡계를 통제하려고 하기 때문에 특히 그렇다. 그러나 그런 계층 구조는 시대에 뒤떨어진 관리 방식이다. 세상이 변했으니 우리도 변해야 한다.

1부

스타트업 커뮤니티를 소개하다

2장

왜 스타트업 커뮤니티가
존재하는가

스타트업 커뮤니티는 전 세계 어느 곳에서나 존재할 수 있다. 그래야만 하며 또 실제로 그러하다. 따라서 스타트업 커뮤니티가 어떤 원리로 움직이는지 자세히 살펴보려면 가장 먼저 창업자가 하는 일이 무엇인지를 알고 그것을 지역과 연결해야 할 것이다. 스타트업 커뮤니티는 추상적인 개념이지만 창업자와 스타트업 커뮤니티의 참여자들은 모두 사람임을 기억해야 한다.

창업자의 일

기업가정신은 혁신 창업자라고 불리는 개인이나 그 개인으로 이루어진 집단이 상업적 기회를 탐구한 다음에 활용하는 과정을 말하는 것으로 일반적으로 시장에 새로운 제품과 서비스를 내놓거나 기존 제품, 서비스, 생산방식을 크게 개선한다.[1] 이 과정은 새롭게 창업된 기업(스타트업)을 통해 이루어지며 창업자는 개인적으로 그리고 경제적으로도 상당한 위험을 무릅쓰게 된다.

린 스타트업 운동의 원조 격인 스티브 블랭크Steve Blank는 "스타트업은 반복과 확장이 가능한 비즈니스 모델을 찾고자 만들어진 일시적 조직이다"라고 말했다.[2] 이 일시적인 단계에서는 비스니스 모델을 테스트하고 검증한다. 그러고 나서 높은 성장률과 시장 점유율(스케일업)을 달성하기 위한 전략으로 바뀌거나 또는 반대로 실패하고 운영이 중단될 수도 있다.

기업가정신의 범위는 회사를 만들고 확장하는 것보다 더 넓다. '혁신 창업가적 마인드셋'이라고 불리는 접근법은 많은 문제와 다양한 유형의 조직에 적용될 수 있다. 다수의 기업이 나중에 고성장을 하게 되는데 성장 원인이 창업자가 처음 내세운 의도와 다를 수도 있다.

스타트업 창업자는 무언가 새로운 것을 창조해 사업을 크게 성장시키고자 하는 야망을 품는다는 점에서 전통적인 중소기업 소유주들과 다르다. 대개 중소기업은 계속 작은 규모에 머무른다.[3] 스타트업 창업자들은 근본적으로 다른 무언가를 해서 빠르게 확산시키고 커다란 경제적 가치를 만들어내고자 시작한다. 나는 션 와이즈Sean Wise와 공저한 저서 『스타트업 기회: 본업을 그만두어야 할 타이밍』에서도 이러한 구분에 대해서 썼다.

창업에는 두 가지 유형이 있는데 서로 커다란 차이가 있다. 첫째는 중소기업SME이라고 하는 지역 사업체 또는 라이프스타일 사업체가 있고 둘째는 스타트업 또는 가젤gazelles*이라고 불리는 고

---

* 빠른 성장과 높은 순고용 증가율이 빨리 달리면서 높은 점프력을 갖고 있는 영양류의 일종인 '가젤'과 닮았다고 해서 붙여진 이름이다.

성장 기업이 있다.

지역 사업체들은 이름 그대로다. 지역에 위치하며 소비자도 사업체와 가까운 곳에 있는데 동네 슈퍼마켓, 서점, 체인점이 아닌 음식점, 자체적으로 소유하고 운영하는 주유소 등이다. 때로는 이런 지역 사업체들이 확장해서 여러 지역에 사업체를 갖는 대기업이 되기도 한다. 하지만 대부분은 계속 지역 사업체로 남는다. 반대로 고성장 기업은 지역에 초점을 맞추는 경우가 드물다. 한 장소에서 시작하고 초기에는 대개 직원도 몇 명밖에 없지만 이들 기업의 창업자들은 지리적인 경계와 상관없이 신속한 성장을 열망한다. 이들 기업의 소비자는 전 세계에 있어서 기업이 지리적으로 확장을 했는가와 상관없이 지리적인 위치에 거의 제약받지 않는다.[4]

현대 경제 이론에 따르면 지식—원료, 기계, 인간의 노동력이 아닌—은 지속적인 경제 번영의 비결이다.[5] 기계와 노동력의 경우 확장에 따른 수익이 줄어들지만 아이디어와 지식은 수익이 증가한다. 지식을 경제적 가치로 바꾸려면 혁신 창업자가 꼭 필요하다. 혁신 창업자는 다른 사람들이 보지 못하거나 실행하지 못하는 기회를 행동으로 옮기기 때문이다.[6] 경제적 잠재력의 원천은 아이디어인데 혁신 창업자는 그 잠재력을 현실화해 다양한 편차로 비즈니스 성과와 가치창출을 이루어내는 변화의 주체다. 미국을 비롯한 여러 국가에서는 전체 기업의 불과 10퍼센트가 연간 매출과 고용 성장의 절반 이상을 차지한다.[7] 큰 영향력이 있는 벤처기업을 세운 소수 기업가가 경제 성장의 대부분을 주도하는 것이다. 이런 기업들은 창업 역사가 길지 않으며 교육 수준이 높은 근로자들이 많은 지식 집약적 산업과 도시에 집중돼 있다.[8] 힘이 아니라 머리로 움직이는 혁신 주도적 기업이다.

외적 환경

창업자들은 일자리를 만들고 경제적 성공을 이뤄내기 위해 좋은 아이디어와 투지를 결합한다. 그런 아이디어들은 어디에서 나올까?

산업화 시대의 생산은 일반적으로 자원의 축적, 규모의 경제, 수직 통합을 수반했다. 기업들은 별 특징 없는 오피스빌딩촌 또는 세련된 기업 캠퍼스에 있는 콘크리트 벽 뒤에 상대적으로 고립된 상태로 있었다. 아이디어의 원천은 주로 기업 내부의 연구 개발이나 엄격하게 통제된 공급망이었다.

정보화 시대에서 기업들은 아이디어와 인재를 모으는 동시에 빠른 기술 변화 속에서 끊임없이 배우고 적응을 해야만 한다.[9] 아이디어가 단순히 기업의 연구실 안에서 만들어져 제품 수명 주기에 통합되는 것이 아니다. 교실, 대학 연구실, 경쟁업체, 인접 산업에서 아이디어가 나온다. 직원들과 제품 사용자들의 지식과 피드백에서도 나온다.

따라서 창업자들과 그들이 만드는 스타트업은 외부 지향을 꼭 가져야 한다. 최고의 아이디어와 정보와 자원이 기업과 기업의 직접적인 통제 영역 바깥에 존재하기 때문이다. 집단 지식의 깊이가 커지고 기술 발달의 속도가 빨라지면서 이제는 한 사람이 무언가를 전부 다 아는 것이 불가능해졌다. 그래서 정보화 시대의 기업은 경계가 '흐릿'해야만 한다.[10]

창업자는 혁신적인 아이디어와 기술 혹은 특정 산업 정보를 얻는 것에서 그치면 안 된다. 그들은 유능한 직원들로 이루어진 팀과 고객, 공급자를 모아서 스타트업 자금과 벤처사업 구축 노하우로 이들을 뒷받침해야 한다. 이러한 환경에는 구매자와 판매자가 상품, 서비스, 정보를 특정한 가격과 조건으로 교환하는 전통적인 시장 메커니즘이 잘 통하지 않는다. 대신 자원의 교환이 다른 개인 또는 조직과의 관계를 통해 가까운 거리에서 비공식적으로 일어나는 경우가 많다.

결과적으로 스타트업은 비즈니스에 핵심적인 자원을 확보하기 위해 외부 환경에 의존한다. 중요한 자원이 전부 스타트업의 통제권 밖에 존재하는 것은 아니지만 많은 것이 그렇다.

이것은 모든 기업에 어느 정도 적용되지만 스타트업에게는 특히 중요하다. 무형 자원을 위한 기존의 시장에서 간단하게 뚝딱 생겨나지 않고, 이러한 자원을 획득하는 방식은 관계에 기반한다. 기업은 자원 의존성이 있어서 그들의 통제 안에 속하지 않는 생산요소들에 의존한다. 법적으로 독립된 하나의 조직이 어느 정도 다른 조직에 의존한다는 뜻이다.[11] B기업이 A기업에 대해 갖는 힘은 A기업이 B기업의 자원에 의존하는 정도에 비례한다.

이러한 상황에서 스타트업은 두 가지 어려운 문제에 직면한다. 스타트업은 다른 기업들과 비교해 외부 환경에 대한 의존성이 특히 크고 중요 자원이 부족한 경우가 많다. 그들에게 막대한 영향을 끼치는 개인이나 조직과 어떤 관계를 맺느냐가 성공을 좌우한다.

사람들과 기업이 스타트업을 이용해서 이득을 취할 수 있는데도 그렇게 하지 않는다면 스타트업 커뮤니티가 활성화됐다는 증거다. 그들은 스타트업을 해하는 대신 지속해서 도울 방법을 찾는다. 개인들이 자원 불균형 상태를 이용하려고 하는지 또는 이용할 수 있지만 삼가하는지에 따라 스타트업 커뮤니티의 장기적 생존 능력이 결정된다.

계층제가 아니고 네트워크다

창업 활동의 많은 부분이 사명 수행에 핵심적인 자원을 획득하는 것이라면 네트워크는 그런 생산 요소들을 전달해주는 메커니즘이다. 최근 몇십 년 동안 선진국과 신흥국 모두 커다란 변화를 겪었는데 산업화 시대의 중앙집중적인 지휘 통제 조직에서 정보화 시대의 분권화된 네트워크 기반 조직으로 변화가 나타났다. 이러한 거시적인 변화는 보편적이고 그 흐름을 양도할 수도 없다. 하지만 조직의 형태와 인간의 행동은 그 변화에 적응하는 데 매우 느리다.

계층제는 생산, 정보 자원의 엄격한 통제가 필요한 상황에 가장 적합하다. 예를 들면 제조업체 또는 대학, 정부, 군대에 존재하는 큰 관료체제가 해당된다. 계층제는 견고하고 유연성이 없으며 공식적인 규칙, 표준화된 운영 절차, 지휘 체계를 필요로 한다. 반면 네트워크는 탄력적이고 적응성이 있으며 유연성과 수평적인 정보 흐름을 필요로 한다. 건강한 스타트업 커뮤니티는 네트워크 기반의 구조 안에서 조직되는 매끄러운 정보 흐름에 의존한다. 반대로 위계적인 통제하에서는 숨이 막힐 것이다.

이러한 사상은 경제 지리학자 애너리 색스니언AnnaLee Saxenian이 쓴 『지역적 우위: 실리콘밸리와 보스턴 128번 도로』에 영향을 받왔다. 그녀의 책은 특정 지역이 다른 곳보다 지속적으로 혁신적이고 혁신 창업적인 이유를 다룬 현대의 가장 중요한 책일 것이다.

그 책에서 그녀는 테크놀로지 허브 두 곳을 비교했다. 바로 캘리포니아의 실리콘밸리와 보스턴 128번 도로다. 이 둘은 불과 1980년대 중반까지만 해도 정보기술 사업체가 집적돼 있다는 점에서 서로 비슷해 보였다. 128번 도로는 제2차 세계대전 이후 테크놀로지 허브로서 훨씬 더 유리한 입지를 갖추었고 1950년대, 1960년대, 1970년대까지 뻗어나갔다. 하지만 그 후로 128번 도로는 정체된 반면 실리콘밸리는 세계 기술 경쟁에서 훨씬 더 앞서 나갔다.

1980년대와 1990년대에 과연 무슨 일이 일어났기에 실리콘밸리의 성장은 가속화하고 보스턴 128번 도로는 느려졌을까?

보스턴의 훨씬 엄격한 계층 구조는 급격한 기술 발전이 가져온 파괴적 혁신과 세계 경쟁의 시대에 발 빠르게 적응하지 못했다. 반면, 실리콘밸리의 개방적인 '협업적 경쟁' 문화가 만든 네트워크 기반 구조는 그러한 변화를 알아보고 이용하기에 더 유리했다.

나의 전작 『스타트업 커뮤니티』에도 다음과 같이 요약돼 있다.

애너리 색스니언은 개방적인 문화와 정보 교환이 실리콘밸리가 보스턴 128번 도로보다 앞서가는 연료를 제공했음을 설득력 있게 주장한다. 이 주장은 네트워크 효과에 연결되어 있다. 네트워크 효과는 기업과 산업 전반에 걸쳐 정보를 공유하는 문화를 갖춘 커뮤니티에 의해 더욱더 강화된다. 그녀는 선마이크로시스템즈나 휴렛 팩커드Hewlett Packard 같은 실리콘밸리 기업들의 다공성 경계가 DEC나 아폴로 같은 128번 도로의 폐쇄적이고 자급 자족적인 기업들과 극명한 대조를 이루고 있는 것에 주시했다. 실리콘밸리 문화는 기업들을 가로지르고 기업들 간의 수평적인 정보 흐름을 적극적으로 받아들였다. 기술에 의한 빠른 속도의 파괴적 혁신은 실리콘밸리의 개방적인 정보 교류 문화와 노동 이동성과 완벽하게 잘 맞았다. 기술이 빠르게 변화함에 따라 실리콘밸리 기업들은 정보를 공유하고 새로운 트렌드에 적응하고 혁신을 적극 활용하고 새로운 환경에 민첩하게 반응하는 데 더 유리해졌다. 반면에 수직적인 통합과 폐쇄된 시스템은 기술의 대격변 시기 동안 많은 128번 도로 기업들을 불리하게 만들었다.

스타트업 커뮤니티는 정보, 인재, 자본의 흐름이 네트워크를 통해 자유롭고 수평적으로 이루어지는 환경에서 번창한다. 이 네트워크는 사람이 참여해서 만들어지는 것이기 때문에 관계 시스템이다. 이런 요인들을 주도하는 문화 규범은 본질적으로 상향식이고 느리게 진화하며 행동이 동기를 부여하고 가치관에 의해 형성된다.

신뢰 네트워크

사회적 자본 또는 '신뢰 네트워크'는 개인들을 집단으로 묶어주는 공통의 규범과 가치에 기반을 둔 관계에 뿌리를 두고 있고, 사람들이 더 효과적으로 협력할 수 있게 한다. 신뢰 네트워크는 빠르게 진행되고 모호하며 진화 중인 상태에서 높은 성과를 요구하는 복잡계에서 중요하다. 특수부대, 현대의 항공산업, 챔피언십 스포츠, 초성장 스타트업 모두 성공적인 성과를 거두려면 신뢰와 공유된 목적의식에 기반을 둔 팀워크가 필요하다.[12]

스타트업 커뮤니티에서 네트워크는 아이디어, 인재, 자금과 같은 중요한 정보와 자원을 창업자들과 직원들에게 전달한다. 정보와 자원이 네트워크 안에서 얼마나 잘 흘러가는가를 결정하는 것은 사회적 자본 혹은 관계의 본질이다.

사회적 자본과 비공식적 규범은 아이디어 공유, 협업, 사람 간 연결의 윤활유 역할을 한다.[13] 모든 기업은 고객이나 공급업체 같은 외부 관계자와 관계를 맺는다. 그러나 오늘날의 혁신 주도형 스타트업들이 직면한 환경처럼 복잡한 환경에서는 공식적으로 그런 관계를 맺는 것이 항상 가능하지는 않다. 대신 스타트업들은 서로 간에 그리고 커뮤니티 전체와의 비공식적인 합의에 의존해야 한다. 신뢰, 상호주의, 선의의 헌신, 책임감으로 합의하는 것이다.

사회적 자본은 미덕이 뒷받침된 깊은 신뢰 관계에서 나오는 스타트업 커뮤니티의 가치를 보여준다. 지역이 보유한 자원과 기업가적 역량이 똑같다고 할 때 사회적 자본을 더 많이 갖춘 스타트업 커뮤니티가 더 좋은 결과를 얻을 것이다.

올바로 작동하는 스타트업 커뮤니티에서 사회적 자본의 중요성은 시간이 지남에 따라 더욱 커지고 가속화한다.[14] 외부 네트워크에 의존하는 스타트업은 그러한 연결의 질에 따라 제약을 받기도 하고 많은 것을 할 수 있게 되기도 한다. 많은 연구가 기업, 커뮤니티 지역, 국가의 경제적 성장은 신뢰, 유연성, 비공식적 관계에 기초한 강력한 사회적 유대와 밀접한 연관이 있음을 보여주고 있다.[15] 네트워크의 가치는 연결점의 숫자나 네트워크 구조에만 달려 있는 것이 아니라 연결의 본질이나 연결점 사이를 이동하는 정보의 중요성에 의해서도 좌우된다.

오늘날의 혁신은 너무도 복잡하기에 다양한 역량을 갖춘 사람들로 이루어진 팀이 필요하다. 빅터 황Victor Hwang과 그렉 호로윗Greg Horowitt이 공저 『정글의 법칙: 혁신의 열대우림, 실리콘밸리 7가지 성공 비밀』에서 말했듯이 지금은 그 어느 때보다 다양한 사람들로 이루어진 팀이 필요한 시대인데 안타깝게도 인간은 자신과 다른 사람은 불신하는 본능이 있다. 이러한 본능적 한계를 지속적으로 극복하는 것이야말로 혁신 시스템의 활성화를 좌우한다.[16]

| 가치와 미덕 |

투명성과 정직

해를 끼치려는 의도에서 고의로 한 거짓말이나 기만하는 행동은 스타트업 커뮤니티를 파괴한다. 당연한 일이지만 진실성 없는 행동은—타인이나 자신을 지키려는 목적이라도—혼란을 일으키고 신뢰를 무너뜨리고 궁극적으로는 최선이 아니라 결과로 이어지므로 해롭다. 정직이야말로 모든 건강한 커뮤니티의 근본적 가치라고 할 수 있다.

투명성도 마찬가지다. 스타트업 커뮤니티에 영향을 미치는 의사결정은 모든 관계자의 의견을 수렴해 공개적으로 이루어져야 한다. 행동 방침의 근거가 분명하게 설명돼야 한다. 비록 어렵겠지만 거절도 확실히 이루어져야 한다.

스타트업 커뮤니티에서 소통의 부재와 수동적인 회피 문제가 지속적으로 발생하는데 특히 사람이나 프로젝트에 대한 무관심이 그렇다. 메시지를 무시하거나 어떤 문제를 해결하지 않은 채 남겨두는 것은 잘못된 것으로 그렇게 하는 것은 신뢰 기반을 약화하고 평판을 떨어뜨리고 만다. 무언가 또는 누군가에 관심이 없거나 관여할 수 없다면 분명히 전달하라. 단, 친절한 태도가 필요하다.

정직과 투명성은 건강한 스타트업 커뮤니티를 증명하는 것과 같다. 자신이 틀릴 수 있다는 것을 알고 동시에 정직하고 직접적이며 정중하게 그리고 친절하게 의사를 표현하라. 격렬해지거나 감정적으로 흐를 수 있는 상황에서는 건설적으로 생각할 필요가 있다. 주변 상황을 이해하고 사람마다 피드백을 주고받는 방식이 다름을 알아야 한다.

친절이 더해지면 스트레스 많은 상황에서 진전을 이루는 데 큰 도움이 된다. 친절은 양방향으로 대화의 양쪽 당사자가 기꺼이 솔직한 견해를 주고받으려고 해야 한다. 의견이 대립되더라도 서로 존중하며 접근한다면 뒤이어 일어나는 대화는 약점이나 피해야 하는 것이 아니라 강점으로 받아들여질 수 있다. 갈등은 복잡계 진화의 한 부분으로 진전은 서로 부딪쳐서 생기는 마찰에서 나온다.

솔직함과 마찰은 단기적으로는 감정을 상하게 할 수도 있지만 장기적으로는 훨씬 탄력적이고 잘 작동하는 시스템으로 이끈다. 생물학적인 시스템도 단기적인 시련을 겪은 후 장기적인 화합이 가능해진다. 들불이 생태계의 균형을 지켜주는 것처럼 말이다. 단기적인 고통은 스타트업 커뮤니티를 이루는 건강하고 정상적인 구성 요소 중 하나다.

적대적이거나 포용성이 없는 환경은 사람들로 하여금 있는 그대로의 의견을 공유하지 않게 만든다. 적대적인 환경에서는 신뢰에 기댈 수 없고 사람들은 서로에게 최악의 상황을 가정하게 만든다. 사람들이 정직하면서도 단호하게 소통하지 않는다면 신뢰는 약화되고 피드백 고리는 부정적인 것이 된다. 이런 모습이 표준으로 자리잡은 환경은 정체되거나 쇠퇴한다.

편안하게 툭 터놓고 솔직한 피드백을 할 수 있는 환경을 만드는 것은 모든 사람이 함께 노력해야 하는 일이지만 그런 분위기를 조성해야 할 사람은 특히 리더들이다. 신뢰를 쌓는 확실한 방법 하나는 취약함을 드러내는 것이다. 이것은 또한 사람들을 하나로 결속하는 방법이기도 하다. 창업자들이 특히 의견 차이와 갈등 상황에서 서로 어떻게 상호작용하는가는 스타트업 커뮤니티가 어떻게 진화해나가느냐에 매우 중요하다. 어떤 시스템이든 갈등, 오해, 분노, 실망, 실패를 마주할 수밖에 없다. 하지만 리더들이 오랜 기간 보여주는 행동, 특히 어려운 상황에 대응하는 방식은 스타트업 커뮤니티의 장기적인 지속과 진화에 상당한 영향을 미친다.

밀도와 집적

특히 초기 단계에서 스타트업에게 가장 중요한 관계는 지역에 있다. 창업자들과 스타트업 커뮤니티의 참여자들에게는 다른 지역에 있는 사람들과의 교류도 유용하지만 자기 지역과의 관계가 가장 중요하다. 그런 이유로 지역은 스타트업 커뮤니티의 핵심적인 구성 요소가 된다.

많은 기업과 근로자가 밀집되어 있다는 것은 경제 전반에 큰 가치가 있다. 거래 비용을 낮추고 기업, 근로자, 공급업체, 고객 간 결합을 더 좋게 해주기 때문이다. 이러한 '집적 효과' 또는 '외부 경제'는 기업 외부의 도시 또는 지역 단위에서 존재하며 네트워크가 확장돼야 나타난다. 근로자를 포함해서 고도로 전문화된 투입이 생산에 필수적인 산업에 특히 중요하다.[17]

비용을 낮추고 결합을 향상하는 것 외에 '지식 파급' 혹은 아이디어 교환이라고 알려진 세 번째 요인도 혁신과 기업가정신에 필수적이다.[18] 혁신적인 사업을 시작하고 확장하는 것 같은 복잡한 활동에서 아이디어 교환과 타인을 통한 학습은 매우 중요하다. 그러한 복잡한 활동은 말이나 글로 전달하는 것이 어렵기 때문에 학습은 가까운 거리에서 하는 것이 최상이다. 이것은 암묵적 지식 이전 또는 '실행을 통한 학습' 그리고 '관찰을 통한 학습'으로도 알려져 있다.

집적 현상, 즉 밀도가 창업자의 성과에 끼치는 중요성에 관해 내 블로그인 펠드의 생각Feld Thoughts에도 썼다.[19] 가령 나는 샌프란시스코, 뉴욕, 또는 보스턴 같은 잘 알려진 스타트업 허브에서 일을 할 때는 좁아서 함께 북적대는 장소에 머무르는 경향이 있다. 나는 이런 장소를 '스타트업 동네'라고 부른다. 가령 보스턴 광역 지역에는 스타트업 동네가 몇 군데 있는데 케임브리지에 최소 세 곳(켄델 스퀘어, 센트럴 스퀘어, 하버드 스퀘어), 원래 보스턴 지역에 적어도 세 곳(이노베이션 지구, 파이낸셜 지구, 레더 지구)이 있다. 뉴욕의 경우에는 미드타운 맨해튼 아래쪽에만 스타트업 동네가 최소 세 곳이나 된다. 플랫아이언과 유니언스퀘어, 미트패킹 지구와 첼시, 이스트 빌리지와 소호와 로워 맨해튼이다.[20]

이런 스타트업 동네를 경쟁 지역으로 보는 대신에 경계를 가로질러 다른 점을 갖고 있는 더 큰 커뮤니티의 일부로 보는 것이 바람직하다. 사람들은 인위적인 지리적 경계를 설정하곤 하는데 그럴 경우 지역 간 그리고 지역 내 커뮤니티들을 서로 분리하여 제로섬 사고방식을 형성할 수 있다. 이러한 틀에서 어떤 스타트업 커뮤니티는 다른 커뮤니티보다 뛰어나야 한다. 아이디어, 사람, 자원이 행정구역 또는 상상적 경계를 뛰어넘어 자유롭게 흐르기를 바라는 것과 반대되는 태도다.

학계 연구결과는 도시나 광역도시 단위에서 이루어지는 스타트업의 밀도 측정이 별로 세밀하지 못하다는 사실을 확인해준다. 거리가 멀어질수록 지식 공유의 '붕괴율'이 높아지기 때문이다. 한 연구에 따르면 소프트웨어 산업 부문에서 1마일 이내에 유사한 기업들이 밀집돼 있을 때 일어나는 지식 공유의 효과가 2~5마일 이내에 밀집돼 있을 때보다 10배나 크다.[21] 또 다른 연구에서는 맨해튼 광고 대행사들의 밀집이 가져오는 장점은 겨우 750미터(반 마일보다 작다) 이후로 줄어든다는 결과가 나왔다![22]

지역 혁신 전문가 메리앤 펠드먼Maryann Feldman은 다음과 같이 말했다.

> 장소는 특정한 목적을 위해 자원을 조직할 수 있는 플랫폼을 제공한다. 기업은 자원을 조직하는 잘 알려진 방법이지만 위치는 실행 가능한 선택지, 즉 경제 활동과 인간의 창조성을 조직하는 플랫폼을 제공한다. …… 장소는 직접적인 대면에 의한 상호작용과 암묵적 지식의 교환을 촉진하는 것을 넘어 우연한 발견의 확률, 즉 심오하고 완전히 바꿔놓을 수 있는 영향을 끼치는 예기치 않은 어떤 것이 일어날 가능성을 높여준다.[23]

스티브 잡스 같은 선각자들은 이런 점을 잘 알고 있었다. 그는 픽사 캠퍼스를 서로 다른 부서 직원들의 '자연스러운 접촉'을 가능하게 하는 방식으로 설계했는데 이것은 1940년대에 벨 연구소가 개척한 방법이기도 하다.[24] 구글이나 페이스북 같은 대표적인 혁신 기업들도 따라 했다. 이런 기업들이 공짜 음식과 탁구대를 제공하는 데는 다 이유가 있다. 단순히 과로에 시달리는 엔지니어들에게 스트레스 해소 수단을 제공하려는 것이 아니다. 달리 서로 부딪힐 일 없는 사람들끼리 접촉하고 마음을 터놓고 관계를 맺고 아이디어를 공유하고 새로운 협업 방법을 찾게 하기 위해서다.

장소의 질

장소의 질은 스타트업 커뮤니티에서 중요한 역할을 한다. 스타트업 창업자나 초기 직원들은 고도의 숙련 기술을 갖춘 개인들로서 살고 싶은 곳을 남들보다 자유롭게 선택할 수 있다. 여러 장소에서 살 수 있는 만큼 거주지로 선택하는 지역의 질을 매우 중요하게 여긴다.[25]

예전에 경제 발전은 굴뚝 산업을 유치하는 접근법을 따랐다. 세금 우대와 보조금을 제공해 기존의 대기업들을 유치하는 것이다. 하지만 이 제로섬 게임은 여러 지역을 경쟁하게 했고 전체적인 효과 또한 의심스럽다. 아마존의 두 번째 본사 입지를 두고 2018년과 2019년에 미국 전 지역의 관심이 뜨거웠던 것이나 비록 위스콘신주가 대만의 전자제품 제조업체 폭스콘을 유치하려 했던 노력만 보더라도 아직 그런 방법의 유산이 남아 있다.[26] 하지만 아마존과 폭스콘 사례에서 보듯 지식 기반 경제에서는 생산의 투입 요소가 변화하였기 때문에 굴뚝 산업을 유치하는 접근 방식은 예전만큼 유용하지 못하다.[27]

오늘날 지식 경제의 노동자, 창업자, 스타트업 직원들은 적당한 가격의 주택, 교통 접근성, 좋은 학군 같은 전통적인 매력 요인보다 더 많은 것을 원한다. 그들은 풍부한 문화와 사회와 자연을 누릴 수 있는 편의시설을 원하고 흥미롭고 창의적인 사람들과 가까이 있기를 원한다. 제2차 세계대전 후 일어난 교외로의 이동과 달리 이런 사람들과 새로운 주거 요인들은 도시 안과 도시 주변에 집중되어 있다.

세계적인 도시주의자 리처드 플로리다Richard Florida는 '창조적 계

층' 이론으로 명성을 쌓았다. 나와 이언은 모두 이 이론의 열렬한
신봉자이고 스타트업 커뮤니티와의 연관성 또한 굳게 믿고 있다.
나는 전작『스타트업 커뮤니티』에 이렇게 적었다.

리처드 플로리다는 혁신과 창조적 계층의 관계를 설명한다. 창
조적 계층은 기업가, 엔지니어, 교수, 예술가처럼 '의미 있는 새
로운 형태'를 창조하는 개인들로 이루어진다. 플로리다에 따르면
창조적 계층에 속하는 개인은 쾌적한 장소에 살고 싶어 하고 새
로운 아이디어와 특이한 것에 대한 관용이 존재하는 문화를 누
리고 싶어 한다. 무엇보다 그들은 같은 창조적 계층에 속하는 사
람들에 둘러싸여 있기를 원한다. 한 지역에 있는 창조적 계층은
더 많은 창조적 계층에 속하는 사람들을 그 지역으로 끌어당겨
결과적으로 그 지역을 더욱 가치 있고 매력적인 곳으로 만든다.
이러한 선순환으로 네트워크 효과가 발생한다. 필요충분한 수의
창조적 계층이 모인 지역은 더 많은 창조적 계층을 끌어들여야
하는 지역보다 비교우위를 갖는다.

실증적 증거가 이를 뒷받침한다. 이언의 연구는 미국 도시에서
급성장하는 기업가정신과 창조적 계층 노동자들의 유무 사이에 연
관성이 나타난다는 것을 보여주는데 대졸 노동자 혹은 첨단기술
산업 종사자들을 감안하더라도 연관성은 여전했다.[28] 미국과 유럽
의 학계 연구에서도 기업가정신과 창조적 경제의 지표 간에 일관
되게 긍정적인 관계가 발견됐다.[29]
창업자들의 정서를 조사한 연구에서도 그들이 장소의 질을 중요
하게 생각하고 있음을 시사하고 있다. 예를 들어 전 세계의 기업가

정신을 촉진하는 단체 엔데버Endeavor가 고성장 기업의 창업자들을 대상으로 한 연구에서 그들이 주로 삶의 질과 관련된 요인들에 기반하여 또는 개인적 연고를 고려해 거주지를 결정하며 창업 몇 년 전부터 이러한 결정을 내린다는 결과가 나왔다.[30] 다르게 말하면 지금의 많은 창조적 계층 노동자들이 앞으로 고성장 창업자가 될 것이다.

창업자들은 일단 한 지역사회에 정착하면 계속 머무르는 경향이 있다. 엔데버의 동일 설문조사에서는 고성장 창업자들이 젊은 성인들로서 매우 이동성이 높지만 일단 한 도시에서 회사를 창업하면 계속 그곳에 머무를 가능성이 크다는 사실도 나타난다. 나아가 학계 연구는 창업자들이 부분적으로 개인적 연관성을 바탕으로 창업 지역을 선택하며 그 연관성이 스타트업의 성과에 긍정적인 영향을 미칠 수 있음을 보여준다.[31]

투자자이자 창업자인 로스 베어드Ross Baird는 저서 『이노베이션 사각지대: 왜 우리는 잘못된 아이디어를 지지하는가』에서 당시 콜로라도 주지사였던 존 히컨루퍼John Hickenlooper와 장소애topophilia에 관해 나눈 대화를 회상한다.[32] 존 히컨루퍼는 콜로라도가 왜 세계에서 혁신 창업 활동이 가장 많은 지역 중의 하나로 꾸준히 순위에 오르는지, 왜 콜로라도주의 리더들이 그들의 지역사회에 다시 투자하는지를 '장소애'라는 용어로 설명하기를 즐겨한다. 심지어 그는 주의회에서 하는 마지막 주정연설에서도 그 단어를 중심축으로 사용했다.[33] 히컨루퍼 주지사는 '장소애'가 매우 큰 차이를 만든다고 믿는다. 그는 주지사로 당선되기 전에 창업자였다. 1988년에 미국 최초의 브루펍* 중 하나인 윈쿠프 브루잉 컴퍼니Wynkoop Brewing Company를 창업했다. 그가 주지사로 재임한 2011년부터 2019년까지 콜로라도는 주로서도 또 창업 생태계로서도 놀라운 성장과 발전을 이루었다.

2018년에 재레드 폴리스Jared Polis가 새로운 콜로라도 주지사로 당선돼 2019년 1월에 존 히컨루퍼의 뒤를 이어 취임했다. 재레드 폴리스는 주지사직을 맡기 전에 성공한 창업자였고 나와 데이비드 코헨David Cohen과 데이비드 브라운David Brown과 함께 테크스타를 공동 설립하기도 했다. 우리가 테크스타를 만들게 된 가장 큰 동기는 당연히 콜로라도, 특히 볼더의 스타트업 커뮤니티를 향상하기 위함이었다. 한마디로 장소애를 행동으로 보여준 것이었다.

창업자들은 오래도록 지속되는 무언가를 만들고 싶어한다. 그러한 욕망은 그들의 기업을 넘어 확장되고 동기부여를 증폭하는 요인이 된다. 그들은 자신들이 좋아하고 자신과 가족이 가장 많은 시간을 보내는 곳에서 그런 일을 하고 싶어한다.

---

* 매장에서 직접 맥주를 제조해 판매하는 형태의 펍이다.

예루살렘의 잃어버린 10년과 스타트업 생태계를 부활시킨 보헤미안 저항정신

벤 위너Ben Wiener (이스라엘 예루살렘)
점프스피드 벤처스 설립자·매니징 파트너

내가 1998년에 뉴욕에서 이스라엘의 수도 예루살렘으로 이사 왔을 때 이 곳에선 의미 있는 스타트업 활동이 이루어지고 있었다. 물론 텔아비브가 더 크고 세계적으로 알려진 도시다. 하지만 예루살렘에는 수많은 스타트업과 그들을 지원하는 대규모 벤처 펀드가 있었다. 그러나 2002년에 모든 것이 무너졌다. 가장 큰 이유는 닷컴 버블의 붕괴와 정치적 불안의 시작 때문이었다. 예루살렘의 스타트업 활동은 사실상 10년 이상의 휴면기에 접어들었다.

하지만 2013년에 상황이 바뀌기 시작했다. 아래에서 살펴볼 다양한 이유로 예루살렘에서 스타트업 활동이 다시 시작되려고 하는 작은 움직임들이 느껴졌다. 그 진동을 가장 먼저 느낀 사람은 아마도 예루살렘 벤처 파트너스 JVPJerusalem Venture Partners에서 일하고 있던 예루살렘 청년 하난 브란드Hanan Brand였을 것이다. 그는 예루살렘 벤처 파트너스에서 딜 플로deal flow* 매니저로 일하고 있었는데 투자 제안서를 제출하는 지역 창업자들이 놀라울 정도로 갑자기 많아졌다. 하지만 대부분은 규모가 너무 작거나 너무 초기 단계였다. 하난 브란드는 개인적으로 바에서 '비라테크BiraTechs'라는 행사를 개최하기 시작했다. 창업자들이 만나 어울리는 자리였다. '예루살렘의 스타트업 창업자들'이라는 페이스북 그룹도 만들어졌다.

2013년 중반에 예루살렘에는 액셀러레이터 프로그램이 단 하나뿐이었

---

* 벤처캐피탈이 투자 제안을 받는 비율 또는 투자 기회의 흐름을 말한다.

다. 히브리 대학교에서 학생들이 같은 학생들의 창업을 돕기 위해 만든 시프테크Siftech였다. 시프테크는 두 개의 코호트를 운영했지만 투자를 받은 회사는 하나도 없었다. 나는 하난의 첫 번째 비라테크 행사인 '스타트업 피치 나이트'에 참석했다. 40명이 넘는 창업자들이 참석했지만 투자자는 단 한 명도 없었다. 예루살렘은 투자자들의 레이더망에서 너무 멀리 떨어져 있었다. 나는 그날 집으로 돌아와 예루살렘에서 창업하는 스타트업에만 투자하는 점프스피드 벤처스Jumpspeed Ventures라는 벤처 펀드를 만들겠다고 생각했다.

몇 년 후 페이스북 그룹 '예루살렘의 스타트업 창업자들'은 일련의 진화를 거쳐 캐피탈 J라는 조직이 됐다. 그리고 히브리 대학과 비정부기구 뉴스피릿Newspirit의 참여로 메이드인JLMMadeinJLM이라는 독립적인 비영리단체로 변신했다. 지난 6년 동안 예루살렘의 창업 생태계에서 수많은 스타트업이 나왔고 현재 해마다 수백 개의 스타트업이 만들어지고 있다. 몇몇 액셀러레이터가 시프테크의 활동에 합류했는데 여기에는 매년 예루살렘에서 전 세계 50개 이상의 스타트업의 성장을 가속화하는 매스 챌린지MassChallenge의 이스라엘 프로그램도 있었다. 예루살렘의 벤처 자금 지원은 여전히 텔아비브와 비교하면 약하지만 시간이 지날수록 극적으로 늘어났다.

예루살렘을 부활시킨 요인들은 과연 무엇인가?

대부분의 예루살렘 창업자들은 스스로 선택해서 예루살렘에 살다가 회사를 창업했다. 이곳에서 창업하러 온 사람들이 아니었다. 예루살렘은 다양한 사람들을 끌어당겼고 이것은 이스라엘 출신, 이민자, 남성, 여성, 종교인, 세속인, 유대인, 아랍인 등 여러 유형으로 구성된 창업 토대를 낳았다. 협업과 상부상조의 정신이 생태계 전체에 퍼져 있었다.

더 패밀리The Family의 니콜라스 콜린Nicolas Colin은 세 가지로 이루어진 자급자족적 기술 생태계 공식을 내놓는다. 이것은 첫째, 기술 노하우. 둘째, 자본. 셋째, 저항 정신이다. 예루살렘의 학문기관과 대기업은 항상 기술 노하우를 갖고 있었다. 예루살렘이 텔아비브 투자자들의 레이더망에서 벗어나 있다는 것을 알기에는 너무 순진하고 고집불통이었던 주로 젊은 창업자들로 이루어진 새로운 세대가 저항의 정신을 이끌었다. 1990년대 후반에는 있었지만 닷컴 버블이 꺼지고 난 후 사라진 자본이 필요했다. 얼마간의 시간과 노력 끝에 자본이 서서히 다시 예루살렘으로 돌아오기 시작했다.

벤처캐피탈리스트 출신인 니르 바카트Nir Barkat는 2008년에 예루살렘 시장으로 선출되자 예루살렘을 이스라엘의 문화 수도로 만들려는 데 전념했다. 강력한 '창조적 계층'이 고용 증가와 기술 혁신의 전조라는 리처드 플로리다의 주장에도 영향을 받았다. 의도적이든 아니든 니르 바카트와 시 당국이 예루살렘의 문화 행사와 활동에 적극적으로 투자한 지 약 5년 후 갑자기 스타트업 활동이 늘어났다. 도시에 그냥 돈을 쏟아붓는다고 저절로 스타트업 커뮤니티가 생기지 않는다. 하지만 특히 간접적인 경로를 통한 자금 지원은 어느 정도 촉매제가 될 수 있다. 창조적 계층에 자금을 지원하는 것은 노력을 집중하기에는 분명하게 보이지 않을 수 있는 영역이기는 하다. 최근에 뉴질랜드 대학교의 관계자가 나를 방문했는데 그 대학은 몇백만 달러를 배정해서 200개의 스타트업에 창업 자금을 지원함으로써 스타트업 커뮤니티를 '만들겠다'는 계획이었다. 나는 그녀에게 돈을 모두 잃을 것 같으니 차라리 200개 록 밴드를 키우는 데 투자하는 게 낫겠다고 말했다. 나는 조금 어리둥절해하는 그녀에게 리처드 플로리다의 창조적 계층과 니콜라스 콜린의 저항 정신이 스타트업 커뮤니티를 구축하는 데 중요하다고 설명해주었다.

최고의 저항과 르네상스는 단 하나가 아니라 여러 촉매제가 동시에 작용할 때 일어난다. 예루살렘의 창업 생태계의 경우는 확실히 그러했다. 닷컴 버블을 둘러싼 부정적인 요인들이 합쳐져 예루살렘의 창업 생태계는 쇠퇴했다. 그리고 2013년 즈음 긍정적인 요인들이 합쳐져 스타트업 활동의 부활을 촉진했다.

3장

행위자

스타트업 커뮤니티 웨이 법칙
스타트업 커뮤니티의 가장 중요한 목적은 창업자들의 성공을 돕는 것이다.
스타트업 커뮤니티가 무엇을 위한 것인지 절대 잊으면 안 된다. 창업자 없이는 스타트업 커뮤니티도 없다. 창업자들이 성공하지 못하면 다음 세대가 떠나고 기업가정신도 정체될 것이다.

지금까지 외부 환경이 어떻게 그리고 왜 스타트업의 성공을 가속하거나 제한할 수 있는지 대략 설명했다. 이제 스타트업 커뮤니티를 구성하는 개별적인 요소들을 자세히 살펴볼 것이다. 이번 장에서는 스타트업 커뮤니티 내의 두 가지 핵심 구성 요소 중 하나인 행위자를 다룬다. 행위자는 스타트업 커뮤니티에 참여하는 사람과 조직을 말한다. (4장에서는 또 다른 핵심 요소인 스타트업 커뮤니티의 요인, 즉 기업가정신에 영향을 미치는 자원 또는 지역적 조건을 살펴본다.)

누가 누구에게 무엇을 어떤 방식으로 하는지가 중요하다. 행위자

에는 세 가지 유형이 있다. 바로 리더leader, 피더feeder, 선동가instigator
다. 스타트업 커뮤니티에서는 여러 행위자와 요인 간의 경계가 모호
하거나 개인이 단일 역할 범위를 초월해 여러 역할을 할 때가 많다.[1]

창업 생태계에 관여하는 사람, 조직, 자원, 조건의 범위를 아는
것은 유용하지만 이것들이 가장 중요한 구성 체계는 아니다. 개별
적인 구성 요소들 간의 상호작용이 중요하다. 그렇지만 먼저 구성
요소들을 분류해보고자 한다. 이러한 과정은 특히 이 분야에 새로
진입한 사람들에게 도움이 될 것이다.

리더, 피더, 선동가

건강한 스타트업 커뮤니티는 밀도 있게 연결되고 개방적이고 신
뢰가 바탕이 된 네크워크로 여기에서 가장 영향력 있는 노드node는
창업자다. 이것은 전작 『스타트업 커뮤니티』에서 가장 논란이 되
고 오해도 많은 개념 중 하나다. 나는 전작에서 리더와 피더라는
용어를 사용해 두 가지 범주의 스타트업 커뮤니티 참여자를 다음
과 같이 설명했다.

스타트업 커뮤니티의 리더는 창업자 출신이어야 한다. 그 외 다
른 사람들은 스타트업 커뮤니티의 피더이다. 리더와 피더는 둘
다 중요하지만 역할은 다르다. …… (피더에는) 정부, 대학, 투자
자, 멘토, 서비스 제공업자, 대기업이 포함된다.

어떤 사람들은 이러한 개념화를 잘못 해석했다. 내가 스타트업

커뮤니티에서 창업자가 아닌 사람들의 역할을 최소화한다고 생각한 것이다. 피더라는 용어에 폄하의 뜻이 담겨 있다고 생각한 사람들도 있었다. 하지만 나는 그런 의도가 아니었다. 이번 기회를 빌려 리더와 피더에 대한 나의 생각을 명확히 설명하고자 한다.

리더와 피더를 사과와 파파야라는 말로 대체해보자. 창업자는 사과이고 그 외 사람들은 모두 파파야다. 그들은 모두 저마다 중요하지만 수행하는 역할은 다르다. 파파야는 일반적으로 조직 또는 조직을 이끄는 사람들이다. 대부분 계층적 성격을 띤다. 만약 당신이 파파야를 위해 일한다면 당신의 업무가 스타트업 커뮤니티에 참여하는 것일지라도 여전히 당신의 고용주는 파파야의 목적을 얼마나 잘 달성하느냐에 따라 당신을 판단한다. 파파야의 목표는 스타트업 커뮤니티의 목표와 일치할 때도 있고 그렇지 않을 때도 있을 것이다.

결론적으로 나와 이언은 파파야가 스타트업 커뮤니티에서 리더 역할을 할 수 없다고 강력히 주장한다. 그러나 파파야, 곧 피더의 개별 구성원은 영향력 있는 리더 역할을 맡을 수 있다. 우리는 그들을 선동가라는 이름으로 구분한다. 새로운 활동과 변화를 일으키는 사람들이기 때문이다.[2]

스타트업을 창업한 적은 없지만 스타트업 커뮤니티를 구축하기 위해 쉬지 않고 일하는 선동가들의 예는 셀 수 없이 많다. 그들은 스타트업 커뮤니티가 만들어지는 데 가장 중심적인 역할을 하며 의미 있는 활동을 지속한다. 이것은 매우 중요한 것으로 창업자들은 자신들의 회사를 만들어가느라 너무 바빠서 더 큰 그림에 집중하기 어렵기 때문이다. 때로는 이 일이 비영리 또는 다른 형태의 조직을 통해서 정규직 직원의 일이 되기도 한다. 하지만 선동가들은 대부분 스타트업 커뮤니티에 부업식으로 참여하는 방법을 선호한다. 이러한 선동가들은 모든 스타트업 커뮤니티에 매우 중요하다. 그들의 공로를 인정하고 지지해야 한다.

이끄는 핵심 창업자 집단이 없는 스타트업 커뮤니티는 지속가능할 수 없다. 선동가도 리더 역할을 할 수 있고 실제로도 그런 경우가 많다. 하지만 창업자는 스타트업 커뮤니티에서 동료, 멘토, 영감의 원천으로서 다른 창업자들의 역할 모델이 된다. 스타트업 커뮤니티의 모든 창업자가 리더가 될 필요는 없지만 필요충분한 수는 필요하다. 다행히 비교적 적은 숫자도 가능하다. 궁극적으로 창업자 리더가 있어야 한다. 그들은 스타트업 커뮤니티의 분위기를 조성하고 지식의 핵심적인 원천이며 기업가정신 문화가 확립되도록 돕는다.

기존의 창업자들은 새로운 창업자들에게 큰 영향을 미친다. 창업자들은 무엇이 가능한지를 그들보다 앞서서 했던 창업자들을 보고 가늠하기 때문이다. 경험이 부족한 창업자는 영감, 성공 사례, 인맥, 정신적 지지, 수많은 미묘한 어려움에 대한 조언을 성공 경험이 있는 창업자에게 얻고자 한다. 일반적으로 창업자가 아닌 사람은 경험하지 못한 부분이기 때문에 이러한 역할을 완전하게 수행할 수 없다.

사회적 네트워크에서는 상대적으로 적은 숫자의 사람들이 불균형적으로 많은 직접적이거나 간접적인 연결(관계)을 끌어당긴다. 이 네트워크 노드(허브, 슈퍼 커넥터, 슈퍼노드라고도 한다)는 슈퍼노드가 없거나 적은 네트워크에 비해 네트워크 전반의 응집력을 향상한다. 이와 같이 스타트업 커뮤니티와 같은 사회적 네트워크는 멱법칙power-law distribution으로 설명될 수 있는데 적은 수의 사람이 전체 시스템에 큰 영향을 미칠 수 있다.

내가 창업자 주도형의 스타트업 커뮤니티라는 개념을 내놓은 후이를 뒷받침해주는 증거가 여러 연구를 통해 나왔다. 예를 들어 엔데버는 세계 여러 도시의 창업 생태계 네트워크 그래프를 만들었다. 성공한 창업가들(기업을 확장한 이들)이 핵심 리더로 적극적으로 활동하는 밀도 높은 네트워크가 있는 커뮤니티는 핵심 리더가 창업자가 아닌 커뮤니티보다 더 나은 성과를 거둔다는 사실이 발견됐다.[3] 카우프만재단의 연구에서는 캔자스시티의 창업자들이 대부분 다른 창업자들과 연결되기를 원한다는 연구결과가 나왔다.[4]

나는 전작 『스타트업 커뮤니티』에서 스타트업 커뮤니티를 구축하면서 정부에 리더십이나 자원 제공을 너무 많이 바라면 어떻게 되는지 다루었다. 일부 성공적인 노력도 있었고 의도도 정말 좋긴 했지만 정부는 창업자가 가장 필요로 하는 자원을 동원할 자원, 전문성, 마인드셋, 절박함이 부족한 경우가 많다.

정부에 의존하고 싶은 유혹이 드는 것도 이해가 된다. 결국 스타트업 커뮤니티는 일종의 공공재, 즉 모두에게 이익을 주기 위해 존재하는 가치이기 때문이다. 정부는 군사, 교육, 의료, 심지어 방대한 혁신의 수확 등 많은 분야에서 공공재를 제공한다. 그것이 정부의 주된 목적 중 하나이기도 하다. 하시만 스타트업 커뮤니티의 맥락에서 정부는 오직 지원이나 간접적인 역할만 할 수 있다. 최소한 창업자들은 정부가 문제를 해결해주기를 바라서는 안 된다.

행위자

리더, 피더, 선동자로 구성된 행위자는 스타트업 커뮤니티에 참여하는 사람들과 조직들이며 각자 수행하는 역할에 의해 정의된다. 개인은 동시에 하나 이상의 역할을 수행하며 하나 이상의 조직에서 일하는 경우가 많다. 경력을 쌓는 동안 이러한 경계를 여러 번 넘는다. 다음은 스타트업 커뮤니티 안에 존재하는 여러 행위자에 대한 간단한 설명이다. 명쾌하게 다가오는 것도 있고 이해하기가 쉽지 않은 것도 있을 것이다.

창업자

번창하는 스타트업 커뮤니티에는 충분한 수의 창업자가 필요하다. 여기에는 경험이 많은 창업자 또는 연쇄 창업자, 이제 막 시작한 초심자 또는 경험이 없는 창업자, 창업의 꿈을 품고 있는 예비 창업자, 초기 창업자, 심지어 활동을 중단한 창업자도 포함된다. 확장 가능한 비즈니스 모델을 적용해 사회 문제를 해결하려는 사회적 기업가도 있다.

기업가는 해당 지역에서 성장했거나 해당 국가 출신이거나 다른 곳 출신일 수도 있다. 스타트업 커뮤니티는 배경, 인종, 민족, 성별, 출신지 또는 이전 경험에 상관없이 참여를 원하는 모든 창업자를 포용해야 한다.

스타트업과 스케일업

기업가정신은 기업을 창업하는 것과 확장하는 것보다 더 넓은 의미이지만 이 두 가지 활동은 스타트업 커뮤니티에서 주된 기업가정신의 방식이다. 창업자는 새로운 제품과 서비스, 기술, 생산방식,

시장 접근법을 창조할 수 있는 기업을 만든다.

스타트업은 창업자, 소수의 직원, 경우에 따라서는 멘토나 고문으로 이루어진다. 모두 함께 협력해 새롭거나 기존보다 개선된 제품과 서비스를 개발한다. 스타트업은 고객 개발—일반적으로 제품·시장 적합성product/market fit이라고 한다—을 한 후에는 새로운 단계로 넘어가 기업의 확장, 시장 점유율 확대, 가능한 경우에는 인접 시장으로의 이동에 초점을 맞춘다.

단계마다 회사가 마주하는 니즈와 도전, 창업자와 직원들도 달라진다. 변화하는 요구를 반영해서 경영진 또는 창업팀의 교체가 일어나기도 한다. 성공한 스타트업은 성장 단계의 기업 또는 스케일업으로 진화하고, 스타트업일 때보다 훨씬 더 중요성이 커진 채로 스타트업 커뮤니티의 핵심적인 행위자로 계속 남는다.

스타트업 직원

창업자 혼자서 훌륭한 기업을 만들 수 없다. 현대의 지식 집약적인 경제에서는 특히 숙련된 노동자가 중요한데, 좋은 아이디어와 두뇌집단은 희소하며 기계나 원자재보다 더 가치가 있다. 스타트업에는 기술, 비즈니스, 경영, 그리고 기질적으로 맞는 성향을 갖춘 인재와 전문성이 필요하다. 직원들은 전통적인 교육, 온라인 학습, 직업과 전문 교육, 그리고 무엇보다 다른 스타트업이나 기업에서의 실무 훈련 등 여러 가지 방법을 통해 필요한 역량을 발전시킬 수 있다.

멘토

멘토는 대개 한 산업이나 영역에서 지식과 전문성을 갖춘 경험 많은 창업자나 개인이다. 멘토는 자발적으로 참여해서 #먼저주기 철학으로 접근해야 한다. 이것은 내가 『스타트업 커뮤니티』의 '받기 전에 주기'라는 대목에서 소개한 개념이다. #먼저주기는 거래 한도를 설정하지 않고 관계나 시스템에 기꺼이 에너지를 투입한다는 뜻이다. 하지만 이것은 이타주의는 아니다. 무언가를 얻으리라는 기대는 있다. 하지만 언제, 누구로부터, 어떤 형태로, 무엇을 고려해서, 어떤 시간을 기준으로 얻을 수 있는지는 모른다.

창업자는 멘토의 기여가 가치 있으면 회사의 지분으로 보상해주어야 한다. 회사가 성공했을 때 멘토 관계는 진화해서 무보수 역할에서 보수를 받는 고문, 투자자, 이사진, 또는 직원으로도 바뀔 수 있다. 멘토와 고문의 차이를 알아야 한다. 이 둘은 서로 혼용해서 사용되는데 사실은 매우 다르다. 멘토는 #먼저주기 접근법으로 참여하는데 거래 관계를 상정하지 않는다는 뜻이다. 그에 반해서 공식적인 고문은 미리 정해진 합의에 따라 보상을 받는다.

| 가치와 미덕 |

#먼저주기

처음에 『스타트업 커뮤니티』에서 '받기 전에 주기'라는 개념을 발전시켰다. 2012년부터는 #먼저주기라는 표현으로 진화했다. 이것은 테크스타의 신조이자 나의 기본적인 사업 철학이기도 하다.[5] 『스타트업 커뮤니티』에서 나는 다음과 같이 썼다.[6]

삶에서의 성공 비결에 관해 내가 깊게 믿고 있는 신념 중 하나는 받기 전에 주어야 한다는 것이다. 나는 누구에게라도 기꺼이 도움이 되고자 한다. 이렇게 하는 것이 나에게 무슨 이익이 될 수 있는지 명확한 기대가 없더라도 말이다. 만약 이 시간이 지나서도 관계가 일방적이면(예를 들어 나는 계속 주지만 받는 것이 아무것도 없을 때) 주는 것을 그만두기도 한다. 왜냐하면 이 신념은 근본적으로 이타적인 접근을 토대로 하는 것은 아니기 때문이다. 그러나 결과에 대한 명확한 정의 없이 시간과 에너지를 투자했을 때 시간이 지나 나의 기대를 훨씬 뛰어넘는 보상이 돌아오는 것을 경험해왔다.

우리들은 볼더의 스타트업 커뮤니티에 받기 전에 주기라는 철학을 체화시키고자 많은 애를 썼다. 볼더에서는 "내가 얻을 이익이 뭘까?"라는 말을 듣기가 어렵다. 대신 "내가 어떻게 하면 도움이 될 수 있을까?"라는 말이 들려온다. 소개와 초대가 활발하게 이루어진다. 나는 전국을 다닐 때마다 볼더 사람들과는 교류하기가 참 수월하고 좋은 기운이 흐르는 것 같다는 말을 자주 듣는다. 이것이 받기 전에 주기 철학이 잘 작동하고 있다는 것을 보여주고 있다.

훌륭한 멘토의 특징은 무엇이 돌아올지에 대한 분명한 기대 없이 멘티에게 시간과 에너지를 기꺼이 쏟는 데 있다. 데이비드 코헨David Cohen도 이 이야기를 자주 한다. 테크스타뿐만 아니라 그가 투자하지 않는 기업들에도 이 철학을 실천한다. 테크스타에는 '테크스타 1일 체험'처럼 누구에게나 열린 프로그램들이 있다. 지원하는 사람들에게 멘토의 역할을 잘 이해할 수 있도록 가르쳐주는 것이다. 이 프로그램에 참여하는 테크스타의 멘토들에게 그 이유를 물어보면 대부분 "내가 초보 기업가였을 때 누군가 나를 도와줬기 때문에 나도 돌려주고 싶다"라고 말한다.

받기 전에 주는 철학이 깨지는 상황도 발생한다. 누군가가 받기만 하고 절대 돌려주지 않으면 곧 지루하고 짜증 나고 흥미도 사라진다. 스타트업 커뮤니티가 받기 전에 주는 철학을 적극적으로 받아들이게 되면 받기만 하고 주지 않는 사람은 부정적인 평판이 쌓이고 그런 사람들을 거부하게 된다. 숙주가 기생충을 거부하는 것처럼 말이다. 따라서 최소한 받는 만큼은 나눠주어야 한다.

받기 전에 주기 개념이 #먼저주기로 발전하면서 그 정의가 더욱 엄격해졌다. #먼저주기는 거래의 한도를 설정하지 않고 관계나 시스템에 기꺼이 에너지를 투입한다는 뜻이다. 하지만 이것은 이타주의가 아니다. 무엇인가를 얻으리라는 기대가 있기 때문이다. 언제, 누구에게서, 어떤 형태로, 어떤 사항을 고려해서 어떤 시간을 기준으로 얻을 수 있을지는 모른다.

이해하기는 쉽지만 비즈니스 관계와 네트워킹에 관한 주류 사상에는 어긋난다. 그리고 이것이 스타트업 커뮤니티가 작동하는 기초적인 원리다. 친구이자 법학 교수인 브래드 번탈Brad Bernthal은 '일반 교환generalized exchange*'이라는 법률 용어로 학술지에 이 내용을 언급하기도 했다.[7]

참여하는 모든 행위자가 #먼저주기 철학을 실천한다면 스타트업 커뮤니티에 막대한 에너지가 투입된다. 그 에너지는 미리 거래적 관계를 따져보는 마찰 없이 수많은 일이 일어나게 해준다. 갑자기 많은 일들이 일어나고 즉각적인 이익이 스타트업 커뮤니티 전체에 걸쳐서 나타나기 시작한다. 하지만 이러한 이득은 예측불가능하고 이차적인 효과도 예상할 수 없다. 우리가 복잡계 개념을 스타트업 커뮤니티와 연결하자 #먼저주기의 중요성도 밝혀졌다. 이것이 복잡계에 관여하는 강력한 방법이라는 것을 깨달으면서 우리는 비즈니스(그리고 삶의 모든 측면에)에 접근하는 데 있어 장기적인 결과에

---

* 사회학의 사회교환이론에 나오는 용어로서 누군가에게 뭔가를 주면 그 사람이 아니라 딴 곳에서라도 반드시 보상을 받게 돼 있다는 의미다.

초점을 두기 시작했다.

#먼저주기는 스타트업 커뮤니티에만 국한되지 않는다(복잡계도 마찬가지다). 하나의 철학으로서 창업자가 스타트업 커뮤니티를 넘어서 지역사회에 돌려주는 것에 대해 생각해볼 수 있는 간단한 방법이다.

#먼저주기 철학을 받아들이면 건강한 스타트업 커뮤니티를 위해 빠르게 긍정적인 영향을 미칠 수 있다. 스타트업 커뮤니티의 모두가 이 철학을 받아들이면 마법 같은 일이 일어난다.

코치

코치는 여러 분야에서 잘 알려진 역할이지만 기업가정신 분야에서는 최근에서야 각광을 받았다.[8] 코치는 창업자, CEO, 리더십 팀을 도울 수 있다. 구체적인 코칭 방법은 다양하지만 우리가 좋아하는 접근법은 리부트Reboot라는 이름으로 대중화된 것으로 리더십을 강화하고 회복탄력성을 키우는 수단으로써 실용적 기술, 근본적인 자기 탐구, 공유 경험에 초점을 둔다.[9] 다시 말하자면 코칭받는 사람이 자신의 문제를 좀 더 명확하게 보도록 도와주고 해결책의 원천이 되고 행동에 나서도록 격려해준다. 그리고 코치는 커뮤니티를 구축해서 고객들이 서로 경험을 공유하며 배울 수 있도록 도와주어 리더십과 회복탄력성을 향상할 수 있게 한다. 코칭은 문제의 해결책이 코칭을 받는 사람 안에 있다고 보기 때문에 멘토링(내 경험에서 배워라)이나 조언(내 전문지식에서 배워라)과는 다르다. 심리치료와도 다른데 과거의 치유(왜 이렇게 됐을까?)가 아니라 앞으로 나아가는 것(나는 어디로 가고 싶은가?)에 초점이 맞춰지기 때문이다.

투자자

스타트업들은 회사 문을 열고 제품을 개발하고 사업을 확장하기 위해 자금 유치에 의존한다. 자금은 지분 투자, 부채, 보조금, 또는 이것들이 조합된 형태일 수 있다. 스타트업의 자금은 벤처 투자가, 은행, 엔젤 투자자, 재단, 공공 시장, 친구와 가족, 기업, 크라우드 펀딩(지분 투자 또는 P2P 대출), 정부(지원금, 보조금, 모태펀드,* 직접투자, 개발기금) 등에서 나올 수 있다. 액셀러레이터, 인큐베이터, 스타트업 스튜디오,** 새롭게 부상하는 '인재 투자자'***(안트러프러너 퍼스트Entrepreneur First나 앤틀러Antler 등)는 자금 말고도 공동창업자를 찾아주는 것과 같은 다른 서비스도 제공한다.

서비스 공급자

대부분의 기업과 마찬가지로 스타트업도 다양한 서비스 공급자에 의존한다. 변호사, 회계사, 투자 은행가, 기술 전문가, 컴퓨팅 서비스 제공자, 부동산 임대업자, 공유 오피스 운영자 등이 해당된다. 건강한 스타트업 커뮤니티에서는 서비스 공급자들이 스타트업의 고유한 속성을 예리하게 파악하고 있다. 따라서 서비스를 제공한 대가로 주식을 받는다든지 또는 고성장 잠재력이 있는 사업체의 제약사항과 무형자산을 반영해서 권리를 취할 수 있는 합의를 한

---

* 여러 투자자로부터 출자금을 받아 하나의 펀드를 조성한 뒤 다시 개별 투자 펀드에 투자한다. 펀드를 위한 펀드 혹은 재간접펀드라고도 한다.
** 스타트업 팩토리, 스타트업 파운드리, 벤처 스튜디오라고도 불리며 여러 회사를 연속해서 만드는 스튜디오 같은 회사다.
*** 테크 회사를 만들 수 있도록 지원하는 데 아이디어를 테스트할 수 있도록 일정 기간 급여를 주고 전문가들을 매칭한다.

다듬지 상황에 맞게 조율을 한다.

　스타트업의 고문은 특정한 유형의 서비스 공급자다. 그들은 하나 또는 그 이상의 분야(기술, 산업, 벤처, 스타트업) 전문가로 초창기에 단기간(6개월에서 1년) 조언을 제공하고 회사 주식을 받는다. 이런 식으로 그들은 부분적으로 서비스 공급자이자 부분적으로는 투자자가 된다. 실리콘밸리의 투자자 제이슨 칼라카니스Jason Calacanis는 그들을 '돈 없는 엔젤 투자자'라고 부른다.[10]

창업 지원 조직

스타트업을 지원하는 광범위한 비영리 그리고 영리 조직이 존재하는데 이들은 멘토링, 조언, 교육, 서비스, 네트워킹, 연결, 사무실 공간, 그리고 심지어 자금도 제공한다. 이들 조직들 중 일부는 스타트업 커뮤니티 구축에도 관여할 수 있다. 여기에는 스타트업 액셀러레이터, 인큐베이터, 스튜디오, 공유 오피스, 혁신 허브, 해커 공간, 메이커 공간, 전문 직업 교육자, 다양한 산업, 멤버십, 기업가정신, 네트워킹, 이벤트, 촉진 조직과 협회들이 포함된다. 우리는 이들을 기존의 서비스 공급자들과 구분하는데 왜냐하면 스타트업에 초점을 두고 있고 대개 수익이 유일하거나 주된 동기가 아니기 때문이다.

대학

대학은 지식, 기술, 과학을 창조하고 전파한다. 지역의 스타트업 커뮤니티에도 많은 파급 효과를 줄 수 있는데 여기에는 글로벌 인재

(학자, 연구자, 행정가, 학생)를 끌어당기는 것이 포함된다. 이는 좋은 교육을 받은 인력, 안정적인 지역 경제, 기술 혁신을 상업화한 창업 기회로 이끈다. 기술을 스핀 아웃하는 것 외에도 대학은 교육, 훈련, 자금 조달, 기타 역량 강화 활동을 통해 기업가정신을 촉진한다.

많은 대학이 지역사회의 중추 기관으로서 지역에서 상당한 고용을 담당하고 있다. 또한 고객 매출의 잠재적 원천이자 파트너이자 사람들을 모으는 곳이기도 하다. 대학 안에는 학생, 교수, 연구자, 기술이전 전문가, 기업가정신 프로그램 관리자 등 스타트업 커뮤니티에 참여할 수 있는 많은 사람이 있다.

대기업

대기업은 스타트업 커뮤니티에서 중요한 역할을 하지만 종종 과소평가된다. 대기업은 스타트업을 스핀 오프하거나 직원들이 보완 또는 경쟁 제품과 서비스 개발을 위해 스타트업으로 이직해서 그들이 대기업에서 수년간 쌓은 비즈니스, 산업, 전문 분야에서의 훈련과 경험을 제공할 수 있다. 대학과 마찬가지로 대기업도 지역에 인재를 끌어들일 뿐만 아니라 연구와 개발, 실무 훈련과 경험, 스핀 아웃과 파트너십을 통해 창조자와 교육자, 지식 전파자 역할을 한다. 무엇보다 대기업은 고객, 공급자, 협업자, 투자자로서 스타트업의 성패를 좌우하는 파트너가 될 수 있다.

미디어

전문적인 비즈니스, 산업, 그리고 기업가정신에 특화된 미디어 제공자들뿐만 아니라 전통적인 뉴스 미디어들까지도 국가, 지역, 세계의 스타트업 커뮤니티에 대한 정보를 흐르게 하는 역할을 하고 있다. 오늘날 이러한 조직들은 대부분 온라인이며 기사와 팟캐스트와 동영상을 통해 스타트업 커뮤니티의 동향에 관한 필수적인 정보를 제공한다. 블로거 혹은 블로그를 하면서 다른 역할을 하는 행위자들(예를 들면 창업자, 투자자)은 스타트업 커뮤니티에서 가장 영향력이 있을 수 있다. 건강한 스타트업 커뮤니티에서는 영향력 있는 행위자들의 블로그가 일정 수준의 비공식적인 미디어 역할을 하고 있다.

연구 기관 및 옹호 단체

싱크탱크, 정책기관, 비즈니스 단체, 그리고 많은 연구 기관, 회원제 단체가 정보 수집과 배포, 공공정책 홍보, 다양한 환경에서의 추가적 지원 등을 통하여 스타트업 커뮤니티를 도울 수 있다. 대표적으로 워싱턴D.C.에 있는 미국 기업가정신 센터Center for American Entrepreneurship나 샌프란시스코의 엔진Engine 같은 단체는 정책 입안자와 일반 대중을 대상으로 경제와 사회에서 기업가정신의 역할에 대해 교육한다.

지역 및 지방 정부

지역 및 지방 정부는 스타트업 커뮤니티에서 영향력 있는 역할을 한다. 규제 및 세금 정책은 고급 인재 양성만큼이나 영향력이 클 수 있다. 지역의 정책 입안자들은 창업 활동의 조율과 자금 조달에 좀 더 적극적으로 참여할 가능성이 크다. 여기에는 인큐베이터 비용 지원 동의, 연결과 학습 촉진, 시민들의 자발적인 활동 지원, 스타트업과 창업자 장려 등이 포함된다.

지방 정부 관계자들도 스타트업 커뮤니티의 가치를 평가하는 데 아주 중요한 역할을 할 수 있다. 지역사회의 자원과 강점을 기록하는 데 포함하거나 스타트업과 창업자를 지역 경제 발전 의제에 포함하는 방법을 통해서다. 그들은 스타트업 커뮤니티와 더 강한 유대관계를 가지므로 직접적으로 그러한 요인들을 강화하거나 제한할 수 있는데, 이에 따라 소집자, 연결자, 발기인의 역할을 할 수 있다.

| 가치와 미덕 |

기존 기업에 대한 선호를 멈추자

기존 기업을 신생기업보다 편애하는 것은 오랫동안 경제 정책의 특징이었다. 경제지역학 용어로 말하면 이것은 '굴뚝 산업 유치'를 의미한다. 세금 감면과 보조금 혜택으로 대기업을 새로운 도시로 이전하는 것이다. 이 제로섬 전략은—디지털 시대니까 '풀 스택full stack* 기업 유치'라고 하자—아마존의 두 번째 본사 유치 경쟁이나 대만의 전자제품 제조업체 폭스콘 공장을 위스콘신에 설립하는 계약에서 보듯 미국에서도 일반적으로 나타난다.[11]

이 두 사례 모두 막대한 정부 보조금으로 외부 기업을 유치하려다가 대중의 반발을 사고 계획이 좌절됐다. 아마존의 두 번째 본사는 뉴욕과 워싱턴D.C.에서 분할해서 유치하려고 하다가 뉴욕시 주민들의 반발로 결국 취

---

* 프론트 엔드와 백 엔드 개발 양쪽을 아울러서 일컫는 말이다.

소됐다. 폭스콘 공장 설립은 어떻게 될지 아무도 모르지만 미국에 들어서기로 한 공장의 투자 규모가 많이 축소될 것으로 보인다.[12] 애플은 세상이 시끄러워지는 것을 피해 조용히 텍사스주 오스틴을 제2본사로 선택했다.[13]

세간의 이목을 끄는 기업을 특정하는 계획이 아니라면 도시와 주의 경제 개발 활동은 일반적으로 기존 기업을 선호한다. 특히 본사를 옮기거나 새로운 지역에 주요 거점 센터를 설립하려는 대기업들을 편애한다. 이러한 행위는 이미 자원, 고객 개발, 재무 자본의 측면에서 상대적으로 불리한 신생 스타트업들에게 피해를 준다. 도시는 창업자들의 발목을 잡는 진입 장벽을 낮추고 신생 고성장 스타트업에 대해 기존 기업들이 갖는 규제로 인한 보호막과 다른 혜택들을 줄이는 방법을 찾아야 한다.[14]

국가 정부

국가 정부는 주로 '상을 차리는' 정책을 통해 기업가정신에 기여할 수 있다. 안정적이고 경쟁력 있는 기업 환경을 조성하는 것이다.[15] 초기 기술과 과학에 자금을 지원하고 고급 인재 육성에 필요한 활동과 자원을 제공한다.

국가 차원에서 마련된 정치와 거시 경제 정책, 예를 들면 안보, 법치(재산권, 계약 이행, 파산법), 이민, 노동권, 과학, 혁신, 기술, 시장, 인프라, 세금(보조금과 인센티브 포함), 규제, 교육, 인플레이션, 재정 안정은 긍정적이거나 부정적인 영향을 미칠 수 있다. 많은 정책이 의도치 않은 결과를 가져온다.

이러한 광범위한 공공정책 외에도 국가 정부는 좀 더 폭넓은 성장 목표의 하나로 기업가정신과 혁신을 촉진하는 활동에 직접 참여할 수 있다. 여기에는 초중등 교육과 기초 연구 개발 자금 지원, 초기 단계 하이테크 스타트업 창업을 촉진하는 예산 배정 등이 포함된다.

　대기업과 대학처럼 국가 정부도 고객, 공급자, 협업자, 심지어 투자자로서 스타트업과 관계를 맺을 수 있다.

저평가된 창업자들을 중심으로
스타트업 커뮤니티 구축하기

알란 해밀턴Arlan Hamilton (캘리포니아주 로스앤젤레스)
백스테이지 캐피탈 창업자·매니징 파트너·『시간이 됐다: 과소평가를 가장
큰 경쟁력으로 바꾸는 방법』의 저자

나는 2015년에 오로지 저평가된 창업자들에만 투자하는 펀드 백스테이지
캐피탈Backstage Capital을 설립했다. 우리에게 저평가된 창업자란 여성, 유색
인종, 성소수자LGBT 등을 의미한다. 나는 실리콘밸리와 여러 시장에서 이성
애자인 백인 남성이 받는 투자 금액의 차이에 대해 듣고 또 직접 경험한 후
뭔가를 하고 싶었다. 물론 이성애자인 백인 남성은 무조건 투자를 받는다는
뜻은 아니다. 하지만 이성애자 백인 남성이 받는 자금을 여성, 유색인종, 성
소수자, 다른 소수계 집단이 받는 자금과 비교해보면 그 차이는 엄청나다.

백스테이지를 시작한 후 수천 개의 회사를 만났고 여기에서 정말 멋진
커뮤니티가 만들어졌다. 무엇보다 백스테이지는 하나의 가족이다. 동지애
가 있고 충실하다. 서로를 그리고 각자 자신을 지지한다. 형제애이고 자매
애이며 가족애다. 내가 만나는 창업자들만큼이나 다양한 창업자 그룹이
있다.

어떻게 이런 성과를 이루어냈을까? 우리는 창업자를 최우선으로 생각
한다. 백스테이지의 주요 서비스는 두 가지다. 바로 자본과 플랫폼이다.
한마디로 자원, 인맥, 방법론을 통한 자금 지원이다. 우리 고객은 저평가
된 소수계 창업자들이다. 나는 처음부터 그들의 말에 귀기울였다.

만약 내가 펀드 필요성을 깨닫지 못했더라면 백스테이지를 시작하지 않
았을 것이다. 창업을 위한 창업 혹은 화려함에 이끌려서 혹은 사람들이 당

신을 필요로 하기 때문에 영향력 있는 자리에 있기 위해서 하는 창업은 피해야만 한다. 이런 것들은 종류를 막론하고 결코 커뮤니티를 구축하기 위한 좋은 이유가 되지 못한다. 동기는 열정과 깊은 관심으로부터 나와야 한다. 열정은 움직임이기 때문에 어느 정도까지는 나아가게 할 수 있다. 열정은 모든 방면에 추진력을 제공하지만 깊은 관심은 사려 깊음이다. 깊은 관심은 운전대이고 열정은 가속장치다. 따라서 자기 자신을 잘 알고, 왜 지금 하고 있는 일을 하고 있는지, 무엇을 전개해나갈 것인지, 왜 이것인지, 왜 지금인지를 이해하는 것이 정말로 중요하다.

그다음에는 자신의 신념에 따라 실행하고, 자기 자신을 신뢰하며, 자신이 설정한 이정표에 도달하겠다는 결심을 끈기 있게 밀어붙이는 것이 중요하다. 나는 그 이정표를 결승선이라고 부르지 않겠다. 왜냐하면 끝이 없기 때문이다. 변화를 이루어내는 어떤 일을 하고 있다면 결코 끝이 없을 것이다.

우리가 했던 또 다른 일은 투자에 대한 즉각적인 이익을 기대하지 않고 가치를 제공한 것이다. 브래드가 수년 전부터 이야기해온 #먼저주기 마인드셋이다. 개인적인 관점에서 브래드는 말하는 대로 실천하는 사람이었다. 나는 2012년에 상당히 아마추어 같은 내용의 이메일을 써서 그에게 보낸 적이 있다. 너무 길고 장황하고 과장도 심했다. 하지만 그는 귀기울였고 회신을 해주었다. 나를 연결해주었고 필요한 답을 주었다. 나를 진지하게 받아주었다.

내가 지나온 삶의 궤도에서 브래드가 해준 가장 중요한 것은—결국 내 회사에 투자해준 것 이상으로—처음부터 나를 진지하게 받아주었다는 것이다. 내 이메일은 세련되지는 못했지만 깊은 관심이 담겨 있었다. 그렇다. 나는 열정도 있었다. 그 열정이 이메일 곳곳에서 넘쳐났다. 하지만 나를 올바른 길에 있게 해주고 지금 이 자리에 있게 해준 것은 바로 깊은 관심이었다.

마지막으로 마을 전체가 필요하다는 사실을 항상 기억하라. 삶을 바꾸고 산업에 혁신과 변화를 일으키는 일은 혼자서는 할 수 없다. 그 누구도 혼자서는 불가능하다. '자수성가'라는 것은 없다. 나는 자수성가하지 않았다. 자수성가했다는 말을 많이 듣지만 정확하지 않은 표현이다. 항상 함께 많은 사람이 있었고 지금도 있다. 모든 창업자와 스타트업 커뮤니티에게도 마찬가지다.

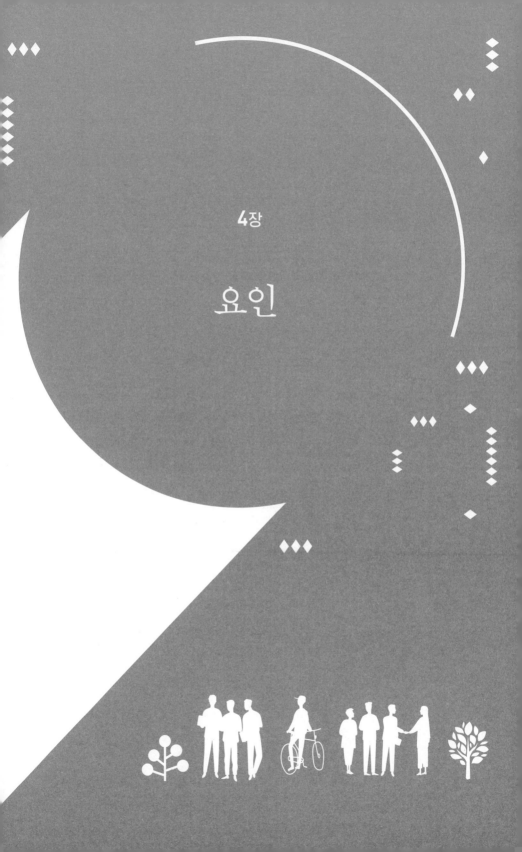

4장

요인

스타트업 커뮤니티 웨이 법칙

스타트업 커뮤니티는 계층제가 아니라 신뢰 네트워크를 통해 조직된다. 스타트업 커뮤니티는 상호 간의 신뢰와 규범이 아이디어, 재능, 자본, 노하우의 교환을 매끄럽게 발생시키는 관계를 통해 작동한다. 계층제와 하향식 접근법은 이러한 역학관계를 파괴하고 스타트업 커뮤니티가 번창하는 데 필요한 에너지를 빼앗아 간다.

지금까지 스타트업 커뮤니티에 참여하는 사람과 조직의 유형에 대해 살펴보았다. 이제는 창업자의 성공을 가속하거나 제약하는 지역의 자원과 조건을 살펴보겠다. 우리는 이것을 요인들이라고 부르는데, 일곱 가지 자본이라는 틀을 가지고 이 요인들을 구조화했다. 전체적으로 행위자와 함께 스타트업 커뮤니티에서 이 요인들 부분도 물론 중요한데, 이 요인들 간의 상호작용을 이해하는 것이 가장 중요하다. 요인들을 이해하는 것은 스타트업 커뮤니티에 참여할 때 유용하다.

일곱 가지 자본

지금까지 스타트업 커뮤니티에 누가 참여하는지 살펴보았으므로 이제 방향을 바꿔 지역의 기업가정신에 영향을 미치는 중요한 자원과 장소 조건에 대해 살펴보자.

일곱 가지 자본이라고 불리는 틀부터 시작해보자. 일곱 가지 자본은 경제적 가치를 창출하는 스타트업 커뮤니티의 핵심 자산이다. 전통적인 의미의 자본과 마찬가지로 고갈될 수 있다. 따라서 시간, 노력, 돈을 투자해 다시 채우는 것이 필요할 수 있다. 이들은 미래지향적인 속성을 갖는다. 과거의 초기투자가 현재의 이익을 낳고 있고, 미래에 이익을 창출하려면 지금 더 투자해야 하기 때문이다.

스타트업 커뮤니티에서 자주 나오는 불평은 "자본이 부족하다"라는 것이다. 이 자본은 보통 재무적 자본을 가리킨다. 좀 더 구체적으로는 엔젤 투자자와 벤처 투자가들의 투자금이다. 안타깝게도 좁고 제한적인 관점인데 왜냐하면 단순히 재무적 자본 말고도 스타트업 커뮤니티에 의미 있는 영향을 미치는 다른 자산이 많이 있기 때문이다. 생긴 지 얼마 안 됐지만 성장하고 있는 스타트업 커뮤니티에는 재무적 자본이 부족할지라도 이러한 형태의 다른 자본이 풍부하다.

이러한 요인들을 자본의 형태로 분류해보면 유용한 틀이 되어 스타트업 커뮤니티의 핵심 자원들을 좀 더 폭넓게 볼 수 있는 관점을 제공한다. 또한 이 자본들이 자칫 과소평가되기 쉽지만 매우 가치 있고 미래지향적인 특징이 있다는 것도 보여준다. 결과적으로 스타트업 커뮤니티에서 나오는 만성적인 불평이 줄어들 것이다.

1. 지적 자본: 아이디어, 정보, 기술, 스토리, 교육 활동

2. 인적 자본: 재능, 지식, 기술, 경험, 다양성

3. 재무적 자본: 매출, 부채, 지분, 보조금 조달

4. 네트워크 자본: 연결성, 관계, 유대

5. 문화 자본: 태도, 사고방식, 행동, 역사, 포용성, 장소애

6. 물리적 자본: 밀도, 장소의 질, 유동성, 인프라

7. 제도적 자본: 법 체계, 잘 기능하고 있는 공공 부문, 시장, 안정성

이 중 처음 세 가지 자본, 즉 지적 자본, 인적 자본, 재무적 자본은 스타트업 커뮤니티 구축에 필수적인 투입 요소다. 일반적으로 스타트업 커뮤니티에서 가장 중요하다고 일컬어지는 세 가지 자원

스타트업 커뮤니티와 창업 생태계의 일곱 가지 자본

인 아이디어, 재능, 자금과 일치한다. 네트워크 자본과 문화적 자본과 같은 몇 가지 다른 자본들은 배후에서 움직인다. 눈에 잘 보이지 않지만 스타트업 커뮤니티가 제대로 작동하기 위해 중요한 인프라를 제공한다.

예를 들어 네트워크 자본은 스타트업 커뮤니티에 있는 모든 것 그리고 모든 사람과 연결되어 있어서 창업자들이 인재, 자금, 정보와 같은 추가적인 자원을 파악하고 확보하는 데 활용된다. 문화 자본은 지역에서 통합의 본질, 일반적인 생활 방식, 비즈니스 풍토, 그리고 지역이 존재하는 방식인 역사적 유산을 결정한다. 물리적 자본은 근접성을 기반으로 자원의 교환을 용이하게 하고, 물리적 또는 자연적 편의시설을 통해 필요한 기반시설과 삶의 질을 주민들에게 제공한다. 제도적 자본은 창업자가 일하는 전반적인 환경이 안정적이고 제대로 작동하도록 보장해준다.

일곱 가지 자본은 대부분 기저를 이루는 구성 요소들에 의해 서로 중첩되고 상호 간에 연결돼 있다. 우리는 이러한 자원과 조건을 요인이라고 부른다. 스타트업 커뮤니티를 둘러싼 모든 구성체와 마찬가지로 그 중심에는 창업자가 있다.

요인

요인은 스타트업 커뮤니티에서 활용되는 자원이지만 창업자가 일하는 전반적인 환경과 스타트업 커뮤니티의 장소적 특징을 형성한다. 행위자와 마찬가지로 눈에 띄게 구별되는 요인도 있고 포착하기 어려운 요인도 있다. 다음은 주요 요인에 대한 간단한 설명이다.

아이디어와 기술

창업자는 좋은 아이디어, 기술, 적절한 스타트업 커뮤니티 행위자층(인력과 멘토 포함)에 접근하지 못하면 창조할 새로운 것이 아무것도 없거나 또는 새로운 것을 성취할 수단을 갖지 못한다. 우리가 현재 살고 있는 정보와 지식 기반 경제에서 아이디어, 기술, 인재는 가치창출의 핵심이다.

아이디어와 기술 발달은 다양한 곳에서 나온다. 대표적으로 대학, 기업, 연구실(공공과 민간)이 있다. 궁극적으로 초중등 교육은 새로운 아이디어를 만들어내는 인재를 안정적으로 공급해준다. 새로운 사람들이 지역에 유입되고 참여할 수 있는 쉬운 경로가 있어야 한다. 많은 사람이 경력을 쌓는 과정에서 지역에 들어오고 나가는 순환을 하는데, 따라서 지역에는 특정한 요소들이 꼭 있어야 한다. 여기에는 활기찬 대학 시스템(인재 양성), 따뜻한 도시(인재 유지), 관대한 이주 정책(재능 유치)이 포함된다.

기업가정신이 발현되는 과정에서 필요한 구체적인 지식은—산업 분야나 기술 분야를 넘어—경험을 통해 가장 효과적으로 얻을 수 있다. 공부해서 배울 수도 있지만 이전 세대의 성공한 창업자가 전해줄 때 가장 효과적이다. 스타트업에 고용되거나 많은 창업자와 스타트업과 함께 일함으로써 얻을 수 있다.

문화 규범

스타트업 커뮤니티에는 지역적 신념과 규범이 두드러지게 나타난다. 지역의 역사와 특징은 이러한 문화적 규범의 발달에 중요한 역할을 한다. 활기찬 스타트업 커뮤니티에는 기업가정신에 열광하는 분위기가 있다. 창업자들은 역할 모델이자 리더이자 심지어는 지역의 영웅이다. 학생부터 직원은 물론이고 아이들까지 기업가정신 분야를 충분히 실현 가능한 진로로 여긴다.

스타트업 커뮤니티의 기본적인 문화 규범에는 창업자와 기업가정신을 전반적으로 지지하는 관점, 위험과 보상에 대한 이해, 실패와 모호성에 대한 관용, 새롭고도 다른 사물과 사람과 아이디어에 대한 포용이 포함된다. 그리고 창의성 실험, 야망, 부의 창조, 기업가정신 교육, 자수성가한 개인의 사회적 지위가 높이 평가된다. 사회적 상호작용이 정직하고 개방적이고 협력적이며 포용적이다. 창업자는 지지를 받는 환경에서 같은 창업자들이나 다른 이해관계자들과 계속 연결된다. 미디어와 시민사회 리더들은 지역사회에서 스타트업의 역할을 강조하고 홍보한다.

연결성

스타트업 커뮤니티의 핵심적인 특징은 바로 사람들 간의 연결성이다. 이 네트워크 자본—지리적 영역 내 다양한 행위자와 요인들의 연결—은 주로 지역적이다. 하지만 네트워크가 비지역적일 수도 있다. 예를 들면 고향을 떠나 다른 도시에 사는 사람들, 이 지역 대학을 졸업했지만 다른 지역에 취직된 졸업생, 지역에 있는 다국적 기업, 창업자들이 지역 밖에서 맺은 직업상의 유대관계 등이 있다.

연결을 돕기 위해 전체 또는 부분적으로 존재하는 조직들도 있다. 여기에는 전문 협회, 기업가정신 클럽, 밋업 그룹, 혁신 센터 등이 포함된다. 경험 많은 창업가와 이사회 이사처럼 많은 스타트업과 동시에 관여하면서 적극적인 역할을 하거나 딜을 성사하는 사람들은 초연결자_{superconnector}가 될 수 있다. 최고의 스타트업 커뮤니티에서는 많은 참여자가 연결자 역할을 한다.

　기업가정신은 하나의 팀 스포츠와 같다. 심지어 초기 설립 단계에서부터 그렇다. 다른 사람들과 연결되는 것이 필수적이다. 창업자의 약 95퍼센트가 창업 과정에 타인을 참여시키고 새로운 벤처의 절반이 팀에 의해 시작되는데, 이때 창업자는 대개 핵심 네트워크를 끌어당겨 창업 팀을 구축한다.[1] 다른 창업자나 필요한 자원과의 연결성이 큰 창업자일수록 고립된 창업자보다 성공할 가능성이 더 크다.

밀도

밀도는 비교적 좁은 지역 안에 존재하고 상호작용하는 행위자들의 필요충분한 수가 있거나 또는 이들이 동일한 장소에 있음을 뜻한다. 스타트업 커뮤니티의 밀도가 높으면 의미 있게 연결될 수 있는 기회가 증가하고 좀 더 중요한 관계들로 이어져 창업자들은 신뢰를 쌓고 연결을 늘려가면서 서로 상호작용한다.

　스타트업 커뮤니티가 도시 전체를 아우르기도 하지만 시간이 지남에 따라 스타트업이 밀집한 동네가 발달한다. 특히 보스턴, 뉴욕, 런던, 샌프란시스코 베이 같은 대도시에서 그러하다. 이런 도시에는 스타트업들이 무리를 이룬 것으로 유명한 여러 곳이 있다. 이러한 스타트업 동네들은 주州나 국가 차원의 스타트업 커뮤니티 구축을 위해 도시 기반 스타트업 커뮤니티와 같은 방식으로 상호 연결되어야 한다.

다양성

스타트업 커뮤니티에는 다양한 재능, 경험, 관점, 성별, 인종, 기타 특징을 갖춘 인재가 필요하다. 복잡한 문제일수록—정보화 시대의 혁신과 기업가정신 같은—다양성과 팀을 통해 가장 효과적으로 다룰 수 있다.

활기찬 스타트업 커뮤니티가 있는 도시의 또 다른 특징은 다음과 같다. 창의적이고 혁신적인 산업들이 조화롭게 섞여 다각화된 경제, 외부인을 환영하고 포용하는 지역사회, 다양한 관점과 배경과 정체성에 대해 포용하고 포괄하는 문화 등이다.

유동성

주민, 근로자, 기업체가 꾸준히 유입되면 그 지역은 활성화된다.[2] 다른 도시, 지역, 국가에서 온 사람들은 다른 관점과 경험을 함께 가져온다. 노동자들의 일자리 간 이동을 자유롭게 허용하는 노동시장은 공용주와 고용인 간의 적합도를 더 높여준다. 많은 기업이 만들어지고 실패하고 성장하고 위축하는 역동성이 나타나는 비즈니스 분야일수록 자원이 더 효과적으로 재분배되고 기업가정신에는 보상이 따른다.

유동성 있는 스타트업 커뮤니티는 더 큰 연결성을 구축하고 네트워크를 확장해서 결정적인 관계를 형성할 가능성을 높인다. 반대로 인구와 노동시장이 정체된 기존 기업들만 넘쳐나는 도시는 활기찬 스타트업 커뮤니티가 만들어질 가능성이 작다.

시장

고객에 대한 접근—특히 초기 또는 개념증명proof-of-concept 제품을 기꺼이 사용해줄 고객들—은 초기 단계 기업이 아이템에 대한 시장 수요가 있다는 양적인 증거를 얻고 제품을 개발하고 안정적인 재정적 토대를 쌓는 데 매우 중요하다. 초기 고객과 공급자는 제품 개발과 시장 적합성에 대한 전문지식을 제공하고 새로운 파트너십으로 나아가게 하며 미래의 고객에게 제품에 대한 추천과 신뢰를 제공할 수 있고 피드백과 유통에 도움을 줄 수 있다. 지역의 조직들, 예를 들어 정부, 대학, 대기업이 이 부분에서 중요한 역할을 할 수 있다.

자금

재무적 자본은 초기 고객을 통해 거두는 매출부터 전통적인 벤처 캐피탈까지 여러 형태가 있다. 초기 단계에서 가장 일반적인 자금 조달은 개인의 저축이나 친구나 가족을 통한 것이다. 추가적인 형태로는 지분을 활용한 자본 조달equity financing이나 부채 조달debt financing이 있다. 여기에는 엔젤, 시드, 벤처캐피탈이 포함된다. 기업 융자 또는 벤처 대출venture debt*은 전문 투자자와 금융 기관에서 나온다. 보조금은 정부나 비영리단체에서 나올 수도 있다. 새로운 형태의 자금 조달 형태로는 크라우드 펀딩, P2P 대출, 매출 기반 파이낸싱revenue-based financing**이 있다.

---

* 벤처캐피탈로부터 자본 투자를 받은 스타트업에게 제공하는 대출을 말한다.
** 투자자가 스타트업 총매출의 일정 비율을 대가로 자본을 제공한다.

인프라

스타트업들이 번창하려면 충분한 수준의 인프라가 필요하다. 저렴하고 좋은 통신망, 인터넷 서비스, 교통과 물류, 전기, 가스, 수도 같은 공공설비와 적절한 상업용 부동산, 주택, 치안 같은 다른 인프라도 필요하다.

일반적으로 선진 경제나 도시에서는 별로 문제되지 않는 것들이지만 이러한 자원이 많이 부족한 전 세계의 여러 지역에서 제약을 극복하고 새로운 회사를 세우는 방법을 찾은 창업자들의 고무적인 이야기가 들려온다.

아프리카에서 창업 인프라 격차를 극복하는 방법

아킨툰데 오예보데Akintunde Oyebode (나이지리아 라고스)
라고스주 고용신탁기금 사무국장 겸 CEO

나이지리아 라고스에는 주요 인프라가 부족하고 정부 수입이 줄어드는 현상이 나타나고 있는데, 이것은 주정부가 사회 기반 시설의 확충과 경제 성장을 위해 장기적 투자를 하거나 민간 투자를 활성화해야 한다는 것을 뜻한다.

대규모 실업 문제에 직면했을지라도 투자는 반드시 이루어져야 한다. 통계청에 따르면 나이지리아 노동 인구의 32.7퍼센트가 실업 또는 저고용 상태에 있다. 라고스 밖에서는 경제 활동이 제한되어 지방의 상황은 더 안 좋왔고, 이로 인해 나이지리아 다른 주들로부터 연간 약 100만 명이 이주해 오고 있었다.

라고스의 주지사는 기업을 창업하거나 기술을 배워 취업에 필요한 역량을 키우고자 하는 라고스의 젊은이들에게 재정적 지원을 해줄 목적으로 고용신탁기금Employment Trust Fund을 설립해서 이 문제에 대응했다. 이 기관은 정부, 민간 기구, 국제 원조 단체가 오로지 라고스의 일자리 창출을 돕는 목적으로만 자원을 결합할 수 있도록 기금을 운영한다.

라고스주 고용신탁기금은 라고스의 기업과 젊은이들이 직면한 장단기 문제를 해결하기 위해 설립됐다. 주써에서는 더 큰 인프라 부족 문제를 해결하는 데는 다른 수단을 사용하고 있다. 믿을 수 있는 에너지, 초고속 인터넷, 사무실 공간은 나이지리아에서는 비싸고 라고스에서도 구하기 어렵다. 라고스 혁신Lagos Innovates 프로그램을 통해 스타트업 창업자와 공유 오피스 및 혁신 허브 운영자는 정부 지원 업무 공간 쿠폰, 대출, 이벤트 후원을 받을 수 있다.

이러한 조치는 내일의 가장 유망한 기업들에 필요한 지원을 제공하면서 동시에 국가의 주요 사회 경제적 문제인 고질적으로 높은 실업률에 즉각적으로 대응하는 역할도 한다.

공식 기관

스타트업 활동이 지속적으로 이루어지려면 비즈니스 친화적 환경, 잘 이해할 수 있는 법률과 규제 체계, 정치적 그리고 거시경제적 안정감이 필요하다. 일반적으로 탄탄한 경제 성장, 혁신, 고용, 소득, 비즈니스 구조가 마련돼 새로운 기업의 형성과 시장 접근이 용이한 국가와 지역일수록 고성장 스타트업이 나올 가능성이 커진다. 정치적 불안정, 부패, 반민주적인 통치, 안전하고 개방적인 사회를 장려하지 않는 관행은 스타트업 커뮤니티에 불리하게 작용한다.

지난 몇 년간 일어난 가장 흥미로운 발전 중 하나는 커다란 역풍 속에서도 스타트업 커뮤니티가 부상한 것이다. 가자 지구, 이집트, 북한에서까지 창업자들은 방법을 찾아내고 있다. 인터넷, 스타트업 커뮤니티 구축에 대한 아이디어 확산, 창업자들이 커다란 장애물을 극복해가는 영감을 주는 스토리들이 영향력을 발휘하고 있다.

장소의 질

고성장하는 기업의 젊고 경력 중반기에 있는 창업자들은 지리적으로 이동이 자유로운 특성이 있다. 그들은 단지 일할 기회를 넘어 삶의 질이나 개인적인 유대관계를 바탕으로 어디에 살지를 결정한다. 하지만 일단 회사를 차리고 나면 계속 그 지역에 머무르는 경향이 있다. 어디에 살 것인가에 대해 하나 이상의 선택권을 가진 창업자들과 예비 창업자들은 장소의 질을 보고 어디에 정착할지를 결정한다.

전반적인 환경은 삶의 질에 대단히 중요한 요인이다. 정치적 그리고 거시경제적 안정감과 비즈니스 친화적인 풍토가 중요하다. 물론 활발하게 활동하는 스타트업 커뮤니티 중에는 예외도 있다. 그렇지만 일반적으로 경제 성장, 혁신, 고용, 소득 기반이 탄탄할수록 좋다. 정치적 불안정성, 부패, 반민주적 통치, 그리고 안전하고 개방적인 사회를 장려하지 않는 관행들은 스타트업 커뮤니티에 불리하게 작용한다.

행사와 활동

창업자들 그리고 그들과 관계되는 것에 관심이 있는 사람들이 서로 연결되고 의미 있는 형식으로 관계를 맺을 수 있도록 기회를 제공하는 촉매제 역할을 하는 행사들이 있다.[3] 이런 행사는 매년 개최되는 기업가상 시상식이나 네트워킹 칵테일 파티 같은 것보다 더 중요하다. 대표적으로 스타트업 위크엔드, 원 밀리언 컵스l Million Cups[*], 해커톤, 콘퍼런스(국가적으로 또는 세계적으로 유명한 성공한 창업가가 기조 연설가로 나선다) 등이 있다.

스토리텔링

'성공이 성공을 낳는다'라는 말은 진부하긴 하지만 스타트업 커뮤니티에서 강력한 촉진제다. 스토리텔링은 단순히 마케팅과 홍보가 아니라 창업자가 옥상에서 자신이 속한 스타트업 커뮤니티에 대해 크게 외치는 것과 같다. 스토리텔링을 할 때 성공 스토리만으로 제한해서는 안 된다. 스타트업 커뮤니티의 지속적인 진화 과정에는 실패가 훨씬 더 많기 때문이다. 실제로 성공보다 실패에서 배우는 경우가 많다. 실패에서 배우는 불편함에 기대어보자. 스토리텔링은 단순히 치어리더처럼 응원하는 역할을 넘어 스타트업 커뮤니티에서의 학습에 중점을 두어야 한다.

---

[*] 창업자들을 교육하고 참여시키고 연결할 목적으로 카우프만재단에서 만든 미국의 전국적 행사다.

스타트업 커뮤니티에서 스토리의 가치

바비 버치Bobby Burch (콜로라도 포트 콜린스)
스타트랜드 뉴스 공동설립자

캔자스시티의 스타트업 커뮤니티를 어떻게 연결하고 성장시킬 수 있을까?

캔자스시티의 창업 생태계에 초점을 맞춘 비영리 디지털 출판 매체 스타트랜드 뉴스Startland News는 이 문제를 위해 2015년에 설립되었다. 공동설립자 애덤 아레돈도Adam Arredondo와 나는 뛰어난 창업자, 창작자, 지지자들의 커뮤니티가 자신들도 인식하지 못한 채 분열돼 있는 모습을 보았다. 지리적 위치 때문이든 사회 경제적 요인 때문이든 우리는 캔자스시티의 스타트업 커뮤니티가 좀 더 단합된 생태계를 위한 노력 없이는 절대로 완전한 잠재력을 발휘하지 못하리라는 것을 알았다.

우리가 찾은 문제의 해결 방법은 바로 이야기의 힘을 이용하는 것이었다.

우리는 스토리텔링의 힘을 활용해 스타트업 커뮤니티의 구성원들을 연결하고 지지자들에게 정보를 주고 새로운 참여자들에게 영감을 주고 참여를 촉진하고자 했다. 스토리텔링으로 창의적이고 협력적인 사람들의 의지와 호기심에 의해 연결된 네트워크를 만들고 구축하겠다는 목표를 세웠다.

우리는 스타트업의 사업 계획, 기술, 성장을 위해 자원을 이용하는 방법에 초점을 맞추는 대신 의도적으로 다른 사명을 가지고 출발했다. 창업자들의 성장을 지원하는 여러 다른 조직들과 함께 우리는 우리 커뮤니티의 인간적인 부분과 무엇이 우리를 함께 모이게 하는지에 대한 스토리텔링을 연마했다.

그래서 창업 생태계에 기여하는 사람들에 관한 스토리를 그들의 야망, 두려움, 통찰, 성공, 그리고 실패를 강조하며 제공하기 시작했다. 우리는 이러한 인간의 보편적인 경험을 발굴하고 공유함으로써 디지털 연결자 역할을 하는 동시에 창의성, 위험 감수, 협업의 가치를 확산했다. 독자들이 창업자의 이야기를 읽으면서 자신과 닮은 모습을 조금씩 발견하고 꿈을 쫓을 자신감을 얻을 뿐만 아니라 캔자스 스타트업 커뮤니티에도 참여하게 되기를 바랐다.

지금까지 2,500가지가 넘는 캔자스시티의 스토리를 제공한 우리는 현재도 그 사명을 계속해나가고 있다. 주요 투자자인 마이크 렌Mike Wrenn과 베키 렌Becky Wrenn, 그리고 핵심 후원자인 유잉 매리언 카우프만재단Ewing Marion Kauffman Foundation이 보여준 신뢰에 감사하다.

우리는 창업자, 교사, 사내 창업가, 투자자, 정책 입안자, 학생 그리고 호기심 많은 시민들은 서로에게 많은 것을 배울 수 있다고 믿는다. 다행스럽게도 그들은 우리의 믿음이 옳았다는 것을 계속해서 증명해주었다.

스타트랜드를 창간하고 몇 년 동안 우리의 스토리들이 개인, 기업, 지역사회에 끼친 영향을 수없이 목격했다. 그중에서 몇 가지를 소개한다.

연결 기회 창출

스타트랜드가 캔자스시티의 내표직인 스디트업 커뮤니티 뉴스 제공자로 자리매김한 후 틈새 독자들에게 자원을 제공할 수 있게 됐다. 현재까지 가장 인기 있는 것 중 하나는 스타트업 구인란이다.

우리는 스타트업들에 새로운 인재들을 제공하고 지역의 스타트업 커뮤니티에 더 많은 사람을 참여시키기 위해 구인란을 만들었다. 이것은 특히 스타트업을 지원하기 위해 존재하는 조직—멘토 네트워크, 투자 회사, 액셀러레이터, 인큐베이터 등—에도 도움을 준다. 그들이 충원이 필요할 때 우리의 구인 광고를 활용할 수 있고 떠오르는 스타트업이 어디인지 살펴보고 어떤 영역에서 스타트업들이 성장하는지 정보를 얻을 수 있기 때문이다.

지금까지 스타트랜드의 구인란에는 캔자스시티의 스타트업 구인 광고가 360개 이상이나 올라왔다. 실제 채용이 이루어졌는지까지 추적하기는 어렵지만 구인란 덕분에 16개의 일자리가 채워졌다는 것을 확인할 수 있었다. 2019년 말까지는 500개의 일자리가 채워지기를 기대하고 있다.

스타트업 검증

스타트랜드 뉴스는 스타트업이 창업 후 처음으로 유명세를 맛보게 해주기도 한다. 우리 스타트랜드 뉴스에 실리면 스타트업들이 다양한 분야에서 성장하는 데 도움이 되기 때문이다. 익명을 부탁한 캔자스시티의 한 기업이 좋은 예이다. 이 기업의 이름을 고트랙터GoTracktor라고 해보자.

매년 스타트랜드 뉴스는 지역 기업들의 성공이나 가능성을 강조하기 위한 목적으로 다양한 기사 리스트를 만든다. 한 리스트에 우수한 리더십과 새로운 고객과 고유한 기술을 갖춘 고트랙터를 포함했다.

그 리스트는 미국 전역에 널리 퍼졌고 스타트랜드 방문자 수천 명이 캔자스시티의 유망한 스타트업들에 대해 알고자 했다. 우리는 독자들의 적극적인 반응에 기뻤다. 이 상황이 고트랙터에 어떤 영향을 주었는지 듣고는 더욱 감격스러웠다.

고트랙터의 공동창업자가 나중에 말하기를 그 기사를 한 실리콘밸리 벤처 투자가가 보았는데 결국 그 투자자는 고트랙터의 시드 라운드 투자에 참여했다. 이 투자자는 고트랙터가 확장해 가면서 소중한 연결점들을 만들어주었다.

스타트업 스토리에 대한 미디어 경쟁 심화

뉴스 매체들은 비즈니스 이야기를 어떻게 하면 창의적으로 전달할지 고심

한다. 지난 몇 년 동안 스타트랜드의 스토리텔링 덕분에 캔자스시티 TV, 라디오 방송국, 지면 또는 디지털 매체들은 바로 눈앞에서 흥미진진한 이야깃거리를 발견할 수 있었다. 도움이 돼 정말 기쁘다.

TV, 라디오, 지면 같은 전통 매체는 스타트랜드가 처음 보도한 200가지가 넘는 스토리들을 뒤이어 다루었다.

스타트랜드가 기존 매체의 검증자 역할을 한 덕분이다. 우리는 창업자, 스타트업, 새로운 시도가 타당하고 공유할 만한 좋은 이야기가 있다는 것을 입증하는 데 도움이 된다. 전통적인 매체의 편집자나 제작자가 통과시키기 수월한 이야기 소재를 제공하는 것이다.

더 많은 매체가 캔자스시티의 기업가정신을 다루려는 경쟁이 치열해지면 결과적으로 윈윈윈이다.

미디어 경쟁이 치열해질수록 스타트업들에게는 더 좋은데, 노출이 많아져서 비즈니스에 활력을 불어넣기 때문이다. 그것은 스타트랜드 뉴스에도 도움이 되는데 노출이 많아지면서 캔자스시티 커뮤니티에도 도움이 되는데, 정보를 더 많이 얻은 시민들의 참여가 늘어나기 때문이다.

스토리텔링은 강력하다!

캔자스시티는 스타트랜드의 활동을 지지해주었고 나는 그 영향을 눈으로 확인하는 영광을 누려왔다. 우리가 운 좋게 세상과 나눌 수 있었던 너무도 훌륭한 스토리들에 나도 항상 놀라웠다.

캔자스시티는 기업가정신 스토리텔링을 활용해 사람들에게 영감을 주고 지역사회를 고무한 한 사례다. 다른 도시들도 이러한 가치를 활용할 수 있다. 하지만 헌신과 신뢰 그리고 인내가 필요하다.

스타트업은 지역사회에 강력한 추진력을 더해주는 로켓이다. 그 로켓의 연료는 바로 스토리다.

5장

스타트업 커뮤니티
대
창업 생태계

스타트업 커뮤니티 웨이 법칙

창업자를 우선시하는 것, 받기 전에 먼저 주는 것, 지역에 대한 깊은 애정은 스타트업 커뮤니티의 필수적인 가치다. 참여자들의 가치관이 스타트업 커뮤니티를 이끈다. 성공하기 위해서는 #먼저주기 철학을 적극적으로 받아들이고 무엇보다 창업자를 우선시하며 당신이 있는 곳을 사랑하라.

커뮤니티와 생태계는 서로 연관돼 있지만 엄연히 다르다. 둘을 '스타트업 커뮤니티'와 '창업 생태계'라고 구분해서 부르자. 둘 다 물리적 장소에 존재하는 행위자와 요인들의 집합으로, 창업자에게 영향을 주고 기업가정신을 생기게 하는 방식으로 상호작용한다. 각자 지역적인 특징이 강하게 나타나며 경제 활성화를 위해 매우 중요하다.

그러나 스타트업 커뮤니티는 지역에서 기업가정신이 고동치는 심장이고 창업 생태계의 중심에 자리한다. 스타트업 커뮤니티에는 집단 정체성, 공유된 목적의식, 공통의 가치관, 창업자들을 우선시하는 깊은 믿음이 있다.

그와는 대조적으로 창업 생태계는 스타트업 커뮤니티를 둘러싸고 있고 스타트업 커뮤니티에 의지해서 존재하는 보편적인 구조를 갖고 있다. 스타트업 커뮤니티의 참여자들은 서로 긴밀하게 연결되고 정렬돼 있다. 창업 생태계의 행위자들은 비록 자원과 영향력을 갖고 있을지라도 종종 스타트업 커뮤니티와 일치하지 않는 보상 구조나 조직의 제약사항에 직면한다.

스타트업 커뮤니티에 등장하는 리더들을 육성하고 지원하는 일은 더 나은 창업자와 스타트업을 지속적으로 배출하기 위해 필수적이다. 창업자가 성공하면 좀 더 넓은 범위에 있는 창업 생태계의 행위자들이 훨씬 효과적으로 스타트업 커뮤니티에 참여할 것이고, 더 많은 사람과 자원과 지원을 끌어당기는 선순환이 발전할 것이다. 이것은 제품·시장 적합성product/market fit이라는 기업가정신의 기본 개념과 유사해서 우리는 이것을 커뮤니티·생태계 적합성community/ecosystem fit이라고 부른다.

단기적으로, 특히 어떤 지역의 창업 활동이 아직 미숙할 때는 스타트업 커뮤니티 웨이가 시동을 거는 데 유용한 모델이 될 수 있다. 그러나 일단 바퀴가 돌아가기 시작하면 창업 생태계의 행위자들이 스타트업 커뮤니티와 창업 생태계 둘 다를 긍정적으로 강화하는 방식으로 관계할 수 있다. 따라서 우리는 대부분의 지역에서 스타트업 커뮤니티를 우선시하라고 권한다. 왜냐하면 이것이 창업 생태계가 좀 더 효과적으로 진화하는 것을 가능하게 하기 때문이다.

창업 생태계

창업 생태계라는 개념의 토대가 처음 소개된 것은 1980년대 초반 으로 컬럼비아 대학교의 경영학 교수 요하네스 페닝스Johannes Pen- nings는 실리콘밸리, 보스턴, 오스틴 같은 곳에서 환경적 요인이 스 타트업 활동에 미치는 영향에 주목하게 했다. 그는 어떤 지역의 창 업 활력도는 창업자들의 '영역을 넘어선' 요인들로 설명될 수 있다 고 말했다.[1] 그 후 10년 동안 지역 환경이 기업가정신에 중요하다 는 페닝스의 주장에 더해 많은 연구가 이루어져왔다.[2]

1990년대 초에는 학자들이 기업의 외부 요인을 생태계에 비유 하기 시작했다. '비즈니스 생태계'라는 용어가 도입됐고, 정보화 시 대에 혁신을 이루기 위해 개방적이고 협력적으로 경쟁하는 상호의 존적인 행위자들의 복잡한 망으로 점점 다듬어졌다.[3] 생태계의 개 념은 나중에 기업가정신에 직접적으로 적용됐고 지난 10년 동안 뱁슨 칼리지Babson College의 다니엘 아이젠버그Daniel Isenberg 같은 학 자들에 의해 더 자세히 설명됐다.[4] 2012년에 나는 생태계의 개념 을 스타트업 커뮤니티라는 구조와 연결했다. 그 이후로 세계적인 수준에서 생태계의 다양한 행위자들이 많은 활동과 관심과 참여를 보여주었다.

생태계─살아 있는 유기체와 물리적, 무생물 환경 간의 상호작 용을 가리킨다─라는 은유는 기업가정신의 맥락에서 매우 유용하 다. 생태계와 마찬가지로 기업가정신이 발현되는 시스템은 적응성 이 나타나고 상호연결돼 있으며 중요한 것은 매우 지역적인 특징 을 띤다는 것이다. 그것은 스스로 유기적으로 만들어지고 스스로 조절하며 자기 지속적이다.

창업 생태계와 마찬가지로 스타트업 커뮤니티도 복잡계로서 많은 행위자들이 지역 내 창업자들의 성공에 영향을 미치는 방식으로 상호작용하고 있다. 하지만 이 둘에는 차이가 있다.

행위자들의 정렬

커뮤니티의 정의를 다음 두 가지로 생각해보자. 하나는 생태학적 (생태계의 영역) 정의이고 다른 하나는 좀 더 비공식적인 정의다.[5]

1. 커뮤니티: (생태학) 특정 서식지에서 함께 성장하거나 살아가는 서로 다른 상호의존적 유기체 종種의 집단이다.
2. 커뮤니티: (비공식적) 태도, 관심사, 목표를 공유한 결과로 생기는 타인과의 동지애, 유사성 또는 정체성, 공동의 책임감 또는 책무성이다.

생태학적 명명법에서 커뮤니티는 생태계의 모든 생물체를 가리킨다. 식물, 동물, 그밖에 다른 유기체들은 서로 간에 그리고 무생물 환경과 상호작용하면서 생태계를 형성한다. 기업가정신에서는 행위자와 요인들이 생태계를 구성한다.

비공식적인 정의는 꽤 다르다. 이 정의를 스타트업에 적용하면 창업자의 성공을 돕는 데 깊이 헌신하는 일련의 행위자들이 발견된다. 이처럼 스타트업 커뮤니티는 생태계보다 더 깊고 참가자들 사이에는 더 강한 연결과 유대감이 나타난다. 동시에 더 좁기도 한데 커뮤니티에는 생태계에서보다 더 적은 수의 참여자가 관계하고 있기 때문이다.

스타트업 커뮤니티는 생태학적 정의와 비공식적 정의를 결합해 행위자들 간의 상호작용의 지향과 목적을 담아낼 때 가장 잘 정의 될 수 있다.

스타트업 커뮤니티는—상호작용, 태도, 관심사, 목표, 목적의식, 공유된 정체성, 동지애, 공동의 책무성, 지역에 대한 책임감을 통해—근본적으로 창업자들의 성공을 돕기 위해 헌신하는 사람들의 집단을 말한다.

| 가치와 미덕 |

창업자를 중심에 놓아라

창업자는 모든 스타트업 커뮤니티의 가장 중심에 있어야 한다. 모든 참여자는 창업자들의 니즈를 그들 자신의 의제보다 우선적으로 고려해야 한다. 결국 창업자가 없으면 스타트업 커뮤니티도 없다! 이것은 너무나도 당연한 사실이지 창업 생태계의 원칙들 가운데 가장 쉽게 위반되는 것 중 하나다.

정부, 대기업, 대학, 서비스 제공자를 포함한 창업 생태계의 모든 참여자는 어떤 행동을 하기 전에 단도직입적인 질문을 던져야 한다. "이것이 창업자들에게 도움이 되는가?" 모르겠으면 창업자들에게 직접 물어보라. 도움이 되리라고 생각해도 틀릴 수 있으니 역시 창업자들에게 물어봐야 한다.[6]

그런데 기업가정신의 촉진을 목표로 하는 프로젝트가 이런 식으로 진행되지 않는 경우가 많다. 심지어 큰 프로젝트들도 먼저 창업자들의 의견을 구하지 않고 행해질 때가 많다. 취약한 스타트업을 대상으로 힘의 비대칭성을 이용하려 드는 것은 더욱 해롭다. 일을 진행하고 계획을 추진하는 것도 좋지만 단기적인 이익을 위해 상대를 이용하는 것은 장기적으로는 해가 된다.

적합한 사고방식으로 창업자들과 관계를 맺는 것은 간단하다. 스타트업 커뮤니티에 가서 창업자들에게 귀기울이면 된다. 그들의 고충이 무엇이고 어떻게 하면 도와줄 수 있을지 파악하고 도와줄 수 있는 사람을 개입시켜라. 기적을 일으킬 필요까지는 없다. 그냥 잘 듣고 도와주면 된다. 나아가 창업자들에게 영향을 미치는 모든 의사결정 과정에 그들을 직접 참여시켜라. 창업자들과 스타트업 커뮤니티에 무엇이 필요한지에 대한 아이디어는 창업자들에게 직접 듣는 것이 가장 좋다.

에릭 리스의 『린 스타트업』 방법론은 여기에 잘 들어맞는다. 창업자들을 고객이라 생각하고 그들의 니즈를 충족하는 일에 몰두하라. 밖으로 나가 그들과 직접 대화하고 빠르게 가설을 세워라. 실험하고 피드백을 모으고 측정하고 조정하라. 그리고 그 과정을 반복하라. 그러면 결국 무엇이 유용하고 유용하지 않은지 알아낼 수 있을 것이다.

다르지만
서로 강화하는 목적

모든 시스템에는 세 가지 주요 구성요소가 있는데 바로 요인, 연결, 목적이다.[7] 생태계 자체는 많은 변형된 형태로 존재할 수 있지만 창업 생태계의 궁극적인 목적은 스타트업, 그리고 일자리, 경제적 가치를 창출하는 것이다. 스타트업 커뮤니티는 다른 목적을 갖고 있는데 그것은 창업자들이 성공하도록 돕는 것이다.

이 두 가지 목적은 서로를 강화해주지만 같은 것은 아니다. 창업자들과 관계를 맺을 때 어떤 마음가짐으로 임하느냐가 하나의 차이점이다. 창업 생태계에서 참여는 주로 경제적인 목적이 강하고 사회적 규범에 의한 동기는 약하다. 반면 스타트업 커뮤니티의 참여자들은 공동 선과 관련된 동인에 더 강하게 반응한다.

스타트업 커뮤니티는 창업자, 스타트업에서 일하는 직원, 액셀러레이터나 인큐베이터처럼 매일 스타트업과 함께 일하고 오로지 창업을 돕고 창업자를 지원하는 것을 목적으로 존재하는 조직들로 이루어진다. 하지만 거기서 멈출 필요가 없다. 창업자들을 돕는 것이 주요 목적이 아닌 조직에서 일하는 행위자들도 자신이 속한 조직과는 별개로 스타트업 커뮤니티에 참여할 수 있다. 올바른 방식으로 관계한다면 커뮤니티 내 스타트업들의 강력한 고객 또는 파트너가 될 수 있음을 아는 대기업, 특히 대기업의 임원들은 매우 큰 영향을 미칠 수 있다.

조직의 핵심 사명이 창업자들의 성공을 돕는 것에서 멀어질수록 그 조직은 스타트업 커뮤니티 안에서 의미 있게 활동하기가 어려워질 것이다. 대학, 정부, 대기업 등 창업 생태계에 중요한 조직들은 본질적으로 다른 목적을 지닌 보상체계와 조직구조를 갖고 있다. 따라서 그들은 단순히 창업자를 돕는 것을 뛰어넘어 훨씬 더 광범한 의제와 고객층을 갖는다.

시스템 속의 시스템

창업 생태계의 너무도 다양한 행위자와 요인을 파악하는 것은 상당히 벅찰 수 있다. 그중에는 스타트업들과 직접 접촉하지 않고 간접적으로 혹은 자기도 모르게 영향을 미치는 경우도 있다. 그런가 하면 경제적 유인 때문에 적극적으로 참여하지만 커뮤니티 구축에는 개입하지 않거나 창업자를 중심에 놓는 사고방식에 동의하지 않을 수도 있다.[8] 마지막으로 창업자들과 직접적으로 함께 일하는 사람들이 있다. 공식적인 역할의 핵심적인 부분이거나 또는 커뮤니티 구축을 자신이 하고 있는 일의 일부로 포함했기 때문이다.

일부 행위자와 요인들은 직접적 또는 전적으로 스타트업을 돕는 일에 종사하고 있지만, 많은 다른 경우는 그렇지 않다. 그들이 전부 창업자의 성공을 돕는 공동의 목표를 위해 일하게 하는 것은 결코 쉬운 일이 아니다. 스타트업 커뮤니티와 창업 생태계의 또 다른 차이가 여기에서 드러난다. 스타트업 커뮤니티는 상향식 현상이지만 창업 생태계는 하향식 시스템으로 작동하는 경향이 있다.

모든 것을 망라하려는 하향식 접근은 시스템을 향상하는 방법에 관한 구체적인 아이디어를 찾는 현장 전문가들을 난처하게 한다. 이 책에서 앞으로 자주 언급될 유명한 시스템 이론가 도넬라 메도즈Donella Meadows는 다음과 말했다.

시스템 요소를 열거하는 작업은 끝이 없다. 어떤 요소는 하위 요소로 나뉘고 그 하위 요소가 또 하위 요소로 나뉜다. 머지않아 시스템이 보이지 않게 된다. 속담에도 있듯이 나무만 보면 숲이 보이지 않는다.[9]

창업자들과 스타트업 커뮤니티 구축자들은 공통적인 것을 이야기한다. 생태계를 뒷받침하는 기본적인 개념은 이해되지만 어디에

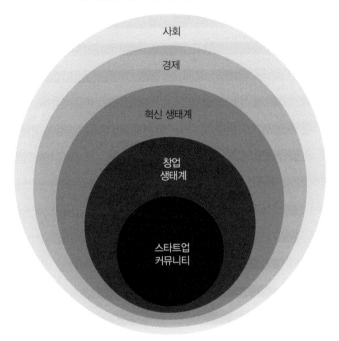

스타트업 커뮤니티는 시스템 속의 시스템이다

사회

경제

혁신 생태계

창업
생태계

스타트업
커뮤니티

서 시작하고 실행 우선순위를 어떻게 매길지 난감하다는 것이다. 선의에서 만들어진 창업 생태계 모델의 다수가 의미 있는 변화를 구현하는 명쾌한 시작점을 제공하지 않는다. 그에 반해서 볼더 명제는 전적으로 창업가들의 성공을 돕는 일에 집중하므로 당장 집중해야 할 영역들을 제시한다.

스타트업 커뮤니티는 다른 시스템 안에 존재하는 시스템이라는 점에 유념해야 한다. 창업 생태계 안에 존재하는 행위자와 요인들의 부분집합이다. 그리고 창업 생태계는 혁신 생태계의 부분집합이고 혁신 생태계는 경제의 부분집합이고 경제는 사회의 부분집합이다. 스타트업 커뮤니티의 중심에서 멀어질수록 복잡성은 더욱 커진다. 복잡성이 클수록 영향을 미쳐서 시스템을 형성해나가는 것도 더 어려워진다.

스타트업 커뮤니티에서 참여자들을 조직화하고 동기를 부여하는 그들이 창업자를 우선하는 것을 이해하고 있더라도 무척 어려운 일이다. 그들 중 다수는 자기 회사를 이끄는 것만으로도 극도로 바쁜 창업자들이다. 그 외에는 직무의 일부로 창업자들과 함께 참여하는 것일 수도 있고 기업가정신에 관심을 갖고 있거나 지역의 활력에 중점을 두고 있을 수 있다.

창업자와 스타트업을 중심에 놓고 일하는 것에 관심이 없는 계층의 사람들을 모아 동기부여하는 것은 헤아릴 수 없이 더 어려운 일이다. 그래서 지나치게 공식화된 전략이나 모델이 등장하곤 한다. 상향식 활동으로 가장하지만 사실은 하향식 추진이 많다.

창업 생태계의 여건을 개선해나가는 것은 가치 있는 일이지만 스타트업 활동이 대단히 활성화되기 전까지는 그 효과가 제한적이다. 사건의 순서가 매우 중요하다. 간단한 로드맵 같은 것은 존재하지 않는다. 창업 생태계 구축에는 창업가적 방식을 활용해야 한다.

창업자의 성공

많은 것이 창업 생태계를 향상할 수 있겠지만 무엇보다 창업자의 성공이 가장 중요하다. 새로운 기업이 만들어지고 성장해 매각이나 기업공개나 수익성 높은 사업의 지속적인 확장을 통해 창업자, 직원, 주주들에게 궁극적으로 유동성 있는 자산을 창출해주는 것 말이다. 창업자와 직원, 주주, 특히 초기 투자자들의 그다음 행동이 매우 중요하다. 은퇴할 것인가, 다음 세대 창업자들을 위해 시간과 전문지식과 부를 다시 활용하고 재투자할 것인가? 관대하게 선한 의도로 그렇게 할 것인가?

창업자의 성공은 스타트업 커뮤니티의 발전을 가속화한다. 창업자, 직원, 투자자들이 성공의 결과 부를 얻었을 뿐만 아니라 매우 영향력 있는 사업을 구축하는 실질적인 노하우도 쌓아 긍정적인 피드백 고리를 만들어내기 때문이다. 성공은 돈과 경험을 가져다줄 뿐만 아니라 가능성의 살아 있는 본보기로 커뮤니티 전체와 미래 세대 창업자들에게 영감을 준다.

커뮤니티·생태계 적합성

제품·시장 적합성product/market fit의 개념은 초기 단계 기업가정신에서 활용된다. 제품·시장 적합성은 기업이 안정적인 고객 기반과 매출 흐름을 확립했을 때 일어난다. 제품·시장 적합성은 객관적으로 정의하기가 어려운 개념이다. 하지만 창업자는 그것을 달성했을 때를 알 수 있는데, 그때 고객은 회사가 파는 제품을 사려고 매우 적극적이다. 창업자가 제품·시장 적합성을 달성하면 회사를 확장하는 방법을 고민하기 시작한다.[10]

커뮤니티·생태계 적합성도 비슷하다. 이 적합성이 달성되기 전에는 스타트업 커뮤니티에 참여하는 행위자가 많지 않다. 괜찮은 스타트업이 없다는 불평만 자주 흘러나온다. 무엇을 해야 할지 끝없는 논의가 이루어지지만 거의 실행되지 않는다. 안타깝게도 '왜 신경써야 하지? 어차피 이 동네 스타트업들은 죄다 형편없잖아'라고 생각한다. 그렇다면 이렇게 묻고 싶다. "당신은 상황을 바꾸기 위해 무엇을 하고 있나요?"

일단 창업 성공 사례가 구체적으로 나타나기 시작하면—특히 하나 또는 그 이상의 큰 성취—스타트업 커뮤니티가 새로운 단계로 전환하면서 전체 생태계에 자원을 끌어당긴다. 더 많은 사람을 참여자, 지지자, 또는 관찰자로 끌어들인다.

시간이 지남에 따라 스타트업 커뮤니티와 창업 생태계가 효과적으로 연결된 곳에서는 국면 전환이 일어난다. 커뮤니티·생태계 적합성에 도달하면 창업자들은 즉시 알 수 있다. 제품·시장 적합성과 똑같기 때문이다. 별다른 노력을 기울이지도 않았는데 갑자기 무엇을 하든 참여하고 싶어하는 사람들의 숫자가 빠르게 늘어난다. 스타트업 커뮤니티와 창업 생태계에서 상당히 큰 비율의 잠재적 행위자가 활성화되면 커뮤니티·생태계 적합성이 달성된 것이다.

처음 생긴 스타트업 커뮤니티와
매디슨 창업 생태계의 변화

스콧 레스닉Scott Resnick (위스콘신주 매디슨)
하딘 디자인 앤 디벨롭먼트 최고운영책임자·스타팅블록 매디슨 입주 창업자

로마는 하루아침에 이루어진 것이 아니다. 2018년에 문 연 4,645제곱미터
(5만 평방피트)에 달하는 커뮤니티 혁신 센터 스타팅블록StartingBlock도 마찬
가지다. 스타팅블록은 위스콘신주의 기업가정신 프로그램, 투자, 멘토링의
연결점이다. 신생 스타트업들을 위한 인큐베이터나 사무실 공간 이상의 것
으로 지난 10년간 우리의 스타트업 커뮤니티가 얼마큼 왔는지를 보여주는
밝은 횃불과도 같다.

우리는 필요충분한 수의 헌신적인 창업자 리더들을 모아 밀접하게 결합된
스타트업 커뮤니티를 구축함으로써 시간이 지남에 따라 훨씬 더 생산적인 창
업 생태계를 조성할 수 있었다. 오늘날 그 생태계는 고성장 스타트업들을 배
출해 외부 자본을 끌어들이고 지역에서 자란 인재들을 유지하고 지역 경제를
변화시키고 있다.

매디슨의 변화

매디슨이 처음부터 창업자들을 위한 곳은 아니었다. 탄탄한 연구 대학과
수천 명의 공무원(매디슨은 위스콘신의 주도)이 도시를 안정적으로 받쳐준
다. 이처럼 매디슨은 역사적으로 반기업적 분위기가 자리잡은 도시였다.
우리 지역은 혁신적인 신기술을 받아들이려는 민첩성이 부족했다. 물론 매
디슨이 생명공학 분야에서 상당한 존재감을 자랑하기는 하지만 오늘날의

디지털 경제에 동력을 제공하는 빠르게 움직이는 소프트웨어 스타트업들은 대도시로 떠나기 일쑤였다.

오늘날 매디슨은 새롭게 부상한 창업 허브다.[11] 기술 부문 인재, 높은 스타트업 밀도, 지지하는 커뮤니티 문화와 함께 번창하고 있다. 인구 약 25만 명의 이 도시에서 스타트업들이 폭발적인 성장을 이루었다. 이제 스타트업들은 실리콘밸리로 떠나는 대신 매디슨에 계속 머무르는 쪽을 선택한다.

어떻게 '건초더미 속에서 바늘찾기'와도 같은 이런 변화가 가능했을까?

메디슨에서도 과거에 창업 성공 사례가 있기는 했지만 반복된 성공을 통해 지속가능한 커뮤니티를 구축하려는 노력은 비교적 최근의 일이다. 지역의 창업자들이 모여 2009년에 캐피탈 안트러프러너스Capital Entrepreneurs를 만들면서부터다. 지금도 계속되고 있는 그들의 사명은 사명은 창업자들을 결속하는 것 그리고 스토리를 공유하고, 공통적인 문제를 의논하며, 공동 의제를 위해 힘을 합칠 수 있는 대화의 장을 마련하는 것이다. 회원가입은 무료다. 첫 회의에 일곱 명의 창업자가 참석했다. 모두가 똑같은 어려움을 겪고 있었기에 강력한 유대감이 형성됐다. 현재 회원 수는 300명이 넘는다. 그들은 새로운 밋업 그룹과 스타트업 커뮤니티의 새로운 계획의 뒤를 받쳐 주는 연결 조직과도 같다.

이제 스타트업이라는 단어는 매디슨의 기존 기업들과 시민 사회 리더들에게도 친숙한 단어가 됐다. 이런 일이 가능했던 것은 헌신적인 창업자 리더들로 이루어진 핵심 집단이 상향식 변화를 이뤄내려는 비전을 가졌기 때문이다. 책임자도 중앙의 계획도 충분한 재정적 지원도 없었다. 대신 우리에게는 매디슨을 혁신적인 창업자들을 위한 최고의 도시로 만들고 싶다는 열망이 있었다.

스타팅블록을 현실로

2012년 말에 나를 포함한 한 창업자 집단은 스타트업에 공간을 임대해주고 창업 자원을 한곳에 모을 수 있는 건물을 구매하자는 계획을 세웠다. 우리는 창업자 친화적이었고 커뮤니티를 구축하는 것에 초점을 두었다. 창업자들 간의 가벼운 충돌도 가능하게 하는 것에 중점을 두었는데 이것이 생태계에서의 더 큰 성장을 촉진할 것이라고 보았다. 단순히 건물을 마련하는 것이 아니라 창업자들이 새로운 아이디어를 탐구하고 개개인이 성장할 수 있는 중심 허브를 만들고 싶었다. 우리는 이 새로운 공간이 메디슨 지역사회를 위한 장기적인 인프라가 되어 다음 단계로 나아가게 해줄 것으로 보았다. 스타팅블록이 지역 경제를 움직이는 엔진이 되는 것이다.

당시에는 좀 이른 시도였고 우리의 비전도 비현실적이었다. 프로젝트에 무려 1,000만 달러의 막대한 자본금이 필요했다. 자금 마련이 쉽지 않았다. 매디슨에는 비즈니스 친화적인 풍토, 규모적인 부분, 더 큰 도시에서 유사한 센터를 만들어본 경험이 있는 성공한 창업자들이 부족했다. 부정적인 사람들이 반대 의견을 부추겼다. 다들 너무 야심 찬 프로젝트라면서 분명히 실패할 것이라고 했다. 프로젝트에 나침반이 될 청사진도 없어서 매번 배움의 연속이었다.

프로젝트의 규모가 워낙 커서 파트너가 더 필요했다. 영향력 있는 지역 인사들이 관심을 보이기 시작했고 마침내 입소문도 긍정적으로 변했다. 우리는 영향력 있는 인물들로 구성된 이사회를 꾸리는 대신 자원봉사자들로 이루어진 '행동하는 사람' 위원회를 만들고 매주 만났다.

프로젝트를 성공으로 이끈 것은 세 가지 요인이었다. 첫째, 그때쯤 매디슨의 스타트업 커뮤니티는 프로젝트의 성공에 헌신하는 상당한 수의 지지자들을 대표할 만큼 충분히 컸고 응집력이 있었다. 둘째, 두 파트너—매디슨시와 지역 기업인 메디슨가스전기회사Madison Gas & Electric—가 적극적으로 나서서 민관 파트너십을 구축해 재원을 제공했다. 셋째, 비즈니스 리더들이 다음 세대 기업을 지원해야 할 중요성을 받아들였다. 아메리칸 패밀리 보험 American Family Insurance이 스타팅블록을 위해 매디슨 시내의 새 건물에 공간을 내주는 상당한 기부를 했다. 위층에는 아메리칸 패밀리 보험 사업개발팀들, 소셜 임팩트 기관, 『포춘』 500대 기업에 속하는 한 혁신 기업의 벤처 펀드가 자리했다.

돌이켜보면 스타팅블록이 문을 열기까지의 최소 6년간 이어진 지역사회 차원의 노력이 있었고, 개소 이후 초기 성과도 좋다. 여러 도시에서 활동하며 전국적으로도 인정받고 있는 액셀러레이터 제너레이터Gener8tor, 여성 창업자의 성장을 지원하는 단체 도옌Doyenne, 그리고 12개 이상의 스타트업이 스타팅블록에 입주했다. 2,300만 달러 규모의 벤처 펀드를 운용하는 록 리버 캐피탈Rock River Capital도 들어와 있다. 앞으로 이 공간은 당연히 진화하겠지만 핵심 지지자들이 이미 이곳에 활기를 불어넣었다.

우리가 배운 교훈

혁신 허브를 구축하려는 지역들을 위해 우리 매디슨의 경험에서 배울 수 있는 몇 가지 교훈을 소개한다. 첫째, 시간이 걸리는 일이라는 사실을 기억하라. 매디슨에 스타팅블록의 실현에 필요한 충분한 수의 지지층을 얻기까지 꼬박 10년이 걸렸다. 지역의 공공 부문과 민간 부문이 적극적으로 참여하더라도 프로젝트를 정당화해주는 스타트업들과 스타트업 커뮤니티가 꼭 필요하다. 스타트업 커뮤니티가 아직 초기 단계에 머물러 있고 창업자 밀도가 낮은 생태계라도 적은 비용으로 협업을 촉진하는 방법이 있다. 밋업에서 피자를 사고 저렴한 사무실 공간을 제공하고 스타트업 행사를 후원하라. 연결과 지원을 담당하는 조직을 (캐피탈 안트러프러너스처럼) 만들어서 잠시 운영하는 것을 고려해야 한다. 많은 자본을 투자하는 물리적 공간을 마련하는 일에 전념하기 전에 먼저 가치를 창출한 실적을 쌓아야 한다.

창업자가 프로젝트의 중심에 있어야 한다. 스타팅블록은 '창업자에 의한, 창업자를 위한'이라는 신조를 따른다. 창업자들은 한 공간에서 함께 난관을 헤쳐 나가야 한다. 우리의 전략적 우선순위는 스타트업 커뮤니티 안에서 직접적인 경험을 갖고 있는 사람들로부터 나왔다. 그들은 스타트업을 이끄는 과정에 따르는 부침을 잘 알고 있었다. 공공과 민간 부문의 파트너들이 비평가이자 조력자가 돼주었다. 좋은 의도에서 출발하지만 하향식으로 촉진하는 실수를 저지르는 스타트업 커뮤니티가 셀 수 없이 많다. 절대 안 된다! 스타트업 커뮤니티는 창업자가 이끌어야 한다. 이 중요한 부분을 놓치면 프로젝트는 거의 실패한다.

우리는 커뮤니티의 니즈를 우선으로 삼았다. 훌륭한 커뮤니티를 구축해 새로운 스타트업의 물결을 일으키는 것이 목표였다. 사적인 의제들이 프로젝트의 방향을 빗나가게 하는 것을 허용하지 않았다.

우리는 스타트업의 성공을 단순히 벤처캐피탈 자금을 얼마나 유치했는가로 측정하지 않고 폭넓은 시각으로 바라본다. 그런 덫에 빠지면 안 된다. 어떤 기업들은 남들과 다른 자금조달 방법을 택하거나 대안적인 성장 모델을 활용한다. 가장 성공한 창업자들 중에는 벤처캐피탈 자금을 한 푼도 유치하지 않은 경우도 있다.

마지막으로 매디슨에 사회적 구조를 갖춘 첫 스타트업 커뮤니티가 형성되기까지 캐피탈 안트러프러너스의 역할이 얼마나 중요했는지는 이루 다 말할 수 없다. 단순히 공간을 마련하는 것만으로는 불가능한 일이었다. 캐피탈 안트러프러너스는 여전히 연간 몇천 달러에 불과한 예산과 자원봉사자들이 내놓는 소중한 시간으로 운영되고 있다. 커뮤니티에 주는 혜택은 이루 말할 수 없다. 커뮤니티 리더들은 수년간 정기적인 미팅과 기획 행사를 개최하고, 매디슨을 스타트업을 위한 도시로 만들려는 열정을 나누면서 꾸준히 서로 간에 신뢰를 쌓았다. 이 조직은 새로운 창업자들이 경험 많은 창업자들에게 지속적으로 연결될 수 있는 기회를 제공한다. 하룻밤 사이에 일어난 일이 아니다.

나는 다음과 같은 질문을 자주 받곤 한다. "오직 창업자 중심적인 조직 캐피탈 안트러프러너스는 스타팅블록에 재정적 도움을 준 공공 또는 민간 부문 파트너들과 어떻게 조화를 이루고 있나요?" 균형 잡기는 지금도 여전히 진행 중이다. 처음에 몇몇 유명한 창업자들이 피더들을 조심스러워 하기도 했는데 그럴 만도 한 일이었다. 스타팅블록의 사명을 위협하는 기업 파트너들을 거절해야만 하는 경우도 있었다. 지금도 여전히 우리는 창업자들의 니즈를 우선시한다. 창업을 지원하는 다른 조직들이 자주 저지르는 실수처럼 너무 기업화되고 싶지 않았다. 창업자들이 빛을 발할 수 있었던 것은 모두 후원자들 덕분이었다. 파트너들은 우리의 니즈를 계속 경청하고 개방적으로 영향력을 발휘했다. 우리의 정부와 기업 파트너들은 절대로 프로젝트의 전면에 나서지 않았다. 대신 우리 커뮤니티가 충분히 무르익었을 때 우리의 성공을 확장하기 위해 자신들이 가진 자원을 활용했다.

스타팅블록은 매디슨을 변화시킨 원인이 아니다. 매디슨의 변화가 가져온 최고의 성과다. 우리 조직을 이끈 것은 청사진이 아니라 원칙이었다. 결과적으로 위스콘신주 중남부의 스타트업들을 확대할 수 있는 강력한 도구를 갖게 됐다. 그 도구를 제대로 활용하는 것이 우리의 새로운 과제다. 계속해서 그 진행 상황도 여러분에게 공유하겠다.

2부

스타트업 커뮤니티는 복잡계다

시스템을 생태계로
되돌려 놓기

개방성, 지원, 협업은 스타트업 커뮤니티에서 대단히 중요한 행동이다. 특히 협업은 스타트업 커뮤니티에 필수적이다. 협업에는 열린 자세, 다공성 경계, 다른 사람의 독특함을 받아들일 수 있는 수용성, 스타트업 커뮤니티를 지원하고자 하는 의무감이 필요하다.

스타트업 커뮤니티는 시스템의 관점에서 바라볼 때 가장 잘 이해할 수 있고 행동을 취할 수 있다. 이것은 누가 생각해도 분명해 보이는데도 사람들은 종종 '스타트업 생태계'라고 말해 놓고는 곧 시스템이 작동하는 방식과 직접적으로 충돌하는 행동들을 제안한다. 생태계가 하나의 시스템이라는 중요한 사실을 너무 가볍게 받아들이는 경향이 있다.

시스템이라는 명칭과 시스템의 현장 간 불일치가 의도적인 것은 아니지만 스타트업 커뮤니티의 시스템적 특성에 대한 집단적인 오해와 인식 부족은 진전을 막고 문제를 일으킨다. 시스템적 사고는 실행하기 어려운데 왜냐하면 종종 반직관적인데다 사물을 통제하고 불확실함을 피하려는 인간의 본능과 어긋나기 때문이다.

스타트업 커뮤니티는 복잡적응계다. 비선형적이고 동적인 특성이 있어서 사람들이 혼란해하기 쉬운 시스템 유형이다. 다음 몇 장에 걸쳐서 그것이 어떤 뜻이고 복잡계의 주요 특징은 무엇이며 스타트업 커뮤니티에 어떻게 복잡한 패턴이 나타나는지 설명할 것이다. 무엇보다 복잡계와 효과적으로 관계하기 위한 실질적인 지침과 전략에 대해 논할 것이다.

시스템 소개

시스템은 무언가를 집합적으로 생산하기 위해 서로 간에 상호작용을 하는 개체들의 집단이다. 세 가지 요소, 즉 부분, 상호의존성, 목적이 시스템의 핵심을 구성한다. 1부에서 스타트업 커뮤니티의 이 세 가지 요소에 대해 설명했다. 각각 부분(행위자와 요인), 상호의존성(신뢰 네트워크), 목적(커뮤니티 대 생태계)에 해당된다. 여기에서는 스타트업 커뮤니티와 특히 관련 있는 시스템의 세 가지 속성을 추가하는데 바로 경계, 규모의 속성, 시간의 차원이다.[1]

시스템의 경계는 열려 있거나 닫혀 있거나 단단하거나 유연할 수 있다. 스타트업 커뮤니티에서 일반적으로 도시 내지는 대도시 수준의 지리적 범위 또는 역할(창업자, 비창업자 등)에 기초한 경계를 강조하는 경향이 있다. 그러나 경계는 산업, 수직 시장, 국적, 성별 정체성, 출신 대학 같은 여러 특징에도 존재할 수 있다.

규모의 속성은 더 큰 시스템 안에 존재하는 다양한 하위 시스템들과 군집들을 말한다. 스타트업 커뮤니티에서는 경계의 특징 주변에 이러한 하위 시스템이나 군집이 형성될 수 있다. 규모에 상관없이 모든 변화는 전체 시스템에 걸쳐 더 광범위한 변화를 촉발할 수 있는데 바로 전염(아이디어, 행동, 규범의 전파) 또는 끌개(시스템의 한 부분에 군집을 이루고 있는 행위자들이 시스템의 다른 부분에 있는 군집으로 끌려가는 것) 같은 메커니즘을 통해서다.

마지막으로 시간의 차원이 있다. 스타트업 커뮤니티는 계속해서 진화하는 동적 시스템이다. 정보 흐름과 사회적 신호가 행동과 사고 패턴의 변화를 촉발하고, 이것은 더 나아가 전체적으로 행위자와 시스템 간 영속적인 공진화의 고리에도 변화를 만들어낸다. 어떤 행동이 분명하게 결과로 드러나기까지 상당한 지연이 있는 경우가 많아서 원인과 결과를 파악하기가 매우 어렵다. 시간 지연이 사람들을 시험대에 오르게 한다.

전체 시스템

스타트업 커뮤니티처럼 상호연결성이 강한 시스템에 가장 효과적으로 관계하는 방법은 전체론적 관점을 갖는 것이다. 스타트업 커뮤니티에서는 어떤 문제를 단독으로 해결하려고 하면 새로운 문제가 생긴다. 환원주의나 사일로 접근 방식은 실제 상황을 파악할 수 있는 최소한의 통찰만을 제공할 뿐이다. 그런 좁은 관점에서는 아무리 의도가 좋아도 상황을 악화시킬 수 있다. 겸손함과 함께 전체론적 접근법을 취할 때 리더들은 어떤 전략과 전술이 가장 유익한지 판단할 수 있다.

전체론적 관점을 취하는 것에 실패하면 스타트업 커뮤니티에서는 근본적인 문제가 된다. 참여자들, 특히 피더들이 광범위한 영향력을 충분히 고려하지 않고 편협한 행동을 하곤 한다. 또한 그들 주변의 활동이 근본적으로 그들이 하는 일과 생각하는 방식에 근본적으로 영향을 미치고 있다는 것을 알지 못한다.[2]

사람들은 바로 눈앞에 있는 것—자신의 회사, 조직, 관계 또는 의제—으로 초점이 향한다. 왜 그런지는 충분히 이해할 수 있지만 그렇게 되면 결국 더 큰 그림을 놓치게 된다. 처음에 해결하려고 한 문제를 일으킨 원인이 무엇인지, 왜 같은 문제가 다시 반복되는지, 어떻게 제안된 행동방침이 다른 행동과 반응 또는 의도하지 않은 결과로 이끄는지 더 깊이 파고들려 하지 않는다. "나무만 보느라 숲을 보지 못한다"라는 말이 딱 들어맞는다.

사람들은 바쁘고 그들이 가장 중요하다고 여기는 것을 달성하기 위해 움직인다. 아무리 관대한 사람이라도 본질적으로는 자기 중심적이다. 대표적인 예가 한 지역에 창업 지원 조직들이 급증할 때 그들의 사명과 자금 출처가 중복되는 것이다.[3] 그들은 협력할 방법을 찾기보다는 서로 경쟁한다. 서로의 활동이 겹치거나 심지어 상쇄 작용이 일어나 스타트업 커뮤니티에 돌아가는 혜택도 상대적으로 적어진다.

인간은 문제를 한 번에 하나씩 분석적으로 해결할 수 있는 별개의 상황으로 만들려는 경향이 있다. 질문보다 답을, 의심보다 확신을 선호하고 자신의 경험에 비추어 세상을 좁게 바라본다. 자신에게 익숙하거나 자신의 능력으로 다룰 수 있는 해결책만을 내놓는다. "가진 것이 망치밖에 없으면 세상의 모든 것이 못처럼 보인다"라는 말이 여기에도 적용된다.

장님과 코끼리 우화

오래된 우화 「장님과 코끼리」에서 처음으로 코끼리를 접한 장님들이 저마다 다른 부위를 만진다. 자신의 제한적이고 개인적인 이해에 의존하므로 코끼리가 과연 무엇인가에 좀처럼 동의하지 못한다. 더 큰 그림을 놓칠 수밖에 없다. 잘못된 멘탈 모델이 생각 뒤편에서 작용하며 서로 매우 다른 방식으로 코끼리에 접근한다. 서로 다른 목표를 마음에 두고 서로 다른 의제를 추구하는 것이다.

많은 참여자가 같은 방식으로 스타트업 커뮤니티에 접근한다. 그들의 행동이 미치는 더 큰 영향이나 커뮤니티 전체의 니즈를 고려하지 않고 개인의 준거 틀을 토대로 제한된 의제를 추구하는 경우가 너무나도 많다. 하지만 개인의 행동은 진공 상태로 홀로 존재하는 것이 아니다. 복잡계에서는 모든 것이 동시에 일어나고 결합되어 결정된다. 분명하지 않은 해결책이 종종 더 나을 수 있고 분명한 해결책이 오히려 상황을 더 악화하거나 완전히 새로운 문제를 만들어낼 수 있다.

특히 대학, 대기업, 정부 같은 계층 조직은 전체론적인 관점을 가지기가 어렵다. 이러한 조직을 대표하는 사람들은 스타트업 커뮤니티의 문제들을 자기 조직의 관점으로 바라보는 경향이 있어서 그 결과 통제적인 방식으로 해결책을 강요하려는 경향이 있다. 일반적으로 조직구조가 부서나 제품군에 따라 분리돼 있으므로 포괄적인 관점보다는 환원주의적 시각을 취하기 쉽다.

인간이 시스템을 통제하려고 하다가 실패한 사례는 넘쳐난다. 그렇게 실패하다 보면 좌절하게 되고 지쳐버려 가치 있는 시도를 포기하게 한다. 우리는 시스템을 환원주의적 관점으로 바라보고 오직 자신이 이해하는 문제들만 보려고 한다. 미지의 것을 두려워하고 피하려고 한다.

복잡계에서는 그런 접근법이 통하지 않는다. 문제들을 서로 분리해서 보고 해결책을 깔끔하게 해결할 수 있는 것으로 보면 시야가 너무 좁아지고 오직 나무를 보느라 숲을 보지 못하게 된다.

2001년 닷컴 버블의 붕괴는 많은 창업자와 투자자들을 경악하게 했다. 사람들이 '핵폭탄 겨울nuclear winter'이라고 불렀던 2004년이 되자 기업가정신과 실리콘밸리의 종말에 관한 기사들이 쏟아져나왔다. 20년이 지난 지금 닷컴 혁명으로 기업가정신을 정의한 것은 잘못된 접근법이었음이 분명해졌다. 이러한 환원주의적 관점은 인터넷이 비즈니스와 사회에 끼치는 근본적이고 전체적인 영향을 놓쳤다. 전체론적인 관점을 가진 창업자들에게 닷컴 붕괴 이후의 시기는 경제적인 압박의 시기로 작용하였지만 궁극적으로는 극적이고 지속적인 기술 혁신의 시기였다. 만약 구글이 수익성이 없다고 생각해서 인터넷 사업을 포기했거나 마크 주커버그Mark Zuckerberg가 기업가정신이 죽었다는 판단으로 페이스북을 시작하지 않았다면 지금 세상이 어떻게 됐을지 상상해보라.

전체론적 사고의 최근 사례로는 로스앤젤레스에서 스타트업 커뮤니티가 발전할 수 있도록 도운 마크 서스터Mark Suster와 그의 회사 업프런트 벤처스Upfront Ventures의 방식에서 찾아볼 수 있다. 10년 전만 해도 로스앤젤레스의 스타트업 커뮤니티는 작고 상대적으로 중요하지 않게 여겨졌다. 마크와 GRP파트너스GRP Partners의 파트너들은 2013년에 회사를 업프런트 벤처스로 브랜드를 정비하고 로스앤젤레스 스타트업 커뮤니티를 확장하고 홍보하고 발전시키는 노력을 함께 시작했다. 마크 서스터는 로스앤젤레스에서 놀라운 일이 벌어지고 있다고 확신했다. 그는 해마다 로스앤젤레스의 창업자들 모두를 위한 업프런트 서밋을 주최했다. 미국 전역의 벤처 투자가들과 펀드 출자자들을 로스앤젤레스로 데려와 지역에서 일어나고 있는 모든 것을 보여주는 이틀간의 쇼케이스 행사였다. 업프런트는 한 가지 문제를 해결하려고 하거나 상황을 통제하려고 하지 않고 문제에 전체적으로 접근함으로써 로스앤젤레스 스타트업 커뮤니티를 가속화하는 동시에 자사를 국제적인 브랜드로 만들었다.

전체 시스템을 바라보고 스타트업 커뮤니티에 전체 시스템적인 관점으로 관여하는 것은 말처럼 쉽지 않다. 앞으로 설명하려는 바와 같이 매우 복합적인 것을 넘어 '복잡'하다.

로버트 노이스, 마오쩌둥, 비의도적 결과의 법칙

1957년 로버트 노이스Robert Noyce가 이끄는 8인의 실리콘밸리 임원들은 그 유명한 쇼클리 반도체Shockley Semiconductor를 그만두고 경쟁 기업 페어차일드 반도체Fairchild Secomiconductor를 차렸다. 오늘날 실리콘밸리에서 흔히 있는 일이지만 그 당시에는 아니었다. 이 일은 분수령이 돼 지역 전체에 반향을 일으켰다. '8인의 배신자'라고 불리는 그들은 실리콘밸리에 오늘날까지 계속되는 기업가정신을 불어넣음으로써 혁신 과정을 바꿔놓았고 실리콘밸리를 전 세계가 부러워하는 대상으로 만들었다.

비슷한 시기에 거의 1만 킬로미터(6,000마일) 떨어진 공산주의 국가 중국에서는 전혀 다른 혁명이 일어났다. 1958년에 공산당 주석 마오쩌둥이 대약진 운동을 벌였다. 중국을 농업 경제에서 산업 경제로 변화시키고 공산당의 권력을 공고히 하려는 광범위한 경제와 정치 개혁이었다.

첫 번째 시도 중 하나는 제사해운동除四害運動이었다. 중국인의 건강과 안녕을 위협한다고 여겨지는 해충, 들쥐, 새를 박멸하려는 것이었다. 새 중에서는 특히 인간의 곡물과 과일을 먹는 참새가 가장 큰 표적이 됐다. 참새가 중국에 기근을 일으킬 것이라는 두려움에서였다.

박멸 운동은 효과가 있었다. 2년도 안 돼 참새가 거의 다 멸종됐다. 그래서 어떻게 됐을까? 정교한 생태계의 파괴로 1959~1961년까지 대기근이 일어나 약 1,500만 명에서 3,000만 명이 목숨을 잃었다.

무엇이 잘못이었을까?

참새 박멸은 중국 정부가 해결하려고 했던 문제를 오히려 악화했다.

알고 보니 참새는 인간의 식량인 곡물을 먹는 것뿐만 아니라 농작물에 훨씬 더 해로운 영향을 끼치는 해충도 잡아먹었다. 중대한 포식자가 사라지자 해충의 개체 수가 폭발해 곡물 공급량이 곤두박질쳤다. 이 시스템적 피드백은 참새 박멸이 어떻게 광범위한 기근을 일으키는지 보여준다. 박멸 운동이 어떠한 재앙을 일으키는지 명확해지자 1960년 폐지됐다.

그렇다면 중국의 대기근과 실리콘밸리의 기업가정신은 어떻게 연결돼 있을까? 이 두 가지 사건은 거의 동시에 일어났다는 사실 외에도 스타트업 커뮤니티 같은 복잡계에서 흔하게 나타나는 비의도적 결과의 법칙을 보여준다.

중국 정부는 식량 공급을 지키기 위해 지나치게 가혹한 하향식 접근법을 취했는데, 전체 시스템적으로 사고하지 않음으로 인해 훨씬 더 큰 문제를 발생시켰다. 파괴적인 피드백 고리가 만들어져 수백만 명의 목숨을 앗아갔다.

반면 8인의 배신자가 직접 새로운 회사를 만들기 위해 그릇된 조직인 윌리엄 쇼클리(전하는 바에 따르면 횡포가 심했다고 한다)를 떠난 것은 언뜻 보기에 별로 중요하지 않은 별개의 결정처럼 보였다. 하지만 그것은 현대 시대에 기술 사업을 하는 새로운 방식의 등장을 촉발했다. 그들의 당장의 계획이 지역의 비즈니스 문화를 변화시키는 것이었다고는 믿기 어렵다. 하지만 지금은 혁신을 주도하는 기업가정신을 촉진하기 위해 전 세계적에서 모방하고 있는 문화가 됐다. 그들이 의도했든 의도하지 않았든 그러한 일이 일어났다.

이 이야기들이 스타트업 커뮤니티에 주는 교훈은 의도한 어떤 행동이 기근을 일으킬지 축제를 일으킬지 알 수 없다는 것이다. 따라서 시행착오, 정보에 입각한 직관, 겸손, 실수에서 배우려는 자세로 행동의 방향을 결정해야 한다. 우선 측정을 통해 어떤 것이 효과 있고 어떤 것이 그렇지 않은지 확인해야 한다. 그런 다음 필요에 따라 학습, 적응, 방향 수정을 거친다. 이미 한 일을 좀 더 개선하려는 의도에서 나오는 작은 결정이 가장 큰 성공을 불러올 때가 많다.

단순한, 복합적인,
복잡한 활동

비즈니스 세계에서 복잡계를 식별하고 다루는 훌륭한 길잡이로 캐나다 댈하우지 대학교Dalhousie University 릭 네이슨Rick Nason 경영학 교수의 저서 『복합적인 것이 아니라 복잡한 것: 비즈니스 속 복잡성의 기술과 과학』이 있는데, 복잡성을 정의하는 특징을 이해하는 데 유용한 틀을 제공한다.[4] 그는 직장에서의 일에 관해 세 가지 질문을 던진다. 우리는 여기에 그가 암시하는 네 번째 질문을 추가했다.

1. 성공적인 결과를 쉽게 객관적으로 정의할 수 있는가?
2. 성공적인 결과를 달성하기 위해 필요한 자원과 절차가 이해하기 쉬운가?
3. 관련 단계가 많아 조율하기 위한 프로세스가 필요한가?
4. 실행에 있어 정확성이 요구되는가, 아니면 투입과 프로세스가 어느 정도 유연한가?

릭 네이슨이 쓴 책에는 복합complicated과 복잡complexity이라는 단어가 들어간다. 이 두 단어는 사실 그렇지 않지만 같은 의미의 단어로 자주 혼용된다. 커뮤니티와 생태계를 똑같은 의미로 사용하는 것과 비슷하다. 복합과 복잡을 동의어로 생각하는 사람이 많겠지만 시스템 전문가에게는 완전히 다른 단어다. 둘의 차이를 설명하는 가장 좋은 방법은 단순한 활동, 난해한 활동, 복잡한 활동이라는 세 가지 유형의 활동을 살펴보는 것이다.

릭 네이슨의 책에 나오는 세 가지 예, 즉 커피 끓이기, 중요한 재무제표 작성하기, 중요한 고객에게 영업 전화하기를 가지고 그 차이를 설명해보겠다. 세 가지 모두 비즈니스 환경에서 일상적으로 일어나는 활동으로 이 책을 읽고 있는 사람들에게도 매우 익숙할 것이다.

커피를 끓이는 것은 단순한 활동이다. 커피인지 아닌지만으로 결과가 성공적인가를 명확하게 판단할 수 있다. 맛이 좋은지 아닌지는 다른 문제다. 커피를 끓이는 과정은 몇 가지 간단한 단계만 따르면 된다. 경험이 적거나 아예 없는 사람도 올바른 설명서만 있으면 쉽게 할 수 있는 작업이다. 커피를 끓이는 데 필요한 일련의 절차는 대략적이어서 커피가루와 물과 열을 배합하는 비율에 정확성이 요구되지는 않는다. 근사치만으로도 커피라는 결과물을 생산할 수 있다.

재무제표 작성은 복합적인 활동이다. 커피를 끓이는 단순한 일과 마찬가지로 재무제표 준비에는 일반적으로 허용되는 성공의 정의가 존재한다. 이 활동에는 따라야 할 절차가 분명하게 정의되어 있다. 회계 규칙과 규정이다. 재무제표 작성이 복합적인 활동인 것은 단순한 활동과 두 가지 차이점이 있기 때문이다. 첫 번째는 필요한 단계의 횟수다. 커피를 끓이는 일에는 몇 단계면 되지만 재무제표에는 많은 단계가 요구된다. 두 번째 차이점은 작업 수행 시 필요한 정확도 수준이다. 커피를 끓일 때는 어림잡아 하는 것이 괜찮지만 재무제표를 작성할 때 그랬다가는 잘못된 결과로 이어지거나 회사가 법적 책임을 져야 하는 일까지 생길 수도 있다.

이러한 차이 때문에 재무제표 작성에는 훨씬 더 많은 전문성, 훈련, 자격증, 더 많은 업무 간 조화, 아마도 여러 사람으로 구성된 팀이 필요하다. 반면 커피는 거의 누구나 끓일 수 있고 한 명만 있으면 된다.

두 활동은 이렇게 차이는 있지만 모두 객관적으로 달성 가능한 결과가 있다. 각 활동에서 생기는 문제들은 해결 가능하고, 결과를 제어할 수 있으며, 결과에 도달하기 위한 명확한 일련의 절차가 존재한다. 일단 절차가 수립되면 결과는 예측과 반복이 가능하다. 이것은 선형적 과정의 핵심적인 특징이다.

반면 중요한 영업을 위한 전화에는 이러한 특징이 전혀 나타나지 않는다. 이 경우에는 성공을 객관적으로 정의할 척도가 없다. 성공은 참여자, 판매 주기에서의 단계, 판매 목표에 대한 기대치까지 다양한 요인에 의해 좌우된다. 하루 중 몇 시에 통화가 이루어졌는지, 참여자들이 전날 밤에 얼마나 많은 잠을 잤는지 같은 일상적인 요인까지도 영향을 준다. 중요한 고객과의 영업 전화는 몇 가지 간단한 절차를 거치거나 두꺼운 지침서를 숙달하는 차원의 것이 아니다. 대신 여러 팀원들의 투입이 수반되는 알 수 없는 많은 횟수의 행동들이 요구된다. 결정적인 성공 요인을 미리 파악하기가 어렵거나 불가능하다.

따라서 과정을 문서화할 수 없다. 설사 문서화가 가능해도 매번 똑같은 결과가 나오지는 않을 것이다. 일반적으로 해결책이 처음에는 명확하지 않다가 있다 하더라도 나중에야 확실해진다. 불확실성이 커서 최고의 인재들로 구성된 팀이 작업한다면 성공 가능성은 커지겠지만 긍정적인 결과가 보장되지는 않는다. 앞으로 나아가는 유일한 길은 시행착오 과정, 약간의 운, 타이밍일 것이다.

이러한 특징들로 인해 중요한 고객과의 전화는 복잡한 활동이 되며 비선형적인 과정의 예가 된다. 단순한 활동이나 복합적인 활동과 완전히 다르다. 테크스타 얼라이드 스페이스 액셀러레이터 Techstars Allied Space Accelerator를 운영하는 과학자 조너선 펜츠케Jonathan

Fentzke는 언젠가 이언에게 말했다. "시스템에 대한 근본적인 질문은 그것이 선형적인가 하는 것입니다. 선형적이라면 제어하기가 쉽지요. 반면 비선형적인 시스템은 항상 재앙의 끄트머리에 불안하게 서 있습니다."

모든 기업에서 매일 이 세 가지 예의 활동이 이루어진다. 그런데 아마 그 일을 하고 있는 사람들은 위에서 설명한 세부 요건들에 대해 깊이 생각하지 않고 수행하고 있을 것이다. 그러나 시스템 사상가는 이 작업을 다른 시선으로 바라본다. 릭 네이슨은 저서에 다음과 같이 적었다.

이러한 일에는 특별한 것이 없고 오히려 평범하고 일상적인 것으로 여겨진다. 그러나 각각의 일에는 다양한 정도의 복합성과 복잡성이 개입되고 다양한 수준의 지식과 기술과 전문성이 필요하다. 과학자는 각각의 일을 시스템의 한 종류로 생각할 것이고 엔지니어는 각각의 일을 프로세스의 흐름으로 파악할 것이다. 그런데 기업의 업무 담당자는 이러한 의식 없이 일을 수행한다. 이제 업무 담당자는 과학자와 엔지니어처럼 좀 더 그 차이를 의식해야 한다.[5]

여기에서 '기업의 업무 담당자'라는 단어를 이제부터 '창업자' 또는 '스타트업 커뮤니티 구축자'로 바꿔보자. 우리 모두가 시스템 사상가가 되어야 할 때다.

활동에서 시스템으로

일터에서의 활동과 마찬가지로 시스템에도 세 가지 유형이 있다. 단순계, 복합계, 복잡계다. (네 번째로 혼돈계도 있지만 여기서는 적용이 제한적이므로 제외한다.) 단순한 활동, 복합적인 활동, 복잡한 활동을 설명했지만 사실상 세 가지 형태의 시스템을 설명한 것이었고 각각은 구성 요소, 상호의존성, 목적을 갖고 있다.

단순계에는 제한된 개수의 구성 요소가 포함되며 단순명료한 설명서 혹은 일련의 행동을 따른다. 이해에 전문지식이 거의 또는 아예 필요하지 않고 전반적으로 예측 가능한 결과를 만들어낸다. 일련의 단순 명료한 설명을 따르면 바람직한 결과가 나올 가능성이 크고 매번 유사한 결과가 반복될 수 있다. 이런 단순계의 예로는 케이크 굽기, 자동차 문 열기, 방금 살펴본 커피 끓이기 등이 있다.

복합계에는 더 많은 구성 요소와 하위 시스템, 추가적 단계, 계획과 실행을 위한 더 많은 노력, 좀 더 엄격한 제어와 통합, 전문적인 기술과 관리 능력이 개입된다. 이러한 어려움에도 불구하고 복합계는 예측 가능하고 제어와 반복이 가능한 결과를 갖는다. 복합계의 예로는 우주선의 달 착륙, 자동차 설계와 조립, 재무제표 작성 등이 있다.

단순계와 복합계는 선형적 시스템에 속한다. 복합계를 다루기 위해서는 더 많은 지식과 전문성을 필요로 하지만 일단 성공적인 결과와 일련의 절차가 정의되면 제어와 예측과 반복이 가능해진다. 투입이나 프로세스에 변화가 생기면 결과를 예측할 수 있는데, 인과관계가 잘 알려져 있기 때문이다.

하지만 복잡계는 완전히 다르다. 복잡계는 우리 주변에 흔하게

단순계, 복합계, 복잡계 비교

단순계	복합계	복잡계
구성 요소가 적음. 계층 및 하위 시스템이 있다 해도 매우 적음	구성 요소, 계층, 하위 시스템이 좀 더 많음	구성 요소, 계층, 하위 시스템이 많고 상호 연결되어 있음
전문지식이 거의 필요 없음	전문지식이 더 많이 필요함	전문지식보다 다양한 인재가 더 중요함
알기 쉽고 예측 가능함	쉽지는 않아도 알 수 있고 예측 가능함	완전히 알 수 없고 예측이 제한적이며 맥락이 중요함
통제와 복제가 쉬움	어렵지만 궁극적으로는 통제 가능함	통제 불가능함. 영향을 주거나 유도하는 것만 가능함
성공적인 결과가 명확하고 반복 가능함	성공적인 결과가 명확하고 반복 가능함	성공적인 결과가 명확하게 정의되지 않음. 결과 반복은 적용 불가
하향식으로 정확성이 거의 필요 없음	하향식으로 정확성이 중요함	주로 상향식이며 정확성 무의미함
만들기 쉬움	설계 가능함	자생적, 우발적. 설계 불가능함
선형	선형	비선형
기계적	기계적	진화적
예: 케이크 굽기, 자동차 열쇠	예: 우주선, 자동차 엔진	예: 직장 문화, 교통 체증

존재한다. 도로 교통, 가족, 사람의 몸, 도시, 금융 시장 등 복잡성은 어디에나 있지만 복잡성의 본질을 파악하고 그에 따라 행동과 생각 패턴을 바꾸기는 결코 쉬운 일이 아니다. 인간은 많은 복잡한 상황과 씨름하지만 반사적으로 복잡성 처리에 적합하지 않은 분석적인 뇌로 돌아가려는 경향이 있다.[6]

우리가 복잡성의 현실을 수용하지 못하는 건 부분적으로 불확실성을 회피하고 통제 상태에 있고 싶어하는 본능 때문이다. 인간은 문제를 이해하고 해결하고 싶어한다. 인간의 그런 본능에 단순계 또는 복합계는 매우 적합하다. 대학, 기업, 정부 같은 큰 조직은 복합계를 염두에 두고 설계된다. 그들의 하향식 계층 구조와 관리 방식에서도 알 수 있다. 하지만 사회의 대부분은 복잡하다. 스타트업 커뮤니티도 마찬가지다.

기업 문화를 조성하려고 시도해본 사람은 복잡계를 직관적으로 이해할 것이다. 기업은 거의 항상 하향식 접근법을 취하며 비싼 컨설턴트의 도움을 받는 경우도 많다. 이렇게 만들어진 정책들은 임원들에게 전달되고 임원들은 직원들이 그냥 따르기를 기대한다. 기업 문화를 바꾸려는 시도들이 대부분 실패하는데 그 이유는 본질적으로 복잡계에 속하는 것에 복합계 사고방식을 적용하기 때문이다. 기업문화가 추구하는 가치들을 잘못 설정한 경우가 많고 임원들조차 그 가치들에 따라 생활하지 않는 경우가 많다. 직원들이 못하는 것은 놀랄 일이 아니다.

대신에 기업은 문화 자체가 아니라 문화적 규범을 정의하는 것에 집중해야 한다. 좀 더 생산적인 과정은 모든 직급과 모든 부서의 직원들을 참여시키고, 다양한 이해관계자들을 소집해서 의견을 듣고, 이미 자생적으로 이루어지는 활동들이 있는지 찾아보고 지원하고, 무조건 새로운 시도를 하려는 유혹을 물리치는 것이다. 일단 문화적 규범이 드러나면 리더들은 반드시 본보기를 보여야 한다. 기업은 문화적 규범의 세세한 행동 방침을 제공하는 대신 높은 수준의 가치를 설정하고 모든 리더와 관리자가 본보기를 보여야 한다. 궁극적으로 벤처 투자가 벤 호로위츠Ben Horowitz가 말한 것처럼 "당신이 하는 일이 곧 당신 자신이다."[7]

스타트업 커뮤니티를 복합계가 아니라 복잡계로 바라보면 상호작용, 개입, 향상에 관한 새로운 접근법이 열린다. 다른 복잡계에서 유추해보는 것은 스타트업 커뮤니티 구축의 관행을 이해하고 향상하는 데 도움이 된다. 왜 런던이나 로스앤젤레스의 교통 상황을 예측하는 것이 불가능한가, 왜 해체된 문제 가정을 다시 모아놓아도 곧 통제불능 상태에 빠지는가, 왜 치안 정책을 늘려서 범죄를 줄이려는 것이 종종 효과가 없고 오히려 역효과를 일으키는가 등이 유추해볼 수 있는 좋은 예다.

앞으로 몇 장에 걸쳐 복잡계 이론과 실제에 관한 주요 개념과 이것이 함축하는 것을 살펴볼 것이다. 그전에 대학과 볼더 스타트업 커뮤니티에 전체론적인 관점을 받아들여 적용한 콜로라도 대학교 볼더 캠퍼스의 뉴 벤처 챌린지New Venture Challenge 이야기를 법학 교수 브래드 번탈에게 들어보자.

콜로라도 대학교가 스타트업 커뮤니티 방식을 받아들인 방법

브래드 번탈Brad Bernthal (콜로라도주 볼더)
콜로라도 로스쿨 법학 부교수·콜로라도 대학교 실리콘 플랫아이언스 센터 기업가정신 이니셔티브 책임자

우리가 하려고 생각하는 것과 실제로 하는 것이 다를 수 있다. 실제로 한 일이 하겠다고 생각한 일을 크게 넘어섰을 때 인생의 즐거움을 느낄 수 있다.

2008년에 나는 교직원와 학생으로 이루어진 자발적인 자원봉사 그룹에 합류했는데, 이 그룹에서 콜로라도 대학교의 초기 뉴 벤처 챌린지New Venture Challenge를 탄생시켰다. 10년 후에 나는 볼더 극장에서 600명이나 되는 사람들 앞에 서 있었고 NVC 10 챔피언십이 열리고 있었다. 12만 5,000달러의 상금이 걸린 NVC 10에 콜로라도 대학교의 우수한 스타트업들이 전부다 몰려들었다. 대회는 열기로 가득찼다. 내가 무대에 서 있을 때 관객석에서 20만 달러를 지원하겠다며 NVC 11도 만들어달라는 외침이 터져 나왔을 정도였다. 그런 경험은 처음이었다.

뉴 벤처 챌린지는 내가 상상했던 것보다 훨씬 더 강력한 조직이 되었다. 처음에는 캠퍼스 내의 차세대 창업자들을 돕고자 시작됐다. 그런데 결과적으로 콜로라도 프론트 산맥(로키산맥의 동쪽 비탈에 들어선 도시들을 받쳐주는 축이다) 전체의 스타트업 커뮤니티를 참여시키는 동력기관으로 성장했다. 콜로라도 대학교 뉴 벤처 챌린지가 캠퍼스뿐만 아니라 더 넓은 볼더 스타트업 커뮤니티에까지 끼친 영향은 네 가지 관점에서 설명할 수 있다.

1. 뉴 벤처 챌린지는 볼더 스타트업 커뮤니티의 요소들을 보완한다. 사전 액셀러레이터 프로그램인 뉴 벤처 챌린지는 볼더의 다른 스타트업 지원 프로그램들 및 전업 창업자들의 스타트업을 돕는 액셀러레이터 프로그램들 사이에서 위치를 잘 잡았다고 볼 수 있다. 뉴 벤처 챌린지는 창업의 초기 구상 단계를 지났거나 기업가정신을 접하기는 했지만 아직 본격적으로 액셀러레이터의 도움을 받을 준비가 되지 않은 창업자를 돕는 플랫폼이다. 이러한 사전 액셀러레이터 모델은 직업을 따로 갖고 있는 교직원들과 학업을 병행해야 하는 학생들이 있는 대학교 캠퍼스에서 대단히 효과적으로 작동한다.

2. 뉴 벤처 챌린지는 포용적이다. 이 프로그램은 해마다 새로운 학년이 시작되는 9월에 시작한다. 핵심 구성원 중 적어도 한 명이 콜로라도 대학교 학생이거나 교직원이면 그 어떤 스타트업이라도 참여할 수 있다. 가을 학기 동안 뉴 벤처 챌린지는 창업자들이 팀을 구성하도록 돕고 멘토를 소개해주고 캠퍼스 내 연관 있는 자원과 수업을 연결해준다. 봄학기에는 워크숍을 열어 참가 스타트업들이 아이디어를 시험해보고 발전시키도록 돕고 투자자 대상 발표 프리젠테이션을 향상하는 전문가를 투입한다. 그리고 4월에 열리는 NVC 챔피언십 대회로 뉴 벤처 챌린지 프로그램은 절정에 이른다. 뉴 벤처 챌린지의 최고 팀들은 테크스타 볼더나 i콥스iCorps 같은 유명한 스타트업 프로그램에도 정기적으로 참가해 오고 있다.

3. 뉴 벤처 챌린지는 사일로를 무너뜨린다. 이 프로그램은 볼더 스타트업 커뮤니티가 캠퍼스 전체의 활동에 참여하는 진입점 역할을 한다. 대학의 관료주의는 지역사회의 인재를 대학 캠퍼스의 니즈에 연결하는 것을 방해한다. 뉴 벤처 챌린지는 지역사회와 캠퍼스 간의 이러한 어려움들을 해결하고 있다. 약 75명에 이르는 선배 창업자, 투자자, 서비스 제공자들이 뉴 벤처 챌린지 멘토로 자원봉사를 한다.

또한 뉴 벤처 챌린지 참여자들의 특징—자기 선택, 높은 동기부여, 창의성, 근면함—덕분에 뉴 벤처 챌린지는 의욕적이고 창의적인 학생들을 고용하려는 신생 기업들에 풍성한 인재풀을 제공한다. 마지막으로 NVC 챔피언십은 연말에 지역사회를 대상으로 캠퍼스의 기업가정신을 기념하는 파티를 연다. 공개 포럼에서 캠퍼스의 최고 창업자들을 소개하고 다음 질문에 대한 매우 뚜렷하고 고무적인 대답을 모두와 공유한다. "대학은 기업가정신을 고취하기 위해 어떤 노력을 하고 있는가?"

4. 뉴 벤처 챌린지는 기업가정신과 혁신의 학제간 특성을 반영한다. 뉴 벤
처 챌린지는 한 개 학과나 단과대학에서 운영하는 것이 아니라 캠퍼스
연구혁신실, 리즈 경영대학, 공대, 음대, 기술 이전, 법학대학원의 실리콘
플랫아이언스 센터 등 다양한 곳의 캠퍼스의 리더들이 협력해서 운영되
고 있다. 이러한 협업 덕분에 캠퍼스 내 대부분의 건물에서 뉴 벤처 챌린
지의 존재감이 두드러진다. 그 결과 뉴 벤처 챌린지에 다양한 학과의 학
생과 전공자들이 참여하고 있다. 그들은 다양한 기술과 배경을 갖춘 구
성원들이 모인 팀이 가장 효과적이라는 사실을 알고 있다. 게다가 뉴 벤
처 챌린지를 도와주는 지역사회의 멘토들도 단지 하나의 그룹이 아니라
캠퍼스 전체가 참여하는 플랫폼과 일하게 된다.

이 네 가지 요소인 1. 스타트업 커뮤니티의 기존 요소를 대체하기보다는
보완하는 역할, 2. 캠퍼스의 모두를 포용, 3. 대학에 내재되어 있는 사일
로 해체, 4. 창업가정신의 학제간 특성 존중이 뉴 벤처 챌린지의 성공을
이끌었다.

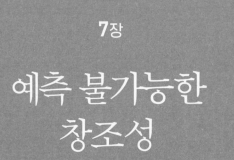

7장

예측 불가능한
창조성

스타트업 커뮤니티 웨이 법칙

스타트업 커뮤니티는 참가자들의 상호작용으로 만들어지는 복잡적응계다.
복잡계와 그 작동 원리를 이해하고 받아들이는 것은 활력 있고 장기적으
로 지속할 수 있는 스타트업 커뮤니티를 구축하는 데 있어 필수적이다. 특
히 많은 부분들 간 계속되는 상호작용에서 기인한 창발적 과정을 통해 가
치가 창출된다는 것을 이해하는 것이 중요하다.

스타트업 커뮤니티는 서로 그리고 환경(자원과 환경 조건)과 끊임없
이 작용하고 반응하는 수많은 상호의존적 행위자(사람과 조직)로 이
루어진 복잡적응계다.[1] 행동과 반응의 지속적인 고리는 스타트업
커뮤니티가 계속해서 변화 상태에 있다는 것을 의미하는데, 시스
템과 그것을 이루는 부분들은 함께 공진화한다.

　행위자와 요인 간의 상호작용이 스타트업 커뮤니티를 정의한다.
그러나 그러한 상호연결성은 커뮤니티에 복잡성을 가져온다. 행위
자들은 각자의 의제를 추구할 자유가 있으며 다른 이들의 행동과

생각을 보고 학습한 결과에 따라 자신의 행동과 생각에 변화를 주기 때문이다. 행위자들은 완벽한 정보도 부족하고 스타트업 커뮤니티 전체도 보기 어렵기 때문에 불완전한 결정이 만연한다. 이것은 배가 되는데 각각의 잘못된 의사결정이 시스템 전체에 퍼지고 계속 발생하는 반면 행위자와 시스템은 공진화하기 때문이다.

복잡계가 어떻게 작용하는지에 대한 인식의 부족이 스타트업 커뮤니티에서 일어나는 많은 오류의 원인이다. 서로 밀접하게 연결된 복잡계에 영향을 끼치려면 직장, 개인의 삶, 시민사회에 널리 퍼진 하향식의 단절된 방식과 근본적으로 다르게 접근해야 한다.

복잡계 이론의 통찰을 활용하면 스타트업 커뮤니티를 극적으로 향상할 수 있다. 복잡계 이론은 우리를 둘러싼 물리적, 생물학적, 사회적, 정보 네트워크의 역학관계를 설명하기 위해 발전한 학제 간 학문이다. 복잡계 학문의 기원은 1940년대 후반 수학자 워런 위버Warren Weaver의 연구에서 찾아볼 수 있다. 물리학자, 진화생물학자, 사회학자로 이루어진 혁신적인 그룹이 1980년대에 산타페 연구소를 설립하면서 정식 학문으로 틀을 갖추어 빠르게 발전시켰다.[3]

일련의 개별적인 개체들이 시간이 흐르면서 집단적인 행동 패턴을 만들어내는 방식으로 연결될 때 시스템이 존재하게 된다.[4] 그렇게 조화를 이룬 행동은 전체적으로 집단적인 결과를 낳는데, 이 집단적 결과는 만일 개별 개체들이 고립된 상태로 기능했더라면 존재하지 않았을 것이다.[5]

시스템은 우리가 행위자라고 부르는 많은 개체가 다양한 개별적 또는 집단적 동기를 갖고 있고 무한한 연결과 하위 시스템을 만들어낼 때 복잡해진다. 복잡계는 행위자가 학습을 통해 행동을 수정하고 다른 사람의 행동에 반응하면서 적응력을 갖게 된다. 그러한 행동은 스타트업 커뮤니티를 포함해 모든 진화하는 인간 사회 시스템에 흔하게 나타난다.

시스템과 행위자들은 끊임없는 공진화 상태에 있다. 복잡계는 결론지을 수 있는 성질의 것이 아니다. 절대 끝나지 않기 때문이다. 계속해서 전개되고 작업이 결코 완성되지 않으므로 성공의 객관적인 정의도 없다.

도시, 금융 시장, 열대우림, 개미 군락, 인간의 뇌, 지정학적 질서와 인터넷은 모두 복잡계. 저마다 움직이는 많은 부분으로 구성되고 그들 간의 복잡한 상호작용의 망이 존재하며 개별 요소와 전체 시스템 사이에 끊임없는 진화가 이루어진다. 하지만 그것은 시작에 불과하다.

창발

복잡계의 특징은 바로 창발emergence이다. 이 단어는 이 책에서 이중적 의미가 있다. 라틴어에 뿌리를 둔 창발이라는 단어는 일반적으로 '등장, 낳음, 밝힘'을 의미하며 어떤 존재가 되거나 존재하는 과정, 즉 수면으로 드러나거나 나타나는 것을 일컫는다.[6]

또한 창발은 개별 시스템 부분들이 통합돼 예상할 수 없거나 완전히 이해할 수 없는 방식으로, 심지어는 제각각 다른 구성 요소를 완벽하게 이해한다고 해도 예상하기나 이해하기 어려운 방식으로, 패턴과 가치를 창조하는 과정을 말한다.[7] 과학 분야 작가인 스티븐 존슨Steven Johnson은 창발을 '예측할 수 없는 창조성'이라고 표현한다.[8]

창발은 복잡계에서 부분들의 자율적 상호작용으로 이루어지는 가치 창조와 패턴 형성의 과정을 나타내는 개념이다. 행동과 반응의 진화적 과정에서 부분의 단순한 총합과는 매우 다른 좀 더 가치 있는 결과물이 창발하는데, 이 결과물은 무작위적이지 않고 식별 가능한 형태를 지닌 준 조직화된 형태다. 그 고유한 특성과 조합과 결과는 사전ex-ante에 예측할 수 없고 사후ex-post에 되풀이할 수도 없다. 창발은 모든 물리적, 생물학적, 사회적, 정보 시스템에 존재하는 창조 과정이다.[9]

기업가정신 자체도 창발 시스템이다. 그 시스템에서 기업은 종종 소비자와 공생하여 일어나는 실험과 학습의 조건을 만들어낸다. 1978년 에릭 폰 히펠Eric von Hippel(내 MIT 박사과정 지도교수)은 사용자 주도 혁신의 개념을 개척했다.[10,11] 당시에는 혁신이 기업과 정부와 대학의 연구 개발실에서 나온다고만 생각했다. 지금도 그렇게 생각하는 사람들이 있지만 에릭의 통찰은 많은 영역에서 실재하는 것으로 입증됐다. 특히 정보화 시대에 오픈소스 소프트웨어와 린 스타트업이 널리 확산된 것으로도 알 수 있다.[12] 트위터가 좋은 예인데, 트위터의 가장 인기 있는 세 가지 기능—@답글, #해시태그를 통한 색인, 리트윗 공유—은 모두 사용자에 의해 상향식으로 만들어졌다.[13]

나는 전작 『스타트업 커뮤니티』에서 볼더 스타트업 커뮤니티가 바로 그 패턴으로 발생한 것에 대해 설명했다. 볼더의 스타트업 커뮤니티는 누군가가 설계한 것이 아니었다. 대학에 의해서 또는 연방정부 연구소의 하향식 설계로 만들어지지 않았다. 창업자들, 즉 볼더 스타트업 커뮤니티의 궁극적인 사용자들로부터 상향식으로 나타났다. 중앙의 명령에 의한 설계와 실행으로는 불가능한 방법으로 모습을 드러냈다.

창발에는 세 가지 특징, 즉 시너지 통합, 비선형적 행동, 자기조직이 나타난다. 여기에 복잡계의 네 번째 특징인 역동적 진화까지 더해 살펴보도록 하자.

시너지와 비선형성

개별 요소들의 상호작용은 고유한 패턴을 만들어 창발 시스템에 가치를 제공하는 원천이 된다. 그러한 상호작용을 통해 시스템 전체는 더 커지고 부분의 총합과는 다르게 된다. 복잡계는 단순히 어떤 것을 더 많이 만들어내는 것이 아니다. 개별 요소들이 홀로 고립된 상태에 있을 때 발생하는 것과는 완전히 다른 것들이 창조된다. 이런 것을 시너지라고 하며 '함께 일한다'라는 뜻을 가진 그리스어 수네르고스_sunergos_에서 유래한다.[14]

스타트업 커뮤니티에서 참여자들의 상호작용은 가치를 지니고 있고 지역적 특성을 띤 시너지를 만들어낸다. 스타트업 커뮤니티를 각각의 구성 요소로만 환원하면 시스템을 최소한으로만 이해하게 되고, 현재 어떠한 일들이 일어나고 있는지 가치가 어디에서 창출되는지에 대해 잘못된 인상을 받게 된다.

시너지에 의한 통합은 복잡계에서 비선형성을 만든다. 비선형 시스템이란 투입에서의 변화가 산출에서의 변화로 비례해서 일어나지 않는 것을 말한다. 그래서 기하학적 혹은 기하급수적인 성장이 나타나는 수확체증_increasing return_이라는 매우 좋은 개념이 나오기도 한다.

복잡계에서는 투입과 산출이 비례하지 않을 뿐만 아니라 서로 직접적인 상관관계가 없는 경우도 자주 나타난다. 결과적으로, 행동과 결과 간 인과관계를 정확하게 파악하기가 어렵다. 인간은 상황을 통제하고 싶어 하고 불확실성을 거부하는 본능이 있다. 그래서 우리를 둘러싼 것들을 해결하고 이해하고 예측하려고 애쓰는데 심지어 그렇게 하는 것이 현실을 반영하지 못할 때도 그렇게 한다. 비선형성은 당장은 당혹스럽지만 시간이 지남에 따라 더욱 분명해진다. 현재 전 세계를 휩쓸고 있는 코로나바이러스 전파 속도와 범위가 많은 사람을 무방비 상태로 만들고 좀처럼 적응하지 못하게 하는 것처럼 말이다.

볼더에서 2007년부터 기업가정신 활동이 시내에서 집중적으로 나타난 것이 한 가지 예다. 당시 볼더 카운티(인근 지역 슈페리어, 루이빌, 브룸필드 포함)에는 인터로켄 첨단기술 환경Interlocken Advanced Technology Environment 같은 화려한 이름을 가진 전통적인 오피스 파크가 몇 군데 있었다. 스타트업 커뮤니티의 물리적인 중심지가 없었고 창업 밀집도도 낮았다.

그러다 2007년경에 몇 가지 사건이 일어났다. 파운드리 그룹이 볼더 시내로 옮겨왔고 테크스타도 두 블록 떨어진 곳에 첫 액셀러레이터 사무실을 열었다. 그보다 2년 전에는 근처에 세인트 줄리앙St Julien 호텔이 문을 열었다. 100년 만에 드디어 볼더에 새로운 호텔이 생긴 것이다. 랠리 소프트웨어Rally Software를 포함한 여러 스타트업들이 시내로 이사 와 활발하게 성장하고 있었다. 2007~2008년의 세계 금융위기로 건물 임대주들은 전통적인 세입자들이 부족해지자 유연해졌고 이로 인해 스타트업들이 볼더 시내에 모이기 시작하는 계기가 됐다. 콜로라도 대학교 볼더 캠퍼스의 필 와이저Phil

Weiser 교수와 브래드 번탈 교수 등 몇몇 교수들도 캠퍼스에서 차로 5분 거리의 시내에서 각종 활동과 행사가 열리자 정기적으로 참석하며 볼더 스타트업 커뮤니티에 참여했다.

2010년이 되자 5×10 블록 규모의 볼더 시내에는 기업가정신 에너지와 활동으로 가득했다. 마치 대학 캠퍼스에 온 듯한 느낌이었다. 사무실에 있다가 점심을 먹으러 나가면 계속 다른 창업자들과 마주쳤다. 창업자 밀도가 매우 높아졌다.

볼더 같은 작은 도시의 도심에 스타트업들이 밀집된 것은 스타트업 커뮤니티의 발달에 나타난 비선형성이었다. 스타트업 활동이 급격하게 증가했는데 투입 대비 산출 비율이 그 어느 때보다도 높았다. 예상을 벗어났고 예측할 수도 없었던 흥미진진한 모습을 보여주었다. 전체는 부분의 합보다 의심의 여지 없이 훨씬 컸다. 엄청나게 많은 일이 동시에 일어났고 원인과 결과를 파악하는 것이 불가능했다. 특히 상황이 어떻게 전개될지 미리 예측하는 것이 불가능했다.

자기 조직화

복잡계는 훨씬 폭넓은 패턴이 시스템 전반에 걸친 많은 상호작용을 통해 창발되면서 자기 조직화하는 특징을 보인다. 체계적이지 못하거나 완전히 무작위적인 형태와 대조되는 질서 있는 혹은 어느 정도 정돈된 양식으로 자생적으로 상향해서 나타난다. 복잡계에는 왕도, 상관도, CEO도 없다. 자연에 있는 그러한 시스템의 예로는 물고기 떼, 새 떼, 곤충 군집이 있다. 이러한 시스템에서 유기체들은 중앙으로부터 명령을 받아서 행동하기보다는 생물학적 그리고 화학적 신호를 이용해 집단에 유익한 방법으로 행동을 조직화한다.

사회과학에서 말하는 자기 조직화는 스타트업 커뮤니티에서 처럼 주로 자발적인 질서를 일컫는다. 이러한 조건에서는 계획적이거나 의도적인 방식에 의해서가 아니라 소수의 행위자가 전체 시스템에 큰 영향을 미치는 멱법칙 분포가 나타나는 네트워크 구조로 조직된 패턴이 나타난다.[15] 반면 조직은 계층 구조를 만드는 경향이 있다. 복잡계는 계층적으로 구조화하거나 제어할 수 없으며 자발적이고 자기 조직적인 방식으로 창발해야만 한다. 이런 시스템에 창조를 강요한다면 실패할 수밖에 없다. 무엇이 유용하고 무엇이 유용하지 않은지 신호를 보내는 자연스러운 자기 조직화의 과정을 허용하지 않기 때문이다.

비선형성, 피드백 고리, 시너지가 자기 조직화를 만들어낸다.[16] 복잡계는 계속 진화하며 이러한 불안정성에도 불구하고 하나의 상태 또는 좀더 끈끈한 상태로 진화해간다. 이러한 끌개에 의한 역동성은 왜 복잡계에서 변화, 특히 구조적 변화가 오랜 시간의 주기를 필요로 하는지 설명해준다.

스타트업 커뮤니티는 인간관계 네트워크 형태로 조직되는데, 군집과 하위 집단들로 구조화된다. 이러한 조직화는 다양한 차원에서 일어나는데 여기에는 개인들 또는 다른 개체들이 수행하는 역할, 그들이 참여하는 활동, 커뮤니티 안에서의 상대적인 위상 등이 포함된다. 시스템 구조는 종종 스타트업 커뮤니티 안에 있는 영향력 있는 행위자들을 중심으로 합쳐진다. 복잡계에서 패턴의 형성은 중앙에서 계획하는 것이 아니다. 만약 패턴을 제어하거나 강제하려고 한다면 시스템을 약화하기만 할 뿐이다.

역동성

역동적 시스템은 늘 변화한다. 변화는 추가적인 변화를 낳고 그것이 또 더 많은 변화를 만들어낸다. 복잡계는 부분과 전체가 공진화하면서 지속적으로 변화하는 상태에 있다. 비선형적일 뿐만 아니라 투입과 산출이 동시에 변한다. 투입의 변화는 산출에 변화를 주지만 산출의 변화가 투입에도 변화를 일으켜 피드백 고리가 생겨난다. 피드백 고리는 스타트업 커뮤니티에서 지속적인 힘을 발휘하며 복잡성과 가치창출 양쪽의 원천이 된다.

복잡계에서 나타나는 적응 현상은 다른 시스템과 구분되는 큰 차이점이다. 예를 들어 대형 항공사에서 시스템 전체에 걸쳐 일정을 짜는 작업을 보자. 수천 대의 항공기, 공항, 비행 경로, 승무원들을 조직화해야 하므로 엄청나게 많은 조합이 만들어진다. 개념적으로는 어렵지 않지만 확률의 수가 너무 많아서 매우 복합적인 문제가 된다.[17] 그래도 이 '조합적 복잡성'은 선형 프로그래밍이라고 하는 공학적 접근법을 통해 해결할 수 있다.[18]

항공사의 일정을 짜는 것은 매우 복합적인 문제다. 상당한 알고리즘, 컴퓨팅 역량, 전문 소프트웨어, 이 모든 것을 종합할 수 있는 숙련된 인재가 필요하다. 장비 고장이나 날씨 변동으로 생길 수 있는 오차 범위도 정확하게 계산되어 반영되어야 한다. 모두가 쉽지 않은 문제지만 부분 최적화의 문제이며 궁극적으로 해결과 반복이 가능하다.

만약 조종사들이 모두 독자적으로 행동하고 아무 때나 기분 내킬 때 출발한다고 상상해보라. 비행경로도 자기 마음대로 선택한다고 하자. 이곳으로 갔다가 저곳으로 마음대로 간다. 공항들도 무작위로 도착편을 재배정하고 몇몇은 그냥 문을 닫고 맥주를 마시러 나간다고 가정해보자. 이 경우에는 해결 방법을 정할 수 없기 때문에 알고리즘이 무용지물이다. 시스템이 제어되지 않으면 최적화 문제를 해결할 수 없다. 조종사들의 행동은 복합계를 복잡계(심지어 혼돈계)로 만들어버렸다. 이 '역동적 복잡성'은 공학과 모델링 기법으로 해결할 수 없다.[19] 시스템적 사고를 적용해 높은 레버리지 효과를 내는 개입 방법을 찾아 협업을 장려하는 것만이 유일하게 효과적일 것이다.[20]

피드백 지연은 복잡계를 더욱더 어렵게 만든다. 문제는 우리가 인지하기 훨씬 전부터 존재하며 개선은 그 영향을 알아채기 훨씬 전에 이루어진다. 이처럼 어떤 것이 알려지는 때와 새로운 행동을 취하는 때 사이에는 지연이 발생한다. 다행히 1950년대에 MIT의 제이 포레스터Jay Forrester가 창안한 시스템 다이내믹스는 피드백 고리와 지연을 이해하도록 도와준다.[21]

시간의 차원은 복잡계에 혼란을 일으키는 주요 요인이다. 과거와 현재의 조건은 현재와 미래의 상태에 큰 영향을 미친다. 경로 의존성이라고 알려진 현상이다. 이 때문에 유의미한 변화가 일어나는 데 오랜 시간이 걸릴 수 있다. 기존의 사람, 아이디어, 행동 군집은 새로운 흐름을 빠르게 흡수한다. 오랜 시간에 걸쳐 변화가 일어날 때 사람들은 역학관계를 파악하기 위해 분투한다.

경영학 교수이자 시스템 이론가인 리치 졸리Rich Jolly는 다음처럼 몇 가지 예를 들어 설명했다.

인간은 매우 긴 시간에 걸쳐 일어나는 과정을 이해하는 걸 많이 어려워한다. 오랫동안 그랜드캐니언이 강의 흐름으로 새겨진 구조라는 사실을 이해하지 못했다. 상대적으로 너무 적은 물의 흐름이 매우 긴 시간에 걸쳐 그렇게 거대한 구조를 만들어냈다는 것을 도무지 이해할 수 없었기 때문이다. 마찬가지로 인간은 1800년대 후반에 이르러서야 다윈에 의해 마침내 생물학적인 진화를 이해할 수 있었다. 다시 말하지만, 진화에 적어도 인간의 수명에 비해 매우 긴 시간이 수반됐기 때문이다.[22]

인간의 조상은 현재를 기준으로 생각하도록 프로그램됐는데 그렇게 하는 것이 생존에 도움이 됐다.[23] 포식자에 오늘 잡아먹힐 수도 있는데 뭐 하러 내일을 위한 계획을 세우겠는가? 장기적 사고에 대한 저항은 인간의 뇌에 새겨진 생물학적인 반응이다.[24] 많은 스타트업 커뮤니티는 즉각적인 해결책을 찾으려 한다. 하지만 유의미한 변화가 확고하게 자리잡히려면 최소한 한 세대가 필요하다. 실리콘밸리는 하루아침에 이루어진 것이 아니라 한 세기 이상이 걸렸다는 사실을 기억하라.[25]

『스타트업 커뮤니티』가 2012년에 출간되자 볼더와 볼더 명제는 전 세계 스타트업 커뮤니티의 모델이 됐다. 하지만 그 이후로 볼더 스타트업 커뮤니티는 계속해서 빠른 속도로 진화했다. 2020년인 지금 그때와 똑같은 참여자들도 많지만 2012년의 리더들 중 일부는 사라지고 새로운 리더들이 등장해 그 자리를 채웠다. 당시에 가장 두드러졌던 활동이나 행사가 여전히 정기적으로 진행되기도 하지만 일부는 사라지고 새로운 것들이 나타났다.

콜로라도 대학교 볼더 캠퍼스와 나라는 두 가지 예를 들어보자. 2012년에 사람들은 나를 볼더에서 자주 볼 수 있었다. 한 달에 한 번 '임의적인 하루'라고 이름 붙인 행사를 했다. 하루 동안 어느 누구라도 15분씩 만나는 것이었다. 나는 테크스타 볼더 프로그램의 멘토로 활약했다. 볼더 스타트업 위크에도 참가했고 실리콘 플랫 아이언스 행사에서 정기적으로 강연을 했다. 또 적어도 한 달에 한 번은 다른 스타트업 행사에도 참여했다. 볼더에 새로운 사람들이 오면 전부 만나려고 노력했다. 내가 직접 만날 여건이 안 되면 볼더 스타트업 커뮤니티의 다른 리더들을 소개해주었다.

현재 나와 볼더 스타트업 커뮤니티와의 관계는 달라졌다. 나는 여전히 볼더에서 볼 수 있고 정기적으로 행사에 참여하고 참여를 원하는 모든 사람을 대상으로 온라인상에서 매우 활발하게 활동하고 있다. 하지만 실제로 볼더에 있는 시간이 그때의 3분의 1로 줄어들었기 때문에 물리적인 존재감은 크게 달라졌다. 이제는 임의적인 하루도 하지 못하고 있고(10년 동안 했더니 너무 지쳐서 휴식을 취하기로 했다) 테크스타에 쏟는 시간도 볼더에서보다는 글로벌 프로그램에 더 많이 쓰고 있다.

하지만 지금 볼더 스타트업 커뮤니티는 그 어느 때보다 강력하다. 새로운 세대의 리더들이 나타났고 창업 밀집도도 2012년보다 상당히 높다. 볼더와 덴버는 마치 공통된 중심의 둘레를 공전하는 두 개의 별처럼 매우 밀접하게 연결돼 있다.[26] 새로운 창업자와 기업과 활동이 지속적으로 나타나고 있다. 나의 행동과 물리적 존재감에서의 변화가 볼더 스타트업 커뮤니티의 발전을 막지 않았다. 오히려 내가 내려놓은 이후로 더 빠르게 더 흥미로운 양상으로 진화해 갔다고 단언할 수 있다.

콜로라도 대학교 볼더 캠퍼스와 볼더 스타트업 커뮤니티의 관계도 2012년 이후로 쭉 진화해왔다. 당시 둘의 가장 대표적인 연결고리는 의외로 콜로라도 대학교 볼더 캠퍼스의 로스쿨에서 나왔다. 필 와이저(현재 콜로라도주 법무장관)와 브래드 번탈 교수가 리더 역할을 맡아 대학과 스타트업 커뮤니티 사이의 관계를 변화시켰다. 앞에서 브래드 번탈이 쓴 뉴 벤처 챌린지에 관한 글에서 보듯 그들의 리더십은 대학교 전체로 확장됐고 다른 사람들도 참여시켜 리더 역할을 맡게 했다. 시간이 흘러 콜로라도 대학교 볼더 캠퍼스의 구조적 역동성도 변화하기 시작했다. 지금 콜로라도 대학교 볼더 캠퍼스와 볼더 스타트업 커뮤니티 간의 역동성은 그 어느 때보다 강력해졌다.

상호작용

창발과 그 구성 요소는 복잡계의 마법이라고 할 수 있는 상호작용에서 나온다. 시스템을 이루는 부분들의 상호작용에 에너지를 쏟으면 단순히 부분들에 에너지를 쏟는 것보다 더 큰 영향을 끼치게 된다. 이러한 상호작용은 창발로 이어져 기대하지 못한 결과를 만들고 이러한 결과를 만들어내기 위해 예상치 못한 해결책을 필요로 한다.[27] 그런 이유에서 복잡계를 연구하는 것을 '상호작용의 학문'이라고 부른다.[28]

　복잡계에서는 시너지가 가치창출의 주요 원천이므로 시스템을 이루는 구성 요소들의 상호작용이 중요하다. 많은 스타트업 커뮤니티가 이런 사실을 놓치고 있다. 상호작용에 초점을 두지 않고 개별적인 부분들에 집중한다. 재무적 자본, 대학의 창업 프로그램, 스타트업 액셀러레이터 같은 투입이 증가하고 있으니 진전이 이루어지는 것처럼 느껴진다. 뭔가 측정할 수 있는 일이 일어나고 있으니 분명 잘되고 있다고 생각한다.

　이런 생각의 오류가 생기는 것도 당연하다. 부분이 상호작용보다 잘 보이고 변화시키기도 쉽기 때문이다. 부분은 유형의 것이다. 반면 인간의 행동, 사고 패턴, 사회적 규범은 무형의 것이고 상호작용을 촉진하는 것이기도 하다. 창업자, 투자자, 인재, 자본, 업무 공간, 그 외 행위자와 요인들은 단기적으로 고정되어 있다고 하자. 기존에 투입되어 있는 자원을 갖고 일하면서 동시에 행위자들 간의 상호작용 향상에 집중하면 시간이 지남에 따라 더 많은 자원을 끌어당겨서 스타트업 커뮤니티의 규모와 활력이 커지고 진화하는 선순환이 시작된다. 이것은 추구하고 있는 투입과 산출을 더 많이 끌어당긴다.

　사람들은 너무나도 자주 그들의 스타트업 커뮤니티가 발전하지 못하는 건 벤처캐피탈이 부족하기 때문이라고 말한다. 자금의 공급과 수요 사이에는 언제나 불균형이 존재하는데, 자본 형성을 주도하는 것이 상황을 가까스로 향상할 수는 있다.[29] 그래도 근본적인 문제는 지속되는데 그것에 대해 불평만 하는 것은 전혀 도움이 되지 않는다. 창업자들에게 좀 더 생산적인 전략은 그들이 제어할 수 있는 것, 즉 해결하려고 집착하고 있는 문제를 중심으로 강력한 비즈니스를 구축하는 것이다.

　스타트업 커뮤니티 참여자들이 자본에 대해 불평하는 것은 복잡계의 실제를 붙잡고 고심하는 것이 아니다. 자금 부족에만 집착하는 것은 스타트업 커뮤니티가 직면한 여러 제약 사항들을 하나의 요인으로 치환해버리는 셈이다. 사실 많은 요인들이 스타트업 커뮤니티에 동시에 영향을 끼치고 있는데 말이다. 설사 스타트업 커뮤니티를 가로막는 요소가 단 한 가지뿐이라도 자본에 대한 집착은 많은 다른 것을 대신에 자본이 문제의 요소라고 간주하게 만든다. 게다가 해결책이 시스템 외부에 있다는 생각으로 현재 상황에 대한 책임을 피하게 된다. 마지막으로 이것은 자본이 투자할 만한 회사를 따라가지 그 반대로는 작용하지 않는다는 현실을 무시하는 것이다.

세계의 많은 스타트업 커뮤니티가 "자본, 투자자, 창업자, 또는 기업가정신에 관심 있는 사람이 더 많더라면……"이라는 생각의 함정에 빠진다. 이런 말만 되풀이할 것이 아니라 사람들을 전부 모아서 이 질문을 던져야 한다. "어떻게 하면 현재 우리가 가진 자원을 다르게 활용할 수 있을까?"

포틀랜드 스타트업 커뮤니티의 진화가 좋은 본보기를 제공한다. 다음 글에서 릭 투로지Rick Turoczy는 끊임없는 학습 그리고 피드백을 따른 의지 덕분에 그곳의 스타트업 커뮤니티가 지금의 모습으로 발전하게 됐음을 설명한다. 릭이 공동으로 설립한 포틀랜드 인큐베이터 익스페리먼트PIE는 예측하지 못했던 창조성을 낳는 행복한 사건들의 연속이라 할 만하다. 창발 현상의 정수를 보여준다.

스타트업 인큐베이터가 실패를 껴안고
커뮤니티에 더 공헌할 수 있었던 방법

릭 투로지Rick Turoczy (오리건주 포틀랜드)
포틀랜드 인큐베이터 익스페리먼트 설립자 겸 총괄 관리자

우리가 오리건주 포틀랜드의 스타트업 커뮤니티를 지원하는 조직을 만들기로 하고 '실험'이라는 단어를 넣어 포틀랜드 인큐베이터 익스페리먼트 Portland Incubator Experiment라고 이름 붙인 데에는 의도가 있었다. 우리가 창의적이어서도 아니고 혁신적이기를 추구하거나 한계를 뛰어넘기 위해서도 아니었다. 실험이라는 단어가 왠지 면책 조항처럼 느껴져서였다. 실패의 충격을 줄여주고 핑곗거리가 돼줄 수 있을 것 같았다. 처음에는 디지털 인큐베이터 익스페리먼트라는 이름이었지만 약자가 죽음을 의미하는 D-I-E라서라서 디지털 대신 포틀랜드를 넣기로 결정했다.

물론 D-I-E가 대다수 스타트업의 운명을 정확하고 날카롭게 말해주기는 하지만 우리는 포틀랜드를 선택했다. 운이 좋게도 위든+케네디 Wieden+Kennedy의 공동 설립자이자 궁극적으로 우리 프로그램의 후원자가 돼준 댄 위든Dan Wieden이 파이pie를 무척이나 좋아했다.

우리는 댄이 우리의 실험을 파이만큼이나 좋아해주기를 바라는 마음으로 포틀랜드 인큐베이터 익스페리먼트PIE를 출범시켰다.

우리는 실패하면서 시작했다. 그리고 실험에 단단히 기반을 두었다. 우리가 지금까지 실험으로 배운 몇 가지는 다음과 같다.

- 실패하는 항상 선택하는 것이다. 그리고 배움의 기회다. 따라서 행동

으로 옮겨라.

- 스타트업 액셀러레이터는 스타트업 커뮤니티의 부산물이다. 그 반대
가 아니다.
- 커뮤니티 구축에 집중하지 마라. 커뮤니티를 향상하는 것에 집중하라.

실패는 아주 초기 때부터 PIE에 반복적으로 나타나는 주제였다. 좀 더 기분 좋게 표현하자면 PIE의 여정은 뜻밖의 우연한 사고의 연속이었다. 모든 실패는 새로운 것을 시도하고 앞이나 뒤 혹은 어떤 방향으로든 나아가도록 동기를 부여했다.

우리는 끊임없는 실패를 거듭하면서 포틀랜드 스타트업 커뮤니티의 문제를 해결할 수 있는 기회를 만들어왔다. 시도와 실패와 재정비를 계속 반복했다. 지금도 마찬가지다.

어떤 사람들은 실패를 피하려 하고 부정적인 시각으로 바라본다. 하지만 PIE가 실패를 껴안지 않았더라면 PIE가 지금과 같은 프로그램이 되지 못했으리라고 자신 있게 말할 수 있다. 우리는 정말로 많은 실패를 겪었다. PIE를 구상하기도 전에 일어난 실패도 많았다. 우리는 그 실패를 이어받아 기초를 다졌다. 실제로 PIE는 우리 공동설립자들이 스타트업에서 일하거나 스타트업들과 함께 일하고 있던 10년 이상 전에 만들어진 것이나 다름없다.

그리고 실패하기.

2000년대 초 닷컴 시대에 포틀랜드의 스타트업 커뮤니티에서는 실패한 회사들을 흔히 찾아볼 수 있었다. 많은 창업자가 부를 누리는 대신 부업을 해가면서 스타트업을 지켜야 했다. 닷컴 붕괴와 함께 거품도 꺼져 다른 선택권이 없었기 때문이다.

2000년대 중반에 내 스타트업도 실패했다. 이와 함께 나도 리더이자 공동 창업자로서 실패했다. 그 실패는 비록 고통스러웠지만 배움의 과정이기

도 했다. 무엇보다도 나 자신에게 창업자 자질이 없다는 사실을 깨우쳤다. 나는 기업가정신을 갖춘 문제 해결사이자 소방수지 창업자 감은 아니었다. 창업자가 성공하려면 균형을 갖추어야 하는데 너무 한쪽으로 치우쳐 있었다.

10년도 채 지나지 않아 또 다른 버블이 터졌다. 부동산 담보대출 시장이 무너진 것이다. 이로 인해 포틀랜드의 상업 공간에 공실이 늘어났다. 비록 월세를 낼 형편이 되지 않았지만 이를 계기로 창업자들과 초기 단계 스타트업들이 포틀랜드에 있는 위든+케네디 본사 아래층의 빈 상가에 작업실을 차리고 함께 일하기 시작했다. 이 공유 공간에서 나누었던 대화와 구상들이 PIE의 탄생으로 이어졌다.

실험을 할 수 있도록 영향을 준 것은 PIE를 설립하기 전의 실패뿐만이 아니었다. 지금도 계속되는 실패들이 우리 모델을 개선해나가는 데 영감을 주고 있다.

또 다른 실패 사례는 포틀랜드가 테크스타를 유치하는 데 실패한 것이다. 테크스타는 태평양 북서부 지역 지사를 둘 곳을 찾고 있었는데, 결국 시애틀의 스타트업 커뮤니티에 들어서게 됐다. 앤디 색Andy Sack, 크리스 드보어Chris DeVore 같은 리더들의 노력으로 테크스타 시애틀은 포틀랜드의 많은 전도유망한 창업자들도 지원하는 멋진 프로그램으로 성장했다. 그 실패는 우리 PIE가 동료 멘토링으로 움직이는 공동 작업 공간이었던 것에서 포틀랜드만의 스타트업 액셀러레이터 프로그램으로 변신하도록 영감을 주었다. 우리는 지역의 창업자들을 위해 동료 멘토링과 전문가 멘토링을 모두 지원하도록 프로그램을 만들었다.

우리는 시장의 상당한 관심에 자극받아 스타트업 액셀러레이터 컨설팅을 고안했다. 하지만 확장 가능한 수익 창출 프로그램으로 구성하는 것은 가능하지 않았고 그러고 싶지도 않았다. 그 실패는 우리가 오픈소스 학습 자료인 PIE 쿡북Cookbook을 만드는 데 영감을 줬다. 스타트업 액셀러레이터를 구축하고자 하는 사람이라면 누구든 활용할 수 있게 했고 그렇게 하는 것이 우리와 지역 스타트업 커뮤니티에 더 타당한 일이었다.

최근에는 우리 스타트업 액셀러레이터 모델이 이 지역의 변화하는 니즈를 충족하지 못한다는 사실을 깨달았다. 어느 곳에나 효과적인 프로그램과 모델을 채택했다고 생각했지만 포틀랜드에서는 같은 방식으로 작용하지 않았고 또는 같은 수준의 영향력이 나타나지 않았다. 우리가 일종의 사업체로서는 작용을 하고 있었지만 커뮤니티가 필요로 하는 것을 제공하지 못하고 있었으므로 계속해서 실험을 재정비하기로 했다.

PIE가 거친 모든 실수와 실패에는 스타트업 커뮤니티가 있었다. 스타트업 커뮤니티가 항상 유형적인 것은 아니다 보니 인식하지 못할 때도 있었다. 하지만 커뮤니티는 PIE 같은 프로그램이 태어날 수 있는 틀과 토대를 제공했다. PIE가 일을 계속해나갈 수 있도록 힘을 준 커뮤니티에 참여하고 커뮤니티를 유지하는 것은 기회였다.

12년 이상 이 일을 해온 경험으로 장담하건대 스타트업 커뮤니티나 생태계는 구축하는 것이 아니다. 관리하는 것도 아니다. 발견하고 참여하는 것이다. 사람들이 이것을 깨닫게 해야 하고, 현장에 계속 나와야 한다. 스타트업 커뮤니티를 중심에 놓아야 한다. 그러면 당신의 임무는 그것을 유지하고 향상하는 것이 된다. 모든 조각은 이미 존재하고 있었고 이미 연결되어 있다. 때때로 느슨하게 연결되어 있어 더 강한 연결이 필요할 뿐이다.

당신의 일은 커뮤니티를 계속 향상하는 것이다. 끊임없이 조율하고 마모된 부분을 교체하고 느슨한 나사를 조이고 연료가 떨어지지 않도록 공급하고 최고의 성능으로 작동할 수 있게 하는 것이다. 내가 무언가를 구축하고 있다는 착각에 빠지면 안 된다고 스스로 주의한다. 나는 성능을 개선하고 새는 곳이 없도록 하고 바퀴가 떨어지지 않도록 예방하는 기계공일 뿐이다.

선禪과 커뮤니티 관리술*로 생각해보자.

단지 지역 스타트업 커뮤니티에만 적용되는 것이 아니다. 한 커뮤니티가 유지되려면 광범위한 네트워크와 다수의 관점이 필요하고 안전지대 밖으로 나와야 한다.

당신은 응원하며 용기를 주어야 한다. 영향력을 만들어내야 한다. 확성기를 이용해 사람들이 커뮤니티가 실재한다는 것을 확신하게 해야 한다. 그리고 커뮤니티의 존재를 인식하고 있는 사람은 누구라도 커뮤니티와 더 깊게 연결될 수 있도록 장려해야 한다.

처음에 PIE는 포틀랜드에서 스타트업을 촉진하는 플랫폼으로 출발해 필요한 사람들을 반드시 참여시키도록 일해왔다. 그렇게 그 일을 중심으로 구심점을 만들면서 스타트업에 관심 있는 사람들이 제일 먼저 찾는 곳, 연결이 이루어지는 원스톱 공간이 되려고 했다. 이제는 그 위치를 활용해 지속적으로 정보와 자원을 모아 커뮤니티를 위해 해야 하는 일들을 새롭게 생각해보고 있다.

우리는 아무런 대가를 바라지 않고 PIE를 커뮤니티에 의한, 커뮤니티를 위한 자원으로 만들었다. 아직도 갈 길은 멀다. 하지만 앞으로도 이 커뮤니티의 소중하고 지속가능한 무언가가 되기 위한 실험을 계속해나갈 것이다.

---

* 1974년 출판된 로버트 메이너드 피어시그(Robert M. Pirsig)의 자전적 소설이자 철학적 탐구서인 『선과 모터사이클 관리술(Zen and the Art of Motorcycle Maintenance)』에 스타트업 커뮤니티를 비유했다.

8장

수량의 편견

스타트업 커뮤니티 웨이 법칙

스타트업 커뮤니티는 창업자가 성공했을 때 그리고 그 성공의 자원을 다음 세대를 위해 재순환할 때 추진력을 얻는다. 성공이 가져다주는 부와 무형 자원은 기업가정신의 발전 과정에 매우 중요하다. 성공은 사람들로 하여금 기업가정신을 시도해볼 만한 선택지로 생각하도록 영감을 준다. 자원, 지식, 영감을 재순환하는 것은 스타트업 커뮤니티의 활력과 지속가능성을 유지하게 한다.

스타트업 커뮤니티에서 발생하는 가장 중대한 오류는 아마도 무언가를 더 많이 할수록 더 좋은 결과로 이어진다는 믿음일 것이다. 특히 행위자(예: 투자자, 인재)와 요인(예: 재무적 자본, 프로그램) 같은 투입의 증가를 원하는 산출(예: 스타트업, 창업자)과 결과(예: 엑시트, 일자리 창출)의 증가와 동일시하는 경우가 많다.

　스타트업 커뮤니티는 비선형적인 복잡계이기 때문에 수량 기준의 사고를 적용하면 결함 있는 전략이 된다. 그런 것은 복합계에 더 적합하다. 네트워크 기반의 비선형적인 시스템에서는 멱법칙의 분포가 나타난다. 적은 수의 행위자와 사건이 시스템 전반의 가치를 주도한다. 수량적 접근법은 특이치가 아니라 평균치가 시스템 가치를 주도한다는 잘못된 가정으로 움직인다. 게다가 투입과 산출은 직접적으로 연관되거나 비례적이지도 않다. 수량에 관한 근거 없는 믿음은 말 그대로 허구일 뿐이다.

무조건 더 많이

우리는 수량에 관한 근거 없는 믿음을 '무조건 더 많이more-of-every-thing'라고 부른다. 이것은 현재 스타트업 커뮤니티에서 가장 큰 좌절과 불만을 일으키는 원인 중 하나다. '무조건 더 많이'의 문제는 시스템에 맹목적으로 투입을 증가하면 올바른 산출과 결과도 증가할 것이라는 잘못된 믿음에서 나온다.

'무조건 더 많이'에 의한 사고는 모든 것을 더 많이 가지면 활성화된 스타트업 커뮤니티를 만들 수 있다는 식으로 나타난다. 자본, 혁신 센터, 액셀러레이터, 인큐베이터, 대학 프로그램, 스타트업 이벤트 등 무엇이든 무조건 더 많아야 한다고 말이다. 이것은 중요한 투입(자본과 인재 같은 자원)이 증가하면 원하는 산출(스타트업)과 결과(가치창출)도 증가한다는 선형적 시스템 사고를 따른다. 문제는 '무조건 더 많이' 방식이 효과가 없다는 것이다.

어떤 지역이 다른 지역과 비교해 매우 영향력 있는 기업들을 꾸준히 배출하고 있는 원인이 무엇인지에 관한 상당히 큰 규모의 연구가 이루어졌다. 전체적으로 가장 중요한 것으로 보이는 것은 창업 전성기(경력 중반기)에 이른 똑똑한 사람들의 밀집도다. 이들은 기업가정신을 지향하며 지식 집약적인 활동을 하는 기업을 추구한다. 그리고 네트워크나 문화와 같이 측정하기 어려운 다른 요소들도 갖고 있다.[1]

이미 알아차렸겠지만 여기에는 '무조건 더 많이' 방식에서 강조하는 많은 요인, 예를 들면 벤처 자본, 연구와 특허, 대학 프로그램, 액셀러레이터와 인큐베이터, 정부 혁신 프로그램 등이 빠져 있다.[2] 선도적인 스타트업 허브에서도 스타트업과 투자자의 절대적인 숫자가 많다는 것이 성공적인 결과의 전조가 되지는 못한다.[3] 거듭된 연구들에 따르면 이러한 요인들은 어느 지역의 두드러진 기업가정신과 통계적으로 의미 있는 상관관계를 보여주지 못한다. 인재의 밀집도와 같은 요인들로는 설명이 되는데 말이다.[4]

그렇다면 앞에서 말한 요인들은 중요하지 않다는 뜻일까? 그렇지 않다! 물론 중요하지만 그것만으로는 충분하지 않다. 그 요인들만으로는 높은 영향력을 지닌 스타트업들을 배출하지 못한다. 기업가정신이 두드러진 지역과 다른 지역의 차이점은 이러한 요인들이 하나의 시스템으로 통합되는 방식에 있다. 이러한 시스템에서는 협업, 포용성, 책무성, 창업가적 마인드셋을 촉진하고 혁신과 기업가정신 발현에 기여하는 많은 사회적, 문화적, 행동적 특성이 나타난다.

많은 지역에서 실리콘밸리를 선망하고 따라 하려고 애쓰지만 제대로 된 교훈을 얻는 데는 실패한다. 실리콘밸리를 만든 사람들은 처음부터 세계에서 가장 혁신적인 지역을 만들려고 한 것이 아니었다. 그들의 일하는 방식이 실리콘밸리를 만들어내었다. 당시 실리콘밸리가 다른 지역들과 달랐던 점은 개인들, 기업들, 기관들에

대해 갖는 개방성, 협업, 지역에 대한 헌신에 기반을 둔 상향식 문화였다.[5]

오늘날의 실리콘밸리가 만들어진 것은 행동, 마인드셋, 그리고 혁신적인 시스템이 창발할 수 있도록 환경에 씨앗을 뿌린 덕분이었다. 이것은 전형적으로 우연에 의한 것이지 계획에 의한 것이 아니다. 그밖의 다른 모든 것은 이후에 오랜 시간에 걸쳐 이루어졌다. 모든 것을 일어나게 하는 중앙의 계획은 없었다.

'무조건 더 많이'의 방식에 끌리는 것도 당연하다. 그것은 제어할 수 있고 눈에 보이며 대개 즉각적인 것이기 때문이다. 바로 눈앞에서 일어나고 있는 일들이 확인이 되므로 단기적으로는 기분을 좋게 해준다. 하지만 장기적으로는 실망을 안겨준다. 스타트업 커뮤니티의 참여자들이 기저에 있는 사회적, 문화적, 행태적 장애물을 해결하려고 하지 않는다면 말이다. 빅터 황과 그렉 호로윗이 쓴 책 『정글의 법칙-혁신의 열대우림 실리콘밸리 7가지 성공 비밀』에 나오는 표현을 빌리자면 이렇다. "인간의 행동 변화에 초점을 맞추지 않고 혁신을 이뤄내려는 시도는 실패할 수밖에 없다."[6]

'무조건 더 많이'의 다른 이름은 자원 기반 접근법 또는 신경제 구축을 위한 기존의 경제 방식일 것이다. 하지만 문제는 똑같다. 투입이 증가하면 선형적이고 제어와 예측이 가능한 방식으로 기대한 산출물도 증가한다는 것이다. '무조건 더 많이'는 정보 경제 시대의 스타트업에 공장 생산방식을 적용한 것이나 마찬가지다. 이런 사고방식은 솔깃하긴 하지만 비현실적이고 역효과를 낳는다.

'무조건 더 많이'의 경로를 계속 따라가기 전에 대안을 생각해보라. 무언가를 더 많이 또는 많은 것을 심지어 더 많이 하는 것이 답일 수도 있지만 무언가를 얼마나 잘하고 있느냐가 더 올바른 질문인 경우가 많다. 이미 가지고 있는 것을 최대한 활용하고 있는가? 무엇이 상호작용을 향상할 수 있는가? 기존의 것들이 얼마나 생산적으로 통합되고 있는가?

우리의 경험상 이 질문들에 대한 답은 더하기가 아니라 특히 문화와 사고방식에 초점을 맞춘 활성화와 바꾸기에서 나온다. 작은 행동 변화가 광범위하게 적용되고 일관되게 실행된다면 앞으로의 결과에 큰 영향을 미칠 수 있다.

평균치가 아니라 특이치

수량적인 사고방식에는 의식적이든 아니든 스타트업 커뮤니티의 가치창출이 통계적으로 정규분포를 따른다는 믿음이 내포되어 있다. 그러한 믿음하에서는 평균적인 결과를 생태계 전반에 대한 성과로 이해하게 된다. 하지만 이것은 완전히 틀린 생각이다.

비선형적 특징이 나타나는 복잡계에서는 드물게 발생하는 영향력이 큰 사건이 정규분포보다 우세한 핵심적인 특성이 나타난다. 즉 두꺼운 꼬리 분포fat-tailed distribution로 상대적으로 적은 수의 특이치가 시스템의 총 가치를 주도한다. 대부분의 스타트업들은 실패로 귀결되기 때문에 다수의 작은 성공 대신 소수의 큰 성공이 스타트업 커뮤니티 전체의 경제적 가치를 주도한다. 벤처캐피탈리스트들은 이것을 멱법칙이라고 부르기를 좋아하는데, 한 펀드에서 투자 기업 한 곳의 거대한 성공이 펀드 전체의 실패를 압도하는 것과 같다.

궁극적으로 큰 영향력을 가진 몇몇 기업과 참여적인 성공한 창업자 몇 명이 수백 개의 스타트업, 공유 오피스, 투자자 그룹, 보통의 영향력을 갖는 대학 기업가정신 프로그램보다 훨씬 더 가치 있다. 스타트업 커뮤니티에서는 가치가 대칭적이지 않으므로 큰 성공이 투입, 사람, 활동의 절대적인 수보다 훨씬 더 중요하다. 창업자들이 큰 꿈을 꾸고 불가능하게 보이는 것을 해낼 수 있다는 것을 믿을 수 있도록 실재하는 어떤 표시 같은 것을 제공하는 것은 심리적인 큰 영향을 준다.

스타트업 커뮤니티에서는 많은 실패가 소수의 큰 성공으로 상쇄되는 일이 자주 지속적으로 일어난다. 따라서 문화 규범은 이것을 반영하고 지지해야 한다. 실패가 너무 흔하기 때문에 성공한 창업자가 리더십을 발휘해 다음 세대 창업자들에게 되돌려주는 것이 훨씬 더 중요해진다.

25년 전 볼더에는 창업 주기가 수명을 다했다는 느낌이 있었다. 새로운 비즈니스 영역에서 수십 명의 창업자들이 열심히 일하고 있었지만 오랫동안 큰 엑시트*가 나타나지 않았다. 스타트업 커뮤니티는 두 그룹으로 나뉘었다. 첫 번째 그룹은 대부분 은퇴했거나 새로운 창업 활동과 멀어진 부유한 창업자들이고 두 번째 그룹은 열심히 뛰지만 지역에 동시대의 역할 모델이 없는 젊은 창업자들이다. 많은 시도를 하고는 있었지만 별다른 성과가 없었다.

하지만 그로부터 5년 동안 여섯 개의 스타트업이 4개의 큰 상장 기업에 상당한 금액으로 인수됐다. 인수한 기업들은 모두 볼더에 사업 기반을 세웠다. 다른 두 개의 기업은 상장돼 약 100명의 새로운 백만장자를 탄생시켰다. 또 몇 년 후 그 창업자들 가운데 몇몇

---

* 스타트업의 투자금 회수를 의미하며 주로 인수합병이나 기업공개 등으로 이루어진다.

은 은퇴했지만 대다수가 자신들의 부를 새로운 스타트업에 투자하기 시작했고 이 스타트업들은 그들의 예전 직원들과 함께 시작하는 경우가 많았다. 지난 25년간 축적돼온 활동들이 소수의 커다란 성공에 힘입어 갑자기 임계질량이 됐다.

기업가정신의 재순환

성공적인 창업 사례는—크게 확장력 있게 성장하거나 상당한 규모로 엑시트를 달성하는 스타트업—스타트업 커뮤니티에 막대한 영향을 미친다. 이렇게 성공하는 경우가 소수라도 스타트업 커뮤니티의 경로를 극적으로 바꿔놓을 수 있다. 기업가정신의 재순환은 특이치 사건이 스타트업 커뮤니티에 막대한 영향을 미치는 이유 중 하나다.

스타트업이 성공적인 결과를 얻으면 창업자, 초기 직원, 지역 투자자들이 얻은 부가 다음 세대 스타트업으로 재순환될 수 있다. 또한 창업자, 관리자, 직원들이 스타트업의 성공과 확장을 거쳤으므로 지역 인재들의 경험도 향상된다. 기술, 관리, 전문 영역 분야의 노동시장도 성장한다. 다른 지역의 인재를 유치하기도 더 쉬워진다. 보수 높은 일자리가 뒷받침돼 지역 경제가 성장하므로 지역의 서비스 부문과 창조적 영역이 더욱 활기를 띤다.

많은 창업 생태계 체계에서 간과되고 있지만 모두의 눈에 띄는 커다란 성공 사례는 성공이 정말로 실현 가능하다는 믿음을 심어준다. 비록 기업가정신의 재순환은 계량적으로 측정하기 어렵더라도 말이다. 스타트업 커뮤니티에서 성공은 심리적으로 매우 중요한 역할을 한다. 특히 성공을 한 번도 경험해본 적이 없거나 '이곳 에서는 불가능하다'라는 분위기가 지배적이거나 또는 일반적으로 거대한 구조적 장벽과 한계가 있는 지역이라면 더더욱 그렇다.

창업가이자 투자자인 크리스 슈로더Chris Schroeder도 2013년에 출간한 저서 『스타트업 라이징: 중동을 바꾸는 창업 혁명』에서 그 내용을 다루었다. 중동은 족벌주의가 팽배해 있고 유산 받는 것이 성공의 지름길이라는 생각이 사회 전반에 깊이 뿌리박혀 있어서 사고방식과 태도를 바꾸기가 쉽지 않다. 와스타wasta라는 말까지 있을 정도인데 크리스 슈로더는 책에서 와스타를 다음과 같이 설명한다. "자격에 대한 고려 없이 어떤 사람이나 집단에 대한 편애를 과시하는 것으로 …… 문화적으로 사업을 하는 방식은 단 하나밖에 없을 거라는 것을 동일하게 수용하는 효과를 일으켰다."[7] 다시 말해 인맥이 좋은 사람만 성공할 수 있다. 이것이 야망에 어떤 부정적인 영향을 미칠지 상상해보라. 고무적이게도 중동의 창업자들은 그 전통에 반기를 들기 시작했다.[8]

기업가정신은 실행을 통한 학습 과정이다. 기업가정신을 실행해 온 사람들은 학교에서나 책에서 배울 수 없는 일련의 경험적 지식을 가지고 있다. 경험 많은 창업가들의 지식을 활용하는 것은 초기 창업자들에게 아주 가치 있는 일이다. 한 벤처 사업에서 나온 지식은 다음 사업으로 흘러 들어가므로 연쇄 창업자가 생산성 우위를 지닌다는 것은 학계 연구결과에서도 확인된다.[9]

기업가정신의 성공은 다음 세대 스타트업으로 재순환돼야 한다. 재순환을 위한 경로는 많이 있다. 예를 들면 멘토, 고문, 스토리텔러, 이사진, 스타트업 직원이 되어 자금, 에너지, 지식, 시간을 커뮤니티에 있는 스타트업에 계속 투자할 수 있다.

올바른 방식으로 성공한 창업자는 최고의 스타트업 커뮤니티 리더가 되곤 한다. 그들은 부와 지식과 인재와 전문성을 제공할 뿐 아니라 야망 있는 창업자들에게 성취할 수 있는 것을 구체적으로 보여주는 역할 모델이 된다. 문제는 그들이 과연—그리고 어떤 식으로—참여할 것인가다.

성공한 창업자들이 지역에 있는 다음 세대 스타트업들과 계속 관계를 맺도록 장려돼야 한다. 자본, 지식, 영감을 가지고 해변으로 가버려서는 안 된다(최소한 영원히 그래서는 안 된다). 지역의 스타트업 커뮤니티에 계속 참여하면서 다음 세대 창업자들을 도와야 한다. 특히 예전에 자신을 도와준 사람이 아무도 없었다면 더욱더 그래야 한다. 자신이 창업했을 때보다 더 나은 커뮤니티를 만들려고 노력하라. 이전 세대의 발자취를 따르는 새로운 세대의 창업자들이 더 순조로운 길을 걸을 수 있도록.

슈퍼노드로서 리더

지금까지는 평균치가 아니라 특이치에 속하는 기업들을 강조했다. 하지만 그런 기업의 뒤에 있는 사람들이 더 중요하다. 기업은 일시적일 수 있어도 사람은 계속 남기 때문이다.

기업가정신 리더들은 모든 것을 하나로 합치는 열쇠가 된다. 그들은 분위기를 조성한다. 스타트업 커뮤니티 참여자들—특히 다른 창업자들—은 리더에게서 행동, 활동, 태도에 대한 신호를 얻는다. 따라서 올바른 유형의 리더가 없으면 스타트업 커뮤니티는 의미 있는 형태로 존재할 수 없다.

리더는 스타트업 커뮤니티에서 장기적으로 규범, 행동, 태도를 보여주는 역할 모델이다. 스타트업 커뮤니티의 문화를 빠르고 쉽게 확인하는 방법은 그곳의 리더들을 보는 것이다. 스타트업 커뮤니티의 현재 상태와 규범에 관한 거의 모든 것을 알 수 있을 것이다.

노스캐롤라이나 대학교의 메리앤 펠드먼Maryann Feldman과 테드 졸러Ted Zoller는 딜메이커dealmaker 연구를 통해 설득력 있는 증거를 제시한다. 그들이 정의하는 딜메이커는 깊이 있는 기업가정신 경험을 갖고 있고, 스타트업들과 신뢰 바탕의 유대관계가 있으며, 가치 있는 사회적 자본을 갖고 있는 연결성 높은 개인이다. 이 딜메이커는 다리 놓는 역할을 한다. 일을 성사하고 사람들을 연결하고 네트워크를 형성하며 자원의 흐름을 촉진하고 스타트업 커뮤니티의 근간을 형성한다. 펠드먼과 졸러는 딜메이커의 밀집도와 그들 간의 연결성이 창업자와 투자자에 대한 수량 기반 지표보다 지역의 높은 창업률과 스타트업 커뮤니티의 활력을 더 잘 예측해준다는 사실을 발견했다.[10] 다시 말하자면 핵심적인 사람들의 연결성이 투입의 크기를 압도한다.

후속 연구에서 펠드먼과 졸러와 공동 연구자들은 딜메이커와의 연결을 통해 관련 네트워크와 사회적 자본에 대한 접근성을 얻은 스타트업들은 그 결과 사업 성과가 상당히 좋아졌다는 사실을 발견했다.[11] 저자들은 그러한 성과 향상은 딜메이커와의 자연스러운 관계에 기인한다고 보았다.

이 연구는 지역 네트워크의 강점이—특히 많은 스타트업들과 관계를 맺는 지역 리더들의 존재 여부와 연결성—스타트업과 투자자에 대한 계량 지표보다 스타트업의 성과를 더 잘 예측하게 해준다는 것을 보여준다.[12] 지역 스타트업 커뮤니티의 성공에는 창업자와 투자자가 많은 것보다 네트워크 운영자들의 질과 응집력이 더 중요하다. 글로벌 안트러프러너십 네트워크Global Entrepreneurship Network가 주도한 연구 컨소시엄도 세계 여러 도시에서 비슷한 결론을 도출했다.[13]

네트워크의 질은 네트워크의 크기보다 더 중요하다. 온라인 소셜 네트워크 현상(링크드인, 페이스북, 트위터)이 네트워크에서 연결(또는 팔로워)의 수가 네트워크에 기여하는 가치를 결정하는 주된 요인이라는 개념을 만들어내고 강화했지만 그것은 사실이 아니다. 대신 간단한 공식이 있다.

$$가치 = 연결의\ 수 \times 연결\ 사이를\ 오가는\ 정보의\ 가치$$

연결이 별로 없는 사람들은 그들 사이에 이동하는 정보의 가치가 크더라도 스타트업 커뮤니티에 그다지 큰 영향을 미치지 않는다. 연결점은 많은 사람이지만 그들 사이를 오가는 정보의 가치가 낮으면 스타트업 커뮤니티에 영향을 미치지 않고 오히려 해로울 수 있다. 그 둘보다 평균적인 연결 수와 평균적인 가치의 정보를 가진 사람들이 더 중요할 가능성이 크다. 연결도 많고 그들 사이에 이동하는 정보 가치도 높은 사람들은 스타트업 커뮤니티에 핵심적이다.

우리는 이 높은 가치를 지닌 참여자들을 스타트업 커뮤니티의 슈퍼노드supernode라고 부른다. 네트워크 그래프에서 그들의 노드는 다른 것보다 훨씬 크기 때문이다. 이 슈퍼노드들은 스타트업 커뮤니티에 매우 중요하다.

엔데버는 지난 10년 동안 전 세계 스타트업 커뮤니티의 네트워크를 연구했다. 영향력이 있는 개인이 성공한 창업자(기업을 확장한 경험이 있는 이들)인 도시는 창업자가 핵심적인 역할을 하지 않는 비슷한 도시보다 확장력 있게 고성장하는 기업을 배출하는 비율이 더 높다는 결론을 냈다.[14] 세계은행의 연구도 유사한 결론을 내놓았다.[15]

빅터 황과 그렉 호로윗은 『정글의 법칙: 혁신의 열대우림, 실리콘밸리 7가지 성공 비밀』에서 이런 개인을 키스톤keystone이라고 불렀다. 생태학에서 키스톤은 생태계의 다른 많은 종에 영향을 미치는 종을 말한다. 키스톤 종은 너무도 중요해서 키스톤이 사라지면 근본적으로 생태계가 바뀐다.

황과 호로윗이 관찰한 바와 같이 창업 생태계에서 키스톤 종은 여러 공식적 직함을 넘나들며 중요한 역할을 한다. 이 개인들은 통합적이며 경계를 넘어 사람들을 연결한다. 이 개인들은 큰 영향력을 가지고 있으며 사람들의 장기적인 관심과 경제적인 것 이외의 동기에 호소한다. 마지막으로 이 개인들은 어떤 일이 일어나게끔하는 영향력이 있다. 저자들은 다음과 같이 키스톤의 중요성을 강조한다.

키스톤은 열대우림 생태계의 중요한 구성 요소다. 이들이 없으면 열대우림은 고전하거나 심지어 죽을 것이다. …… 기업가정신에 의한 혁신이 충분히 일어나는 데 실패한 지역에서는 사라지고 있거나 최소한 너무나도 부족한 사람들이다.

마찬가지로 댄 세노르Dan Senor와 사울 싱어Saul Singer는 2009년에 공저 『창업 국가: 21세기 이스라엘 경제성장의 비밀』에서 이스라엘 기업가정신의 핵심을 이루는 비추이즘Bitzu'ism을 설명한다. 히 브리어로 비추이스트bitzu'ist는 적극적인 실용주의자 정도로 해석될 수 있는데 일을 하는 방법을 아는 사람을 말한다.

딜메이커, 슈퍼노드, 키스톤, 비추이스트 모두 같은 유형의 개인, 스타트업 커뮤니티의 리더를 가리킨다. 특정한 누군가가 아니라 그냥 한 명의 개인이다. 건강한 스타트업 커뮤니티에는 복수의 리 더가 있어야 하고 커뮤니티가 성장함에 따라 리더의 숫자도 증가 해야 하기 때문이다. 적극적으로 참여하는 창업가 리더는 스타트 업 커뮤니티의 장기적인 건강과 발전과 성공에 매우 중요하다.

기업가정신의 재순환은 어떻게 인디애나폴리스의 스타트업 커뮤니티를 가속화했나

스콧 도시Scott Dorsey (인디애나주 인디애나폴리스)
이그잭트타깃 공동 창업자·하이알파 공동창업자 겸 매니징 파트너

나는 크리스 배고트Chris Baggott와 피터 맥코믹Peter McCormick과 함께 마케터 들을 디지털 세계로 옮기겠다는 꿈을 안고 2000년 12월에 이그잭트타깃 ExactTarget을 창업했다. 성공 확률은 높지 않았다. 닷컴 버블이 막 붕괴해 스 타트업에 자본이 유입되지 않았다. 우리는 기술을 모르는 최초의 테크 분야 창업자였고 게다가 회사를 창업한 지역도 인디애나주 인디애나폴리스였으 니 말이다. 그저 행운을 비는 수밖에!

그 당시 인디애나폴리스의 테크 부문은 그리 뛰어난 성과를 올리지 못했다. 소프트웨어 아티스트리Software Artistry가 가장 돋보이는 기업이었다. 1995년에 상장을 해서 직원 300명으로 성장했고 1998년 초에 약 2억 달러로 IBM에 인수됐다. 인디(인디애나폴리스)의 테크 부문 성장을 방해하는 요인은 두 테크 협회의 경쟁부터 주요 테크 허브와의 연결성 부재까지 다양했다. 오래된 공항에는 서부 해안 직항편도 없었다. 게다가 이곳은 서머 타임도 지키지 않았는데 이것은 곧 항상 다른 지역들과 보조를 맞추지 못하고 있다는 의미였다.

이러한 많은 어려움이 있었지만 알고 보니 인디에는 상당한 경쟁우위가 있었다. 커뮤니티는 앞으로 나아갈 준비가 돼 있었다. 우리는 시내를 떠나 모뉴먼트 서클Monument Circle이라고 불리는 도시의 중심부에서 정체성을 구축해나갔다. 인디애나 대학교, 퍼듀 대학교, 노트르담, 버틀러 등 인디애나주의 대학에서 배출되는 훌륭한 인재들을 최대한 활용했다. 주 정부 관계자들은 입법상의 변화를 추진하고 경제 개발 인센티브를 제공하는 방법으로 우리가 더 빠르게 성장하고 높은 보수의 일자리를 창출할 수 있도록 모든 단계마다 지원해주었다. 우리는 가진 자원을 최대한 활용했고 필요한 자원은 직접 만들어내기도 했다.

이그잭트타깃은 많은 난관을 극복했고 기업공개와 대규모 엑시트를 포함해 엄청난 성과를 달성했다. 인디에 1,500개 이상의 하이테크 부문 일자리를 만들었고 확장 가능한 테크 기업을 어느 지역에서나 창업할 수 있다는 사실을 증명해냈다. 기업과 커뮤니티의 구축이 동시에 일어날 수 있다는 것을 보여주었다. 인재 네트워크 개발, 대학과 정부의 협력, 가능성의 증명은 스타트업 커뮤니티의 톱니바퀴가 돌아가기 위해 꼭 필요하다. 성공은 성공의 토대에서 만들어진다. 그리고 무엇보다도 성공적인 결과 이후에 뒤따르는 것이 큰 성공 자체만큼이나 스타트업 커뮤니티의 장기적 활성화를 위해 매우 중요하다.

회사를 키우며 커뮤니티 만들기

이그잭트타깃은 초기에 자본 마련이 매우 어려웠다. 창업자들이 함께 2만 5,000달러를 투자했고 친구와 가족들로부터 20만 달러를 추가로 모았다. 초기 주주명부는 5,000~2만 5,000달러의 수표를 써준 친척과 이웃들로 가득차 있었다. 투자금을 하나도 회수할 수 없더라도 관계가 망가지지 않도록 적은 금액을 투자해달라고 부탁했다. 훗날 이그잭트타깃이 세일즈포스에 인수됐을 때 5,000달러의 투자는 100만 달러 이상의 수익을 가져다 줬다!

　자금 조달에 처음 큰 돌파구가 생긴 것은 뛰어난 투자자이자 창업가인 밥 캄튼Bob Compton이 100만 달러 규모의 엔젤 라운드 투자 유치를 주도하기로 하고 회장을 맡게 되면서였다. 소프트웨어 아티스트리의 회장을 역임한 밥은 다음 세대의 창업자들에게 되돌려주는 것이 얼마나 중요한지 알고 있었다(오늘날 우리가 큰 관심을 두는 일이기도 하다). 한 팀으로서 그의 경험과 지혜를 누릴 수 있어 운이 좋았다. 자본 유치가 훨씬 더 수월해졌다. 인사이트 벤처 파트너스Insight Venture Partners로부터 시리즈 A 단계의 투자를 받았고 그 이후 단계에는 배터리Battery, TCV, 스케일Scale 같은 훌륭한 벤처캐피탈들이 투자해주었다. 서부의 투자자들은 이그잭트타깃과 우리 커뮤니티에 엄청난 가치를 더했다. 그들은 인디와 중서부를 정말 좋아하게 됐다.

　인재는 이그잭트타깃에 추진력을 제공하는 엔진이었다. 우리는 가장 똑똑한 젊은이들을 끌어들이기 위해 고도로 차별화된 인턴십과 대학 졸업자 프로그램을 마련했다. 경영진도 수년에 걸쳐 문화와 중서부의 가치에 중점을 두고 신중하게 꾸렸다. 다른 지역 출신의 임원을 추가할 때도 많았다. 그들은 인디를 정말 좋아하게 돼 결국 가족을 전부 데리고 이주해 왔다. 우리는 지역사회에 새로운 일자리와 새로운 인재들을 더한다는 것에 자부심을 느꼈다.

기업 문화는 비장의 무기였다. 인디에서 직원 몇 명과 일하는 것에서 전세계 2,000명 이상의 팀원들을 갖춘 기업으로 성장하면서 우리의 핵심 가치를 대표하고 집단 정체성과 팀워크를 형성하는 문화적 틀이 필요했다. 우리 브랜드의 색깔은 오렌지색이었다. 파트너와 고객과 잠재 고객들은 하나같이 우리 팀원들이 매우 긍정적이고 마케터들을 생각하는 에너지와 열정이 대단하다고 말했다. '오렌지가 돼라Be Orange'라는 모토가 생겨나 인디에서 샌프란시스코, 시애틀, 런던, 파리, 시드니, 상파울루 등 전 세계 사무소에 있는 팀들을 하나로 이어주었다.

매년 개최하는 사용자 콘퍼런스 커넥션스Connections는 우리 기업 문화의 필수적인 부분이 됐다. 수천 명의 마케터가 우리 지역을 방문하게 만든다는 것 자체가 좋은 전략이었고 우리에게는 큰 자부심이 됐다. 우리는 콘퍼런스 장소를 뉴욕이나 라스베이거스로 옮겨야 한다는 고정관념을 거부하고 인디에서 계속해나갈 수 있는 창의적인 방법을 찾았다. 그래서 콘퍼런스에 전 직원이 참여해서 현장에서 고객과 파트너들을 만나고 리처드 브랜슨Richard Branson, 콘돌리자 라이스Condoleezza Rice 같은 훌륭한 연사들의 강연을 들으며 영감을 얻고 트레인Train, 이매진 드래곤스Imagine Dragons 같은 가수들의 콘서트를 즐겼다. 지역 경제의 발전에 긍정적인 영향을 끼치며 보람도 느꼈다. 우리도 그만큼 지역사회로부터 많은 지원을 받았다. 고객들의 "오렌지라는 사실이 자랑스럽다"라는 말은 우리가 우리의 문화 그리고 커뮤니티와 일치하는 경험을 제공했음을 알려주었다.

커뮤니티의 지원을 받는다고 느끼면 되돌려주기도 쉬워진다. 우리 직원들은 아름다운 자원봉사 정신을 주도했다. 창업자들과 초기 투자자들이 상장 직전pre-IPO 지분투자했던 주식으로 이그잭트타깃 재단을 설립하면서 영향력을 확장할 수 있었다. 우리는 나눔을 위해 세 가지 축, 즉 교육, 기업가정신, 배고픔을 선택했는데 이것은 우리의 열정 및 기업 문화와 일치했다. 세일즈포스에 인수된 후에는 재단을 넥스테크Nextech로 이름을 바꾸고 컴퓨터공학 교육에 전념하기로 했다. 코드닷오알지Code.org와의 파트너십을 통해 인디애나주 수백 개 학교를 디지털 세상으로 이끌었다. 수천 명의 학생이 컴퓨터공학 수업을 듣고 코딩을 배우고 직업 진로로 테크 분야를 고려할 수 있도록 영감을 주었다. 현재 인디애나주는 컴퓨터공학 교육의 선두주자 중 하나다.

기업공개는 결코 우리의 목표가 아니었다. 그러나 시간이 흐르면서 기업공개를 하면 대기업 고객들을 확보해서 브랜드를 한 단계 끌어올릴 수 있고 자본 조달이 수월해지며 성장을 가속할 수 있다는 사실이 분명해졌다. 하지만 첫 번째 시도는 실패했다. 2007년 12월에 상장 신청을 했지만 곧바로 세계 금융위기가 터졌다! 기업공개 시장에 자금이 말라버려서 아무런 이익도 없이 기업 상장이라는 큰 부담을 안아야 했다. 2009년 초에 기업공개 신청을 취소하고 외부 자본을 조달했다. "기업공개보다 낫다"라는 말을 주문처럼 외우면서 오렌지 문화와 리더십을 모조리 끌어모아 다 함께 앞으로 나아가는 데 열중했다. 나는 전 직원과 소통하기 위해 '스콧의 금요 편지'라는 전체 이메일을 보내기 시작했다. 5년 반 동안 단 하루도 빠지지 않고 금요일마다 챙겼다.

2012년 3월 22일에 드디어 뉴욕증권거래소에 상장됐다. 오프닝 벨이 울리고 짐 크레이머Jim Cramer와 함께 CNBC 생방송을 한 것은 정말로 놀라운 경험이었다. 청약이 몰려들었다. 주당 가격은 19달러였는데 첫날 주당 25달러가 넘는 거래가로 마감돼 우리는 10억 달러가 넘는 가치를 지닌 기업이 됐다. 서비스형 소프트웨어SaaS 부문 사상 최대 규모의 기업공개였다. 우리는 뉴욕증권거래소를 오렌지색으로 물들였다. 모든 거래자가 오렌지색 재킷을 입었고 층마다 오렌지색 카펫이 깔렸다. 무엇보다 우리를 믿어준 직원과 투자자와 커뮤니티에 보답할 수 있어서 좋았다.

상장 이후로도 순조로웠다. 처음 4분기 동안 월스트리트의 기대치를 넘었고 해마다 40퍼센트 이상 매출이 증가했다. 대규모 클라우드 업체들은 IT 자본이 마케팅으로 이동하고 있다는 것과 대규모의 데이터를 관리해주고 교차 채널 마케팅 캠페인을 강화해주며 디지털 마케터들의 니즈를 충족해주는 우리와 같은 플랫폼이 필요하다는 사실을 깨닫기 시작했다. 우리는 수년간 세일즈포스의 파트너였다. 앱 익스체인지App Exchange가 존재하기 전부터 세일즈포스의 플랫폼과 통합돼 있었다. 마크 베니오프Marc Benioff가 이끄는 팀이 가장 먼저 움직임을 보이며 함께 일하는 것에 대한 강력한 비전을 제시했다. 몇 달 동안 이루어진 협상 끝에 25억 달러에 회사를 매각하기로 합의했고 2013년 6월 4일에 인수합병 소식을 발표했다. 주주들, 직원, 고객, 파트너, 그리고 커뮤니티에 엄청난 성과였다.

인디에 전념하다: 새로운 세대 구축

이그잭트타깃을 팔기로 한 것은 확실히 괴로우면서도 즐거운 결정이었다. 매각 기간 동안 우리가 사람, 제품, 커뮤니티에 계속적으로 투자하는 진보적인 소프트업계 리더와 함께하기를 바랐다. 세일즈포스는 그 이상의 것을 해주었다! 인디에 거의 1,000개의 일자리를 창출하고 세일즈포스 재단을 통해 지역에 투자하고 인디애나주의 사회적 이슈와 공공정책에까지 도움을 주었다. 오늘날 세일즈포스의 인디 지사는 샌프란시스코 본사 다음으로 가장 규모가 크다. 그리고 인디애나에서 가장 높은 빌딩은 이제 세일즈포스 타워로 불리는데, 우리 도시를 테크 커뮤니티로서 계속 브랜드화하기 위해서다.

오늘날 인디애나폴리스는 우리가 이그잭트타깃을 설립했을 때와는 매우 달라진 모습이다. 이곳 공항은 지난 8년간 가장 활기찬 북미 공항으로 선정

됐다. 샌프란시스코 같은 서부 해안 도시로 가는 직항편도 매일 여러 차례 운항된다. 이제 서머 타임도 따르고 있어서 다른 지역들과 동떨어진 느낌도 사라졌다. 인디애나폴리스 도심에는 매년 현지 주민이 운영하는 수많은 새로운 음식점이 문을 열고 곳곳에서 새로운 주택 건설 공사가 이루어졌다. 밀레니얼 세대와 자녀를 독립시킨 부모들 상당 수가 시내로 이사했다.

인디의 테크 스타트업 커뮤니티도 번창하고 있다. 성공을 거둔 테크 인재와 창업자들이 투자와 멘토링, 그리고 새로운 회사를 시작함으로써 커뮤니티에 다시 나누고 있다. 테크 분야 공유 오피스도 어디에나 있다. 스티브 케이스Steve Case가 이끄는 라이즈 오브 더 레스트Rise of the Rest 팀이 인디를 방문하고 벌써 여러 스타트업에 투자했다. 인디애나주는 넥스트 레벨 인디애나Next Level Indianan라고 불리는 2억 5,000만 달러 규모의 펀드를 조성했는데, 더 많은 벤처캐피탈을 인디애나주로 유입하고 우리 스타트업들의 확장을 돕기 위해서였다. 우리 주의 테크 분야 액셀러레이터이자 협회인 테크포인트Techpoint는 빠르게 성장하면서 높은 수준의 인재를 양성하고 유입하는 프로그램으로 가치를 제공하고 있다. 그리고 서부 해안에 본사를 둔 테크 대기업들이 빠른 속도로 인디에 지사를 열고 있다.

나의 다음 스타트업은 하이알파High Alpha다. 마이크 피츠제럴드Mike Fitzgerald, 에릭 토비어스Eric Tobias, 크리스티안 앤더슨Kristian Anderson과 함께 커뮤니티에 환원하고 차세대 클라우드 기업을 성장시키고자 세운 벤처 스튜디오다. 우리는 지금까지의 경험을 최대한 활용해서 회사 설립(하이알파 스튜디오)과 벤처캐피탈(하이알파 캐피탈)이 결합된 새로운 기업가정신 모델을 개척하고 있다. 핵심은 최고의 서비스형 소프트웨어SaaS 기업을 만들기 위해 재능 있는 창업자들(다수는 이전 이그잭트타깃의 동료들), 원대한 아이디어, 자본을 한데 모으는 중매쟁이 역할인 셈이다. 하이알파 플랫폼은 우리가 인디의 다음 세대 테크 창업자들을 코치하고 조언을 제공할 수 있는 엄청난 기회를 제공한다. 만약 성공한다면 이그잭트타깃보다 훨씬 더 상당한 영향력을 발휘할 수 있는 잠재력을 갖고 있다.

이그잭트타깃을 만들었던 많은 사람이 내일의 기업을 만드는 것을 돕기 위해 시간, 에너지, 경험, 자본을 투자하고 있다. 우리 이전의 사람들이 훌륭한 본보기를 세워주었기에 우리도 기업공개나 엑시트를 넘어 지속적인 영향을 주고 싶다. 성장하고 오래 지속되는 최고의 테크 커뮤니티에는 본인의 회사를 키우면서 커뮤니티를 성장시키는 창업자들이 있다. 그들은 미래에 훨씬 더 의미 있고 중요한 성공이 가능하도록 그들의 경험과 자원을 최대한 활용하며 헌신한다.

모든 창업자는 그들 자신보다 훨씬 더 큰 무언가를 만들어내는 꿈을 꾼다. 우리는 정말 너무나도 운이 좋게도 알맞은 시기에 알맞은 장소에 있었다. 우리는 서비스형 소프트웨어SaaS와 디지털 마케팅이라는 변화의 파도에 올라탔고 창업자, 투자자, 대학, 정부가 지속적인 진보를 이뤄내기 위해 함께 일하는 커뮤니티와 연결했다. 여러분도 할 수 있기를 바란다. 더 크게 더 잘 해내기를 바란다!

9장

통제의 착각

스타트업 커뮤니티 웨이 법칙

스타트업 커뮤니티는 가이드를 받고 영향을 받을 수는 있지만 통제될 수는 없다. 스타트업 커뮤니티는 하향식으로 접근하는 대신 올바른 조건에서 씨앗을 뿌려 상향식의 창발이 이루어지도록 해야 한다. 스타트업 커뮤니티의 사람, 활동, 정보를 통제하려는 것은 헛된 시도이며 최악의 경우 파괴적일 수도 있다.

복잡계는 이해하기 어렵지만, 복잡계를 이해하기 어렵게 만드는 것이 또한 그것을 가치 있게 만드는 것이기도 하다. 여기에 바로 도전이 있는데, 우리 인간의 마음은 모든 것을 알고 있고 모든 것을 통제할 수 있다고 느끼는 안정감을 갈망한다. 우리는 우리를 둘러싸고 발생하는 것을 완전히 이해하고 있고, 우리의 역량을 발휘해서 문제를 해결할 수 있으며, 우리의 운명을 통제할 수 있다고 믿고 싶어한다.

운명의 주인이 되고자 하는 인간의 내재된 욕망을 더 가중하는 것이 있는데 바로 여러 세대에 걸쳐 깊이 뿌리내린 계층적 관리 시스템이다. 한 세기도 전에 효율화 경영 컨설턴트이자 산업공학자였던 프레더릭 테일러가 발전시킨 과학적 관리법은 전문화, 철저한 생산 통제, 하향식 관리를 강조했다.[1] 테일러리즘Taylorism이라고 알려진 이 관리법은 산업화 시대에 각광받았고 제2차 세계대전 이후 더 널리 퍼졌다. 그 유산이 오늘날까지 지속되고 있다.

테일러리즘은 복합계 사고의 정수를 담고 있다. '우주의 지배자*' 증후군도 마찬가지다.[2] 하지만 우리는 복합계 세상이 아니라 점점 더 복잡계 세상에 살고 있다. 이러한 이론들로는 더 이상 충족되지 않을 뿐만 아니라 해롭기까지 하다. 통제의 환상은 단지 환상일 뿐이다.

제어할 수 없음

끝없는 상호연결, 피드백 고리, 무한한 가능성, 지속적인 진화, 분산형 네트워크 구조는 복잡계를 통제 불가능하게 만든다. 대신 방향을 제시하거나 영향을 끼치는 것만 가능하다. 창업자들은 이것을 직관적으로 이해하고 있는데, 초기 스타트업이 복잡계 그 자체이기 때문이다.

아이를 키워본 사람이라면 복잡계를 직관적으로 이해할 것이다. 부모는 아이의 모든 측면을 통제하려고 하면 안 된다. 그것은 불가능한 일인데다 시도했을 경우 역효과를 낳고 최악의 경우 파괴적

---

* 톰 울프(Tom Wolfe)의 소설 『허영의 불꽃』에 나오는 말로 거대한 자본을 주무르는 거칠 것 없는 월스트리트의 투자자들을 가리키는 표현이다.

일 수도 있다. 더 나은 접근법은 부모가 아이에게 방향을 제시하는 것으로, 아이가 적당한 나이가 됐을 때 스스로 더 나은 선택을 할 수 있게 하는 것이다.

경제학자 데이비드 콜랜더David Colander와 물리학자 롤랜드 쿠퍼스Roland Kupers는 저서 『복잡성과 공공정책의 기술: 상향식의 사회 문제 해결』에서 복잡계 사고를 사회와 거버넌스 체계에 실용적으로 적용하는 것을 다루고 있다.

육아의 한 가지 접근법은 …… 아이에게 일련의 명확한 규칙을 정해주는 것이다. …… 규칙이 올바르고 아이가 그 규칙을 따르고 있으며 부모가 무엇이 최선인지 알고 있다고 가정할 때 아이의 안녕과 복지는 나아질 것이다. …… 이것은 육아에 대한 이상적인 '통제 접근법'이다.

하지만 여기에는 두 가지 문제가 있다. 첫째는 부모 대부분이 어떤 규칙이 옳은지 확실히 알지 못한다는 것이다. 규칙을 잘못 선택한다면 아이의 안녕과 복지는 최대화되지 않을 것이다. 두 번째 문제는 아이가 규칙을 따르지 않을지도 모른다는 것이다.

…… 하향식 통제적 육아의 진정한 대안은 우리가 옹호하는 복잡계 접근법에 따른 육아다. 자유방임 운동가의 접근법. …… 여기에는 직접적으로 명시된 규칙이 가능한 한 최소한만 존재한다. 대신 일반적인 지침이 존재하며 부모는 아이가 가능한 최선의 사람이 될 수 있도록 아이의 발달에 의식적으로 영향을 미치고자 노력한다.

…… 복잡계 육아는 규칙의 정책에 집중하는 대신 자발적인 지침을 만들고 긍정적인 역할 모델을 제공하는 것에 더 초점을 둔다.[3]

이러한 역학관계는 특히 자녀를 여러 명 키울 때 잘 적용된다. 모든 아이를 같은 방식으로 양육하고 같은 결과를 기대하는 것은 헛된 일이다. 세상에는 똑같은 아이가 한 명도 없기 때문이다.

복잡계는 통제할 수 없으므로 예측, 설계, 복제가 불가능하다. 실리콘밸리를 예로 들어보자. 실리콘밸리는 중앙 당국이 지시한 세세한 계획을 흠 없이 완벽하게 실행한 결과로 탄생한 것이 아니다. 오랜 기간에 걸쳐서 뿌려진 씨앗 덕분에 훌륭한 기업가정신 선순환 체계가 자연스럽게 생겨났다. 오늘날의 실리콘밸리마저도 그것을 똑같이 재현해낼 수가 없다.

애너리 색스니언은 『지역적 우위: 실리콘밸리와 보스턴 128번 도로』에서 대표적인 스타트업 커뮤니티 두 곳의 발달 과정을 비교한다. 1990년대에 실리콘밸리의 스타트업 커뮤니티는 번창했지만 (당시 128번 도로를 중심으로 들어선) 매사추세츠 스타트업 커뮤니티는 정체했다. 그렇게 된 데는 많은 이유가 있는데 두 지역의 문화적 규범이 가장 두드러진다. 실리콘밸리는 느긋한 서부의 분위기 속에서 만들어진 분산적이고 유동적인 상향식 문화였다. 반면 128번 도로 지역은 뉴잉글랜드의 보수주의를 반영하는 하향식의 통제적인 문화였다. 1990년대 중반 이후로 실리콘밸리와 보스턴 두 지역은 상당히 다른 양상으로 진화해 왔고, 이제 새로운 연구가 필요한 때다.

볼더의 스타트업 커뮤니티가 2007년과 2012년 사이에 발전해갈 때 통제하려는 시도가 전혀 없었다. 볼더 명제가 설명해주듯 통제와는 반대되는 것이 발생했는데, 그것은 1990년대 콜로라도 대학교 볼더 캠퍼스와 볼더에서 활발했던 벤처캐피탈리스트들의 방식과 정반대였다. 그 당시 두 집단은 모두 문지기 역할을 하려고 했다. 문지기는 복잡계에 하나의 투입 요소가 돼 총 이익을 증가시키는 것이 아니라 스타트업 커뮤니티의 성장과 발달을 억제했다. 그러다 2007년과 2012년 사이에 필 와이저와 브래드 번털이 이끄는 실리콘 플랫아이언스라는 조직이 볼더 스타트업 커뮤니티에 매우 긍정적인 영향을 미쳤다. 이것은 『스타트업 커뮤니티』에도 설명되어 있다.

| 가치와 미덕 |

힘을 남용하지 마라

스타트업 커뮤니티에서는 보통 피더가 스타트업보다 훨씬 더 많은 자원을 갖고 있다. 피더는 스타트업의 번창에 필요한 많은 핵심적인 자원의 문지기로서 스타트업에 막강한 힘을 행사할 수 있다.

건강한 스타트업 커뮤니티에서 피더는 단기적인 이해관계에 어긋나더라도 창업가를 도우려는 목적으로 힘을 선하게 사용한다. 스타트업 커뮤니티에는 신뢰가 필수적인데 신뢰는 쌓기는 어렵지만 깨지기는 쉽다. 궁극적으로 스타트업에 가장 좋은 것이 스타트업 커뮤니티 전체에도 좋다.

전부 다 알지 못함

복잡계에서는 결과를 미리 알 수 없고 예측도 자주 빗나간다. 어느 시점이든 정보가 제한적일 수밖에 없으므로 하향식 접근법에 기초한 예측 프레임워크는 효과가 없거나 파괴적이다. 일반적으로 예측과 예견은 쓸모가 없다.

50만 명이 사는 도시의 스타트업 커뮤니티를 머릿속에 그려보자. 피더 세 곳인 대학, 기업가정신 확산에 중점을 두고 있는 비영리단체(사업 중 하나로 공유 오피스 운영), 지방 정부가 함께 팀을 이뤄 지역의 스타트업 커뮤니티를 향상하기 위한 방법을 찾고자 했다. 그들은 컨설턴트를 고용해 규모는 비슷하지만 더 발전한 다른 지역의 스타트업 커뮤니티를 연구하고 벤치마킹했다. 연구를 통해 많은 자료가 모이고 분석이 이루어졌다. 스타트업 커뮤니티를 통제하려는 비영리단체에 대한 비판적인 평가도 나왔다. 지역 인구수와 비교해 이 세 조직의 리더와 초기 창업자들에 여성과 소수민족을 대표하는 비율이 지나치게 적다는 추가적인 피드백도 얻었다. 피더들, 특히 비영리단체는 기분이 상해서 자신들을 긍정적인 시각에서 각색한 보고서를 요구했다.

피더들은 그 자료를 변화가 필요하다는 것을 알리고 촉진하는데 활용하는 대신 원하는 관점을 강화하려고 애썼다. 이 사례에서 그들은 아무리 건설적인 비판이라도 뒤로 물러나 방어적인 자세를 취했다. 특히 피드백과 메시지가 그들이 통제할 수 없는 것이라면 듣고 싶어하지 않았다. 피더들이 피드백과 싸우는 대신 올바로 이해하고 창업자들에 대한 지원을 향상하기 위해 노력했더라면 상황은 달라졌을 것이다.

스타트업 커뮤니티 구축은 결과가 불확실하다는 점에서 다양한 관점, 재능, 배경을 가진 사람들로 이루어진 집단이 하는 것이 최선으로, 팀 스포츠 같다고 할 수 있다. 선형 시스템 사상가들은 다양성을 최대한 피하려고 하는데 왜냐하면 다양성이 예측 모델의 측정과 유지를 어렵게 하기 때문이다. 하지만 다양성은 탄력성을 키워주고 다양한 산출물과 결과를 낳으므로 복잡계에서 매우 중요하다.[4] 모든 사람을 포용하는 스타트업 커뮤니티일수록 유대감과 신뢰가 커지고 새로운 아이디어로 자극되며 더 나은 의사결정을 하고 더욱 흥미로운 결과를 얻게 된다.

다음으로 스타트업 커뮤니티 참여자들의 나이를 고려해보자. 모두가 자기 분야에서 30년 이상의 경력을 쌓은 50대들이라고 해보자. 반대로 전부 25세 이하로 경력이 5년 이하일 수도 있다. 복잡계에서는 참가자들의 연령대가 다양할수록 투입 요소가 다양해져서 훨씬 더 흥미로운 결과가 나온다.

나이 말고 성별, 인종, 민족성, 성적 취향, 교육적 배경, 업무 분야, 지리적 배경을 비롯한 수많은 특징에 대해서도 똑같이 생각해보자. 복잡계에서 다양성은 단순한 공정함이나 또는 일종의 신호를 주는 메커니즘이 아니라 생존과 직결된다.

피드백과 전염

복잡계는 행위자를 새로운 아이디어, 정보, 관계에 자주 노출시킨다. 피드백 고리는 작용과 반작용의 사슬을 만들어낸다. 작용과 반작용은 또 추가적인 반응과 적응을 일으킨다. 복잡계는 상향식과 하향식 양쪽으로부터 피드백 고리를 강화함으로써 영향을 받는다.

상향식 요인은 시스템을 결정한다. 이것은 개별 행위자와 상호작용에 영향을 주고 계속해서 반복적으로 발생한다. 전형적인 예가 자본시장이다. 개별 트레이더의 행동이 거시적 역학(가격, 변동성, 총 거래량)을 결정하는 동시에 시장에서 나타나는 행위들이 트레이더들에게 영향을 미친다. 마찬가지로 개별 운전자들은 로마, 뉴욕, 라고스 같은 도시에서의 교통 체증 패턴을 결정하고 또 각각의 도시에서의 교통 체증은 개별 운전자의 행동에 영향을 준다. 원인과 결과가 명백할 때도 있지만 대부분은 그렇지 않다. 나중에도 명백하게 보이지 않을 수도 있다.

매우 밀접하게 연결된 시스템에서는 행동, 생각, 정보가 빠르고 광범위하게 퍼져나갈 수 있는데, 전염이란 서로 관련된 생각이다. 금융 위기와 바이러스 창궐 같은 해로운 전염도 있다. 하지만 긍정적인 전염은 전체적인 이익 증가의 동인이고 모든 네트워크 시스템에 나타난다. 도움이 되는 생각과 행동을 다른 사람들에게 전하면서 말이다.

전염은 스타트업 커뮤니티에 이로울 수도, 해로울 수도 있다. 건강한 스타트업 커뮤니티는 미덕이 되는 행동과 생각들, 특히 커뮤니티의 지원, 지식 공유, 협업을 강화하고 확대하고 가속화하는 것들을 선택해서 확산한다. 이와 함께 스타트업 커뮤니티는 비윤리적이거나 파괴적인 행동을 식별하고 멈추게 한다. 피드백 고리가 좋은 행동을 강화하는 동시에 좋지 않은 행동은 하지 못하게 한다.

지금 결과보다는 행동에 관해 이야기하고 있다는 사실에 주목할 필요가 있다. 스타트업 커뮤니티를 향상하기 위한 강력한 레버리지 전략은 미덕이 되는 행동과 아이디어를 촉진하고 널리 퍼뜨려서 긍정적인 전염 효과를 일으키는 것이다.

볼더 스타트업 커뮤니티에서 창업자들이 실천한 #먼저주기 철학이 그 예로, 액셀러레이터인 테크스타 볼더에 의해서 증폭됐다. 받기 전에 먼저 주는 태도는 전염성이 강했다. 창업자들은 애써서 다른 창업자들을 돕기 위해 노력했다. 늘 도움의 손길을 열어두고 '어떻게 하면 도울 수 있을까?'를 생각하는 사고방식이 스타트업 커뮤니티 내의 문화 규범으로 자리잡았다. 타지에서 볼더로 이주해 오는 사람들은 스타트업 커뮤니티와 너무도 쉽게 연결돼 한 구성원으로 통합될 수 있다는 사실에 놀랐다. 그들은 이내 커뮤니티의 일부가 됐고 다른 새로운 사람들이 나타나면 즉시 그들을 반갑게 맞이했다. 그리고 그들이 살던 곳의 친구들과 이야기할 때는 받기 전에 먼저 주는 문화와 볼더를 입이 마르도록 칭찬했다.

막혀 있지 않음

스타트업 커뮤니티의 변천을 나타내는 J-곡선은 커뮤니티들이 좀 더 활력 낮은 상태에 고착되면 좀처럼 빠져나가기 어렵다는 사실을 보여준다.[5] 이렇게 낮은 성취 상태가 지속되면 스타트업 커뮤니티는 좀비와 다름없어진다. 성과 낮은 스타트업 커뮤니티들이 활

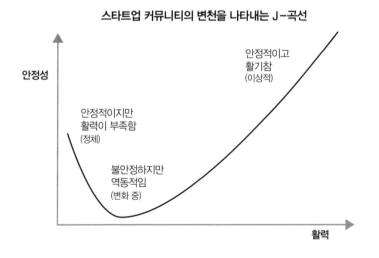

스타트업 커뮤니티의 변천을 나타내는 J-곡선

안정성

안정적이고
활기참
(이상적)

안정적이지만
활력이 부족함
(정체)

불안정하지만
역동적임
(변화 중)

활력

기차고 지속적인 상태가 되려면 불안정한 과도기를 거쳐야만 한다. 고통스럽지만 꼭 필요한 변화다.

스타트업 커뮤니티는 대담한 아이디어를 시도함으로써 불안정성을 가져올 수 있다. 그러한 시도는 반복되는 실패 또는 극적인 실패로 이어질 수도 있고, 심지어 뒤죽박죽으로 만들 수도 있고, 사람들을 경계로 몰아붙여 변화하도록 압력을 가할 수도 있다. 이러한 과도기는 강력한 현직 재임자, 확고한 이해관계, 권력을 갖고 있는 중개자, 오래돼 편한 사고와 행동 방식에 직접적으로 도전하기 때문에 많은 사람이 불편해할 것이다.

이런 식으로 스타트업 커뮤니티는 나심 탈레브Nassim Nicholas Taleb가 말하는 '안티프래질antifragile'이 되어야 한다.[6] 프래질fragile 시스템은 쉽게 망가지고 손상되고 스트레스 요인, 임의성, 실패에 취약하다. 반면에 안티프래질 시스템은 그러한 충격, 혼란, 무질서가 존

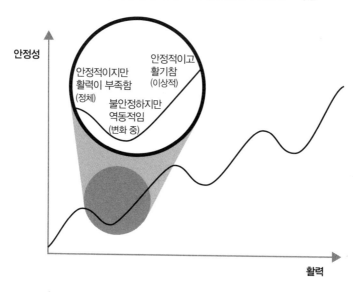

스타트업 커뮤니티 라이프 사이클 동안의 변화 J – 곡선

재하는 상황에서 역량이 커지고 번창한다. 관료주의는 프래질이고 창업자는 안티프래질이다. 월스트리트, 대기업 직원, 부채, 학계, 플라톤은 프래질이다. 반면 실리콘밸리, 벤처캐피탈, 예술가, 니체는 안티프래질이다.[7] 건강한 스타트업 커뮤니티의 리더는 어느 정도의 임의성과 혼란을 추구하는데 왜냐하면 여기서 중대한 학습이 이루어지기 때문이다. 이것을 통해 안티프래질 시스템은 더 강해진다. 변화에 거슬러 만들어진 스타트업 커뮤니티는 프래질이다. 지속성이 없어서 진부해지거나 침체되고 결국 소멸된다.

스타트업 커뮤니티의 변천을 나타내는 J-곡선은 스타트업 커뮤니티의 라이프 사이클 내내 전개되며 계속 진행 중인 과정이다. 많은 차질과 도처에 산재된 정체 시기를 겪으면서 보다 활기찬 상태(또는 덜 활기찬 상태)로 계속 나아갈 것이다.

어떤 아이디어가 궁극적으로 옳은 것일지는 아무도 모른다. 시행착오에 열린 마음을 갖고 많은 것을 시도하다 보면 효과적인 것과 그렇지 않은 것을 알아낼 수 있다. 최고의 아이디어는 종종 예상치 못한 곳에서 나오므로 철저하게 포용적인 태도가 큰 도움이 된다. 많은 방법이 실패하겠지만 단 하나의 좋은 아이디어만으로 스타트업 커뮤니티의 궤도가 영원히 바뀔 수 있다.

내려놓기

행위자 한 명이 스타트업 커뮤니티를 지배하면 단일 노드 문제가 발생한다. 그 사람이 자원과 관계의 문지기 역할을 한다. 단일 노드가 피더이면 힘들어진다. 특히 액셀러레이터, 인큐베이터, 공유 오피스 등 스타트업을 직접 지원하는 조직이라면 특히 곤란해진다.

단일한 지배적인 노드가 스타트업 커뮤니티에 명백하게 긍정적인 영향을 미치는 경우에도—#먼저주기의 신념을 갖고 있고 커뮤니티의 니즈를 개인의 의제보다 우선시하는 연쇄 창업가의 경우라고 하더라도—이러한 상황은 장기적으로 지속될 수 없다. 사람은 죽거나 다른 곳으로 옮겨가거나 에너지가 완전히 소진될 수 있다. 따라서 이러한 상황에서 단일 노드는 스타트업 커뮤니티의 차세대 리더 양성을 위해 신경써야 하고 서서히 또는 필요하다면 갑자기라도 자신의 역할을 내려놓아야 한다.

통제 상태에 있지 않다는 것을 받아들이는 것이 스타트업 커뮤니티의 참여자들이 취할 수 있는 가장 강력한 행동 중에 하나다. 캐나다 댈하우지 대학교 경영학 교수이자 시스템 이론가인 릭 네이슨이 이 부분을 명쾌하게 설명했다.

본질적으로, 복합계라고 믿고 싶은 유혹이 있다. 복합계에 있는 것들은 정의가 수월하다. 그것을 완전히 습득하면 똑똑하다는 느낌을 갖게 한다. 그리고 우리가 반드시 필요하다고 느끼게 하고, 아마도 가장 중요하게는 우리가 통제하고 있다고 느끼게 한다.

복잡계가 혼란스러워지는 경향이 있는 것은 사실은 질서에 대한 인간의 열망과 관련 있다. 복합계에서의 문제와 달리 복잡계에는 아주 깔끔한 해결책이 없다. 복합계 사고체계에서는 해결책이 명쾌할수록 더 좋은 것으로 간주된다. 우리는 문제를 매듭짓는 것을 좋아한다.

복합계로의 유혹이 있다. 복합계는 우리가 지적이라고 느끼게 해주고 필요하고 가치 있는 존재라고 느끼게 만든다. 복합계는 운이나 우연이 성공에 극히 제한적인 역할을 할 뿐이며 우리가 거두는 성공은 그것이 무엇이든 간에 거의 우리 자신의 역량과 노력의 결과라는 착각에 빠지게 한다.

아마도 복합계 사고에 빠지게 만드는 가장 중요한 원인은 통제되지 않는 상태에 대한 두려움과 그것이 우리의 자아와 자존감에 미치는 영향 때문일 것이다. 창발과 같은 복잡계의 특성은 리더가 없는 상태에서 발전한다. 우리의 자존심은 그것을 받아들이기 어려워하고 가면 증후군에 빠지기도 한다. 의식적이든 무의식적이든 비즈니스 세계가 복합계라고 당연하게 생각하는 것은 자의식과 자기과신의 문제를 회피하게 만든다.[8]

모든 것을 통제할 수 있다는 환상을 버려라. 통제는 복잡계에 복합계적 관점을 강요하는 헛된 시도다. 효과가 없다.

유타 대학교의 학생 주도 기업가정신을 위한 가이드

트로이 담브로시오Troy D'Ambrosio (유타주 솔트레이크시티)

유타 대학교 라손드 창업연구소 소장

우리가 유타 대학교The University of Utah에서 라손드 창업연구소Lassonde Entrepreneur Institute를 시작했을 때 위험을 감수하고 실행을 통해 배우고자 하는 학생은 모두 환영한다는 분명한 비전을 갖고 있었다. 이것을 효과적으로 하기 위한 핵심은 학생들을 모든 일의 중심에 두는 것이라고 보았다.

우리 성공의 핵심은 간단하게 표현하면 '통제 내려놓기'다.

학생들에게 (거의) 모든 것을 맡겨 놓는다. 우리 프로그램은 150명 이상의 학생 리더들과 함께 운영된다. 학생들이 콘텐츠를 찾아 만들고 프로그램을 구축하고 예산을 관리하며 자원을 배치한다. 가장 중요한 두 가지 프로그램인 시제품 제작 펀드(보조금 지원 프로그램 겟 시드드Get Seeded)와 학생 창업자들을 위한 큰 커뮤니티 공간(라손드 스튜디오Lassonde Studios)도 학생들이 주도해서 아이디어를 냈다. 그 결과 캠퍼스 내 거의 모든 전공자가 모인 무척이나 다양한 학생 창업자 커뮤니티가 만들어졌다. 전공을 아직 정하지 않은 신입생부터 박사과정 학생까지 캠퍼스 내 거의 모든 전공을 망라하고 있다. "통제를 내려놓고 학생들이 책임을 갖고 맡아서 할 수 있게 하는 것이 라손드가 성공적으로 운영되는 비결이다"라고 데이비드 에클레스 경영대학David Eccles School of Business 학장 테일러 랜덜Taylor Randall은 말한다.

학생 창업자들의 말에 귀기울인다. 우리는 학생 리더들을 통해 수백 개의 학생 기업으로 이어지는 직접적이고 지속적이며 여과되지 않은 파이프라인을 보유하고 있다. 한 학생이 자원을 찾고 문제를 해결하고 전문가와 연결되도록 다른 학생을 도와주면 활동적인 창업자들로부터 실시간 피드백 고리가 만들어진다. 학생들은 강의를 지루해하고 직접 온라인으로 찾고 배우는 것을 잘한다. 그들이 가장 좋아하는 학습의 형태는 동적이다. 그들은 무언가를 하고 만들고 싶어한다.

라손드 스튜디오를 기획할 때 학생 창업자 수백 명과의 만남에서 주거 요소를 추가하자는 아이디어가 나와 우리는 400개 침대가 있는 학생 창업자용 기숙사를 3만 9,200제곱미터(1,858평방미터)의 혁신 공간에 갖춰 놓았다. 학생들은 하루 24시간 사용할 수 있는 공간이 필요하다고 보았다. 첫째는 여유가 생기는 야간과 주말에 캠퍼스 공간은 거의 문을 닫기 때문이고 둘째는 아주 이른 새벽 시간에 창의성이 가장 잘 발휘되는 학생들이 있었기 때문이다. 한 학생이 말했다. "창업은 오전 8시 출근해서 오후 5시에 퇴근하는 일이 아니다. 하루 24시간 내내 생각하는 내가 가장 좋아하는 일이다."

학생들이 어디에 있든 그들을 만난다. 우리는 학생들의 말에 더 잘 귀기울이게 되면서 학생 기업가에도 안트러프러너entrepreneur라는 단어는 들어보았지만 확실하게 정의를 내리지 못하는 학생부터 이미 매출이 나고 있는 완전히 갖춘 사업체를 갖고 있는 학생까지 여러 형태가 있음을 알게 되었다. 이 다양한 집단을 지원하려면 온디맨드식의 학습을 제공할 필요가 있었다. 한 학생이 오늘 웹 개발을 배우고 싶어도 다음 주에는 회사 설립에 관해 배우고 싶어질지 모른다. 다른 학생은 디자인 싱킹이나 프로토타입 제작 방법을 배우고 싶을 것이다. 우리는 언제 어디서라도 학생들의 니즈를 충족하는 융통성 있고 종류도 다양한 프로그램, 콘텐츠, 멘토링을 준비했다. 현재 우리와 함께 500개가 넘는 학생 창업 팀이 활동하고 있다. 마지막으로 창업의 길을 가고 싶은지 확신이 없는 학생들을 위해 안전한 거리에서 창업 활동을 지켜보면서 관찰하고 마음을 정할 수 있도록 24시간 카페를 제공한다.

하나를 보고 하나를 실행하고 하나를 가르친다. 의학교육 방법에서 가져온 것인데, 우리는 학생들이 기업가정신을 연마하는 가장 좋은 방법 중의 하나는 일대일 멘토링 또는 다른 지원을 통해서 다른 학생 창업자를 돕는 것이라는 것을 발견했다. 이 중에는 공식적인 프로그램으로 자리잡은 것도 있다. 창업은 하고 싶지만 아직 구체적인 사업 아이디어가 없는 학생들에게 장학금을 지급하고 적극적인 학생 창업자들을 연결하여 함께 일하고 멘토링을 받을 수 있게 해준다. 비공식적인 상호작용과 창업자 위원회를 통해 코칭을 받을 기회도 많다.

　　마지막으로 중요한 것은 이래라저래라 참견하지 않는 것이다!

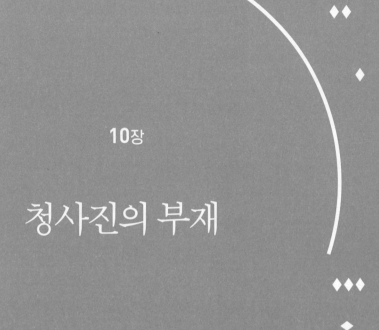

10장

청사진의 부재

스타트업 커뮤니티 웨이 법칙

모든 스타트업 커뮤니티는 저마다 고유하며 복제가 불가능하다. 스타트업 커뮤니티는 다양한 요인, 사람, 지역의 역사에 따라 형성된다. 다른 커뮤니티를 모방하는 대신 고유한 강점을 발전시켜 나가야 한다.

세상에 똑같은 스타트업 커뮤니티는 하나도 없다. 각 지역의 역사와 문화에 깊이 뿌리를 두고 있는 수많은 행위자와 요인들이 복잡계가 갖는 동적인 속성과 함께 이를 뒷받침한다. 태생적인 차이가 있다는 것은 곧 복제하는 것이 본질적으로 한계가 있다는 것을 의미한다. 그러나 인간은 그것을 좋아하지 않아서 발췌해서 일반화하는 방법을 찾는다.

인간은 사물을 비교하려는 본능이 있다. 특히 자기 자신을 다른 사람과 비교한다. 이것은 학습 방법이 되기도 하고 경쟁 본능을 불러일으키기도 한다. 그러나 비교는 일정 수준의 일반화를 요구하므로 잘못된 이해와 전략으로 이어질 수 있다. 스타트업 커뮤니티의 복잡성은 그 문제를 특히 심각하게 만든다. 발췌해서 정리하다 보면 각각의 스타트업 커뮤니티를 특별하게 만드는 고유한 특징들을 생략하기 때문이다. 비교는 정보를 줄 수 있지만 주의를 딴데로 돌려 길을 잃게 만든다.

실리콘밸리와의 끝없는 비교가 가장 대표적인 예인데, 그러나 문제는 보기보다 더 심각하다. 생태계의 순위를 매기는 표준화된 지표들로 이루어진 표를 만들어서 스타트업 커뮤니티들을 서로 비교하려는 욕구(거의 강박관념)가 있다. 이러한 접근법은 스타트업 커뮤니티의 성과를 지표화하는 공식이 존재하고 예측할 수 있는 능력이 있다는 것을 암시하고 있다. 그러나 그런 생각은 현실에 바탕을 두고 있지 않다. 이런 모델은(아무리 훌륭하더라도) 복잡계에 복합계 사고방식을 적용하려는 시도다. 종종 상관관계를 인과관계로 혼동해서 아예 존재하지 않는 인과관계를 내포하기도 한다.

개별 요인들은 서로 연관 있을 수 있지만 그것만으로는 충분하지 않다. 각각의 스타트업 커뮤니티는 이러한 개별 요인들에 다른 방식과 다른 정도로 다른 성숙 단계에서 영향을 받기 때문이다. 시스템에서 행위를 끌어내는 상호작용은 정확히 포착해서 평가하기가 어렵다. 여러 지역을 비교한 연구에서도 여러 표준화된 자원과 바람직한 시스템적인 성과 지표, 예를 들면 스타트업 비율, 고성장 기업, 벤처캐피탈, 엑시트 숫자 등 간에 통계적으로 유의미한 관계가 발견되지 않는다. 이런 요인들은 투입 요소로서 제한된 역할을 할 뿐이다.[1]

나와 이언도 벤치마킹과 측정을 권장하지만 지역적 맥락이 매우 중요하고 또 가장 핵심적인 요인들은 표준화된 지표로는 제대로 포착되지 못한다는 사실을 알아야 한다. 가장 유용한 비교는 보통 같은 지역을 서로 다른 시점에서 비교하는 것이다. 이때 지표들은 매우 지역 맞춤형이어야 한다. 필수 데이터는 대개 정성적이므로 반드시 현장에서 개인을 인터뷰하거나 설문 조사를 해서 수집한다. 그런데 이런 데이터 유형은 시간이 오래 걸리고 비용도 많이 들어서 피하거나 생략하는 경우가 많다.

나와 이언이 보아온 가장 설득력 있는 스타트업 커뮤니티 연구는 사례 연구의 형태다. 이러한 사례 연구는 몇 가지 핵심 원칙으로 특징을 보여주고, 지역적 요인을 고려하며, 지역 스타트업 커뮤니티에서의 네트워크와 관계의 속성을 강조한다. 오하이오 주립대학교의 모토야마 야스유키Motoyama Yasuyuki와 그의 공동연구자들이 여러 해 동안 진행한 사례 연구가 대표적이다. 모토야마는 어차피 불가능하니 종합적으로 다루려고 하기보다는 가장 중요한 것(멘토, 개인, 조직에 의한 창업자 지원)을 우선적으로 다루고 그들 사이의 관계에 초점을 맞추라고 말한다.[2]

가치와 미덕 |

지나치게 관리하는 태도로 관여하지 마라

복잡계를 통제하려고 하면 문제가 생긴다. 따라서 스타트업 커뮤니티에 관여할 때 지나치게 관리하는 태도로 접근하지 않는지 신경써야 한다. 모든 스타트업 커뮤니티는 고유하다. 어떤 곳에서 효과적인 방법이 다른 곳에서는 통하지 않을 수 있다. 정해진 대본을 따르기보다는 일련의 원칙과 가치를 정해놓고 충실하게 지켜야 한다. 스타트업 커뮤니티의 프로그램과 주도적인 시도들은 지역의 기풍을 반영해야 한다.

다른 것을 시도하고, 어떤 것이 효과적이었는지 그렇지 않았는지를 파악하고, 조정하고, 다시 시도하고, 이 주기를 반복한다. 모든 답을 아는 사람도 없고 방법이 하나만 있는 것도 아니라는 사실을 깨달아야 한다.

초기 조건과
균형 수렴 영역

복잡계에서는 초기 상황에 일어난 작은 변화가 나중에 중요하고 종종 뜻밖의 변화를 만들어낸다. 브라질에서 나비가 날개를 퍼덕 거리면 2주 후 텍사스에서 토네이도가 발생한다는 나비효과가 유명한 예이다. 이 개념은 1960년대에 날씨 패턴을 연구하던 MIT 수학자 에드워드 로렌츠Edward Lorenz가 제시했다. 그는 컴퓨터 시뮬레이션에 입력되는 아주 작은 숫자 차이가 시스템이 진화해가면서 엄청나게 다른 결과를 낳는다는 사실을 발견했다.[3]

노벨상 수상자인 미국 경제학자 토머스 셸링Thomas Schelling은 인종 분리와 단일 인종 밀집 선호라는 작은 차이가 그로부터 파생되는 얼마나 큰 결과를 초래하는지 연구했다.[4] 경제학자 데이비드 콜랜더David Colander와 물리학자 롤랜드 쿠퍼스Roland Kupers는 복잡계와 공공정책을 다루는 책에서 셸링의 통찰에 대해 이렇게 적었다.

이것은 복잡계에서 나오는 또 다른 중요한 패턴이다. 시간이 지남에 따라 작은 미시적인 원인이 커다란 거시적인 결과를 가져올 수 있다. 하지만 사람들은 머릿속에 선형 패턴이 들어 있어서 결과가 크면 당연히 원인도 크리라고 생각한다. 비선형 시스템

연구는 원인과 결과가 서로 비례하지 않는 패턴으로 안내한다. 시스템의 역사가 본질적인 결정 요인이다.[5]

'8인의 배신자'가 쇼클리 반도체를 떠나 페어차일드 반도체를 설립하지 않았다면 오늘날 실리콘밸리가 어떤 모습일지 상상하기 어렵다. 아니면 페어차일드 출신 직원들이 시작한 스핀 아웃 사업을 로버트 노이스가 적극적으로 지원하지 않았다면 어떻게 됐을까?[6]

미국 식민지가 동부가 아니라 서부에 세워졌다면 어땠을지 생각해보자. 그래서 사람들이 새로운 삶을 시작하려고 서부가 아니라 동부를 개척했다면 오늘날 보스턴이나 뉴욕 외곽에 실리콘밸리와 똑같은 곳이 생겨났을까? 기술 역사의 흐름 자체가 아예 바뀔 수 있었을까? 아니면 샌프란시스코 베이 근처의 많은 과수원이나 햇살 가득한 날씨에 뭔가 특별한 게 있는 걸까? 알 수 없다.

만약 빌 게이츠와 폴 앨런이 뉴멕시코주의 앨버커키를 사랑해서 그곳 사막 한가운데에 마이크로소프트를 계속 두었더라면 오늘날 시애틀은 어떻게 됐을까? 그래도 마이크로소프트는 지금처럼 성공했을까? 제프 베이조스가 과연 아마존을 시애틀에서 시작했을까? 베이조스가 시애틀에 아마존을 설립한 것은 마이크로소프트 덕분에 소프트웨어 엔지니어 인재풀이 풍부했기 때문이라고 알려져 있다.[7] 아이러니하게도 빌 게이츠와 폴 앨런은 1975년 앨버커키에서 마이크로소프트를 설립했고 제프 베조스는 1964년에 앨버커키에서 태어났다. 앨버커키는 단지 운이 나빴던 걸까?

볼더 성장 초기에 연방 정부의 연구실 몇 곳이 시내에 설립됐다. 그 연구실들은 콜로라도 대학교 볼더 캠퍼스와 연결돼 있었는데 대학의 연구와 정부의 연구실에서 이루어지는 연구가 중첩됐다. 몇 세대 후 볼더는 인구 1인당 박사학위 소지자 비율이 미국 전역에서 가장 높아졌고 교육과 연구를 중심으로 영향력 있는 문화가 형성됐다.[8] 많은 '딥 테크deep-tech' 기업이 볼더에 회사를 설립하고 대기업들이 연구와 신제품 개발을 위한 지사를 설립한 것도 놀라운 일은 아니다.

많은 시스템의 결과는 단일 결과 또는 평형 상태이다. 복잡계 이론에서 시스템은 여러 가능한 상태를 갖는데 이것을 '균형 수렴 영역basins of attraction'이라고 부른다. 어떤 특정한 상태 안에서 상당한 역동적인 움직임과 진화가 계속 이루어진다.

이 균형 수렴 영역은 시스템의 요소들을 끌어당기는 중력이 된다. 그러다 보니 어느 정도 안정적인 지점으로 활동이 수렴되지만 많은 잠재적 상태 중에서 어떤 것이 지배적으로 될지 예측하기는 어렵다. 건강한 상태도 있고 그렇지 않은 상태도 있을 것이다. 수렴 영역 자체는 고정돼 있지 않고 끊임없이 진화한다.

이 균형 수렴 영역 때문에 복잡계에서는 강한 관성 효과(고착 효과라고도 함)가 나타난다. 그래서 건강한 시스템은 그 상태를 계속 유지하려고 하고 건강하지 못한 시스템은 벗어나려고 애쓰지만 쉽지가 않다. 스타트업 활동의 지역별 특성이 느리게 변하는 것도 이 때문이다. 번창하는 창업 지역은 계속 성공적인 상태에 머물고 그렇지 못한 지역은 계속 뒤처진다.

이러한 결과는 변할 수 있다. 비록 진행이 느리고 고르지 않고 더 나은 결과를 얻으려는 끈기와 인내심이 필요하지만 말이다. 나는 『스타트업 커뮤니티』에서 장기적인 관점을 취하는 것이 필요하다고 이야기했다. 적어도 20년이 필요하다고 했지만 이후에는 현재 시점에서 앞으로 20년이라고 수정했다. 스타트업 커뮤니티가 잘 구축돼도 커다란 성과가 나타나기까지는 시간이 걸린다.

볼더에서는 창업 활동이 오랫동안 성공적으로 이루어졌지만 그 후 상황이 불편하게 변하는 것처럼 보였다. 새로운 사람들이 유입됐고 계속 스타트업이 생겨나고 많은 기존 기업이 성장하고 있었지만 초기 스타트업 커뮤니티 구축자의 상당수가 예전과 분위기가 달라졌다고 불평하기 시작했다. 늘 존재하는 것이기는 하지만 파벌이 더욱 뚜렷해지면서 편 가르기식 싸움이 나타났다. 잠시 볼더를 떠났다가 돌아온 한 여성 창업자는 달라진 모습에 무척 혼란스러웠다고 말했다. 스타트업 커뮤니티가 여전히 활성화돼 있었지만 예전과는 분위기가 달랐다. 무게 중심이 여러 군데로 나뉘어져 있었다.

서사 오류

심리학자, 행동경제학자, 노벨상 수상자인 대니얼 카너먼Daniel Kahne-man은 2011년에 펴낸 저서 『생각에 관한 생각Thinking, Fast and Slow』에서 인간이 얼마나 많은 방법으로 우리를 둘러싼 복잡계를 거부하고 단순하게 세상을 바라보려고 하는지 열거한다.[9] 주로 경험에 의해서 형성되는 심리적 지름길이나 어림 감정을 적용하는 것이다. 하지만 이런 휴리스틱heuristic*은 우리가 실수하게 만드는데, 예측 가능함에도 불구하고 피하기 어렵다. 인간은 그냥 비이성적인 것이 아니라 심리학자 댄 애리얼리Dan Ariely의 말대로 '예측 가능하게 비이

---

* 불충분한 시간이나 정보로 인하여 합리적인 판단을 할 수 없을 때 사람들이 빠르게 사용하는 간편추론의 방법이다.

성적'이다.[10]

인간이 저지르기 쉬운 예측 가능한 실수 중 하나는 인과관계가 존재하지 않는 상황에 인과성을 부여하는 것이다. 이런 경향은 불확실성을 회피하려고 하기 때문에 발생한다. 18세기 철학자 데이비드 흄David Hume은 일관성과 의미에 대한 깊은 감정적 욕구라고 설명했다.[11] 이러한 경향이 너무 만연해서 대니얼 카너먼은 '당신에게 보이는 것이 세상의 전부WYSIATI, what you see is all there is'라는 이름까지 붙였다. 이것은 우리 뇌의 반응적 또는 감각 주도적인 부분에서 나오는데, 본능적이고 의사결정을 지배하는 경향이 있지만 신중한 생각과 분석에는 적합하지 않다.

인간은 모든 사실을 알지 못함에도 불구하고 세상을 설명하려고 한다. 흄과 카너먼이 말한 감정적 욕구를 충족하기 위함이기도 하지만 유용한 존재가 되기를 원해서이기도 하다. 인간은 도구와 방법론을 일에 적용하는 효용성을 인지하고 있으며 도움을 주고 싶어한다. 하지만 올바른 접근법이 무엇인지 알려면('예측') 먼저 근본적인 관계('인과성')를 파악해야 한다.[12]

그러나 복잡계에서는 특히 사전에 인과성을 파악하거나 예측을 하기란 불가능하다. 모든 사실을 알고 있지는 않기 때문에 사실을 만들어내고 종종 정확하지 않은 이야기들로 빈곳을 채운다. 자신의 경험을 세상에 투영해 대략적인 결론을 도출하므로 예측 가능한 실수를 저지른다.

나심 탈레브는 2007년에 펴낸 책 『블랙스완: 0.1%의 가능성이 모든 것을 바꾼다』에서 이 내용을 다루고 있다. 블랙스완은 엄청나게 큰 영향을 끼치는 사건으로, 복잡하고 일반적으로 선례가 없기 때문에 사람들이 거의 예측하지 못하고 발생빈도가 낮다. 인간은 이러한 사건들을 설명하기 위해 인과관계가 있는 이야기를 지어내어 자신은 물론 타인을 오도한다.[13] 탈레브는 이 복잡한 현상을 둘러싼 문제들을 사전에 분명하게 알 수 없을 뿐만 아니라 사후에도 명확하게 알 수 없다고 설명한다. 하지만 우리가 사후에 자주 잘 이해한 척해서 해석상의 실수가 발생한다. 블랙스완과 같은 사건이 임의적으로 발생하는 것은 아니지만—이것으로 이끄는 근본적인 요인들과 관계들이 있다—너무 복잡해서 인간이 이해하거나 예측할 수 없다.

실리콘밸리도 일종의 블랙스완이라고 할 수 있다. 엄청나게 큰 영향을 끼치고 발생 빈도가 낮으며 전혀 미리 예측할 수 없는 사건이다. 제2의 실리콘밸리를 만들려는 수많은 시도가 있어왔고, 모두 실패로 끝났다. 실리콘밸리의 이야기는 그냥 이야기일 뿐이라는 뜻이다. 사람들이 혁신 창업 생태계라는 복잡한 현상에 일관성과 질서를 부여하려고 만들어낸 이야기다. 하지만 잘못된 교훈을 배우는 경우가 너무 빈번하다. 물론 실리콘밸리에서 배울 원칙들은 분명 있다. 사실 이 책에서도 활용되고 있다. 하지만 명확한 법칙은 없다. 가능성만 있을 뿐이다.

실리콘밸리를 탄생시킨 여러 요인 중 하나는 전쟁 중에 연구개발에 쏟아진 정부의 전례 없는 예산 지출이었다. 엄청난 규모의 경기 부양책이 전체 산업을 구체화하고 막대한 돈이—그리고 그 결과 인재가—초기 전자공학 및 통신 기업으로 흘러 들어갔다. 이 사례에서 얻을 수 있는 피상적인 교훈은 이렇다. 기술 창업 허브는 연구개발에 정부의 막대한 예산을 투입하면 만들 수 있다는 것. 하지만 이 말이 통하는 지역도 있겠지만 일반적으로는 그렇지 않다. 이 이야기의 더 유용한 교훈은 이것이다. 창업자는 제품과 서비스의 수요에 반응한다. 혁신이 필요한 현재 미충족된 니즈가 있는 곳은 어디인가? 이를 위한 전략은 예비 창업자들을 고객과 더 잘 연결하거나 대기업 직원들에게 기업가정신에 이르는 길을 비추는 방법을 찾는 것일 것이다. 의외의 방법이 효과적일 수도 있고 다른 곳에서 통했던 방법과 다를지도 모른다. 어쨌든 세계대전 같은 존립이 걸려 있는 중대한 위기가 발생해 국가의 사명감이 넘칠 때까지 기다리는 것보다 훨씬 더 현명한 방법이다.[14]

강점을 토대로 쌓고 실패에서 배워라

역사와 지역적 맥락이 복잡계에서는 중요하다. 스타트업 커뮤니티는 다른 커뮤니티와의 경쟁이나 모방보다는 그 자체의 고유한 최상의 모습이 되는 것에 집중해야 한다. 이 사실을 꼭 알아야 한다. 이것이 근본적으로 향상에 관한 것이고 어떤 훌륭한 일이 발생할 가능성을 높이는 일이다. 보장되는 것은 아무것도 없다. 성공적인 결과가 나왔지만 기대했던 것과는 다른 모습일 수 있고 종종 예상치 못한 자원에서 나올 수도 있다.

지구상의 모든 도시는 한때 그 자체로 스타트업이었고 수백 년 또는 수천 년 동안 사람들이 거주해온 산물로서 오늘날 긴 역사와 깊이 박혀 있는 문화를 갖고 있다. 이렇게 지역의 복잡한 물리적, 사회적, 경제적 구조는 저마다 고유하며 강점으로 작용될 수 있다.

잘못된 질문이란 이것이다. 어떻게 하면 실리콘밸리와 비슷해질 수 있을까?

반면에 올바른 질문이란 이런 것이다. 우리는 지금 어디에 있고, 우리가 가고자 하는 곳에 어떻게 갈 수 있는가? 현재 효과적인 방법은 무엇이고, 그렇지 못한 방법은 무엇인가? 어떻게 하면 효과가 나타나는 것을 더 지원하고 그렇지 않은 것을 줄여나갈 수 있는가? 현재 어떤 스타트업에 도움이 필요하고 어떻게 도와야 하는가?

복잡계에서 만들어진 결과에는 불확실성과 비선형성이 내재한다. 따라서 스타트업 커뮤니티의 참여자들은 실패를 기업가정신의 정상적이고 건강한 과정의 일부로 편하게 받아들일 필요가 있다. 자주 실패하지 않는다면 위험을 충분히 무릅쓰고 있지 않다는 뜻이다. 위험을 충분히 무릅쓰지 않으면 의미 있는 진전을 이루지 못한다. 실패를 편하게 받아들이고 낙인을 걷어내면 강력한 힘을 발휘한다. 실패를, 아니 배움의 기회라고 부르자. 피하지도 말고 부끄러워 숨기지도 말고 환영해야 한다.

시행착오를 통해서 개선점을 찾는 끊임없는 실험이 신호를 받아들이는 것 없이 큰 개입을 하는 것보다 훨씬 더 유용하다. 지속적인 개선은 작고 하찮아 보이는 행동의 반복에서 나온다. 이 사실을 알면 소규모 프로그램과 정책으로 위험을 감수하기가 더 쉬워지는데 실패의 비용이 훨씬 적기 때문이다. 여정에는 실패, 실험을 통한 수정, 재시도가 따르게 마련이다. 그럼으로써 학습이 이루어지고 피드백을 흡수하고 새로운 전략을 고안하고 실행할 수 있다.

지속적으로 위험을 회피하는 문화는 스터트업 커뮤니티가 발전하는 데 근본적인 장애물이 된다. 이것은 효과가 없을 것 같은 일에 시간을 투자하고 있다는 우려나 같은 스타트업 커뮤니티 내 사람들에게 거절당할지 모른다는 두려움 등의 모습으로 나타난다. 위험 감수, 실패, 변화를 두려워하면 자신은 물론 스타트업 커뮤니티의 발전을 제한하게 된다.

위험 회피는 과거에 실패한 경험이 있는 사람들을 피하는 모습으로도 나타날 수 있다. 실패한 창업 경험은 정말로 많은 것을 배우게 해준다. 그러니 공포의 덫에 빠지지 말고 실패를 경험한 사람들을 포용해 새로운 위험을 감수하도록 격려하라. 불법적이거나 비도덕적인 일을 한 것이 아니라면 말이다. 실패 혐오는 부정직함으로 나타나기도 한다. 사람들은 실패에 대해 거짓말을 하고 때로는 어떻게든 감추려고 애쓰며 시간을 끈다. 하지만 피할 수 없는 상황을 지연시키는 것일 뿐 상황이 더 나빠지게 마련이다. 위험하고 결국은 헛된 방법이니 피해야 한다.

마지막으로 스타트업 커뮤니티 구축은 승자와 패자가 있는 제로섬 게임이 아니라는 것을 기억해야 한다. 근시안적인 사리사욕의 추구는 전체 시스템을 해친다. 스타트업 커뮤니티의 다른 참여자들로부터 고립되므로 장기적으로도 오히려 손해다. 대신 자신이 전체에 긍정적으로 기여하면 모두가 얻는 이익도 늘어난다는 수확체증 시스템의 개념을 받아들이자. 부족함보다는 풍요로움의 사고방식을 선택하자.

장소애

스타트업 커뮤니티 참여자들은 토포필리아topophilia라고 하는 장소애를 가져야 한다. 장소애는 자신이 사는 지역을 사랑하는 마음으로 지역사회를 더 나은 곳으로 만들고자 하는 깊은 열망으로 나타난다. 물론 스타트업 커뮤니티 구축에 앞장서는 사람이라면 그들이 사는 도시에 깊이 헌신하는 마음을 갖고 있을 것이다. 하지만 같은 장소애를 갖고 있는 사람들일지라도 많은 이가 커뮤니티 구축 활동에 적극적이지는 않을 거라는 점도 기억할 필요가 있다. 주변부에 머물러 있는 사람들이 스타트업 커뮤니티 구축에 참여하도록 만드는 수단으로 장소애라는 감성을 활용할 수 있다.

성공한 창업자 출신으로 2011년부터 2019년까지 콜로라도 주지사를 지낸 존 히컨루퍼John Hickenlooper는 주의회에서 한 마지막 주정연설에서 장소애를 핵심적인 주제로 활용했다.

우리 공직자들은 이곳을 우리가 사랑하고 머물고 싶어하고 자랑스러워하는 곳으로 만들기 위해 여기에 서 있습니다. 이것을 장소애라고 합니다. 콜로라도에 대한 우리의 사랑을 말합니다. ……
대중문화는 콜로라도의 역사가 완강한 개인주의와 갈등만으로 가득하다는 과장된 이야기를 주입하려고 했죠. 그러나 협력은 언제나 우리의 DNA를 규정하는 중요한 부분이었습니다. ……
때때로 우리는 이러한 콜로라도 방식에서 벗어나기도 합니다. …… 하지만 저는 장소애가 경제 발전의 핵심적인 요소라고 믿습니다. 그리고 지역을 이끌고 있는 리더들에 대한 믿음, 그들이 함께 힘을 합하여 일할 것이라는 믿음이 없다면 사람들은 지역이 번영하는 데 필요한 만큼의 투자를 하려고 하지 않을 것입니다.[15]

스타트업 커뮤니티 참여자들이 기존의 번창해 있는 혁신 창업 생태계에서 볼 수 있는 풍부한 자원을 처음부터 필요한 요인이나 조건으로 생각한다면 인과관계를 반대로 해석하는 역인과성 문제가 발생한다. 실리콘밸리 같은 다른 지역의 성공한 창업 생태계를 따라 하려는 정부나 피더들은 현재 환경을 상세히 조사해서 자신들의 지역에 그와 똑같은 요인들을 적용하려고 한다.

하지만 그러면 거꾸로 나아가는 것이다. 적어도 현재 상태와 조화를 이루지 못한다. 지속가능하고 성숙한 스타트업 커뮤니티에서 발생하는 것을 그런 상태로 나아가도록 도운 초기 조건과 혼동하는 것이다. 스타트업 커뮤니티의 자원이나 여러 지원 메커니즘은 기업가정신이 현저해지면서 발전한다. 창업자는 자신의 기업을 키워나가면서 스타트업 커뮤니티를 구축해 지역의 기업가정신이 발전하는 선순환을 만들어낸다.[16] 지역 기업가정신을 연구하는 학자 메리앤 펠드먼은 다음과 같이 말했다.

중요한 관심사는 혁신 창업 전통이 부족했던 환경이 어떻게 풍성하게 변하는가입니다. 기업가정신을 촉진하는 요인들이 무엇인가에 대한 기존의 지식은 아낌없는 풍요로운 환경을 분석해서 도출합니다. 강력한 지역 네트워크, 활성화된 연구 대학, 풍부한 벤처 자본은 원인이 되는 요소라기보다는 이미 구축되어 있는 클러스터에서 보여지는 성공적인 기업가정신의 특징일 수 있습니다. 회사의 설립, 제도의 구축, 사회적 관계가 뚜렷한 현상인 것처럼 보입니다. …… 문헌 자료에서 기업가정신의 촉진에 꼭 필요하다고 말하는 많은 조건은 실제로 기업가정신을 발전시키기보다는 뒤처지게 하는 듯합니다. 이는 지역의 변화와 내포하고 있는 정책 처방 간 역학관계에 대한 이해에 의문을 갖게 합니다.[17]

지방 정부가 스타트업 커뮤니티에 참여하여 돕는
최고의 방법

레베카 로벨Rebecca Lovell (워싱턴주 시애틀)
크리에이트 33 센터장·(전) 시애틀시 경제개발실 실장 대리

공직자들이 지역 내 스타트업 커뮤니티에 관여할 때 명심해야 할 사항 중 하나는 가장 잘 아는 것에 충실해야 한다는 것이다.

내가 이것을 아는 이유는 시애틀시에서 4년 동안 그 일을 했기 때문이다. 스타트업 커뮤니티는 지역 고유의 특징이 강하게 나타나며, 지방 정부가 도움이 되는(또는 해가 되는) 피더 역할을 할 수 있다.

스타트업을 도우려는 정부 관계자나 시가 스타트업을 위해 무엇을 할 수 있는지 관심 있는 시민이라면 다음 세 가지 질문을 통해 답을 찾을 수 있을 것이다. 무엇이 필요한가? 무엇이 빠져 있는가? 정부가 할 수 있는 것은 무엇인가?

당신이 어떤 위치에 있든 먼저 지역의 상황을 파악해야 한다.

당신이 공직자라면 다음 단계는 자신을 유심히 돌아보는 것이다. 당신은 지나치게 하향식이고 권위적이라는 평판을 갖고 있을 것이다(아마 그럴 만할 것이다). 그런 당신에게 필요한 것은 패러다임의 변화다. 기업가정신을 다루려면 우선 상향식 방법에 대한 역량을 강화하려고 해야 하고, 생생한 창업 경험을 가진 창업자 출신들을 고용해야 한다. 직업 관료들이 도울 수 있는 것은 제한적이다.

시애틀시가 나에게 최초의 '스타트업 대변자Startup Advoate'라는 직책을 맡기자 나는 첫 3개월을 창업자들의 말에 귀기울이며 일대일 지원을 제공하고 반복되는 유형과 동향을 파악했다. 그들의 말에 귀를 기울이고 데이터를

수집하면서 초기 프로그램의 우선순위를 정했다. 지금도 지속적으로 커뮤니티에 관여하면서 정기적으로 업데이트하고 있다. 시청에서도 몇 가지 좋은 아이디어가 나올 수는 있다. 하지만 사무실 밖으로 나와서 지역 내 스타트업 커뮤니티에 참여하는 것이 필수적이다!

무엇을 할 수 있고 해야 하는가? 다른 지역에서는 탐색 가치가 있을 수 있지만 시애틀에서는 제외하기로 한두 가지 영역부터 먼저 설명하겠다.

재무적 자본: 시애틀에는 운 좋게도 지역 창업자들을 우선순위에 두고 있는 헌신적인 초기단계 투자자들이 꼭 필요한 만큼 있다. 이런 자산이 이미 있었기 때문에 시에서는 스타트업 펀드 조성을 우선시하지 않았다(공교롭게도 주 헌법으로 금지돼 있기도 했다). 그렇지만 정부가 많은 벤처캐피탈리스트에게 도움이 된다는 것을 기억해야 한다.

물리적 공간: 스타트업에 공간을 저렴하게 임대하거나 또는 협업을 용이하게 만드는 것은 창업자들의 진입 장벽을 낮출 수 있다. 이것은 정부가 제공할 만한 것일 수 있다. 그렇지만 시애틀에서는 아니다. 시가 소유한 모든 토지는 저렴한 가격의 주택 공급을 목적으로 한다. 따라서 민간 부문이 40개의 코워킹스페이스를 운영하며 시장 수요에 대응하고 있다.

무엇이 부족한가? 우리가 개입한 영역은 보통 정부의 전통적인 역할 밖에 자리하지만 정부가 개입해 공백을 메우고 중대한 영향을 미칠 수 있는 그런 부분이다.

연결: 현재 시애틀시 스타트업 대변자로 일하고 있는 데이비드 해리스David Harris(창업자 출신)는 자료를 분류해서 시애틀시 스타트업 웹사이트에 싣는 것에서부터 스타트업에 직접적인 지원을 제공하는 것(시청 사무실에서가 아니라 시내 곳곳에 있는 코워킹스페이스에서)에 이르기까지 선별 전문가

다. 그는 창업자들의 질문에 답하고, 문제해결을 촉진하고, 창업자들을 도와줄 수 있는 사람과 연결해준다. 연결해주는 방법은 우리 커뮤니티에서는 효과적인데 왜냐하면 다른 창업자들을 기꺼이 돕고자 하는 창업자들이 필요충분한 만큼 있기 때문이다. 이러한 필요충분한 수의 창업자들이 아직 없는 커뮤니티라면 소규모의 헌신적인 리더들이 변화를 자극할 수 있다. 시애틀에는 특유의 협력 분위기가 형성돼 있고 이것이 혁신의 엔진에 연료가 된다. 누구와도 함께 커피를 마실 수 있는 문화다. 하지만 개선할 점도 있다. 그런 엔진에 접근하기 어려운 장벽에 가로막힌 인구층이 있을 것이다. 그래서 우리는 재무적 자본과 사회적 자본에 대한 접근을 포함해서 제도적 장벽을 마주하고 있는 실제 인구수보다 적게 대표되고 있는 인구 집단에 관심을 집중하고 있다. 유색인종, 여성, 이민자들을 가로막는 장벽을 낮추려고 한다. 단지 그것이 옳은 일이기 때문이 아니라 현명한 방법이기 때문이다(다양성이 있는 스타트업 커뮤니티가 더 뛰어난 성과를 보이기 때문이다).

인재 양성: 시애틀은 엔지니어 비율이 높은 지역인데도 스타트업들이 기술 경쟁력을 갖추기 어렵다는 애로사항이 해마다 거의 모든 일대일 미팅이나 행사에서 나온다. 지역의 4년제 및 전문대학들로는 수요를 따라갈 수 없어서 우리는 속성 훈련 프로그램을 (연방 및 주정부의 지금을 투입해서) 지원하기로 했다. 요즘은 컴퓨터를 사용하는 사고가 기본적인 삶의 기술로 자리 잡은 만큼 어려서부터 노출시키고 교육하는 것이 혁신에 도움이 될 것이다. 전국의 공립학교 교육구에서는 코드닷오알지Code.org 프로그램을 도입했고, 교사들은 컴퓨터과학 교육과정 수업 방법에 대한 훈련을 받으면 수당이 지급된다. 지방 정부는 그런 프로그램들을 시행하고 역량개발 센터 및 스템 STEM[*]을 교육하는 학교들을 조성하는 데 영향력 있는 역할을 할 수 있다.

---

[*] STEM(Science, Technology, Engineering, Math): 과학, 기술, 공학, 수학에 관한 통합적 소양 양성 교육을 의미한다.

소집: 선출직 공무원에게는 또 다른 이들을 불러올 힘이 있다. 여기에는 평소 서로 협력은 둘째치고 대화도 잘 하지 않는 경쟁자들도 포함된다. 지방 정부는 지역 문제에 대한 해결책을 모색하기 위해 사람들을 소집할 수 있는 권한을 사용하는데, 경청하는 시간을 마련하면 스타트업에 도움이 되는 실질적인 성과로 이어질 수 있다. 2012년에 시애틀 시장 마이클 맥긴Michael McGinn은 스타트업 리더들로 이루어진 그룹을 소집했고 그 결과 '스타트업 시애틀'이라는 프로그램이 탄생했다. 현 제니 더컨Jenny Durkan 시장도 취임 후 몇 달 동안 비슷한 그룹을 소집해서 정책 제안을 검토하고 새로운 시정 아이디어를 발굴했다. 하지만 말이 행동으로 옮겨지는 증거가 보이지 않는다면 스타트업 커뮤니티는 그런 소집이 싫증날 것이다. 따라서 정부는 단순히 대화를 촉진하는 것이 아니라 변화의 주체가 돼야 한다.

정부는 무엇을 잘하는가? 마지막으로 좀 더 지방 정부의 전통적인 틀에서 중요한 두 가지 영역이 있다. 시애틀의 리더들은 이제 막 이 부문에 참여하기 시작했다. 절대 간과하면 안 되는 영역이다!

정책 개발: 정부가 공공정책의 열쇠를 쥐고 있다는 것은 비밀이 아니다. 선출직 공무원들이 통제할 수 있는 것을 인지하고(영향력을 행사할 수 있는 곳과 대비해서) 정책 입안 시에 커뮤니티의 목소리에 귀를 기울인다면 큰 도움이 될 것이다. 시 행정 절차나 규제가 혁신을 약화할 수 있지만 정부는 신규 사업체에 면세 혜택을 주거나 전체 매출 대신 순매출에 과세함으로써 인센티브를 줄 수 있다. 겸업금지 조항non-compete agreements*은 미국에서 일반적인 조항이다. 캘리포니아주는 사람들이 이직할 때 그러한 제약을 두지 않음으로써 경쟁우위를 누려왔다. 국가적인 차원에서 당근과 채찍은 셀 수 없

---

* 고용인이 퇴사 이후 일정 기간 경쟁업체 취업 및 동종업체 창업을 금지하는 조항이다.

이 많다. 자본 형성 정책에서부터 이민 정책 그리고 (질질 끌고 있는) 스타트업 비자에 이르기까지 스타트업을 지원할 수 있는 방법은 여전히 많다.

목소리: 내가 시애틀의 더컨 시장이 주재한 스타트업 회합에서 얻은 가장 놀라운 통찰은 참가자들이 그녀에게 아무런 비용도 들지 않지만 그 영향력에서만큼은 값을 매길 수 없는 자산을 사용하라고 강력하게 촉구했다는 사실이다. 그 자산이란 바로 그녀의 목소리다. 역사적으로 시애틀 사람들은 특유의 친절하지만 자기비하적인 분위기가 있는 편이다. 시애틀이 가슴을 팍팍 두드리면서 (마이클 블룸버그 전 뉴욕 시장이 그랬던 것처럼) "우린 절대 잠들지 않는 실리콘밸리"라고 외치는 일은 없을 것이다. 하지만 지역 스타트업들의 놀라운 스토리들을 열정적이고 진정성 있게 확산하는 것은 모든 시장이 재량권을 갖고 있는 자산을 활용해서 할 수 있는 일이다.

시애틀이 무엇을 하고 있고 하고 있지 않은지, 무엇을 할 수 있는지를 간략하게 설명했다. 지방 정부가 어떻게 스타트업 커뮤니티에 관여하고 지원해야 하는지에 대한 유용한 통찰을 제공했기를 바란다.

11장

측정의 덫

스타트업 커뮤니티 웨이 법칙

스타트업 커뮤니티는 측정에 대한 요구가 잘못된 전략을 밀어붙이게 만드는 함정을 피해야 한다. 스타트업 커뮤니티에서 눈에 가장 잘 보이고 측정하기도 쉬운 요인들은 장기적으로 성과에 큰 영향을 미치지 않는다. 자원과 이해가 제한적인 상태에서 많은 조직, 특히 피더들의 측정하려고 하는 욕망이 전략을 잘못된 방향으로 나아가게 한다.

전설적인 경영 사상가 피터 드러커는 "측정할 수 없으면 관리할 수 없다"라고 말한 것으로 알려져 있다. 이 말의 현대적인 버전은 "측정되는 것이 관리된다"이다. 비즈니스 세계에서 가장 일반적으로 참조되는 인용문이다. 하지만 이 말에는 두 가지 문제가 있다. 첫째, 드러커는 그 말을 하지 않았다.[1] 더 중요한 둘째, 이 말은 효과적인 관리에 대한 드러커의 좀 더 미묘한 관점과 개념적으로 일치하지 않는다.

드러커는 '결과 측정'을 강력하게 옹호했지만 덜 명백한 무언가

를 확립하는 것이 리더들의 좀 더 중요한 과제라는 사실도 알고 있
었다.

사람들과의 관계, 상호신뢰의 발전, 사람들의 정체성, 커뮤니티
의 형성. ⋯⋯ 이것은 쉽게 측정하거나 정의할 수 없다. 그러나
이것은 단순한 핵심 기능이 아니다. 오직 당신만이 수행할 수
있는 것이다.[2]

관계는 어느 정도 측정할 수 있다. 하지만 측정할 수 있는 모든
것이 중요한 것도 아니고 중요한 것을 모두 측정할 수 있는 것도
아니다. 스타트업 커뮤니티와 창업 생태계 참여자들이 꼭 알아야
하는 교훈이다.

측정의 근본적인 문제

스타트업 커뮤니티와 창업 생태계에 대해 효과적으로 측정할 수
있는 방법은 아직 초기 단계에 머물러 있다. 하지만 참여자의 범위
와 투입 자원의 양이 커지면서 측정 지표 설정에 대한 요구도 증가
하고 있다. 복잡계는 측정이 본질적으로 어렵다. 그렇다 보니 빠른
잠정적인 해결책이나 가장 덜 중요한 요인들을 강조하는 수준 이
하의 접근 방법들로 가득차게 된다. 가장 중요한 요인이 무엇인지
혼란이 발생하므로 잘못된 전략을 세우게 되고 결국 실패로 이어
진다. 어떤 전략을 실행할지는 데이터에 따르므로 결국 전혀 중요
하지 않은 부분에 초점이 맞춰진다.

이런 문제가 생기는 이유는 특히 피더들이 지속적인 투자와 지원을 정당화하기 위해 프로그램이나 활동의 직접적인 효과를 입증하려고 하기 때문이다. 측정하기 가장 쉬운 것은 유형적인 수량 기반 혹인 투입 지향적인 것으로, 그러한 형태의 요인들을 중심으로 프로그램을 설계하도록 유도한다. 안타깝게도 이러한 것들은 대개 압력을 가하는 잘못된 요인들로 스타트업 커뮤니티의 장기적인 성과에 미치는 영향이 가장 적다.

강조되고 있는 많은 측정 지표의 결괏값이 기대한 만큼 구체적으로 나오기까지는 오랜 시간이 걸리고 동시에 다른 요인들의 영향도 받는다는 사실은 상황을 더욱 복잡하게 만든다. 그런데도 사람들은 어떤 행동에 따른 영향이 빠르고 직접적으로 나타날 것이라고 잘못된 기대를 품는다.

복잡계에서는 상호작용이 인재나 자원의 양보다 중요하고, 상호작용의 가치가 구체적으로 나타나기까지는 시간이 걸린다. 가장 레버리지가 높은 개입점은 행동이나 관계 그리고 관련된 사람들의 근본적인 태도와 가치관 같은 시스템 구조와 관련 있는 것들이다. 하지만 이러한 요인들은 정성적이고 지역적이며 개별적인 특징을 지녀서 측정이 어렵고, 현장에 맞게 맞춤형 측정이 이루어져야 하기 때문에 작업에 상당한 시간과 비용 부담도 따른다. 더 나아가 데이터 수집은 개별 단위에서 지속적으로 장기간에 걸쳐 이루어지는 것이 최상이다. 장기적인 변화를 다룬 종적 데이터가 일정 시점에서의 횡적인 데이터보다 훨씬 더 중요하다.

소위 말하는 부자 친척(또는 성공한 창업자)이 전 세계 스타트업 커뮤니티에 관한 마스터 데이터 세트를 마련해주지 않는 한, 항상 데이터를 빨리 모아서 효과를 측정해야 하는 압박에 놓여 있다. 적절 자원이나 이해가 없는 채로 말이다. 그래서 덫에 빠져 빨리 해결하려다가 차선책을 택하게 되고 결국 좋지 않은 결과로 이어진다.

피터 드러커가 했다고 잘못 알려진 말을 바꿔서 표현하자면 이렇다. "쉽게 측정할 수 있는 것이 우선시된다." 칼럼니스트 사이먼 콜킨Simon Caulkin은 이렇게 말한 적이 있다. "일반적으로 측정되는 요인들이 관리된다. 측정과 관리의 의미가 없거나 심지어 조직의 목적을 해치는데도 말이다."[3] 스타트업 커뮤니티에 적용해서 이야기하자면 제한적이거나 심지어 부정적인 영향을 끼치는데도 눈에 잘 띄는 것과 조정이 쉬운 매개 변수를 중심으로 전략을 세운다는 뜻이다.

이런 어려움에도 불구하고 지난 10년간 똑똑한 많은 사람이 창업 생태계를 측정하는 방법을 발전시키고자 노력해왔다. 그 측정법들은 대체로 유용한 정보를 제공하고 있고 잘 사용하면 도움이 된다. 그러나 이상적인 접근법도 지름길도 없다. 모든 접근 방식마다 장점과 한계가 존재한다. 궁극적으로 가장 중요한 것은 실용주의와 겸손이다. 불완전하다는 사실을 인지하고 폭넓은 관점으로 접근해 많은 시간과 노력을 투입해서 열심히 하는 것이 가장 효과적인 방법이다.

행위자와 요인 모델: 범주적 접근법

창업 생태계에서 가장 잘 알려진 측정 틀은 행위자와 요인 모델이다. 일반적으로 이것은 역할이나 기능에 따라 조직되는 관련 인물과 조직의 목록이다. 관련 자원과 조건도 포함된다. 이 모델은 지난 10년 동안 혁신 창업 생태계 현상이 자리잡기 시작하면서 발전했고, 대중적인 흐름과 함께 발전한 첫 번째 모델이기도 했다.[4]

실제 적용해보면 생태계 매핑은 특정 지역의 범주형 모델을 개발하는 과정이다. 창업 생태계에서 일어나는 '누가, 무엇을'을 조사하는 것으로, 여기서 개인과 조직은 역할과 기능에 따라 분류되어 있다. 대개 사람들은 맡은 역할을 뛰어넘거나 여러 역할을 하는 경우가 많다. 지역에 있는 사람들과 활동을 이해하고 지금 시점에서 기준이 되는 스타트업 커뮤니티 모델을 만들어보는 것은 유용한 실습이 된다.

호주의 연구자이자 커뮤니티 구축자 채드 레난도Chad Renando의 연구가 훌륭한 예라고 할 수 있다.[5] 무엇보다도 그는 호주의 생태계를 상향식으로 매우 상세하게 매핑하고 이와 함께 사용할 수 있는 유용한 일련의 도구들을 구축해 놓았다.[6]

또 다른 예는 내가 『스타트업 커뮤니티』에서 리더와 피더를 분류한 방법이다(이 책에서는 선동가가 추가되었다). 현재는 두 가지 범주로 압축됐다. 첫 번째는 행위자인데 리더, 피더, 선동가가 포함된다. 두 번째 범주는 요인이며 일곱 가지 자본이 포함된다. 나와 이언은 세부적인 것들의 핵심 요소들을 추려내 많은 요소들을 몇 개 범주로 통합해 단순하고 기억하기 쉬운 구조로 만들어냈다. 다음의 간단한 시각적 자료로 확인해보자.

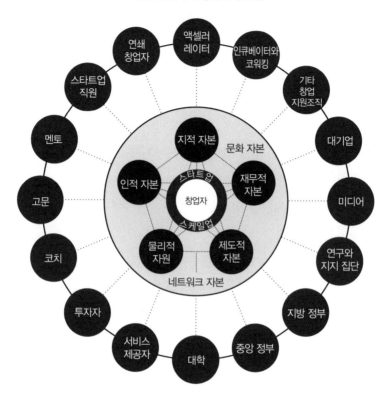

창업 생태계의 행위자와 요인

창업 생태계의 행위자와 요인 다이어그램: 바깥쪽 원에는 연쇄 창업자, 액셀러레이터, 인큐베이터와 코워킹, 기타 창업 지원조직, 대기업, 미디어, 연구와 지지 집단, 지방 정부, 중앙 정부, 대학, 서비스 제공자, 투자자, 코치, 고문, 멘토, 스타트업 직원이 있다. 안쪽에는 문화 자본과 네트워크 자본, 지적 자본, 인적 자본, 재무적 자본, 물리적 자원, 제도적 자본, 스타트업 창업자, 스케일업이 있다.

표준 지표 모델:
비교 접근법

연구자들이 기존 데이터를 행위자와 요인을 계량화하기 위해 적용할때—직접적으로든 또는 대용으로든—비교 접근법을 취하는 또다른 창업 생태계 모델이 나타난다. 경우에 따라 기존 데이터가 없는 지표가 생성되기도 한다. 표준화된 지표를 사용하면 서로 다른 창업 생태계를 체계적으로 비교할 수 있어서 종종 생태계 순위와 벤치마킹 도구로 귀결되기도 한다.

아스펜 연구소Aspen Institute, 세계경제포럼World Economic Forum, 경제협력개발기구OECD 같은 단체들은 수년간에 걸쳐 국가나 지역 차원의 비교 모델을 개발해왔다.[7] 오늘날 널리 사용되는 두 가지 모델로는 글로벌 기업가정신 네트워크Global Entrepreneurship Network가 만든 국가 순위를 보여주는 글로벌 기업가정신 지수GEI, Global Entrepreneurship Index와 스타트업 지놈Startup Genome이 발표하는 전 세계 지역 및 도시 단위의 첨단기술 부문 창업 생태계 평가가 있다.[8] 테크스타와 같은 몇몇 조직들은 자체 모델을 개발해 전 세계 도시의 창업 생태계를 평가한다. 이러한 모델들은 세계은행, 글로벌 기업가정신 모니터Global Entrepreneurship Monitor, 피치북PitchBook, 크런치베이스Crunchbase 같은 곳의 기존 데이터를 사용한다.

비교 모델은 지역의 상대적 강점과 약점을 파악하고 특정한 투입(벤처캐피탈 투자액 등)이나 산출(예: 스타트업 비율)을 벤치마킹할 때 유용하다. 가장 좋은 모델에는 기업가정신과 커뮤니티에 대한 태도 같은 것을 알아보는 설문조사에 의한 정성적인 자료가 포함된다. 비교 모델은 창업 생태계의 상황을 파악하는 유용한 첫 단계가 돼준다. 압력을 가하고 난제를 해결하고 기회를 모색해야 할 곳이 어딘지에 대한 단서를 얻을 수 있다.

그러나 비교 모델은 속이기도 쉽다. 변수의 범위가 포괄성이나 정확성과 동일시되는 경우가 너무 많다. 투입 변수가 실제로 측정하고자 하는 것의 대용—심지어 조잡한 대용—일 때가 많다. 여러 지역을 아우르는 변수들을 표준화하는 데는 절충이 필요하다. 측정의 깊이, 유용성, 일관성과 같은 내재된 어려움이 있기 때문이다. 경제학과 사회과학에서는 이러한 한계가 있는 모델을 만드는 것이

드물지도 않고 잘못된 일도 아니지만 사용자는 그 한계가 무엇인지를 알고 있어야 한다. 비교 모델은 그렇게 보일지라도 만병통치약이 아니다.

비교 모델은 생태계 순위를 매기기 위해 만들어지면 문제가 될 수 있다. 어느 창업 생태계가 다른 곳보다 뛰어나다고 말하는 구조는 현실을 지나치게 단순화하는 것이기 때문이다. 순위를 매기는 것은 사실상 지표화하고 정형화하는 것이고 획일성, 선형성, 예측 가능성을 가정하고 만들어진다. 모두 복잡계에는 적용할 수 없는 것들이다. 순위를 매기는 것은 앞에서 언급한 문제, 즉 쉽게 볼 수 있는 것과 쉽게 조정이 가능한 매개변수를 중심으로 전략을 수립하는 것으로 이끌기 쉽다.

비교 모델을 잘못 적용하면 예측 가능하다는 착각에 빠져 서사의 오류(완전히 이해하지 못하는 것을 단순화함)를 증폭한다. 비교 모델은 설계상 가장 중요한 요인 - 관련 행위자들 간의 상호작용과 근본적인 멘탈 모델mental model*을 포착하지 못한다. 여러 지역에 걸쳐 신뢰할 수 있는 정보를 상세하게 수집하는 것이 너무 어렵기 때문이다. 다른 생태계와 경쟁하는 것이 매력도 있고 재미도 있지만 비교 모델을 너무 심각하게 받아들이지는 말기를 권한다. 이 모델은 규정하는 데 사용하는 것이 아니라 정보를 제공하는 데 사용해야 한다. 커다란 퍼즐의 한 조각으로 여겨야 한다. 지표화나 경쟁에 기대지 말고 모델에 담겨 있는 개별 지표들을 학습하라.

실용적인 방법론에 관한 개념적인 논쟁은 접어두고 지나친 비교의 덫을 피할 것을 권한다. 같은 생태계를 여러 다른 시점에서 비교

---

* 사람들이 자기 자신, 다른 사람, 환경, 자신이 상호작용하는 사물들에 대해 이해하는 방식을 구조화한 것을 말한다.

하는 것이야말로 가장 중요한 비교임을 알아야 한다.

네트워크 모델: 관계적 접근법

창업 생태계 내에서 행위자들을 연결하는 네트워크를 이해하는 것
은 아주 중요하다. 두 가지 잘 정리된 접근법이 이러한 네트워크를
분석하는 방법에 대한 아주 좋은 예를 제공한다. 첫 번째는 교수인
메리앤 펠드먼과 테드 졸러가 제시한 딜메이커 접근법이다.[9] 다른
하나는 엔데버와 세계은행의 연구자들이 만든 일련의 네트워크 그
래프다.[10] 이 모델들은 영향력 있는 기업을 지속적으로 배출하는
생태계를 창업자가 아니라 행위자가 더 지배적이거나 스타트업
커뮤니티가 단절되어 있는 지역과 비교하면 성공한 창업자들이
영향력 있는 지위에 있는 비율이 더 높다는 것을 보여준다. 영향력
있는 행위자들 간의 협업도 성공적인 창업 생태계의 중요한 특징
이다.

네트워크 분석은 스타트업 커뮤니티 안에서 개인과 시스템 단위
의 확립된 관계를 멘토, 투자, 이전 직장 측면에서 보여준다. 그뿐
만 아니라 네트워크 안에서 누가 영향력이 있는지, 누구와 연결되
어 있는지도 알 수 있다. 스타트업 커뮤니티의 성과에 가장 중요한
요인은 연결성과 네트워크 구조이며 이와 함께 개인들의 근본적인
가치관, 태도, 세계관도 중요하다. 네트워크 분석은 이것을 반영하
므로 매우 가치 있는 모델링 접근법이다.

엔데버에서 만든 다음의 그래프는 뉴욕시 테크 분야 스타트업
창업자들의 분포를 나타내고 있는데 다른 테크 스타트업에서 직원

뉴욕시 테크 창업자들의 이전 고용관계 네트워크 지도

연결:

→ 경험: 창업자가 뉴욕의 다른 테크 기업에서 일했던 이전 고용관계

창업 연도
1999년 이전
1999-2003
2004-2018
2009-2013

행위자
● 기업가정신 기업
동그라미의 크기는 각 기업 창업자에게서 비롯된 연결의 숫자
창업자가 일했던 기업이나 조직 중 가장 대표적인 기업이나 조직으로 표시함

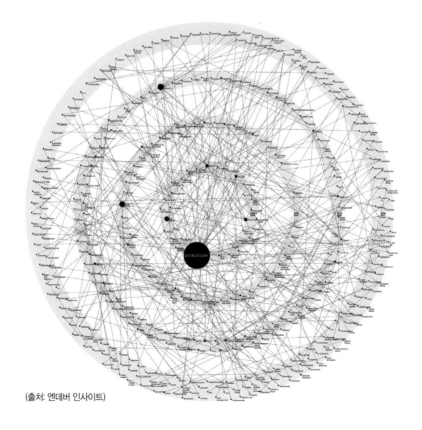

(출처: 엔데버 인사이트)

으로 일했던 창업자들을 강조해서 보여주고 있다.[11]

안타깝게도 네트워크 모델은 만들기가 어려워서 거의 시도되지 않는다. 스타트업 커뮤니티의 연결에 관한 마스터 데이터 세트는 쉽게 어딘가에서 다운로드할 수 있는 것이 아니다. 맨바닥에서 하나씩 하나씩 매핑해야 한다. 이 작업에는 시간, 자원, 전문성이 필요하다. 또한 신뢰성과 믿음직함이 필요한 일이기도 하다. 왜냐하면 많은 행위자를 대상으로 그들의 사업과 관계된 공식적, 비공식적 관계들을 인터뷰해서 데이터 수집이 이루어지기 때문이다. 인터뷰 진행자는 누가 어떤 기업에 투자했는지 또는 스타트업 커뮤니티에서 문제가 되는 행동으로 보는 지점 등 주관적이고 민감할 수 있는 정보들을 심사숙고해서 다루어야 한다.

동적 모델: 진화론적 접근법

복잡계는 시간이 지남에 따라 진화하고 발달과 성숙 단계의 연속체로 존재한다. 실리콘밸리처럼 발달 단계의 후기에 있으면서 계속 그 상태를 지속하는 생태계도 있다. 또한 시애틀, 오스틴, 싱가포르 같은 생태계가 새롭게 부상해 차세대 창업 생태계를 대표하고 있다. 그런가 하면 발달 단계의 초기에 머물러 있거나 심지어 휴면 상태에 있는 곳들 있다. 어떤 곳들은 쇠퇴기에 있기도 하다.

스타트업 커뮤니티를 진화론적 시각에서 바라보면 실제로 매우 유용할 수 있다.[12] 참여자들은 초기 조건과 경로 의존성을 이해함으로써 깊이 뿌리박힌 요소들이 자신들에게 얼마나 영향을 미치고 있는지 생각해볼 수 있다. 상전이와 균형 수렴 영역을 찾아보면 시

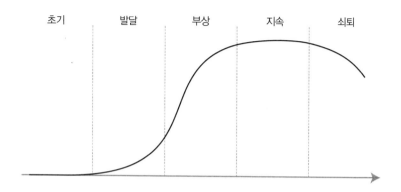

스타트업 커뮤니티 또는 창업 생태계의 라이프 사이클 모델

초기　　발달　　부상　　지속　　쇠퇴

스템의 다음 단계로의 발전을 이끄는 행동을 유도하는 잠재적 변곡점이 보인다. 아직 덜 발전된 창업 생태계가 앞으로 나아가려면 훨씬 발전된 생태계에 존재하는 요인들이 똑같이 필요하다고 잘못 생각하는 경우가 많다. 시작할 수 있게 하는 것과 가속화하고 지속하게 하는 것은 다르다는 것을 인식하는 것이 중요하다.[13] 시스템과 시스템을 움직이는 요인들은 함께 진화한다.

　창업 생태계는 초기, 발달, 부상, 지속, 쇠퇴의 5단계를 거쳐서 성숙한다.[14] 마지막 단계인 쇠퇴가 종종 간과된다. 예를 들어 오늘날 선도적인 스타트업 커뮤니티들과 20세기 전환기에 국경지역 허브였던 클리블랜드와 디트로이트 사이에는 눈에 띄는 유사점이 나타난다. 초기 형태의 기업가정신, 엔젤 투자, 비즈니스 인큐베이팅 같은 것이다.[15] 제2차 세계대전 이후 미국의 선도적인 혁신 허브로 떠오른 보스턴은 1980년대 들어 크게 쇠퇴했다. 반대로 실리콘밸리는 기술 변화 국면에서 지속적으로 새로운 모습을 보여주는 회복 탄력성을 갖추었다.[16]

동적 모델은 유용한 사고법을 제공하지만 적용하기가 쉽지 않다. 예를 들어 일곱 가지 자본인 지적, 인적, 재무적, 제도적, 물리적, 네트워크, 문화 자본을 중심으로 대략적인 기준을 만든다고 가정해보자. 단계별로 각각의 차원에서 객관적으로 정의된 한계치 혹은 변곡점은 무엇인가? 이것을 정의하다 보면 주관성이 개입된다. 그런데다 이런 종류의 작업에는 창업 생태계 간의 비교가 내재될 수밖에 없다.

그럼에도 불구하고 스타트업 커뮤니티를 평가할 때 시간의 측면을 고려하면 유용하다. 이러한 요인들이 어떻게 진화하고 시간이 흐름에 따라 각각의 지점에서 성공이 어떤 것인지 생각해볼 수 있게 해준다. 더 앞선 발전 단계에 있는 다른 생태계의 진화 역사에서도 배움을 얻을 수 있다. 무엇보다도 시간을 고려함으로써 영원히 진행되는 작업임을 안다는 것이 중요하다. 스타트업 커뮤니티는 결코 완성되는 것이 아니다.

문화-사회적 모델: 행동주의적 접근법

『스타트업 커뮤니티』와 볼더 명제는 지금까지 소개한 모델들과 다르다. 첫째, 창업자의 관점에서 스타트업 커뮤니티를 향상하는 실질적인 단계를 찾는다. 범주형 모델이나 비교 모델은 하향식 접근법을 내포하고 있지만 『스타트업 커뮤니티』의 핵심은 상향식 변화다. 행동주의적 접근법은 비록 점진적이지만 스타트업 커뮤니티를 적극적으로 향상하는 질적인 지침이 돼준다.

두 번째 차이점은 『스타트업 커뮤니티』가 활기찬 커뮤니티를 만드는 문화 규범과 실행에 초점을 맞춘다는 것이다. 『스타트업 커뮤니티』는 건강한 스타트업 커뮤니티 형성에 기여하는 사람 간의 연결, 행동, 태도, 가치관의 본질을 주로 다룬다. 그런 점에서 『스타트업 커뮤니티』는 근본적으로 인간관계의 향상에 대한 것이라고 할 수 있다.

문화-사회적 모델도 『스타트업 커뮤니티』와 매우 유사하다. 경험 많은 창업가이자 생태계 구축인인 빅터 황과 그렉 호로윗은 『정글의 법칙: 혁신의 열대우림 실리콘밸리 7가지 성공 비밀』이라는 책을 냈다. 그 책은 『스타트업 커뮤니티』와 마찬가지로 다양한 개인들 간의 관계를 향상하는 사람 중심을 강조하면서 서로 간에 더 잘 협력하고 창업자가 성공하도록 돕는 실천적 변화를 만들기 위한 모델이다.

두 모델은 충분히 활용되지 않는 강력한 측정 방법을 제시한다. 바로 개인들을 대상으로 설문조사를 해서 스타트업 커뮤니티의 다양한 문화적 사회적 규범에 관한 행동, 태도, 관점을 측정하는 것이다. 이러한 개인들의 정서와 행위는 그들이 다양한 이니셔티브에 어떻게 반응하는지 측정하면서 오랜 시간에 걸쳐 추적될 수 있다. 시간의 흐름에 따라 사람의 행동과 사고 패턴이 어떻게 바뀌는지를 구체적인 이니셔티브(같이 커피 마시는 모임, 새로운 스타트업 액셀러레이터 등)나 사건(지역 스타트업의 대규모 엑시트, 커다란 실패 등)을 기준점 삼아 추적하면 복잡계에서의 원인과 결과를 파악할 수 있는 하나의 잠재적 경로가 될 수 있다.

사람들이 기업가정신에 더 적극적으로 협력하고 지지하게 만드는 것이 스타트업 커뮤니티의 필수적인 부분임을 잊지 마라. 설문조사를 잘 시행하면 그러한 핵심적인 행동과 태도에 의한 구체적인 성과를 입증하는 데 도움이 된다.

로직 모델: 인과적 접근법

인과적 모델은 일반적으로 이론적인 모델이며 종종 학술 논문의 기초가 된다. 이 분야에서 몇몇 제한된 연구가 이루어졌고 몇 가지 유용한 아이디어가 나왔다.[17]

창업 생태계를 하나의 가치사슬이라고 생각해보자. 프론트 엔드는 투입되는 것이고(행위자와 요인), 백 엔드는 그것으로부터 나오는 것(스타트업)이다. 가치사슬 모델을 만들려면 투입을 산출로 전환하는 것의 일부인 내부 프로세스와 비공식 거버넌스 구조를 파악해야 한다. 우선 전후 상태에 초점을 두기보다는 과정에 집중해야 한다. 그다음에는 시스템에서 무엇을 왜 바꾸고 싶은지 구체화하고, 어떤 원인이 변화를 일으킬 수 있는지 가설을 세우고, 진행 상황을 추적하고, 영향을 측정하고, 조정을 해야 한다. 추상적일 수 있는데, 이러한 접근법은 지역적 조건에 종속되며 높은 불확실성으로 인해 유연해야 한다는 것을 이해하는 것이 중요하다.

인과관계는 복잡계 맥락에서 시스템 전체적인 차원에서는 확실하게 정립될 수는 없지만, 인과적 사고는 유용한 실습이 될 수 있다. 첫째, 인과적 사고는 가치 창조의 동인으로 작용하지만 눈에 쉽게 띄지 않는 것을 우선시한다. 어떤 행위의 전개가 만들어낼 것으로 기대되는 효과를 맵핑하려면 근본적인 관계와 피드백 고리에 대해 더 깊이 생각해볼 수밖에 없다. 이것은 "그래서?"와 "그다음에는?"을 분명하게 서술할 수 있도록 이끈다.[18] 일반적으로 사람들은 마음속에서 무의식적으로 작용하는 가정과 목표에 따라 움직인다. 이것을 명확하게 서술하는 것은 같은 목표를 향해 함께 일할지라도 여러 이해관계자의 마음에는 서로 다른 체계가 작동하고 있다

창업 생태계의 가치창출 로직 모델의 예

문제 기술: 관련된 사람들을 위해 해결하고자 하는 구체적인 문제
지역 경제는 근로자나 각 가정에 양질의 기회를 제공하지 못하고 있다. 일자리를 창출하고 소득을 발생시키며 전체 지역사회에 활력을 불어넣는 영향력이 큰 기업들이 부족하다.

목표		장기 결과
장기 목표: 우리가 이루고자 하는 것 		**단기적 변화들에 따라 학습, 행동, 조건에서 발생된 희망했던 변화들: 지속적인 사건들의 사슬**
일자리, 소득, 그리고 모두를 위한 번영을 만들어낼 더 많은 수준 높은 스타트업과 스케일업을 배출하는 것		깊이 각인된 기업가정신: 많은 수의 스타트업과 스케일업: 영감을 주는 창업자들
		고용, 부, 소득 기회 증가: 지역사회 활성화와 번영

논리 근거	자원	활동	산출물	중기적 결과
변화가 어떻게 일어나는지에 관한 신념	**현 시스템의 투입 자원**	**향상하기 위해 할 수 있는 일들: 행동, 프로세스, 도구, 전략, 방식**	**가시적, 계량적, 직접적인 산출물: 측정과 원인 파악이 가능한 것**	**단기적 변화들에 따라 학습, 행동, 조건에서 발생된 희망했던 변화들: 지속적인 사건들의 사슬**
스타트업과 스케일업은 지역 경제 활성화의 핵심 원천	선배 창업자, 유능한 인력, 투자자, 멘토, 고문, 지원 조직	해커톤, 경진대회, 밋업, 멘토링 프로그램, 커뮤니티 구축, 스토리텔링, 행사	활동 참가자의 수와 다양성, 확립된 멘토링 관계, 블로그, 뉴스 기사, 유명 강연자	기업가정신 투입(창업자, 직원, 스타트업)의 증가·향상
경제 활성화는 더 행복하고 문화적, 사회적으로 응집된 지역사회로 이끎	네트워크, 문화, 재무적 자본, 밀집도, 장소의 질, 아이디어, 지식 공유	수요 조사, 정부 정책과 참여, 기업과 대학의 참여	연결성과 행동 변화를 분석하고 개선 전략을 제시해주는 연구	기업가정신 산출(고성장 기업, 엑시트, 수익성 있는 비즈니스)의 증가·향상
가정				
성공에 필요한 조건: 이미 존재하는 것이라야 함				**단기적 결과**
큰 영향을 미치는 기업을 만들려고 하는 충분히 능력 있는 사람들이 지역에 있음				**학습, 행동, 조건에서 기대했던 단기 변화들: 효과 또는 목표**
창업자의 성공에 필요한 자원을 갖고 있거나 또는 적어도 그런 자원을 개발하는 방법을 알고 있음				행동·산출의 결과로 만들어진 학습, 연결, 또는 멘토 관계
				관계 구축 증가로 인한 행동과 사고 방식의 관찰 가능한 변화

는 것을 드러낸다.

　로직 모델은 이 접근 방식을 구현하는 한 가지 방법이다. 로직 모델은 변화가 어떻게 일어날 것으로 예상되는지에 대한 '만일 ~ 하다면, ~할 것이다'로 이루어진 서술들의 사슬이다. 여기에는 네 가지 구성 요소가 있다.[19]

1. 투입: 행위자(사람, 조직)와 요인(자원, 조건)
2. 활동과 산출물: 우리가 하는 일, 이런 것들이 어떻게 결합되고 우리가 어디에 개입하는가. 자연스러울 수도 있고(창발적 과정) 간섭적일 수도 있다(프로그램).
3. 결과: 활동과 산출의 예상되는 뒤따르는 결과. 단기, 중기, 장기로 나뉜다.
4. 목표, 근거, 가정: 우리가 성취하고자 하는 것. 변화가 어떻게 일어나는지에 대해 믿고 있는 것, 그리고 성공을 위해 필요하다고 믿는 조건들

　투입은 고정적인 것으로 취급된다. 활동과 산출물은 측정이 가능하고 근본 원인을 파악할 수 있다. 복잡계에서는 결과를 측정하고 파악하는 것이 어렵거나 불가능하고, 시간이 지나 직접적인 행동이나 산출물에서 멀어질수록 훨씬 더 어려워진다.

　피더, 특히 정부는 산출물을 일자리 창출 같은 장기적 결과와 직접적으로 묶도록 압력을 가한다. 하지만 실제로 복잡계에서는 거의 불가능한 일이다. 가장 효과적인 것을 하기보다 지표에 맞는 것을 우선시하는 차선책으로 귀결될 것이다. 대신 '만일 ~하다면, ~ 할 것이다' 접근법을 활용하면 변화가 실제로 어떻게 일어나는지

를 훨씬 잘 모델링할 수 있다. 좀 더 고생은 하겠지만 현실을 더 정직하게 보여준다.

변화 이론 연습이라고도 알려진 인과적 접근법을 사용하면 스타트업 커뮤니티에서 어떤 프로그램에 대한 기대와 시간에 비례하는 것 사이의 간격을 메울 수 있다. 정부는 스타트업 커뮤니티의 성장과 발전 외에도 일자리 창출을 원하고, 후원 기업은 인수를 목표로 할 만한 영향력 큰 스타트업을 원하고, 대학은 미래의 기부자를 원한다. 이런 목표들이 선택된 이유는 이해되지만 단 하나의 프로그램이 거대하고 장기적인 결과를 직접 가져다주리라고 기대하는 것은 비현실적이다. 변화 이론을 전개해봄으로써 무엇을 측정할 수 있고 측정해야 하는지에 대한 좀 더 현실적인 기대치를 설정할 수 있고, 장기적 성공의 초기 지표는 무엇이어야 하는지를 정의할 수 있다. 또한 이 방법은 여러 이해관계자를 수면으로 끌어올리고 가정, 논리적 근거, 목표, 기대치를 정렬할 수 있게 해준다.

행위자 기반 모델: 시뮬레이션 접근법

행위자 기반 모델Agent-based Model은 복잡적응계 분석에 사용되는 일반적인 접근법이다.[20] 이 모델에서 '행위자(에이전트)'는 일련의 '규칙'에 근거해서 행동한다. 행위자가 사람인 경우 규칙이 행동, 아이디어, 원칙, 자원 기부 같은 것들을 구성한다. 규칙은 행위자가 어떻게 독립적인 결정을 내리는지 또는 어떻게 다른 사람들의 행동과 주변 환경에 반응하는지를 결정한다. 행위자 기반 모델은 얼마나 많은 개별 행동들이 합쳐져서 시스템 구조를 형성하고 새로운 패턴을 창발하는지를 시뮬레이션한다.

이 접근법은 주로 교통 체증, 바이러스, 금융위기 같은 영역에서 티핑 포인트나 전파 확산을 모델링하는 데 사용된다.[21] 노벨상 수상자 토머스 셸링Thomas Schelling이 인종적 동질성과 밀도에 대한 선호도에 있어서 작은 차이가 시간이 흐르면서 원래의 선호도에서 크게 벗어난 결과로 이끌 수 있다고 한 것을 기억할 것이다.[22]

창업 생태계에 행위자 기반 모델을 적용하는 연구는 매우 드물지만 몇 가지 예가 있다. 연구자들은 창업 생태계에서 스타트업의 확산 또는 지식의 확산과 같은 활동을 모델링했다.[23] 규칙 외에도 창업 생태계에 존재하는 다양한 유형의 행위자들, 그들의 (자원과 정보를 얻기 위한) 탐색공간, 목표, 다른 행위자들과의 연결성 모두가 창발적 시스템의 특징을 결정한다.[24]

현장에 있는 사람들에게는 너무 추상적일 수도 있지만, 우리는 이 영역이 이 책에 제시된 많은 아이디어를 시험해보기에 무르익었다고 보고 있다. 예를 들어 스타트업 커뮤니티에서 #먼저주기 철학이 널리 퍼지는 데 필요한 포화율은 얼마인가? 계속적인 전파 효과를 일으키는 마법의 임계값은? 시간이 지나면서 어떻게 전개될까? 자원은 풍부하게 갖고 있지만 궁극적으로 해로운 조직(착취적인 엔젤 투자자 집단, 정부의 지원을 받는 준비 안 된 비즈니스 인큐베이터)에 대항하는 데 필요한 지원 커뮤니티 구성원의 임계치는?

이 질문들의 답은 스타트업 커뮤니티 참여자들에게 이론적으로뿐만 아니라 실제로도 유용할 수 있다. 성과의 방향을 제시하고 의미 있는 목표를 세우는 데 활용될 수 있다. 또는 창업자들에게 좀 더 협조적이고 도움이 되게끔 몇 가지 행동을 바꾸는 것만으로도 시간이 지남에 따라 생태계의 성과가 향상될 수 있다는 사실을 보여주는 데 도움이 된다. 이 장에서 설명한 다른 접근법들과 마찬가지로 행위자 기반 시뮬레이션에도 간과할 수 없는 한계는 있다. 비선형 행동을 포착하기 어렵다거나 모든 모델에 내재하는 상호작용의 완전한 복잡성이 그렇다.

여러 모델의 적용

앞에서 설명한 모델들은 저마다 단점이 있지만 함께 활용한다면 창업 생태계를 이해, 설명, 측정하는 데 도움이 된다. 다음은 각 모델의 강점과 단점을 요약한 것이다.

하나의 모델을 선택하기보다는 실용적이고 포괄적인 접근법을 취하라. 예를 들어 행위자와 그들의 역할 또는 기능에 대한 조사를 실시하고 장점, 약점, 거시적 성과를 살펴보기 위한 표준 지표에 적용할 수 있는 기존 데이터들을 수집하고 네트워크 내 관계의 존재와 특징을 매핑하고 분석한다. 태도, 행동, 문화와 같은 정성적인 정보를 수집하고 시간이 지남에 따라 동일한 개인들 사이에서 이러한 것들이 어떻게 변화하는지 추적한다. 변화 이론을 확립하고 진행상황을 평가하기 위한 정보를 수집해서 프로그램을 평가한다. 몇 가지 아이디어나 행동이 확산돼 시스템 전반에 어떻게 언제 변화가 나타나는지 시뮬레이션한다. 그리고 이 모든 통찰을 건강한 스타트업 커뮤니티 상태에 대한 전체론적인 관점으로 통합한다.

결론적으로 측정의 덫을 피하기 위해 몇 가지 기억하기 쉬운 원칙들이 있다.

광범위하고 실용적이어야 한다. 길은 하나가 아니다. 모델마다 장점

기존 생태계 모델 한눈에 보기

모델	설명	강점	약점
행위자와 요인 모델 (범주적)	역할과 기능 식별. 적용 시 생태계 안의 사람, 조직, 자원, 조건에 대한 조사가 될 수 있음	생태계 안에서 일어나는 일을 명확하게 파악하가, 무엇이 관여되어 있는가. 이해 쉬움	서술적. 행위자와 요인의 양 또는 질 그리고 그들 사이의 관계에 대한 정보를 제공하지 못할 때가 있음
표준 지표 모델 (비교)	행위자와 요인, 투입, 산출에 표준 지표 적용, 다른 생태계를 체계적으로 벤치마크하는 데 사용될 수 있음	일반적으로 기존의 이용 가능한 데이터 활용. 생태계 전체를 상대적으로 동일하게 비교해서 강점과 약점, 일부 성과 척도를 파악할 수 있음. 이해하기 쉬움	도식적. 종종 순위 매기기로 이어져 생태계를 움직이는 근본적인 연결이나 행동, 태도가 아니라 표면적인 매개 변수를 중심으로 잘못된 전략을 세우게 만들 수 있음
네트워크 모델 (관계적)	생태계 내 관계를 역할, 기능, 방향에 따라 매핑. 네트워크 구조 설명 (영향력 있는 행위자가 누구이고 서로 어떻게 연결돼 있는지)	생태계 내의 관계 확립. 시스템 구조 시각화. 연결성과 밀도 측정(시스템 성과에 중요한 요인들임)	자원 집약적. 쉽게 여러 도시들을 가로질러 확장하지 못함. 각 지역에서 상향식으로 만들어야 함. 경우에 따라 너무 추상적일 수 있음
동적 모델 (진화적)	생태계의 변화와 진화 문제, 성숙기 또는 발달 단계를 다룸	발달 단계에 따라 니즈도 변화한다는 사실을 보여줌. 그러한 니즈가 무엇인지 파악할 수 있게 해줌. 생태계 진화의 변곡점 파악 가능	추상적, 주관적. 여러 단계 사이의 임계치를 객관적으로 정의하거나 매개 변수를 설정하기 위해 데이터 또는 정보를 적용하기 어려움
문화-사회적 모델 (행동주의적)	다양한 개인들 간의 협력, 신뢰, 지원을 촉진하는 사람 사이의 관계 향상에 초점을 둠	큰 레버리지 효과, 행동 지향적. 행동과 사고 패턴을 직접 측정. 개입을 평가하고 시간에 따른 변화를 추적할 수 있음	비용과 시간 집약적, 설문조사와 사회과학 방법론 전문 지식 필요. 일반적으로 다른 지역과 비교하지 않음. 모델 적용에 시간이 오래 걸림
로직 모델 (인과적)	'변화 이론' 기반, 가치가 어떻게 창출되고 행동 방침에 대한 기대 효과가 무엇인지를 명확하게 기술하게 함	여러 단계별 행동 방침으로 인해 기대되는 효과 도식화. 프로그램 평가와 기획에 유용. 행동 지향적. 타임라인에 걸쳐 성취가능한 것에 대한 기대치를 정렬. 이해 관계자들의 목표와 가설을 드러나게 함	이론적. 복잡계에서는 인과 관계 확립이 어렵거나 불가능. 너무 추상적이거나 덜 체계적으로 느껴질 수도 있음
행위자 기반 모델 (시뮬레이션)	개별 행위자들의 행동, 아이디어, 목표, 연결성 같은 복잡한 요인들이 합쳐져 어떻게 여러 시기에 걸쳐서 시스템을 형성하고 영향을 미치는지 시뮬레이션	창발적 현상인 행위자들 간의 상호작용으로서의 생태계에 집중. 시스템 전반의 방향 전환을 위한 레버리지 포인트 또는 변곡점을 파악하면서 시간 흐름에 따른 패턴 진화 도식화	너무 추상적일 수 있음. 가정과 투입 매개 변수에 매우 민감하지만 파악하기는 어려움. 모델링에 필요한 조정이 복잡계와 창발적 행동을 지나치게 단순화할 수 있음

과 약점이 있다. 폭넓은 접근법을 취해 모든 방법론을 적용하거나 또는 자체적인 방법을 혼합해서 혁신 창업 생태계를 전체론적인 관점으로 평가해야 한다. 각 모델의 한계에 대해서 솔직해지고 가장 중요한 요인들을 포착하기가 얼마나 어려운지 그리고 진화해 가는 데는 시간이 많이 걸린다는 것에 대해서 현실적이어야 한다.

지나친 비교의 유혹을 뿌리쳐라. 복잡계를 다루고 있다는 것을 받아들인다면 시스템을 서로 지나치게 비교하는 것에서 벗어나야 한다. 벤치마킹은 도움이 되지만 순위의 함정에 빠지면 안 된다. 단기적으로는 기분이 좋을 수도 있지만(나쁠 수도 있고) 복잡계는 게임화할 수 없다. 가장 중요한 비교는 같은 지역이나 사람을 다른 시간대에서 비교하는 것임을 기억하라.

부분이 아니라 연결에 초점을 맞춰라. 통찰은 시스템의 부분보다 관계를 측정하고 추적하여 얻어진다. 복잡계를 바꾸려면 부분이 아니라 상호작용을 바꿔야 한다. 여기에는 상호작용의 연결고리와 특징뿐만 아니라 네트워크의 전체 구조, 즉 누가 가장 영향력 있는지가 중요하다는 것에 대한 이해가 포함된다.

시간의 경과에 따른 모든 것을, 특히 변화를 추적하라. 시간이 지남에 따라 일어나는 일들, 특히 개별 행위자들의 행동이나 태도의 변화를 이해하는 것이 어떤 특정한 범주를 횡적으로(고정시점) 측정하는 것보다 더 중요하다.

기업가정신 커뮤니티를 10년간 측정하며 배운 것

렛 모리스Rhett Morris (뉴욕주 뉴욕)

코먼 굿 랩 파트너

나는 지난 10년 동안 빌 앤 멜린다 게이츠 재단, 테크스타, 콜롬비아 정부 같은 여러 파트너와 함께 창업 커뮤니티를 측정하는 프로젝트를 이끌었다. 뉴욕, 디트로이트, 마이애미, 타이페이, 방갈로르, 멕시코시티, 이스탄불, 나이로비 등 세계 수십 개의 도시를 아우른 프로젝트였다.

요 몇 년 사이에 기업가정신의 측정에는 분명한 변화가 일어났다. 약간 뒤처진 조직들은 여전히 측정하기 쉬운 것들을 측정하고 있지만 선도적인 기관들은 네트워크 분석과 다른 학문 분야의 도구들을 이용해 정교한 측정 시스템을 개발하고 있다. 내 경험상 최고의 조직들은 다음의 네 단계를 따라 창업 커뮤니티에 대한 측정 전략을 설계한다.

1. 정의와 정렬. 당신이 지역의 창업 커뮤니티를 지원하는 이유가 무엇인가? 일자리 창출, 경제 성장, 소수집단 포용, 이 모든 것을 위해서 아니면 다른 어떤 것을 성취하기 위해서인가? 효과적인 측정의 첫 번째 단계는 일의 목표를 명확하게 정의하는 것이다. 그다음은 정렬이다. 모든 혁신 창업 커뮤니티에 완벽하게 들어맞는 단 하나의 측정 시스템은 없다. 다음의 두 가지에 관해 실행 가능한 피드백을 제공하는 데 가장 잘 정렬된 도구와 방법론을 사용해야 한다.

  1. 당신이 정의한 목표를 향해 커뮤니티가 얼마나 진전하고 있는가?
  2. 앞으로 이러한 목표를 달성하기 위해 커뮤니티의 능력을 향상하려

면 무엇을 해야 하는가?

그렇다고 모든 것을 처음부터 새로 설계할 필요는 없다. 최근에 함께 프로젝트를 진행한 미국의 파트너는 지역의 창업 커뮤니티 구성원들의 가치관을 측정하고 싶어했다. 나는 완전히 새로운 방법론을 만들기보다는 그들이 추적하고자 하는 사안을 다루고 있는 월드 밸류 서베이World Values Survey에서 질문들을 찾았다. 이에 그들은 자신들이 측정하고자 하는 것을 효과적으로 평가할 수 있다는 확신을 얻었는데, 이미 다른 연구자들이 시간을 투자해 효과를 증명한 질문들이었기 때문이다. 또한 한 커뮤니티의 데이터를 전국의 다른 커뮤니티들의 가치관에 관한 데이터와도 비교할 수 있었다.

2. **공유와 토론.** 창업 커뮤니티는 신뢰를 바탕으로 구축된다. 지역의 생태계를 측정하려면 당신은 커뮤니티의 바람직한 구성원이 돼야 하고 배운 것을 공유해야 한다(투명성을 보여주면 향후 측정 데이터를 수집하기도 쉬워진다).

커뮤니티에는 단순히 정보 공유만 필요한 것이 아니다. 선도적인 조직은 지역의 의사 결정권자(주요 창업자, 지원 단체의 리더, 투자자, 지역 재단의 리더, 정부 관계자 등)를 불러 모아 측정을 통해 알아낸 것들을 창업자들을 위해 활용하는 방법을 논의해야 한다. 커뮤니티의 다른 구성원들을 위해 토론과 프레젠테이션을 추가하는 것도 바람직하다.

이 책에서 분명히 설명하듯이 창업 커뮤니티는 복잡계다. 이런 환경에서 데이터는 의사결정을 '주도'하는 것이 아니라 정보를 제공하기 위해 사용돼야 한다. 효과적인 측정 시스템은 많은 것을 제공하지만 그 자체는 완전하지 않다. 커뮤니티 리더들의 관점과 경험을 합쳐서 측정 프로젝트의 결과를 해석하고 그것을 바탕으로 의사결정이 이루어져야 한다.

내가 커뮤니티 리더들의 모임에서 발견한 흥미로운 사실 중 하나는 지역 창업자들에 대한 새로운 데이터를 맛보기로 미리 공개하면 보통은 같은 지역 행사에 참석하지 않는 사람들을 한자리에 모을 수 있다는 것이다. 그렇게 더 다양한 리더들을 모아 공유하면 공유하는 행위 자체가 커뮤니티 구성원들 간의 협력을 장려하고 공동의 목표를 발전시키는 것을 강화할 수 있다.

3. **칭찬과 끌어올리기.** 나는 수백 명의 사람이 지역의 측정 프로젝트 프레젠테이션에 참석하는 모습을 자주 본다. 시장, 장관, 심지어 '유니콘' 기업의 창업자들까지 측정 결과를 논의하는 자리에 참석하기 위해 일정을 비운다. 이것은 리더들이 기업가정신에 참여하고 이를 고양하는 값진 플랫폼을 제공한다.

정보를 공유하는 방식은 생태계 내에서 사람들이 생각하고 행동하는 방식에 영향을 미치는 중요한 피드백 고리가 돼준다. 리더들은 이 기회를 이용해서 커뮤니티에 더 많기를 바라는 행동 유형들을 칭찬하고 성취할 수 있는 것과 성취해야 하는 것에 대한 구성원들의 기대 수준을 끌어올려야 한다.

목표 달성에 도움이 되는 행동 유형을 보여주는 역할 모델을 장려하는 것은 매우 효과적이다. 인정하든 인정하지 않든 커뮤니티 구성원들은 대부분 자신의 평판에 신경쓸 것이다(결국 다들 사람이니까).

사람들이 달성할 수 있다고 믿는 것과 지역에서 어떻게 행동해야 하는지에 대한 기준을 높이는 것은 정체를 막고 더 많은 긍정적인 행동 변화를 가져오는 데 도움이 될 수 있다. 각각의 커뮤니티 구성원이 다른 사람을 멘토링하고 지원하는 데 있어서 얼마나 적극적인지를 측정하기 위해 네트워크 매핑을 사용해오던 지역들에서 돈을 얼마나 벌었는지가 아니라 얼마나 많은 사람을 도왔는지를 두고 경쟁하기 시작하는 사람들을 보는 것이 흔하지는 않다.

4. 개선과 반복. 마지막으로 리더는 창업 커뮤니티의 발전을 위한 장기 계획에 측정을 포함할 필요가 있다. 그러기 위해서는 개선과 반복이 필요하다.

다듬고 개선해야 할 것은 두 가지이다. 바로 커뮤니티 전략과 측정 프로세스다. 커뮤니티는 변화한다. 일단 현재의 목표가 달성되면 목표와 계획을 업데이트하는 것이 중요하다. 따라서 진행 상황을 평가하고 개선 방법에 대한 피드백을 제공해주는 새로운 데이터를 얻기 위해 측정 프로세스를 다듬을 필요가 있다.

반복은 또한 성공에 필수적이다. 효과적인 측정은 일회성 사건이나 응급 조치가 아니다. 이제 선도적인 조직들은 매년 혹은 반년 단위로 그들의 창업 커뮤니티를 측정하려는 계획을 세우고 있다.

3부

스타트업 커뮤니티 웨이로 진화하자

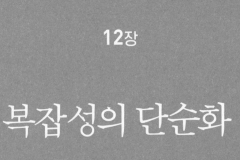

12장

복잡성의 단순화

최고의 스타트업 커뮤니티는 다른 스타트업 커뮤니티들과 서로 연결돼 있다. 스타트업 커뮤니티는 아이디어와 자원을 다른 스타트업 커뮤니티와 나눌 때 더 강력해진다. 지속적인 접촉과 참여가 지리적 경계를 넘어 구축된 유대관계를 강화해준다.

스타트업 커뮤니티 웨이는 기존의 창업 생태계 사고와 다르다. 스타트업 커뮤니티와 창업자를 중심에 놓기 때문이다. 우리는 창업자에 대한 모든 활동에 집중한다. 문화적, 사회적, 행위적 요인들을 중심으로 네트워크 집중 접근법을 취해 관계를 향상하면 더욱 힘이 되고 협력적인 스타트업 커뮤니티가 만들어진다.

개인 그리고 집단으로서의 한계는 커뮤니티의 광범위한 사회적 역동성 안에서 증폭된다. 생각하고 행동하고 협력하고 공유하고 지원하는 방식을 변화시키면 기존에 갖고 있던 자원에 상관없이 훨씬 더 효과적일 수 있다. 하지만 사람들이 현재 상황에 책임감을 갖고 스타트업 커뮤니티의 전진을 방해하는 뿌리박힌 행동과 생각 패턴을 바꿔야 하므로 쉬운 일이 아니다. 그러나 어느 스타트업 커뮤니티든 비록 조금씩이라도 상황을 즉각 개선할 힘을 가지고 있다.

그 변화에 접근하는 방식을 알려주는 문화-행동적 스타트업 커뮤니티 모델 두 가지가 있다. 첫 번째는 『스타트업 커뮤니티』에 나오는 볼더 명제다. 다른 하나는 창업가이자 투자자이자 스타트업 커뮤니티 구축자인 빅터 황과 그렉 호로윗이 집대성한 강력한 문화-사회적 행동 모델 『정글의 법칙: 혁신의 열대우림, 실리콘밸리 7가지 성공 비밀』이다.[1] 시스템적 사고는 도구, 방법론, 개념, 언어의 집합으로 영향력을 극대화하는 쪽으로 활동을 구조화할 수 있도록 도와준다.

볼더 명제

『스타트업 커뮤니티』의 핵심적인 이론적 틀인 볼더 명제는 인구 약 10만 명이 조금 넘는 작은 도시 콜로라도주 볼더가 지속적으로 큰 영향력을 지닌 스타트업들을 매우 높은 비율로 배출하는 이유를 설명해준다. 스타트업 밀집도 같은 관찰 가능한 계량적인 수치들도 있지만 볼더가 활성화되면서 많은 흥미진진한 일이 일어나고 있다.[2]

『스타트업 커뮤니티』는 내가 볼더에는 다른 창업 생태계와는 다른 무언가가 있다는 사실을 관찰한 2012년에 시작됐다. 볼더 스타트업 커뮤니티에는 초기 기업들의 성공 가능성을 더 높여주는 일련의 원칙들이 직조돼 있었다. 나는 이것을 네 가지 원칙으로 구성된 볼더 명제로 추출했다.

1. **창업자 출신이 스타트업 커뮤니티를 이끌어야 한다.** 스타트업 커뮤니티에는 다양한 범위의 참여자들이—정부, 대학, 투자자, 멘토, 서비스 제공자 등—중요하지만 창업자 출신이 커뮤니티의 조직적인 활동을 이끌어야 한다. 여기에서 창업자 출신이란 성장 지향적인 스타트업을 창업 또는 공동 창업한 적이 있는 사람이다.

2. **장기적으로 헌신하는 리더가 있어야 한다.** 창업자 출신의 리더는 스타트업 커뮤니티의 구축과 유지에 장기간 헌신해야 한다. 리더는 최소한 20년의 관점을 가져야 한다. 해마다 그해를 기준으로 갱신된다(항상 현재를 기준으로 앞으로 20년). 단순한 유행이나 경제 침체에 대한 대응으로만 생각한다면 스타트업 커뮤니티가 지속될 수 없다.

3. **스타트업 커뮤니티는 참여하고자 하는 사람은 모두 포용해야 한다.** 스타트업 커뮤니티는 극단적인 포용의 철학을 받아들여야 한다. 참여하고 싶은 사람은 누구나 참여할 수 있어야 한다. 다른 지역에서 왔든, 스타트업이 처음이든, 창업자 혹은 직원이든, 아니면 단순히 돕고 싶은 사람이든 상관없이 말이다. 다양성과 개방성을 수용하는 스타트업 커뮤니티일수록 훨씬 유연하고 적응력이 뛰어나며 회복력이 있다.

4. **스타트업 커뮤니티는 구성원 전체를 참여시키는 지속적인 활동을 해야 한다.** 스타트업 커뮤니티의 참여자들은 지속적으로 관계를 맺어야 하는데 칵테일 파티나 시상식 같은 수동적

인 행사를 통해서가 아니라 해커톤, 밋업, 누구나 참여할 수 있는 커피 클럽, 스타트업 주말 모임, 멘토가 주도하는 액셀러레이터 프로그램처럼 촉매 작용을 해주는 활동을 통해서야 한다. 이러한 활동은 스타트업 커뮤니티 구성원들 간에 실질적이고 집중적인 관계를 맺을 수 있는 장이 된다.

2012년 이후 세계의 혁신 창업자들과 스타트업 커뮤니티 구축자들은 단순하지만 강력한 볼더 명제의 틀을 가져다가 지역 상황에 맞게 적용했다. 현장에 있는 사람들은 볼더 명제를 적극적으로 받아들이는데 왜냐하면 접근이 쉽고 실제 스타트업 커뮤니티의 모습을 반영하고 있기 때문이다. 내 접근법은 일화적인 특징을 띠지만 카우프만재단의 연구를 통해 볼더 명제를 뒷받침하는 실증적인 증거가 캔자스시티에서 발견됐다. 다양한 창업 니즈와 관심사를 다루는 동료 학습과 관계 형성을 촉진하는 네트워크 중심 구조를 통해 창업가들이 주도하는 하나의 지역 현상으로서의 기업가정신을 구현한 것이다. [3]

정글의 법칙

『스타트업 커뮤니티』와 비슷한 시기에 창업가이자 투자자, 스타트업 커뮤니티 구축자인 빅터 황과 그렉 호로윗이 『정글의 법칙: 혁신의 열대우림, 실리콘밸리 7가지 성공 비밀』을 출간했다. 그 책은 다음과 같은 통찰을 제공했다.

1. 혁신은 다양한 사람들이 아이디어, 기술, 자본을 결합하고 공유하기 위해 상호작용하는 것으로부터 나온다.

2. 인간은 타인, 특히 자기 자신과 다른 사람을 불신하므로 자유롭고 개방적인 참여가 즉각 이루어지기 힘들다. 지리, 언어, 문화, 사회적 지위 같은 사회적 장벽이 의미 있는 협업을 방해한다.

3. 참여를 둘러싼 이슈는 기업가정신 발전을 위해 해결해야 하는 핵심적인 과제다. 기업가정신이 발달하려면 다양한 아이디어와 사람들에 대한 극도의 개방성이 필요하지만 그러한 자원을 획득하는 주된 방법이 타인을 불신하는 인간의 본능을 역행하는 것이기 때문이다.

4. 실리콘밸리와 같은 커뮤니티는 이러한 장벽을 극복할 수 있는데, 신뢰 그리고 포지티브섬 게임positive-sum game에 대한 암묵적인 계약과 같은 매우 합리적인 문화적 동기와 사회적 규범 때문이다.

5. 실리콘밸리는 반복되는 실천, 역할 모델, 대면 상호작용, 사회적 피드백 고리, 신뢰 네트워크, 사회적 계약을 통해 다양성, 신뢰, 사심 없는 동기, 그리고 문화적 규범을 토대로 구축된 시스템을 지속하고 있다.

6. 단지 아이디어, 인재, 자본이 존재한다는 것이 중요한 것이 아니라 이러한 자원들이 시스템 안에서 흐르는 속도도 중요하다. 사회적 장벽을 낮추는 것은 스타트업 커뮤니티 안에서 그러한 속도를 가속화하는 핵심적인 것이다.

7. 리더들은 사람들이 장기적인 관점에서 전체 시스템을 지속가능하게 하는 가장 적합한 방법으로 행동하도록 동기부여하고 앞장서면서, 자원의 흐름과 이러한 요인들의 융합을 용이하게 하고 촉진하는 데 있어서 핵심적인 역할을 한다.

건강한 스타트업 커뮤니티는 다양한 견해와 재능을 가진 사람들이 서로 신뢰할 수 있고 상호 간에 지원을 하는 환경에서 함께 일할 수 있게 하는 일련의 관행과 규범을 만들고 유지한다. 그러한 환경은 아이디어, 전문지식, 자본을 개방해서 공유하고 결합하는 것을 가능하게 해준다. 근간을 이루는 이 사회적 계약은 개인 간의 상호작용과 단기간의 사리사욕을 초월한 동기에 의해서 강화되고 계속 반복된다. 관계의 본질이 스타트업 커뮤니티의 건강함을 결정짓는다.

우리가 아는 한 볼더 명제와 『정글의 법칙: 혁신의 열대우림, 실리콘밸리 7가지 성공 비밀』은 창업자이자 커뮤니티 구축자로서 양쪽 모두 경험을 한 사람들이 제안한 유일한 창업 생태계를 다루는 체계다. 이 두 모델은 생태계 발전에 대한 좀 더 전통적인 접근 방식들과도 다르다. 혁신 창업자들은 세상을 근본적으로 다른 방식으로 보기 때문일 것이다.

암묵적 신뢰 실천

암묵적 의심이 아니라 암묵적 신뢰의 관점으로 새로운 관계에 다가가라. 대부분의 사람들이 정직하고 진실되게 행동하며 당신을 속이려 하지는 않는다고 생각하라. 그렇다고 순진해야 한다는 말은 아니다. 어느 시스템이든 나쁜 행위자들이 있게 마련이고 또는 좋은 사람들이 좋지 않게 행동하는 상황이 발생하기도 한다. 건강한 스타트업 커뮤니티는 하나의 유기체로서 나쁜 행위자들을 빠르게 걸러낼 것이다. 선한 사람들이 불가피하게 내린 좋지 않은 결정도 빠르게 용서할 수 있을 것이다. 참여하고 싶어하는 사람이면 누구라도 포용한다는 자세로 암묵적 신뢰를 가지고 새로운 사람들을 대한다면, 그들도 마찬가지로 반응할 가능성이 높다. 그들이 그러하지 않을 때는 그들의 평판이 빠르게 퍼져나가 분명한 피드백을 받게 될 것이다. 그들이 행동을 고치지 않는다면 커뮤니티가 바로잡을 것이다.

암묵적 신뢰 규칙을 적용하는 한 가지 방법은 '투 스트라이크-아웃제'를 적용하는 것이다. 나는 모든 새로운 관계를 맺을 때 암묵적 신뢰의 관점으로 접근한다. 만약 신뢰를 어기는 일이 발생하면 그것을 감당하는 것은 내 책임이다. 하지만 신뢰를 어기는 일이 두 번 일어나면 나는 그 관계를 끝낸다.

아주 간단하다.

이러한 암묵적 신뢰는 네트워크 내의 마찰을 줄여준다. 정직하게 행동하는 것은 스타트업 커뮤니티의 참여자들 거의 대다수가 이러한 관점에서 행동하므로 더욱 강화된다.

시스템적 사고의 적용

마찬가지로 혁신 창업자에서 투자자로 변신한 벤 호로위츠도 최근 인터뷰에서 비록 다른 맥락에서 사용했지만 비슷한 의견을 보여주었다.[4] 그는 무엇으로 탁월한 경영 능력을 예측할 수 있느냐는 질문에 두 가지 역량을 언급했다. 동료들의 깊은 동기와 욕구를 이해하는 능력 그리고 특히 이 부분에서 시스템적 사고를 적용할 수 있는 능력이다.

복잡계의 틀은 스타트업 커뮤니티와 창업 생태계의 특징과 행동을 이해할 수 있게 도와주지만 그것을 어떻게 다루느냐는 시스템적 사고의 영역이다. 시스템적 사고는 복잡계에 효과적으로 영향

을 미치도록 안내해준다.[5]

시스템적 사고의 중심에는 몇 가지 핵심 개념이 있다. 예를 들면 다음과 같다.

- 부분적 또는 사일로 방식이 아니라 동시에 또는 전체론적으로 문제에 접근한다.
- 계획, 실행, 엄격함 대신 지속적인 학습, 적응, 탄력성의 마인드셋을 촉진한다.
- 이론적 설명과 분석보다는 직관과 통합에 의존한다.
- 현재 상황에 책임감을 느끼며 시스템의 문제와 해결책 모두 내부에서 나온다는 사실을 안다. 이 두 가지는 외부 요인에 의해 발생하지도 않았고 해결되지도 않는다.
- 의미 있고 지속적인 변화를 이루려면 계속되는 기간 동안 깊고 구조적인 문제들을 다루어야 한다. 피상적인 수준에서의 일시적인 해결책은 통하지 않는다.
- 레버리지 효과가 큰 개입은 적은 수라 하더라도 피드백 고리를 강화하면서 다수의 작고 고립된 개입보다 더 크고 중요한 영향을 미친다.

응용 시스템 사상가 데이비드 피터 스트로David Peter Stroh는 저서 『사회적 변화를 위한 시스템적 사고: 복잡한 문제를 해결하고 의도치 않은 결과를 피하며 지속적인 성과를 달성하는 실용 가이드』에서 종래의 사고와 시스템적 사고의 구성 요소들을 비교했다.[6] 다음 표에 그의 표현을 조금 수정하고 세 번째 열에 우리의 해석을 추가해 정리했다.

종래의 사고와 시스템적 사고 간 비교

종래의 사고	시스템적 사고	우리의 해석
문제와 원인의 연관성은 명백하며 추적하기 쉽다.	문제와 원인의 관계는 간접적이며 명백하지 않다.	복잡계에서 원인과 결과를 직접적으로 연결할 수 있다는 것은 착각이다.
문제의 원인은 조직(또는 시스템) 안팎의 타인이다. 그들이 바뀌어야 문제가 해결된다.	우리가 부지불식간에 문제를 만들어낼 수 있으며 행동을 바꾸면 문제를 해결하는 데 있어 상당한 통제 또는 영향을 미칠 수 있다	시스템 자체가 문제의 원인이고 해결책이다. 답은 '밖'이 아니라 '안'에 있다.
단기적 성공을 위해 고안된 정책이나 프로그램이 장기적 성공도 보장할 것이다.	대부분의 임시방편은 의도하지 않은 결과를 낳는다. 아무런 변화도 일으키지 못하거나 장기적으로 문제를 악화한다.	복잡한 문제에 대한 단순한 해결책은 효과적이지 못하며 종종 문제를 악화한다.
전체를 최적화하려면 부분을 최적화해야 한다.	전체를 최적화하려면 부분들의 관계를 향상해야 한다.	시스템은 부분이 아니라 연결 관계를 변화시킴으로써 향상된다.
다수의 개별적인 이니셔티브를 동시에 적극적으로 추진한다.	시간을 두고 지속되는 소수의 조율된 변화만이 시스템에 큰 변화를 불러올 수 있다.	'무조건 더 많이'를 추구하지 말고 소수의 지속적이고 높은 영향력을 지닌 개입을 우선시해야 한다.

(출처: 스트로, 2015, 『사회적 변화를 위한 시스템적 사고』에서 각색)

깊이 바라보기

시스템 과학자이자 MIT 대학의 경영학 교수인 피터 센게Peter Senge는 1990년에 『학습하는 조직: 오래도록 살아남는 기업에는 어떤 특징이 있는가』를 펴냈다. 그 책은 시스템적 사고와 관리에 관심 있는 사람들의 필독서가 됐다. 센게의 작업을 통해 나온 체계가 시스템적 사고의 빙산 모델iceberg model이다.

사람은 주변에서 일어나는 일에 집중하는 경향이 있는데, 관찰하기 쉽기 때문이다. 이것은 우리가 표면 아래에 존재하면서 세계

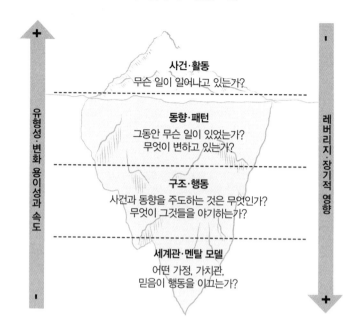

시스템적 사고 빙산 모델

사건·활동
무슨 일이 일어나고 있는가?

동향·패턴
그동안 무슨 일이 있었는가?
무엇이 변하고 있는가?

구조·행동
사건과 동향을 주도하는 것은 무엇인가?
무엇이 그것들을 야기하는가?

세계관·멘탈 모델
어떤 가정, 가치관,
믿음이 행동을 이끄는가?

유형성 · 변화 용이성과 속도

레버리지 · 장기적 영향

를 형성하는 더 깊은 구조를 인식하지 못하게 한다. 복잡계를 효과
적으로 다루려면 훨씬 깊이 들어가 시스템적 행동을 이끄는 구조
를 살펴봐야 한다. 그리고 그러한 행동을 이끄는 가치관, 신념, 가
정을 이해하려면 훨씬 더 깊이 들어가서 관련된 사람들의 근본적
인 멘탈 모델(현실 관념)을 탐구해야 한다.

범죄를 예로 들어보자.[7] 표면적으로는 이미 저질러진 범죄가 보
인다. 그리고 최근에 범죄가 급증했다는 사실이 보인다. 더 깊이
들어가 그 이유를 알아본다. 범죄 급증이 어떤 사회 보장 프로그
램의 폐지와 동시에 일어났다는 사실이 발견될지도 모른다. 새로
운 범죄자들이 빈곤의 증가와 경제적 이동성의 감소를 경험한 주
변 계층에서 나온다고 가정해보자. 이 주변 계층을 위한 기초적인

지원이 사라지면서 사회, 경제, 정치 전반의 조직들이 자신들에게 적대적이라는 기존의 믿음을 활성화해 계층 내 자포자기와 사회적 불안감이 증가한다.

범죄 증가에 대한 피상적 수준의 대응은 치안 유지 활동이나 감금을 늘리는 것일 것이다. 하지만 시스템 차원에서는 다른 접근법이 필요하다. 사회보장 및 교육 프로그램들을 늘려 빈곤과 불평등을 줄이는 것이다. 좀 더 나아가 주변 계층을 조직적으로 억압하는 제도적 장벽을 없애는 것이 될 수도 있다. 첫 번째 유형의 개입은 실행하기가 쉽다. 관계자들은 '문제를 해결했다!'라는 생각으로 유용하게 느낄 수도 있을 것이다. 그러나 그것은 근본적인 문제를 변화시키지는 못하며 오히려 상황을 악화한다.

많은 스타트업 커뮤니티에서도 관찰과 계량화가 쉬운 표면적인 것에 관심을 쏟는다. 창업한 스타트업이 몇 개이고 벤처캐피탈의 스타트업 투자금액이 얼마이고 일정 기간에 스타트업 행사가 몇 번 열렸는지 같은 것들이 측정되는 것만 봐도 알 수 있다. 더욱이 그 측정값들을 다른 지역과 비교하고 적극적으로 홍보한다. 그러나 이런 식의 현황 조사는 스타트업 커뮤니티에서 일어나는 일들의 동인을 깊이 드러내주지 못한다.

동향과 패턴은 표면 아래의 층에서 결정된다. 유용한 측정을 통해 부분적으로나마 볼 수 있다. 측정 결과를 단순히 홍보하는 것이 아니라 논의하고 분석해보면 흥미로운 패턴을 볼 수 있다. 상황이 어떻게 그리고 왜 변화하고 있는지에 관한 질문들이 도움이 될 수 있다. 여기서 초점은 계량지표 측정치가 시간이 지나면서 어떻게 변화하는지에 있다. 그런 측정치들은 커뮤니티 안에서 어떤 일들이 일어나는지를 반영한다.

그러나 현재의 사건과 추세는 스타트업 커뮤니티가 어떤 동인으로 움직이고 왜 진화하는지에 대해 제한적인 관점밖에 제공하지 못한다. 그것들은 시스템의 산출물이고 결과다. 지금 일어나고 있는 것의 원인이 아니라 증상이다. 시스템 패턴의 동인을 이해하려면 표면 아래로 더 들어가 스타트업 커뮤니티 안의 행동, 상호작용, 네트워크 구조를 살펴봐야 한다. 사건과 동향을 만드는 것은 무엇인가? 무엇이 그것을 야기하는가? 그리고 왜?

이렇게 표면 아래에서 일어나는 일들로 초점을 옮기면 스타트업 커뮤니티 안에서의 사고방식, 문화, 가치관, 신념, 가정을 파헤치는 것이 가능해진다. 초점은 인간의 행동을 변화시키고 의미 있고 지속적인 변화를 형성하는 것을 가로막는 정신적 장애물을 제거하는 데 두어야 한다. 표면의 바로 위나 아래에 머무르는 개입 방식은 지속적인 변화를 일으키지 못하고 중요한 영향력을 일으키기에는 너무나도 부족하다. '고장 난 시스템을 땜질하는 것' 또는 '세부적인 것을 가지고 속이는 것'밖에 되지 않는다.[8] 이런 것으로는 행동을 변화시키지 못한다.[9]

스타트업 커뮤니티에 변화를 일으키려면 빙산의 일각이 아니라 빙산 전체를 다루어야 한다.

레버리지 포인트

1950년대에 시스템 다이내믹스 분야를 창안한 것으로 유명한 MIT 교수 제이 라이트 포레스터Jay Wright Forrester는 '레버리지 포인트leverage point'를 작은 행동들—널리 실행되고 상당 기간 동안 지속된 것들—이 복잡계 전반에 걸쳐 크고 때로는 예측 가능한 변화를 일으키는 지점이라고 정의한다.[10] 레버리지 포인트의 전형적인 예는 백신이다. 간단한 의료 행위지만 인간의 면역체계에 장기적인 변화를 일으킨다. 백신 접종을 계속 반복해서 임계값에 도달하면 사회 전체의 장기적인 건강 상태에 광범위한 영향을 미친다. 마찬가지로 중앙은행이 은행들에 대해 오버나이트 론_{overnight loan}* 금리를 조정하면—일상적인 행동처럼 보이지만—경제 전체의 단기 성과에 영향을 준다.

다시 말해 시스템 규모와 비교했을 때 매우 작아 보이는 하나 또는 몇 개의 알맞은 개입이 전체 시스템 역학을 사실상 변화시키고 그 행동양식을 바꾼다. 매우 작게 느껴질 수 있지만 큰 방식으로 변화를 자극한다. 이것을 레버리지 포인트라고 부르며 복잡계에 영향을 미치는 열쇠가 된다.

레버리지 포인트는 스타트업 커뮤니티를 다룰 때 활용할 수 있는 강력한 힘이다. 하지만 흔하지도 않고 정확한 위치를 찾아내기가 어렵다. 실험, 학습, 조정을 통한 끊임없는 시행착오의 과정을 거쳐서 찾아야 한다.

반직관적으로 작용하는 경우가 많다는 것도 레버리지 포인트를 다루는 작업을 더욱더 어렵게 만든다. 이것은 명쾌하게 보일 때조차 잘못된 방향으로 적용하기가 쉽다는 것을 의미한다. 포레스터는 다음과 같이 말했다.

---

* 뉴욕 금융시장에서 증권딜러, 특히 정부증권 딜러 간 장외 증권거래를 위해 제공되는 최단기 신용의 한 형태로 오늘 빌렸다가 다음 영업일에 결제하는 1일 자금을 의미한다.

사람들은 레버리지 포인트가 어디인지 직관적으로 안다. …… 나는 기업 분석을 할 때면 거의 매번 레버리지 포인트를 발견했다. 재고 정책에서, 영업력과 생산력 사이의 관계에서, 혹은 인사 정책에서다. 나는 그 사실을 기업에 알렸는데 이미 그 지점에 많은 관심을 두고 있다는 사실을 알 수 있었다. 다만 잘못된 방향으로 밀어붙이려고 열심히 애쓸 뿐![11]

무한한 상호의존성, 피드백 고리, 효과 지연, 비선형적 행동, 역사적 유산은 레버리지 포인트가 종종 예상치 못한 쪽으로 작용하게 만든다. 좋은 의도에서 시작했지만 파괴적인 결과를 가져온 이니셔티브가 무수히 많다.

어떻게 하면 레버리지 포인트와 그것을 적용하는 방향을 잘 이해할 수 있을까?

다트머스 대학의 환경학자이자 제이 포레스터의 제자였던 도넬라 메도즈Donella Meadows가 몇 가지 지침을 제공한다. 그녀는 복잡계에서 레버리지 포인트를 식별하는 폭넓은 접근법을 고안했는데 저서 『레버리지 포인트: 시스템의 개입 지점』에 요약돼 있다.[12] 복잡계에서의 열두 가지 레버리지 포인트를 영향력의 오름차순으로 상세하게 설명한다.

메도즈는 복잡계에 영향을 미치려는 많은 이니셔티브의 범위가 너무 작고 제한적이라는 점에 주시했다. 복잡계를 형성하려는 개입 노력들이 너무나도 흔하게 표면적 수준의 조정만을 만들어낸다는 것을 발견했다. 전체적인 시스템 행동을 일으키는 근본적 원인(또는 구조)이나 패러다임(또는 멘탈 모델)으로 더 깊이 들어가지 못하고 수량이나 매개 변수만 어설프게 손보고 있었던 것이다.

우리는 메도즈의 열두 가지 레버리지 포인트를 스타트업 커뮤니티의 레버로 사용할 수 있는 네 가지로 추출했다. 바로 물리적 레버, 정보 레버, 사회적 레버, 의식적 레버다.[13] 이 네 가지의 레버는 스타트업 커뮤니티에서 가장 큰 영향력을 갖는 개입 지점을 찾을 수 있는 나침반을 제공한다. 또한 그 나침반은 개입 지점들에 접근하는 것의 내재된 어려움을 보여주기도 한다. 가장 강력한 레버는 눈으로 관찰하고 변화시키기가 가장 어렵다. 사람들에 의지해서 그들이 생각하고 행동하는 방식을 변화시켜야 하기 때문이다.

물리적 레버는 스타트업 커뮤니티의 유형 자산을 말한다. 사무실 공간, 재무적 자본, 인프라, 직원 그리고 기업이나 대학 같은 조직들이 여기에 속한다. 스타트업 커뮤니티를 구축하려고 할 때 많이 집중하는 영역이기도 하다. 즉각적이고 눈으로 확인 가능한 영향력이 나타나 끌어당기기에 가장 수월한 레버이기 때문이다. 그러나 물리적 레버에서의 변화가 시스템에 장기적으로 끼치는 영향은 가장 적다. 여기에 초점을 맞추면 단기적으로는 기분이 좋을지라도 장기적으로 스타트업 커뮤니티의 활력에 제한된 영향력을 미치는 피드백 고리로 귀결된다. 그리고 제대로 작동하지 않는 커뮤니티에 단지 뭔가를 더 많이 추가하는 이니셔티브는 효과가 제한적이고 오히려 쇠퇴를 가속화할 수 있다.

정보 레버는 시스템 요소 간의 데이터 흐름, 피드백 고리, 연결로 구성돼 있다. 여기서의 향상이란 스타트업 커뮤니티 참여자들을 연결하는 것, 물리적인 밀도를 높이는 것, 정보 흐름을 민주화하고 개방적이고 포용적인 네트워크를 유지하는 것, 활동과 프로그램에 관한 데이터를 더욱 잘 수집하고 분석해서 전파하는 것이다. 피드백 고리에 새로운 경로를 만들고 향상하면 미덕이 되는 행동과 아이디어를 증폭해서 현 상황에 대한 더 좋은 지식과 공동 인식을 낳는다. 스타트업 커뮤니티 참여자들은 공유된 사실을 바탕으로 움직이므로 평가, 학습, 적응이 일어날 수 있다. 하지만 근본적인 행동과 태도가 변화하지 않으면 사람들을 연결하고 한자리에 모으고 정보 흐름을 개선하고 더 나은 데이터를 수집하는 것으로는 한계가 있다. 잘 통합되고 정보 전달이 좋은 스타트업 커뮤니티일지라도 올바르지 않은 관행, 규범, 사고방식의 씨앗이 자라는 곳은 활력이 있을 수 없다. 건강하지 않은 커뮤니티로의 엔진을 강화할 뿐이다.

사회적 레버는 규칙, 규범, 행동, 유인, 목표, 구조, 조직의 발달이 이루어지는 지점이다. 더 많은 사람이 시스템에 참여하게 되면 참여 자체보다 어떻게 참여하는가가 중요해진다. 시스템 내 서로 다른 집단 간 협업(다리 놓기)이 집단 내부의 협업(유대감 형성)보다 휠

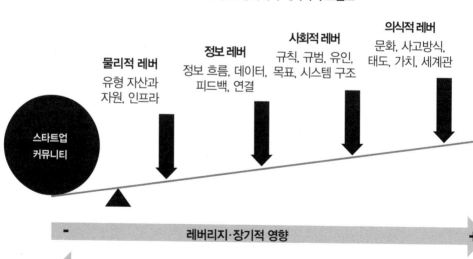

스타트업 커뮤니티 또는 창업 생태계의 레버리지 포인트

씬 더 중요해진다.[14] 궁극적으로 시스템의 목표는 행동, 규칙, 규범, 유인에서 나온다.[15] 탁월한 리더십을 통해 몇 가지 레버리지가 높은 목표를 정렬하는 것으로 시스템을 변화시킬 수 있다.

의식적 레버는 시스템의 바탕이 되는 가치, 가정, 멘탈 모델, 사고 패턴, 신념 체계, 세계관을 나타낸다. 사람들이 사회에서 창업자의 역할을 어떻게 보는지, 타인을 돕는 것에 대해 어떻게 생각하는지, 리더의 역할과 스타일은 무엇인지, 스타트업 커뮤니티의 상황은 누가 책임을 지는지, 신뢰가 시스템에서 어떻게 작용하는지, 사람들이 책무성과 개인적 책임을 어떻게 바라보는지 등이 예가 될 수 있다. 여기서 협업의 가치, 장소애, 다른 사람들을 돕는 일에 참여하는 것에 초점을 두고 세상을 보는 관점과 그 안에서의 자신의 역할을 변화시킨다. 협업에 관한 개인의 변화가 있지 않는 한 시스템 조직, 연결, 자원이 아무리 세계 최고 수준이라 하더라도 지속하는 스타트업 커뮤니티를 만들어낼 수 없다.

레버리지 포인트를 찾고 적용하고 발전시키기는 종종 쉽지 않고 시간도 오래 걸릴 수 있다. 메도즈는 다음과 같이 설명했다.

나는 복잡한 동적 시스템에서 레버리지 포인트를 빠르고 쉽게 찾는 공식을 발견하지 못했다. 몇 달이나 몇 년 시간을 주면 찾아낼 것이다. 하지만 내 쓰라린 경험상 시스템의 레버리지 포인트는 매우 반직관적이라서 정말로 찾아낸다고 한들 사람들이 믿어주지 않는다.[16]

스타트업 커뮤니티에서 많은 사람과 조직은 동시에 각자의 목표를 추구하고 있다. 이러한 목표는 종종 서로 충돌한다. 어느 정도는 자연스럽고 불가피한 일이다. 최고의 아이디어와 전략이 결국 승리하게 되므로 충돌은 건전하다고 볼 수도 있다. 하지만 자주 가치 있는 목표들을 서로 대립적으로 추구하다 보니 반대의 결과를 낳는다. 이러한 역동성은 스타트업 커뮤니티 참여자들이 고립된 채 목표를 추구하고 다른 사람들의 활동을 인식하지 못하고 있기 때문에 무의식적으로 우연히 발생하는데 서로는 물론이고 커뮤니티 전체를 약화하고 만다.

하나의 커뮤니티로서 정보와 아이디어를 공유하고 공동의 우선 순위를 논의하는 것은 조율을 향상하여 오래 지속될 수 있게 한다. 도움이 되지 않는 갈등을 완화하고, 핵심적인 분야에 필요충분한 노력을 집중하며, 피터 센게가 말한 '우발적 악연'이 만연해지는 것을 줄여준다.[17, 18] 이러한 정보 공유는 또한 투명성과 신뢰를 낳고 스타트업 커뮤니티 내부에서의 이해를 증진한다. 반대로 개방성의 부재는 오해와 갈등을 낳는다. 스타트업 커뮤니티 참여자들이 시스템 전체를 보지 못한다면 현재 상태나 필요한 조치에 대해 자기 마음대로 생각할 것이다. 그들의 생각은 최선의 행동 방침이 아니거나 심지어 상황을 제대로 반영하지 못할 수도 있다.

스타트업 커뮤니티 같은 복잡한 인간 사회 시스템을 다룰 때는 정해진 대본도 없고 전개할 주요한 알고리즘도 없다. 지연, 의견 차이, 헛된 노력, 무수히 많은 시점에서 느끼는 정체감이 계속 찾아올 것이다. 복잡계에서 앞으로 나아가는 길은 원래 불확실할 수밖에 없다. 다른 선택권이 없다. 복잡계에 선형적 시스템의 관점을 적용하면 통하지 않는다. 유일한 대안은 인내와 불확실성이 따르는 장기적인 경로를 선택하는 것이다. 쉽고 편안하지만 필연적으로 실패할 수밖에 없는 길로 갈 수는 없다.

대학에서 기업가정신을 고양하기 위한
마인드셋 적용하기

빌 올렛Bill Aulet (매사추세츠 케임브리지)
MIT 기업가정신 마틴 트러스트 센터 센터장·MIT 슬론 경영대학원 겸임교수

나는 MIT에서 10년 이상 기업가정신을 가르치는 큰 영광과 행운을 얻었다. 그 시간은 배움과 향상의 연속이었다. 내가 배운 열한 가지 교훈을 다른 대학들에도 소개하고 싶다.

1. 용어를 확실하게 정의하라. 기업가정신은 무엇을 의미하는가? 중소기업 small and medium enterprises과 혁신 주도 기업innovation-driven enterprises의 차이점은 무엇인가?[19] 혁신이란 무엇인가? 기업가정신과 혁신의 차이는 무엇인가? 이런 차이들은 중요하다. 기업가정신이라는 단어를 두루뭉술하게 사용하거나 10억 달러의 가치를 지닌 유니콘 스타트업에만 집중하는 사람들이 많다. MIT에서 기업가정신은 단순히 스타트업하고만 관련 있지 않다.

2. 사명을 알고 주의를 딴 데로 돌리지 마라. 기업가정신을 이끄는 개인들 말고도 세 가지 유형의 집단이 역할을 한다. 저마다 모두 중요하지만 목적은 다르다. 경제 개발 조직(공공 자금이 들어가는 지역 이니셔티브 등)은 많은 기업을 배출하기를 원한다. 투자 조직(벤처캐피탈, 엔젤 그룹 등)은 투자 수익률이 좋은 고성장 기업에 대한 지분을 원한다. 학문 기관(대학, 교육 센터 등)은 창업자를 양성하고 그들에게 성공하는 방법을 교육하는 것에 초점을 맞춰야 한다. 이 세 가지 범주의 경계를 흐리고 싶은

유혹이 크고 그렇게 하기도 쉽지만 장기적으로 보면 엄청나게 해가 된다. 학문 기관들이 기업을 만들거나 투자하는 역할을 맡으면 유인을 왜곡하여 기업가정신 교육의 효과성이 떨어질 것이다. 학생들은 다음의 것을 잘 안다. 학생들은 우리를 그들의 개인적 성장에 초점을 둔 교육자로 보는가, 아니면 구체적인 성과를 끌어내는 투자자로 보는가? 학생들은 우리에게 열려 있고 정직해야 하는가, 아니면 우리에게 좋은 인상을 주기 위해 애써야 하는가? 우리가 투자하지 않은 사람들에게는 무엇이 일어나고 있으며 그것이 보내는 신호는 무엇인가? 우리가 100퍼센트 교육자가 아니게 되는 순간 사실을 있는 그대로 전하는 '정직한 중개인honest broker*이라는 고유성을 잃는다. 창업 기업의 숫자, 투자금 유치 금액, 창출한 일자리 수, 수상 같은 허영 지표들은 대학을 교육자라는 가장 고유한 사명에서 벗어나게 만들 수 있다.

3. **기업가정신은 학습될 수 있다.** 역사적으로 기업가정신의 성공은 육성되는 것이 아니라 타고나는 것에 좌우된다는 인식이 널리 퍼져 있었다. 하지만 데이터가 보여주는 결과는 다르다. 한 사람이 기업가정신이 주도하는 벤처에 참여하는 횟수가 많으면 많을수록 성공할 가능성도 더 높아진다.[20] 연쇄창업자인 나도 그 사실을 잘 알고 있다. 첫 번째보다 두 번째, 두 번째보다 세 번째에 더 많은 것을 알게 되었다. 많이 해볼수록 나아지는 법인데 기업가정신이라고 다르겠는가? 그렇지 않다. 데이터는 거짓말을 하지 않는다. 그렇다면 문제는 이것이다. 기업가정신은 가르칠 수 있는 것인가? 나는 그렇다고 생각한다.

---

* 논쟁이나 의견 불일치가 있는 양측이 서로 동의할 수 있게 돕는 사람이다.

4. 기업가정신은 하나의 숙련 기능이다. 기업가정신 교육이 결정론적인 학문 분야이기를 원할 때 사람들은 좌절하게 된다. A와 B와 C를 실행하면 D의 결과를 얻는다고 말이다. 하지만 현실에서 기업가정신은 그런 식으로 작용하지 않는다. 또한 기업가정신은 재능 있는 소수만 성공할 수 있는 추상적인 예술 분야도 아니다. 기업가정신은 하나의 숙련 기능으로 쉽게 접근할 수 있으며 저마다 다른 산출물을 만들어낸다.[21] 기업가정신은 또한 학습될 수 있는데 성공 가능성을 높여주는 기본 개념들이 존재하기 때문이다. 하나의 숙련 기능처럼, 이론(기본 개념)을 실제 적용하는 도제 모델을 활용해서 기업가정신을 가르치는 것은 지식을 역량으로 바꿔줄 수 있다.

5. 기업가정신은 관전 스포츠가 아니다. 기업가정신 교육은 듣거나 생각하는 것보다 실행에 집중해야 한다. 직접 해보고 성과를 달성하는 것이 혁신 창업자의 신조다.

6. 기업가정신은 팀 스포츠다. 수많은 연구결과들은 성공 확률이 창립자가 한 명일 때보다 창립팀일 때 현저하게 더 높다는 것을 보여준다.[22] 사람들은 탁월한 아이디어를 갖는 것에만 너무 집중하고 창립팀의 강점에는 별로 주의를 기울이지 않는다.[23] 학생들이 프로젝트팀에서 일하도록 하는 것이 우리 MIT 교육에서 큰 부분을 차지하는 이유이기도 하다. 학생들은 팀원을 추가하거나 내보내는 어려운 결정을 내리는 방법도 배워야한다. 팀은 기업가정신 이니셔티브의 성공에 필수적인 요소이다. 대학들도 교육에 이점을 반드시 고려해야 한다.

7. 기업가정신 교육은 아직 초기 단계에 있다. 기업가정신 교육은 재무, 회

계, 전략, 조직 설계 같은 비즈니스의 다른 분야와 비교해 상대적으로 새로운 분야다. 따라서 집단 지식 기반이 아직 발전하는 중에 있다. 엄격하고 질 높은 기업가정신 교육에 대한 수요는 공급을 크게 앞지른다. 그 공백을 덜 엄격한 스토리텔링으로 메우는 것을 피해야 한다. 학생들 앞에 성공한 창업자들을 세워놓고 열심히 노력하는 것만으로 눈앞에 펼쳐진 난관을 헤쳐나갈 수 있다는 진부한 이야기를 늘어놓는 것 말이다.[24] 스토리텔링은 잠재적인 창업자들의 기운을 북돋워준다. 그러나 엄격한 기초를 가르치는 교육의 대용물이 될 수 없다.

8. **시스템적 사고는 필수적이다.** 나는 기업가정신에 관해 단순 해결책을 내놓는 사람들을 볼 때마다 민망해진다. 기업가정신은 선형적인 사고방식이 아니라 시스템적 사고로 접근해야 하는 복잡하고 다층적인 문제다. 시스템을 이루는 부분들 사이의 연관성과 관계를 계속 찾으려고 해야 한다. 동시에 어떤 행동과 그 행동의 효과 사이에는 지연이 존재함을 알아야 한다. 학생들을 가르칠 때는 그 사실을 알지만 실행하기가 쉽지 않은데 프로그램의 성공을 평가하는 것을 어렵게 만들기 때문이다. 하지만 미래를 위해 양질의 창업자들을 양성하려면 시스템적 사고가 유일한 방법이다. 취한 행동의 파급 효과를 항상 생각하면서 실험하고, 학습하고, 적응하고, 다시 그 과정을 반복해야 한다.

9. **공통 언어가 있는 개방형 시스템이 확장에 가장 좋은 방법이다.** 집단의 집합적 지식은 개인의 지식을 합한 것보다 더 크다. 기업가정신 지식은 개인이나 기관 또는 국가에서 나오지 않는다. 학자, 실무자, 그리고 학생들이 모두 존중할 수 있는 학문 영역을 육성하려면 모두의 기여가 필요하다. 우리 MIT에서는 도구상자toolbox에 비유해 교육 접근법의 틀을 만드

는데, 학생들에게 적절하다고 판단되는 다양한 출처의 도구들을 정기적으로 포함하고 있다. 즉 새로운 도구들을 선별해서 기존의 도구들과 합친다. 따라서 새로운 개념의 가치가 입증되면 기존에 해오던 것들을 버리지 않고 손쉽게 통합할 수 있다. 이전의 것을 토대로 연마하고, 지속적으로 향상하고, 그러고 나서 우리가 배운 것을 기업가정신 커뮤니티의 다른 구성원들과 공유한다.

10. **4H를 적용하라.** MIT에서는 4H가 기업가정신 교육의 중심을 이루고 있다. 4H의 첫번째는 Heart, 가슴이다. 기업가정신에는 남들과 다른 시도를 하고 미지의 것을 탐구하는 의지만 필요한 것이 아니다. 앞에 고된 여정이 기다리고 있음을 알아야 하고 성공할 수 있으며 모든 노력이 결국은 가치 있으리라는 믿음도 필요하다. 다음 두 H는 Head, 머리와 Hands, 손이다. 우리는 학생들에게 성공 가능성을 최적화해주는 제1원칙들과 지식을 가르쳐야 한다. 이것이 머리다. 그다음에는 학생들이 실행을 통해 배우고 지식을 역량으로 전환할 수 있게 해주는 프로젝트를 고안해야 한다. 이것이 손이다. 이론과 실제의 조화는 서로를 강화하고 깊이를 더해주므로 필수적이다. 마지막 H는 Home, 집이다. 집은 활기차고 지속가능한 커뮤니티를 구축하고 생산적인 구성원이 되는 능력을 말한다. 창업자들은 자원이 많이 부족해서 효율적이어야 하고 자원이 분산되어 있다는 것을 받아들여야 한다. 창업자는 일련의 핵심 역량들을 보유해야 하고, 자신의 커뮤니티 전체의 성공을 위해 다른 창업자들 및 파트너들과 함께 커뮤니티를 구축해야 한다.

11. **즐겨라!** 실패는 기업가정신 과정의 일부이다. 창업자가 실패를 너무 심각하게 받아들이면 자신은 물론이고 조직도 살아남기 어려울 것이다.

교육자는 최소한 말하는 만큼 행동으로도 가르쳐야 한다. 그러니 가르칠 때 우리 자신을 너무 진지하게 만들지 말고 가르치는 우리의 책임을 매우 매우 진지하게 받아들이자. 좋은 시간은 누리기도 하고 학생들이 팀으로서 함께 기념하고 즐길 수 있는 방법을 가르쳐야 한다. 기업가정신의 여정에는 끝없는 좌절과 장애물이 기다리고 있다. 살아남아 성공하려면 사기를 잃지 말아야 한다.

13장

리더십이 열쇠다

스타트업 커뮤니티 웨이 법칙

창업자 출신이 스타트업 커뮤니티를 이끌어야 한다. 창업자 출신이 주도하지 않는 스타트업 커뮤니티는 성장, 번영, 지속하지 않을 것이다.

볼더 명제의 첫 번째 원칙은 창업자 출신이 스타트업 커뮤니티를 이끌어야 한다는 것이다. 나는 그 내용을 쓸 때 복잡계에서 일어나는 전염이라는 개념에 대해서는 생각하지 않았다. 이 책을 작업하면서 나와 이언은 전염이야말로 창업자 출신이 스타트업 커뮤니티를 이끌어야 하는 근본적인 이유라는 사실을 깨달았다.

보통 사람들은 전염이라는 말을 들으면 부정적으로 반응한다. 질병이나 금융위기 같은 해로운 것의 확산을 떠올린다. 우리가 이 책의 최종 원고를 출판사에 보낸 2020년 4월에 전 세계에 코로나바이러스가 퍼지면서 그 사실을 고통스럽게 상기했다.

그러나 전염은 긍정적인 행동과 태도도 퍼뜨리기에 좋은 쪽으로 활용하는 강력한 힘이 될 수 있다. 복잡계에서 생각, 행동, 정보는 많은 사람에게 빠르게 퍼진다. 연결성의 시대에는 더욱더 그렇다. 건강한 관행들이 채택되는 반면 해가 되는 행동들도 강화된다. 지명도가 있거나 눈에 띄는 사람들은 좋은 행동도 나쁜 행동도 확대한다. 안타깝게도 좋은 것과 나쁜 것 둘 다에서 작용한다. 때로는 나쁜 생각과 행동이 좋은 것보다 훨씬 잘 퍼져나가는 것처럼 보인다.

수확체증은 전염에 유용한 요인들을 강화해준다. 무언가가 잘 작용하면 더 많은 사람이 그 가치를 채택하고 전염이 더 빨리 이루어진다. 선형적 과정에 의한 향상이 아니라 기하급수적으로 증가하는 긍정적인 피드백 고리가 생겨서 시간이 지나면 국면 전환을 만들어낼 수 있다.

그에 반해서, 해로운 생각들과 행동들이 확산될 때 스타트업 커뮤니티의 리더들은 적극적으로 그것이 강화되지 않도록 해야 한다. 비유하자면 불에 연료를 붓지 말고 산소를 없애야 한다. 예를 들어 나쁜 행위자가 권한을 남용하거나 다른 방법으로 창업자들을 잘 못 대한다면 계속 그런 잘못이 저질러지도록 놔두지 말고 그 나쁜 행위자 없이 일을 진행하는 다른 방법을 찾아야 한다. 또는 기존 피더들이 스타트업 커뮤니티의 건강한 분위기에 상반되는 방식으로 일을 진행한다면 스타트업 커뮤니티에서 그들을 계속 포용하면서 그들의 행동에 힘을 실어주어서는 안 된다. 이것은 스타트업 커뮤니티가 응집력 있고 피더를 대체할 만한 필요충분한 수의 자원이 있어야 가능하다. 즉 한마디로 커뮤니티의 자원이 풍부해야만 한다.

창업자들을 위한 자원이 부족한 어떤 지역에 국가가 지원하는 한 개의 혁신 센터가 있다고 해보자. 그 혁신 센터가 스타트업 커뮤니티에서 일어나는 것을 통제하려고 자연스럽지만 바람직하지 못한 일련의 행동들을 보인다면, 모든 사람은 묻어가야 한다고 느끼기 쉽다. 그 혁신 센터가 지역에 있는 유일한 곳이기 때문이다. 그러나 지역 창업자들이 개방적으로 협력하면서 혁신 센터의 통제 시도에 긍정적으로 반응하지 않는다면, 혁신 센터는 부정적인 전염을 일으키는 능력을 잃게 된다. 창업자들이 혁신 센터에서 일하는 사람들을 포용하되 건강한 협업에만 참여한다면 혁신 센터는 접근 방식을 바꿀 것이다. 이와 같은 변화는 일반적으로 오랜 기간에 걸쳐 이루어지므로 창업자들의 일관된 행동에 의해 좌우된다.

부정적인 전염은 어디에나 존재한다. 『스타트업 커뮤니티』에서는 원로 문제patriarch problem를 예로 들었다. 지역에서 권력을 갖고 있는 사람들('지역의 고참자들')이 차세대 리더들에게 힘을 실어주기보다는 통제하고 제한하려고 들 때 일어난다. 이런 상황에서는 지위나 인맥이 지식과 능력보다 더 중요해진다. 창업자는 오랜 시간이 걸리는 경기를 치러야 하고 참여하려고 하는 모든 사람을 포용하되 원로들의 말을 듣지 않아야 한다. 그러면 깨어 있는 원로들이 나와서 새로운 세대와 함께할 것이고 다른 원로들은 점차 뒷배경으로 사라질 것이다.

경험 많은 창업자에 의한 부정적 전염의 특히 해로운 예가 냉혹한 선배 창업자 문제bitter founder problem이다. 이것은 이전 세대의 성공한 선배 창업자들이 지금 시대의 성공한 창업자들을 돕는 것을 거절할 때 생겨난다. 그들은 종종 겪어온 고난에 대해 화가 나 있고 미숙한 상태의 스타트업 커뮤니티에서 사업을 구축해왔기 때문에 다른 사람들도 똑같이 고생해야 한다는 식으로 합리화한다.

이런 사고방식은 극히 근시안적이다. 냉혹한 선배 창업자들은 다음 세대 창업자들을 도와주기보다는 자신과 똑같은 고생을 겪어야 하고 성공하기 전까지 자원 부족에 시달려야 한다고 믿는다. 궁극적으로는 가치가 높은 기업들이 꾸준히 배출되면 스타트업 커뮤니티는 성공의 필요충분치에 이른다. 그렇게 되면 냉혹한 선배 창업자들은 한쪽에 남겨진 채 스타트업 커뮤니티로부터 무시당하고 남들의 성공에 훨씬 더 억울함을 느낄 것이다. 스타트업 커뮤니티에 참여해 자원과 경험을 나눠주지도 않은데다 자신도 손해를 입는다. 결국 모두에게 해로운 일이다.

이러한 냉혹한 선배 창업자들, 그리고 스타트업 커뮤니티를 자기 잇속을 차리기 위해 통제하려고 하는 나쁜 행위자들에게 달라이 라마 성하의 조언을 전해주고 싶다. "가장 중요한 삶의 목적은 다른 사람을 돕는 것이다. 만약 도움을 줄 수 없다면 적어도 해를 끼치지는 말아야 한다."

멘토 되기

기업가정신은 근본적으로 하나의 학습과정으로 제품, 팀, 회사, 고객, 특히 자기 자신에 대해 배운다. 고성장 기업을 만드는 창업자들의 도전 과정에서 멘토가 큰 도움을 줄 수 있다는 것은 널리 알려져 있고 인정되고 있다.[1]

멘토는 보통 경험이 풍부한 창업자 출신이거나 또는 비즈니스, 산업, 기술 분야에 고도의 전문성을 갖고 있는 사람들로, 창업자와의 관계에 있어서 공감, 지원, 성장 마인드셋을 불어넣을 수 있는 올바른 인성과 커뮤니케이션 능력을 갖추고 있다.[2] 그들은 창업자가 비즈니스 구축과 확장에 따르는 많은 도전과제를 헤쳐나갈 수 있도록 관련 지식과 기질을 동원해서 도움을 준다.

멘토는 영감을 주고 도전하고 안내하고 질문하고 정직하고 솔직하고 학습에 대한 열망을 드러내며 그리고 무엇보다도 개인적으로 멘티의 성과에 귀속된다.[3] 효과적인 멘토가 되는 방법에 대한 정보들은 대체로 다른 멘토들로부터 학습한 기능 위주의 것인데, 테크스타 같은 조직에서는 테크스타 멘토 선언문과 같은 문서와 지속적인 사전 멘토 교육을 통해 접근법을 체계적으로 정리하기 시작했다.[4]

상호 학습은 멘토와 멘티의 관계에서 시간이 흐름에 따라 핵심적인 요소가 된다. 시작할 때 여전히 멘토는 멘티의 니즈를 맨 앞과 중앙에 놓아야 한다. 자기 보상을 위한 금전적 이익과 같은 것에 많은 다른 우선순위들과 같은 가중치가 주어질 수 없다. 나는 『스타트업 커뮤니티』에 이렇게 적었다.

> 멘토는 경험이 풍부한 창업 경험이 있는 사람 또는 투자자로 적극적으로 스타트업들에게 시간, 에너지, 지혜를 제공하고 스타트업 커뮤니티의 일부를 이룬다.
> 고문advisor과 멘토mentor를 혼용하는 경우가 많다. 고문은 자신이 자문에 응하는 회사와 경제적인 관계를 맺지만 멘토는 그렇지 않다. 멘토는 확실한 성과 목표나 경제적 보상 없이 스타트업을 돕는다.

멘토링, 공유 학습, 지원은 모두 활기찬 스타트업 커뮤니티의 중심을 이룬다. 경험 많은 선배 창업자는 다음 세대의 창업자들에게 시간과 지식을 내주어야 한다. 좋은 멘토는 멘티와의 관계에서 무엇을 얻으리라는 기대를 갖지 않는다. 멘토는 #먼저주기 철학과 관계를 자연스럽게 발전시키려는 마음을 가지고 접근해야 한다.

기업가정신 리더들은 멘토 역할을 수용하고 시간을 내 정기적인 활동을 쌓아나가야 한다. 이런 멘토링은 세 가지 차원—다른 창업자의 멘토 돼주기, 미래의 스타트업 커뮤니티 리더의 멘토 돼주기, 서로에게 멘토 돼주기—에서 이루어진다. 궁극의 멘토 관계는 멘토와 멘티가 장기간에 걸쳐서 서로 배움을 주고받는 양방향이 된다. 근본적으로 멘토링은 계층이 아니라 네트워크를 기반으로 하는 활동으로 동료 멘토링이 스타트업 커뮤니티에 매우 효과적이다.

역할 모델로서의 창업자

창업자는 역할 모델로서 중요한 리더십을 발휘할 수 있다.[6] 지역사회에 혁신 창업자와 혁신 창업의 성공 사례가 있다는 것은 다음 세대의 창업자들에게 기업가정신을 선택할 만한 진로로 인식할 수 있게 해준다.[7] 이러한 역할 모델은 창업자가 되려고 하는 사람들이 도약할 수 있게 해주고 기존 창업자들에게는 부침을 견디며 지속할 수 있는 영감을 준다.

이렇게 살아 있는 본보기의 존재는 기업가정신이 덜 확산돼 있는 곳에서 특히 중요하다. 그런 본보기는 지역적인 특징 때문에 더욱더 눈에 잘 띈다. 자주 눈에 띄고 스토리를 이야기하고 성공한 혁신 창업 리더들을 고양하는 것은 매우 중요하다. 성공을 열망하는 창업자들은 전에 이미 그렇게 했던 사람들에 의해서 영감을 받고 동기부여된다. 높은 성과를 달성해야 하는 다른 분야나 음악,

영화, 스포츠 같은 창조적인 분야와 비슷하다.

역할 모델은 어떤 것이 효과가 있고 어떤 것이 그렇지 않은지를 보여주며 본보기로서 앞장설 때 가장 큰 영향력을 갖는다. 또한 사람들이 스스로 어떻게 행동해야 하는지 전반적인 분위기를 조성한다. 앞에서 말했듯이 멘토링이 대표적인 예라고 할 수 있다. 『스타트업 커뮤니티』에서 이렇게 설명했다.

최고의 리더는 훌륭한 멘토가 될 수 있다. 그들은 멘토가 되는 것이 리더 역할의 핵심적인 부분임을 알고 에너지를 쏟는다.

가장 중요한 것은 '본보기가 돼 앞장서는 리더'의 역할이다. 나는 사람들에게 멘토가 되는 것이 왜 중요한지 계속 이야기하지만 직접 멘토가 됨으로써도 보여준다.

다음 세대에 되돌려주고, 대가에 대한 기대 없이 다른 사람들을 돕고, 진실한 태도를 보여주며, 참여하고자 하는 사람들을 모두 포용하면 다른 사람들도 그렇게 할 가능성이 커진다. 피드백 고리는 이러한 긍정적인 행동이 스타트업 커뮤니티 전반으로 퍼져나가게 하며 긍정적 전염의 대표적인 예가 된다.

| 가치와 미덕 |

리더가 되라

변화를 이끌어라. 젊지만 경험이 부족한 이들의 멘토가 되자. 그들에게 스타트업 커뮤니티 웨이를 가르치자. 되돌려주자. 본보기가 돼 앞장서자. 그리고 즐기자. 이 원칙을 닥터 수스Dr. Seuss만큼 잘 전달해주는 사람은 없었다.

그는 1971년에 펴낸 동화책 『로렉스』에 이렇게 적었다.

'당신과 같은 누군가가 전체에 매우 많이 관심을 두지 않는다면 어떤 것도 더 나아지지 않을 것이다.'

정말 그렇다.[8]

주요 리더십 특징

리더십 스타일은 매우 다양하며 여러 스타일을 설명하는 틀도 많다. 예를 들어 어떤 틀에서는 코치형, 비전형, 섬기는 서번트형, 독재자형, 자유방임주의형, 민주주의형, 페이스메이커형, 변혁형으로 분류하고 있다. 또 다른 틀에서는 카리스마적, 변혁적, 자유방임적, 거래적, 지원적, 민주적 리더십으로 설명한다. 어떤 곳에서는 구조적, 참여적, 섬기는 리더, 자유 사고적, 변혁적 리더십으로 나눈다. 필수적인 리더십 프레임워크가 있는 것은 아니지만 스타트업 커뮤니티 리더들의 핵심적인 특징이 몇 가지 존재한다.

기본적으로 리더는 조직이 아니라 사람이어야 한다. 볼더 명제에서 '창업자 출신이 스타트업 커뮤니티를 이끌어야 한다'라고 명시했지만 우리는 피더도 리더 역할을 할 수 있다는 것을 깨달았다. 오늘날 이러한 참여자들은 스타트업 커뮤니티 조직자, 스타트업 커뮤니티 리더, 또는 스타트업 커뮤니티 구축자라는 이름으로 불리는데 모두가 선동가 역할에 속한다. 선동가는 사람이지 조직이 아니다. 조직이 리더가 되려고 하는 순간 상황은 빠르게 나빠진다. 조직들은 대신에 창업자들과 스타트업 커뮤니티의 지지자가 돼야 한다.

이러한 리더들은 변화의 동인이 돼야 한다. 사실 변화의 동인이 된다는 것은 창업자가 된다는 것이 의미하는 것 그리고 리더가 된다는 것이 의미하는 것의 참다운 본질이기도 하다. 놀랍게도 스타트업 커뮤니티와 창업 생태계를 구축하는 일에 있어서 외부 환경이 어떻게 창업자들을 형성하는가만을 생각하고 창업자들이 그들을 둘러싼 외부환경을 어떻게 만들어가는지에는 집중하지 않는 경우가 많다.[9]

리더는 허락을 구하거나 누군가가 할 일을 말해줄 때까지 기다리기보다는 실행을 우선으로 여겨야 한다. 어떤 것은 잘되고 또 어떤 것은 실패하겠지만 리더들의 끊임없는 실험은 스타트업 커뮤니티의 성장에 핵심적인 부분이다. 변화의 동인이 되는 이러한 접근법은 허락을 구하기보다는 행동에 먼저 옮기는 리더십 형태에 해당된다.

시스템적 사고의 핵심 구성 요소는 우리 자신이 문제의 원인이자 해법임을 받아들이는 것이다. 스타트업 커뮤니티 참여자들은 실패에 대하여 남을 탓하는 것에서 책임감을 가지는 마인드셋으로 바꿔야 한다. 물론 실패에 대한 책임을 지고 싶은 사람은 없겠지만 자신이 속한 스타트업 커뮤니티에 대해 책임감을 갖는 것은 반드시 필요하다. 시스템 사상가 피터 데이비드 스트로는 『사회 변화를 위한 시스템적 사고』에서 다음과 같이 적었다.[10]

이 방법론의 또 다른 중요한 이점은 …… 책임의식과 권한 부여를 강조한다는 것이다. 최고의 계획으로 보였지만 의도치 않은 결과가 발생하는 것을 매일 목격한다. 누구든 간에 최선의 의도에서 계획한 일이었을 것이다. ……

복잡한 문제를 해결할 때 모든 참여자는 자신도 모르게 문제의 발생에 영향을 끼쳤음을 알아야 한다. 문제에 책임이 있다는 것을 알면 시스템에서 가장 제어하기 쉬운 부분을 변화시켜 시작할 수 있다. 그것은 바로 자기 자신이다.

문제의 해결책을 외부에서 찾으려는 것은 책임의식이 없는 것과 같은 형태다. 스타트업 커뮤니티 참여자들이 '안'이 아니라 '밖'에 답이 있다고 확신하면 그렇게 된다.

외부 자원이 많으면 많을수록 그러한 문제들을 악화할 뿐이다. 복권 당첨자의 저주와도 같다. 평범한 사람이 하루아침에 부자가 되면 행복해지기보다는 오히려 절망에 빠지는 경우가 많다. 불안정한 토대에 수백만 달러를 쌓아놓는 것은 붕괴를 가속화할 뿐이다. 세상의 그 어떤 벤처캐피탈리스트, 인큐베이터, 코워킹스페이스도 약하고 비효과적인 스타트업 커뮤니티를 구해줄 수 없다.

무엇보다 스타트업 커뮤니티 참여자들, 특히 리더들이 문제에 대해 남을 탓하면 그 누구도 성공하기 어려운 해로운 환경이 만들어진다. 문제에 대해 책임을 지는 것은 필수적이다. 누군가 또는 무언가가 당신의 스타트업 커뮤니티를 구해주기를 바라지 말고 직접 나서서 변화를 주도해야 한다. 책임의식이 있고 책임을 지는 것은 진정한 리더십을 보여줄 수 있고 직접 운명을 개척해나간다는 자유로움도 느끼게 해준다.

책임을 지고 책임의식을 갖는다는 것은 남을 탓하지 않는다는 뜻만은 아니다. 책임을 떠맡는다는 뜻이기도 하다. 스타트업 커뮤니티의 유익함은 창업자들이 더하는 것만큼 강해진다. 누군가가 나서기를 마냥 기다리는 것은 실패의 지름길이다.

창업가 주도 펀딩 모델이 커뮤니티를 구축하고
창업자들을 도울 수 있는 방법

제니 필딩Jenny Fielding (뉴욕주, 뉴욕)

테크스타 이사, 더 펀드 설립자 겸 매니징 파트너

뉴욕시는 스타트업을 만들고 키우기에 가장 좋은 장소 중 하나이다. 인재, 기업, 고객이 풍부한 것은 물론이고 벤처캐피탈 펀드와 투자가 실리콘밸리 다음으로 많다. 표면상으로는 모든 것이 훌륭해 보인다. 하지만 더 자세히 들여다보면 뉴욕시에는 초기 단계 기업들을 위한 펀딩 옵션이 매우 제한적이다.

거의 언급되지 않아 왔지만 나는 뉴욕시에서 테크스타 프로그램을 이끌면서 이 문제를 직접 목격해왔다. 영향력 높은 기업을 만들어가는 뛰어난 창업자들이 뉴욕시에서 초기 투자금을 유치하기가 어려워 서부의 실리콘밸리로 가야 하는 사례가 빈번히 발생한다. 뉴욕시에 유입되는 엄청난 자금을 생각한다면 이런 자본조달 간극은 매우 혼란스러운 일이 아닐 수 없다.

이 중요한 난제를 해결하고자 지역의 경험 많은 창업가와 사업가 몇 명이 모여 벤처캐피탈과 엔젤 투자의 원동력을 좀 더 자세히 살펴보았다. 초기 단계 투자금이 그것을 가장 필요로 하는 스타트업들에게 더 잘 흘러가도록 할 수 있는 방법을 찾으려고 했다.

분석 결과 세 가지 문제가 확인됐다. 첫째, 벤처캐피탈을 하나의 산업 기준으로 봤을 때 그 산출물은 거의 진화하지 않았다. 벤처캐피탈은 확장이 잘되지 않는다. 제한된 직원들이 쏟아붓는 노동 시간이 벤처캐피탈의 생산성을 결정한다.

다음으로 뉴욕시의 창업자와 사업가들은 대부분의 벤처캐피탈보다 먼저 딜을 접한다. 뉴욕시에서는 스타트업 커뮤니티가 활발하기 때문에 벤처 펀드로부터 투자를 받은 창업자들이 바로 초기 창업자들이 조언, 멘토링, 비즈니스 모델 개발, 자금조달, 벤처캐피탈 소개받기 등을 위해 가장 먼저 찾는 사람들이다. 사업가들은 딜 플로에 강점을 갖고 있기는 하지만 그들 중에 적극적인 엔젤 투자자들은 극히 소수다. 이유는 간단하다. 그들은 자기 회사를 키우느라 너무 바쁘고 대부분은 해마다 상당한 양의 투자금을 내놓을 만한 자금 유동성이 없다.

마지막으로 실리콘밸리의 성공한 창업자들은 그들의 부를 다음 세대 창업자들에게 재투자하는 오랜 전통이 있지만 뉴욕시에는 그런 사고방식이 덜 보편화돼 있다. 뉴욕시의 성공한 창업자들은 스타트업의 적극적인 엔젤 투자자가 되기보다 부동산을 사거나 여행을 다니곤 한다.

우리는 이러한 부정적인 상황에 대한 대응으로 '더 펀드'를 설립했는데, 이것은 창업가와 사업가들의 집단적인 힘과 자원을 활용함으로써 벤처캐피탈 회사의 전통적인 한계와 제약을 극복하는 투자 수단이다. 우리는 뉴욕시에서 회사를 키워가고 있는 차세대 창업자들에게 자본을 풀어주고 전문지식을 나눠주는 공동의 사명을 중심으로 뉴욕시에 기반을 두고 활동하고 있는 75명의 유명한 인재들을 모았다. 뉴욕시의 테크 생태계를 혁신적인 새로운 방법으로 성장시키는 것을 돕기 위해 현금, 네트워크, 지식, 시간을 끌어모았다. 우리는 이 실험이 정말로 마음에 든다!

우리는 투자자와 포트폴리오 양쪽 측면에서 오로지 뉴욕시에만 초점을 맞춘다. 그래야 최고의 딜을 발굴하고 포트폴리오 기업들을 효과적으로 지원하며 지역의 커뮤니티 구축을 도울 수 있기 때문이다. 물론 재무적인 수익도 있을 것이다. 하지만 마찬가지로 중요한 것은 커뮤니티를 발전시키고 그 어떤 펀드보다 오래갈 수 있는 기업가정신 문화를 위한 계기를 마련하는

것이다. 더 펀드는 엔젤 그룹이나 스카우트 프로그램scout program이[*] 아니고
전통적인 벤처캐피탈을 대체하지도 않는다. 우리는 기업 라이프 사이클에
서 가장 초기 단계, 특히 경험이 없는 창업자들이 외부의 지원을 가장 많이
필요로 하는 때에 초점을 두고 새로운 모델을 만들고 있다.

우리는 투자를 커뮤니티 차원의 시도와 노력이라고 보고 펀드 역학에도
그러한 신념을 반영했다. 펀드 수익을 핵심 운영자 그룹과 나누는 것이다.
이 구조는 뉴욕시에 있는 가장 경험 많은 창업자들과 사업가들이 유망한 초
기 스타트업에 자본뿐만 아니라 더 중요한 시간과 전문지식까지 투자하도
록 만드는 매력적인 재무적 유인이 돼준다.

더 펀드를 키워가는 사람들은 전부 파트 타임으로 일하고 있다. 우리는
정규 직원을 두는 것보다 창립 멤버들이 커뮤니티에 적극적으로 참여하는
것이 더 효과적이라고 확신한다. 우리는 일하는 시간의 대부분을 창업과 관
련된 일에 집중함으로써 스타트업 삶의 중심에 머물며 가장 유망한 딜 플로
에 가까이 있을 수 있다.

우리 커뮤니티에서는 디지털 활동과 물리적 활동 모두 활발하게 이루어
진다. 활발한 토론이 투자 결정을 도울 수 있는 딜 소싱, 실사는 집단적으로
온라인으로 한다. 한 달에 한 번 실제로 모여 함께 식사하고 관계를 쌓고 경
험을 공유한다. 우리 회사에는 의료, 암호 화폐, 디지털 미디어, 서비스형 소
프트웨어SaaS, 소비재, 핀테크, 하드웨어 등 다양한 분야에서 기업을 일군
창업자들이 있다. 깊이 있는 지식 덕분에 다양한 섹터와 버티컬vertical^{**}에

투자할 수 있다. 또한 우리는 다양성의 개념을 믿고 지지한다. 우리 투자 심의 위원회 구성원의 50퍼센트가 여성이고, 투자의 50퍼센트 이상이 여성과 유색 인종 창업자들에게 이루어진다.

더 펀드는 작게 설계했지만 비전은 크다. 우리는 모든 도시, 지역, 커뮤니티에 그곳만의 더 펀드가 생기기를 희망한다. 이것이 실현될 수 있도록 다른 지역에도 더 펀드를 열기 위해 플레이북을 만들고 인프라를 구축했다. 이제는 우리가 확장해야 할 때다.

14장

세대가 기준이다

스타트업 커뮤니티 웨이 법칙

리더는 장기적으로 헌신해야 한다. 리더는 스타트업 커뮤니티에 최소한 20년을 헌신해야 하며 전략과 의사결정에서도 장기적인 생각을 구체화해야 한다. 20년 앞을 생각하는 관점이 계속 이어질 수 있도록 시계를 매년 리셋해야 한다.

볼더 명제의 두 번째 원칙은 리더는 장기적으로 헌신해야 한다는 것이다. 처음에 나는 이 장기적인 관점을 보통 한 세대를 말하는 20년으로 정의했다.[1] 장기적이라는 말의 의미가 어느 정도 다가오게 하려고 했다. 하지만 다양한 스타트업 커뮤니티의 사람들을 만나 이야기 나누면서 처음에 지속적인 장기 관점을 의미했어야 했다고 깨달았다. 그래서 '20년 관점'을 '오늘부터 20년 관점'으로 수정했다. 가령 나는 볼더에서 25년을 살았는데 여기서 5년을 빼는 것이 아니라 지금 25년 차에서 앞으로 45년 차를 바라보고 있다.

이러한 관점은 복잡계에서 변화가 발생하는 방식과도 일치한다. 변화가 일관되고 지속적으로 일어나는 것이 아니라 불균형적(비선형적)이며 거의 순간적으로 일어난 것처럼 보이기도 한다(상전이).[2] 최근의 예로는 아랍의 봄이나 미국의 #미투MeToo와 #타임즈업Time-sUp 운동이 있는데 소수의 용감한 사람들이 중요한 시스템적인 변화를 촉발했다. 이러한 전환은 오랜 기간에 걸쳐 쌓인 힘의 결과이지만 눈에 띄는 변화는 어느 순간 갑자기 나타났다.

티핑 포인트는 특정 한계치를 초과했을 때 중요하고 멈출 수 없는 변화가 일어나는 상황, 프로세스, 또는 시스템을 말한다. 이 책의 출판을 앞두고 전 세계는 코로나19가 인간이 이해하기 어려운 방식으로 번지는 상황을 마주하고 있다. 스타트업 커뮤니티에서는 하나의 눈에 띄는 창업 성공이나 필요충분한 수의 미덕 있는 행동들이 일어난 이후에 티핑 포인트가 발생할 수 있다. 반대로 이목을 끄는 일련의 실패나 윤리적인 잘못이나 악행 이후에도 나타날 수 있다. 티핑 포인트는 건강하거나 또는 파괴적인 행동과 태도가 만연하는 쪽으로 균형을 이동한다.

이러한 티핑 포인트는 선형적 시스템 사고와 자원 기반 접근법을 약화하는 상전이를 초래한다. 원하는 산출물을 얻기 위해 투입을 꾸준히 늘리는 것보다는 예상치 못한 활동이 티핑 포인트를 자극한다. 티핑 포인트는 특정한 투입이나 잘 정의된 결과와 대응하지 않으며 갑자기 극적으로 나타난다. 마치 댐이 무너지는 것과 같다. 바로 직전까지도 댐이 물을 잘 감싸고 있다가 갑자기 무너지면 생태계가 크게 변화하고 새로운 단계로의 이행이 이루어진다.

10년 넘게 외부의 볼더 스타트업 커뮤니티에 대한 평가는 멋지지만 상장 기업을 지원하기에는 너무 작고 외진 곳이라는 것이었다. 그러다 2013년 중반과 2014년 가을 사이의 짧은 기간 동안 10년 전 볼더에서 창업한 두 개의 기업이 상당한 시가총액으로 상장했고 또 다른 기업은 12억 달러에 인수됐다.[3] 갑자기 이 지역에 큰 성공을 거둔 부유한 창업자들과 스톡옵션의 가치 덕분에 하룻밤 사이에 백만장자가 된 수백 명의 직원이 생긴 것이다. 볼더의 스타트업 커뮤니티가 극적으로 변화했다.

진전은 고르지 않고 종종 느리게 느껴진다

선형 시스템은 안정적이고 일관된 진전 또는 주어진 투입과 에너지 상황에서 최소한 예측할 수 있는 진전을 보여준다. 복잡계는 정반대다. 진전을 예측할 수 없고 일관적이지도 않다. 상당한 진전이 이루어지는 시기들이 있다가 침체나 쇠퇴의 시기가 나타날 수도 있다. 진전하고 있는 것처럼 느껴지지만 사실은 아무런 변화도 없음을 깨닫기도 한다. 이런 역학이 큰 좌절감을 줄 수 있는데 특히 많은 일이 이루어지고 있지만 눈에 띄는 효과가 없거나 오히려 퇴보하는 것처럼 느껴질 때 그렇다. 2007~2008년 세계 금융위기나 2020년 코로나19 팬데믹처럼 외부적인 요인이 시스템의 거시적 역학에 영향을 미칠 때는 더더욱 그렇다.

스타트업 커뮤니티에서 사람들의 상호작용은 성과를 만들어낸다. 참여자 개개인들은 고유하고 공통된 삶의 경험, 깊이 뿌리박힌 사고 패턴, 행동 특성을 갖고 있다. 스타트업 커뮤니티에서 새로운 일이 일어나 참여자들을 새로운 생각과 경험에 노출시킬 때 개개인이 상황을 흡수하고 수용하기까지는 시간이 걸린다. 새로운 것은 통합하고 오래된 것은 버릴 필요가 있다.

다양한 피드백 고리가 발생한다. 어떤 것들은 효과적이지만 많은 경우 그렇지 않다. 문제와 반응이 일정하지 않게 나타나고 지연도 발생한다. 문제는 종종 우리가 인식하기 훨씬 전부터 존재하고 영향을 알아차리기 전에 개선이 이루어진다. 그러나 일련의 건강한 행동과 태도를 복잡계에 적용하면 탄력적인 강력한 관성 효과가 생겨 스타트업 커뮤니티가 앞으로 나아가게 돕는다.

잘 모르는 사람이 많지만 지금의 실리콘밸리를 탄생시킨 씨앗은 100년도 전에 심어졌다.[4] 1950년대 초에 지금의 스탠퍼드 리서치 파크Stanford Research Park를 이끈 프레드 터먼Fred Terman은 일찍이 1930년대 초부터 새로운 첨단기술 사업을 시작하라고 스탠퍼드 학생들을 장려했다(직접 투자하기도 했다).[5] 핵심적인 기폭제 역할을 한 사건은(기폭제 역할을 한 것은 많지만 이것이 컸다) '8인의 배신자'가 쇼클리 반도체를 떠나 페어차일드 반도체를 설립한 것으로 이때는 60년도 전인 1957년이었다. 그곳에 도달하기까지 걸린 시간을 이해하지 않고 지금의 성공을 말하기는 쉽다. 지금의 실리콘밸리가 되기까지 오랜 시간이 걸렸고 변화는 지금도 여전히 계속되고 있다.

스타트업 커뮤니티 리더는 인내심을 가져야 한다. 과정을 신뢰하고 결과가 예상이나 희망과 다를 수 있음을 받아들여야 한다. 지속적인 20년 관점이 중요한데, 도달해야 할 고정된 도착지가 있는 것이 아니기 때문이다. 오랫동안 아무런 변화도 없는 것처럼 느껴지다가 그동안 해오고 있던 일들의 결과로 갑자기 하룻밤 사이에 모든 것이 변할 수 있다. 그리고 더 많은 일이 일어나고 또다시 변한다.

헌신의 중요성

진심을 말하고 말한 대로 행동하라. 사람들이 당신의 말을 신뢰할 수 있어야 하고 당신은 약속한 것을 지켜야 한다. 신뢰를 쌓고 사회적 자본을 만들어가는 것은 관계 그리고 스타트업 커뮤니티를 유지해주는 접착제와 같다. 사람들은 종종 너무 많은 일을 맡곤 하는데 그들이 할 수 있는 것에 대해서 현실적으로 생각하지 않았거나 또는 거절하는 것이 용기가 나지 않았기 때문이다. 그런 행동에는 투명함과 정직함이 결여돼 있다. 완수할 수 없는 어떤 것을 하겠다고 헌신해왔음을 깨달았다면 그것을 인정하고 이야기해야 한다. 어떤 일을 하고 싶지 않을 때도 솔직하게 거절하라.

이유가 무엇이든 어떤 것을 하겠다고 말해놓고 책임을 지지 않으면 신뢰 기반을 약화하고 스타트업 커뮤니티에 불만의 씨앗을 뿌리게 된다. 평판은 시스템 전체에 걸쳐 만들어지고 스타트업 커뮤니티에서 정보는 빠르게 퍼져나간다. 신뢰할 수 없는 사람이라는 평판이 퍼지면 사람들이 당신과 일하고 싶어 하지 않을 것이다. 설상가상으로 만약 당신이 스타트업 커뮤니티의 리더라면 사람들이 당신의 행동을 따라하도록 부추길 수 있다. 믿음을 주지 못해도 괜찮다는 잘못된 생각이 전염병처럼 퍼져나간다.

신뢰가 화합의 수단이라는 사실은 오래전부터 알려져 있고 검증도 잘돼 있다. 1905년에 독일의 철학자 막스 베버Max Weber는 서구 자본주의의 토대가 정직, 상호주의, 약속 이행 같은 고결한 청교도 규범에 뿌리를 둔다고 적었다.[6] 이 모델은 오늘날의 자본주의를 거의 대표하지 못한다. 오늘날 우리는 훨씬 형식적이고 계약에 기반을 둔 거래 중심의 세상에 살고 있기 때문이다. 그러나 초기 자본주의에 영감을 준 이 모델은 오늘날 스타트업 커뮤니티가 참고하기에 적합하다.

스타트업 커뮤니티는 좀 더 유연하고 덜 형식적이며 덜 거래적인 환경에서 효과적으로 작용한다. 이런 환경을 마련하는 한 방법은 특히 리더가 신뢰할 수 있음을 증명하는 것이다.

끝나지 않는 장기적 게임

끝이 없는 장기적인 게임을 할 때는 시간을 초월해야 한다. 하지만 경제 주기, 선거 일정, 대학의 학기제, 단기적인 최신 트렌드 등을 고려하면 우리가 살아가는 현대 사회에서는 무척 어려운 일이다. 기업은 분기와 연간 일정으로 운영된다. 학계는 역년과 일치하지 않는 여름방학을 중심으로 하는 주기로 운영된다. 정치 주기는 2~4년이지만 최소 25퍼센트의 시간은 선거와 이행 과정에 쓰인다. 거시경제 주기의 시간 틀은 비결정론적이고 여러 다른 지리적 장소와 산업에 임의적으로 느껴지는 간격을 두고 영향을 끼친다.

　이러한 것이 스타트업 커뮤니티에 영향을 주지만 리더는 완전히 다른 준거의 틀에서 움직여야 한다. 스타트업 커뮤니티는 세대 주기를 따라 움직여야 한다. 피더들은 자기가 속한 조직의 규범과 맥락 안에서 움직여야 하지만 스타트업 커뮤니티와의 상호작용에 장기적인 관점을 적용해야 한다. 특히 피더 조직에서 리더 역할을 하는 경우라면 더욱더 그렇다. 리더에게 장기적인 헌신이 결여돼 있으면 스타트업 커뮤니티의 건강과 성장에 방해가 된다.

　프레드 터먼이 실리콘밸리의 티핑 포인트를 만들었을지 모르지만 다른 중요한 계기도 많이 있었다. 휴렛 팩커드는 1939년에 설립됐고 페어차일드 반도체는 1957년에 시작됐으며 스탠퍼드 연구소Stanford Research Institute는 1969년에 아르파넷ARPANET을 연결했다. 제록스 PARC는 1970년에 문을 열었고 애플, 아타리, 오라클 같은 산업계 거물들은 1970년대에 설립됐다. 구글도 이제 20년 이상 됐고 페이스북 역시 그렇게 될 것이다. 실리콘밸리에서의 연결고리는 시간과 기업의 경계를 가로지른다.

활기차고 지속가능한 스타트업 커뮤니티를 만드는 데는 오랜 시간이 걸린다는 것을 받아들이는 것이야말로 현재 스타트업 커뮤니티들이 마주한 가장 큰 난관 중 하나이다. 통제하지 않는 철학—지속가능한 스타트업 커뮤니티의 필요조건—이 매우 중요하다. 더 쉽지만 영향력이 작은 요인이나 문제에 집중하고 싶은 유혹이 있을 것이다. 그런 유혹에 저항하고 복잡계가 서서히 변화하게 하는 것이 중요하다. 나는 전작 『스타트업 커뮤니티』에 이렇게 적었다.

스타트업 커뮤니티의 리더가 되고 싶지만 앞으로 20년 동안 그 지역에 살면서 스타트업 커뮤니티를 위해 열심히 일할 생각이 없다면 리더가 되려고 하는 진짜 동기가 무엇인지 스스로 자문해봐야 한다. 리더는 그보다 짧은 기간에도 영향을 미칠 수는 있지만 활력 있는 스타트업 커뮤니티를 지속하려면 최소한 20년은 리더가 헌신해야 한다.

현재 전 세계의 도시에서 기업가정신에 대한 관심이 뜨겁지만 여러 주기와 관심을 이동하는 외부적 요인들은 항상 발생한다. 코로나19 같은 피할 수 없는 장애물이 발생해도 스타트업 커뮤니티 리더들은 계속 앞장서서 가야 한다. 스타트업 커뮤니티와 그 리더들의 회복탄력성은 2020년 봄인 지금 커다란 시험에 놓여 있다.

장기적 관점의 헌신적인 리더십은
어떻게 스카트업 커뮤니티를 변화시키고 가속화하였나

크리스 하이블리Chris Heivly (노스캐롤라이나주 더럼)

테크스타 부대표

노스캐롤라이나주 더럼의 스타트업 커뮤니티는 다른 최고의 스타트업 커뮤니티들과 마찬가지로 헌신적인 리더들의 상향식 주도로 여러 조각들이 예상치 못하게 혹은 반직관적으로 합쳐져서 나온 결과물이다. 더럼의 변신은 세대에 걸친 헌신과 진화에 관한 이야기다. 하지만 20년 가까이 걸린 더럼의 부활을 제대로 이해하려면 이곳 기업가정신의 역사를 알아야 한다.

더럼은 20세기 초에 담배와 섬유 산업이 번창했다. 아메리칸 토바코 컴퍼니American Tobacco Company – 럭키 스트라이크Lucky Strike 담배 제조회사 – 는 1945년에 54억 달러(물가상승률 적용)의 매출을 올린 거물급 회사였다. 당시 인구 7만 5,000명 정도의 남부 도시에게는 작은 금액이 아니었다.

다른 많은 남부 도시처럼 더럼도 지역의 핵심 산업이 쓰러지는 것을 지켜봐야 했다. 더럼 경제의 근간을 이루는 제2의 산업이었던 담배와 섬유 산업 공장이 문을 닫고 해외로 옮겨갔다. 1990년대에 이르러 더럼은 담배와 섬유 산업보다는, 야구 영화 「19번째 남자」의 배경으로 더 잘 알려져 있었다. 1990년대 후반에 더럼 시내의 주택 공실률은 50퍼센트대를 맴돌았고 더럼 중심부에 있는 100만 제곱미터의 복합단지에 위치해 있던 아메리칸 토바코 컴퍼니 본사는 그곳을 버리고 떠났다.

하지만 의외의 영웅이 나서면서 상황이 바뀌려 하고 있었다.

더럼의 부흥은 여러모로 인근 도시 롤리Raleigh에 있는 가족 소유의 방송 기업 CBCCapitol Broadcasting Company의 네 번째 세대와 함께 시작됐다.

CBC는 오랫동안 지역사회에 활발하게 참여해왔다. 마이너 리그 야구팀 더럼 불스Durham Bulls를 사들이고 더럼시와의 파트너십으로 시내에 새로운 야구장을 지은 것이 가장 대표적이었다. 경기장 맞은편에는 더럼의 전설이었지만 이제는 버려진 담배 공장을 떠올리게 하는 아메리칸 토바코 캠퍼스 American Tobacco Campus가 있었다. CBC는 아메리칸 토바코 캠퍼스의 재개발을 위해 여러 부동산 개발자들을 설득해보았지만 성공하지 못했다. 그래서 CBC는 상업용 부동산 개발에 대해서 잘 알지 못함에도 불구하고 1999년에 직접 재개발 프로젝트를 시작해 4년 동안 이어나갔다.

야구단 더럼 불스, 버려진 담배 공장, 반이 공실 건물인 시내, 경력 후반부의 남부지방 사람인 짐 굿먼Jim Goodmon이 이끄는 4대째 접어든 가족 기업은 무엇을 공통적으로 지니고 있었을까?

2009년 그 지역의 열정적인 창업자 집단이 함께 사용할 비싸지 않은 작업 공간을 찾고 있었다. 채플 힐Chapel Hill은 노스캐롤라이나 대학교가 위치해 있는 대학 타운이었지만 사용 가능한 작업 공간은 제한적이었다. 롤리는 부동산 쪽으로는 선택의 폭이 컸지만 면적이 너무 넓어서 의미 있는 임계질량을 만들어내기에는 부적합했다. 한편 더럼에는 근성이 있고(버려진 건물, 역사) 기꺼이 시간과 돈을 투자해 지역을 변화시키려는 사명감을 갖고 있는 리더(존 굿먼)가 있었다.

몇 년 후 아메리칸 토바코 캠퍼스에 몇몇 테크 기업들이 입주하면서 활기가 돌기 시작했고 더 많은 기업들이 모이기 시작했다. 2009년에는 공공의식이 있는 창업자들이 짐과 그의 아들 마이클과 함께 창업 지원 프로그램을 운영하는 저렴한 공간을 개발하겠다는 계획을 세웠다. 아메리칸 토바코 캠퍼스와 더럼에는 창조적 계층이 자연스럽게 모이게 하는 활력이 있었다. 스타트업들을 위한 공간인 지금의 아메리칸 언더그라운드American Underground도 그때의 논의에서 나온 아이디어였다. 성공한 창업자들의 도움으로 임대료를 가장 잘 낼 수 있는 기업들보다는 특별하고 고유한 조합을 이루는 데 기여할 수 있는 기업들을 우선시함으로써 리서치 트라이앵글Research Triangle*의 허브가 탄생했다.

아메리칸 언더그라운드는 그해에 아메리칸 토바코 캠퍼스 지하에서 3만 제곱피트 공간으로 출범했다. 굿먼 가족은 지역의 창업자들을 위해 안전한 공간을 만드는 것이 핵심이라는 것을 알았다. 몇몇 창업자들을 선정 위원회로 활용해서 그 공간은 오로지 창업자와 그들의 기업, 그리고 창업자를 지원하는 조직에만 임대됐다. 첫해에만 이미 잘 성장하고 있는 72개 기업들의 임대 요청을 거절했다. 그렇게 일찍부터 스타트업 커뮤니티에 대한 장기적인 헌신이 시작된 것이 정말로 중요했다.

또한 스타트업들을 끌어 당기기 위해 전략적으로 입주기업들을 서로 어울리고 섞이게 만들었다. 여기에는 스타트업 액셀러레이터인 조이스틱 랩Joystick Labs과 트라이앵글 스타트업 팩토리Triangle Startup Factory 그리고 멘토링 단체인 CED와 노스캐롤라이나주 기업가정신재단NC IDEA이 있었다. 이미 성공을 거둔 뒤 새로운 스타트업에 도전하는 창업자들도 몇 명 입주했다. 그렇게 아메리칸 언더그라운드는 액셀러레이터 프로그램에 참여하고 있는 스타트업들을 포함해서 약 35개의 입주기업과 함께 출발했다. 무료 인터넷, 무료 공동작업 테이블, 맛있는 커피를 제공하는 아메리칸 언더그라운드는 빠르게 이 지역 창업자들이 찾는 곳으로 부상했다.

2012년 CBC의 아메리칸 언더그라운드는 핵심 보좌진으로 애덤 클라인Adam Klein을 영입해서 그간 이루어온 토대 위에서 다양한 지역 창업자들을 지원하는 세계적 수준의 스타트업 공간을 만들겠다는 짐과 마이클의 비전

---

* 미국 노스캐롤라이나의 피드몬트(Piedmont) 지역을 일컫는 말로 이 지역에는 노스캐롤라이나 주립대학교, 듀크 대학교, 노스캐롤라이나 대학교 등 3개 주요 연구대학이 있다.

을 대변하도록 했다. 그즈음 규모는 적지만 헌신적인 지역 창업자들과 스타트업 커뮤니티의 리더들이 한 달에 한 번씩 모여 맥주를 마셨다. 공식적인 모임도 아니었고 이름도 없었다. 정해진 안건 없이 대화가 자유롭게 이루어졌지만 중심에는 항상 어떻게 하면 스타트업 커뮤니티를 성장시킬 수 있는지가 있었다. 나와 스타트업 팩토리의 데이브 닐Dave Neal, 조이스틱 랩의 존 오스틴John Austin, CED의 조앤 시퍼트 로즈Joan Siefert Rose, 더럼 상공회의소 케이시 스타인배커Casey Steinbacher 같은 리더들이 단골 멤버였다. 우리의 대화는 더럼의 스타트업 커뮤니티가 어떻게 성장해나갈 것인지에 대한 공동의 비전, 그리고 그것을 가능하게 해줄 자원과 열정을 가진 사람들이 누구인지에 관한 것이었다.

2013년에 아메리칸 언더그라운드는 아메리칸 타바코 캠퍼스에서 더럼 시내 북쪽으로 두 블록 확장됐다. 지원하는 스타트업도 거의 세 배로 늘어난 100여 개였다. 나와 애덤 클라인이 사석에서 나눈 대화를 통해 브래드 펠드가 제시한 기업가정신 밀집도도 강화되었다.

굿먼 집안이 스타트업 커뮤니티에 투자한 것은 물리적 공간만이 아니었다. 필요성이 확인된 새로운 활동과 기회도 나타났다. 조건을 통제하거나 지시하려는 리더들도 있지만 굿먼 집안은 모험을 선택하고 기업가정신 리더들의 열정 넘치는 프로젝트에 투자했다. 명망 있는 집안이 하향식으로 활동을 지배하려고 하지 않고 상향식으로 변화를 촉진할 수 있다는 사례를 보여준 것이다.

아메리칸 언더그라운드는 더럼 시내와 롤리 시내에서 세 번 더 확장했고 오늘날 총 13만 5,000제곱피트에 275개의 스타트업이 입주해 있다. 이곳에 입주했던 스타트업들이 규모가 커지면서 아메리칸 언더그라운드 주변에 따로 공간을 찾아 독립함으로써 더럼도 함께 성장했다.

더럼 스타트업 커뮤니티에서 리더들은 협력적인 상향식 접근법을 취한다. 이곳에는 사려 깊고 포용력 있는 커뮤니티 리더 집단이 있고, 커뮤니티 내의 스타트업들이 가장 필요로 하는 것에 세심한 관심을 기울이는 재계의 핵심 리더들이 재정적인 지원을 하고 있다. 협력적인 리더십과 서로에 대한 성실한 지원에 중점을 둠으로써, 우리는 훨씬 활기찬 스타트업 커뮤니티가 되었다. 행동을 분산하고 서로로부터 독립해서 따로 활동했더라면 그렇지 못했을 것이다. 리더들이 보여주는 태도와 커뮤니티의 밀집도가 더욱더 긴밀하고 강력한 네트워크를 만든다. 그 결과 자신들의 네트워크를 다른 사람들의 이익을 위해 기꺼이 활용하려는 진정한 의미의 스타트업 커뮤니티가 탄생했다.

짐 굿먼과 그의 가족들이 보여준 교훈은 훌륭한 스타트업 커뮤니티는 저마다 역할도 성격도 다른 다양하고 열정적인 리더들의 연합을 통해 만들어진다는 것이다. 통제하려는 시도는 피하고 세대적인 관점을 취함으로써 굿먼 집안은 서로에 대한 협력과 지원이라는 비전이야말로 스타트업 커뮤니티의 성장을 가속화하는 데 필요한 마법이라는 사실을 보여준다.

다양성이 중요하다

> **스타트업 커뮤니티 웨이 법칙**
>
> **스타트업 커뮤니티는 참여를 원하는 사람은 모두 포용해야 한다.** 복잡한 문제에는 다양한 관점이 필요하다. 광범위한 아이디어, 정체성, 경험을 적극적으로 받아들이면 커뮤니티 전체의 창조적 잠재력을 펼치는 데 필요한 신뢰를 구축할 수 있다.

볼더 명제의 세 번째 원칙은 스타트업 커뮤니티가 참여를 원하는 사람은 누구라도 다 포용해야 한다는 것이다. 오늘날 다양성과 포용성은 기업가정신이나 사회에 관한 많은 토론에서 맨 앞과 중심을 차지하고 있다. 이것은 오랫동안 기다려온 발전이고 진즉 이루어져야 했을 발전이다. 그중에서도 성별과 인종 다양성이 지배적인 주제이다. '생각의 다양성' 같은 표현은 정치적 메시지로 사용되거나 오히려 성별과 인종 다양성을 해치는 의도로 사용되는 경우가 많다. 하지만 나는 『스타트업 커뮤니티』를 쓸 때 다양성에 대해 구체적으로도(예를 들면 성별, 인종, 민족, 나이) 그리고 일반적으로도(예를 들면 경험, 교육, 사회경제적, 관점) 생각했다. 이 둘은 어느 정도 겹친다. 둘 다 스타트업 커뮤니티에서 유념해야 하는 부분이고 성과창출에도 필수적이다.

다양성 키우기

혁신 주도적인 스타트업을 시작하고 확장하는 것과 같은 복잡계는 팀워크를 통해 가장 잘 다룰 수 있다. 다양성이 있는 팀은 그렇지 못한 팀보다 더 혁신적이고, 빈번하고 불가피한 변화에도 탄력적이다. 강력한 상호보완적인 것과 새로운 결합이 혁신을 끌어내고, 탄력성은 보다 큰 적응력으로부터 나온다.[1]

복잡계에서 다양성은 단순히 있으면 좋은 것이 아니라 훨씬 그 이상으로 반드시 있어야 하는 것이다. 앞에서 살펴보았듯 부분들 간의 상호작용에 따른 비선형적 행동을 설명해주는 시너지는 복잡계의 가장 기초가 되는 가치창출의 원천이다. 만일 시스템을 이루는 모든 부분이 동일하다면 가치 있는 비선형적 행동은 줄어들거나 또는 부인된다. 결국 시스템은 부분의 합보다 더 커지는 것이 아니라 부분의 합과 동일하게 된다.

나와 이언은 성별, 인종, 민족성, 종교, 성적 지향, 나이, 사회경제적 배경, 출신 지역 등의 차이를 다루는 '정체성의 다양성'을 넘어서까지 다양성의 관점을 취하지만 도덕성과 공정성을 이유로도 정체성의 다양성에 깊은 관심을 기울인다. 미국은 이러한 요인들을 기준으로 개인을 차별한 뿌리깊은 역사가 있고 안타깝게도 지금도 여전히 계속되고 있다. 우리 필자들은 백인으로 교육을 잘 받았고, 이성애자인 미국 남성으로서 특권적 위치에 있다는 것을 알고 있다. 우리 둘 다 다양성과 포용성을 위해 열심히 헌신하고 있고 우리가 가진 특권이 제공하는 자원과 힘의 역학도 자각하고 있다. 이런 특권이 없는 상태로 살아가는 사람들의 상황이 어떨지 결코 완전히 이해할 수 없다는 것도 알고 있다. 결과적으로 우리는 타인으로부터 배우고, 특권을 덜 갖고 있는 사람들의 말에 귀기울이고, 특권이 이 주제에 대한 우리의 사고를 제한하지 않도록 열심히 노력하면서, 많은 겸손과 공감을 가지고 이 영역에 참여하고 있다. 다른 사람들에게도 그렇게 하라고 권한다.

순전히 도덕성과 공정성에 바탕을 둔 채 정체성의 평등을 주장하고 싶지는 않다. 안타까운 일이지만 모든 사람이 그 주장에 설득되는 것은 아니다. 세계의 많은 나라에서 정체성의 평등은 미국에서보다 훨씬 더 큰 문제가 된다. 성 역할은 현대화에 실패했고 인종, 종교, 계층의 분열은 극복할 수 없는 수준에 이른 것처럼 보이며 부족 간 또는 가문 간 분열은 수 세기 전으로 거슬러 올라간다. 우리는 평등과 다양성을 정체성의 측면에서 강력히 지지하지만 스타트업 커뮤니티에서 더 넓은 형태의 다양성도 지지하고 싶다.

나와 이언은 스타트업 커뮤니티와 기업가정신 같은 시스템의 성과에 다양성이 중요하다고 설명할 때 '인지적 다양성'이라는 폭넓은 관점을 활용한다. 이것은 견해, 아이디어, 경험, 전문지식, 교육, 역량의 다양성으로 정의된다.[2] 스타트업 커뮤니티에는 다르게 생각하고 서로 보완적인 역량을 가지고 있으며 각자의 인생 경험에 의해서 형성되어 온 고유한 시각으로 세상을 바라보는 사람들이 필요하다. 집단사고와 단일문화는 스타트업과 스타트업 커뮤니티에 치명적이다. 우리 개개인의 정체성은 우리의 환경, 기회, 경험, 그리고 궁극적으로는 우리가 어떤 사람인지를 형성하고 또한 그러한 것에 의해서 형성된다. 이러한 방식으로 정체성의 다양성은 부분적으로 인지적 다양성을 끌어낸다.

다양성은 스타트업이 번창할 수 있는 고기능 환경에 필수적이다. 미시간 대학교 스콧 페이지Scott Page의 연구는 다양성이 능력 자체를 능가한다는 것을 보여줌으로써 이것을 뒷받침하고 있다.[3] 다시 말하자면 다양한 사람들로 구성된 팀이 '최고의' 개인들로 구성된 팀보다 더 나은 결과를 낸다.[4] 요컨대 다양성이 더 나은 성과를 가져온다.

인지적 다양성의 중요성을 보지 않고 정체성의 다양성에만 좁게 초점을 맞추는 것은 그 자체로 제한적이다. 이 부분에 관해 많은 스타트업 커뮤니티들은 갈 길이 멀다. '문화적 적합성culture fit'이라는 표현이 '우리와 같은'의 암호로 사용되고 있다. 하지만 그런 사고방식은 실수이고 기회를 놓치는 것과도 같다. '우리와 같지 않다'는 것은 곧 참여시켜야 할 이유가 될 수 있다. '문화적 적합성'을 찾는 것 대신에 '문화적 추가'를 추구해야 한다.[5] 그렇게 하면 참신하면서도 예상 가능한 방법으로 가치가 창출될 것이다.

다공성 경계

최고의 스타트업 커뮤니티에 참여하고 있는 사람들은 누구라도 포용하는 것이 유익하다는 것을 알고 있다. 스타트업 커뮤니티의 모든 구성원은 서로 소통하려고 노력해야 한다. 특히 리더는 소통하면서 전략, 관계, 아이디어,

자원을 공유해야 한다. 우선순위, 책임, 이주 등으로 새로 들어오거나 떠나는 참여자들이 있을 텐데 포용하고 다시 돌아올 때도 환영해야 한다.

한 가지 문제는 신뢰다. 많은 경우에 아직 서로 간에 신뢰를 쌓지 않은 상태여서 창업자들은 종종 아이디어를 보호할 필요를 느끼고 단절된 상태로 있다. 기업가정신에는 혁신과 관련된 지적 재산이라는 것이 존재하지만 사실 새로운 스타트업이 내놓는 기본적인 개념 자체는 완전히 독창적인 것이 아닐 때가 많다. 초기 아이디어보다는 오히려 실행을 통해서 가치가 창조된다. 협업과 다양한 관점으로 더 좋은 아이디어가 나올 수 있다.

자사의 사용자 평점 예측 알고리즘을 향상하기 위한 팀 간 공개 경진대회인 넷플릭스 프라이즈Netflix Prize가 좋은 예이다. 여러 번 용기 있는 시도를 했지만 단 한 개의 팀도 혼자서는 개선 기준을 충족하지 못했다. 여러 팀이 힘을 합치자 비로소 승자가 나왔다. 우승팀, 아니, 좀 더 정확히는 연합 우승팀은 다양한 배경의 사람들로 이루어져 있었고 독특한 관점들을 제시했다. 미시간 대학교의 스콧 페이지가 '다양성 보너스'라고 부르는 것 덕분에 그들은 넷플릭스의 더 나은 평점 알고리즘을 만들 수 있었다.[6]

다양성 받아들이기

포용성은 다양한 집단이 환영과 존경을 받고 전적으로 참여할 수 있다고 느끼는 환경을 촉진하는 마인드셋 또는 실천이다. 다양성이 필수적이라면—성과와 윤리적인 이유 둘 다를 위해—적극적인 포용성을 위한 접근은 다양성이 번창할 수 있게 하는 일련의 행동들이라고 할 수 있다.

스타트업 커뮤니티는 경험, 배경, 학력, 성별, 민족성, 성적 지향, 국적, 나이, 관점 등과 관계없이 참여하고자 하는 사람은 누구라도 포용해야 한다. 더 많고 다양한 사람들이 참여하는 것이 좋은 것이라는 강한 신념이 스타트업 커뮤니티에 있어야 한다. 스타트업 커뮤니티는 승자와 패자만 존재하는 제로섬 게임이 아니다. 한 구성원의 성공이 커뮤니티 전체에 긍정적인 영향을 끼칠 공산이 크다.

스타트업 커뮤니티의 리더들은 누구에게나 문이 열려 있다는 분위기를 조성하고 그런 의무감을 가져야 한다. 일반적으로 첫 번째 접촉점인 리더와 선동가들은 새로운 사람들을 영향력이 높고 접근하기 쉬운 행사와 핵심 인물들에게 소개해주어야 한다. 리더와 선동가들은 기존의 활동을 내려놓고 새로운 책임을 맡아 시간을 내서 차세대 리더들을 육성해야 한다.

참여하고 싶어하는 모든 사람을 환영하지 않는 스타트업 커뮤니티는 건강하지 못하다. 복잡계는 개방성과 통제가 없는 상태를 필요로 한다. 즉 복잡계는 다양한 인재들에 노출되어 있을 때 가장 번창한다. 외부인을 멀리하거나 초보자들은 스스로 알아서 자립해야 한다고 요구하는 것은 효과적이지 않고 스타트업 커뮤니티의 발전을 저해한다. 이러한 행동의 영향은 오늘날 심지어 더 분명한데, 많은 문화권에서 사회 전반의 많은 영역에 깊이 뿌리박힌 차별을 해결하려고 노력하고 있기 때문이다.

건강한 스타트업 커뮤니티의 참여자들은 포용적인 방법에 대해 가능한 한 폭넓게 생각한다. 이것은 앞에서 정의했던 특징을 뛰어넘기도 한다. 예를 들어 하루의 언제 또는 한 주의 어느 요일에 행사가 열린다고 하자. 만약 행사가 저녁 시간대에 열린다면 어떤 사람들은 참석하기 어렵지 않을까? 창업자를 꿈꾸는 사람들이 싱글맘이나 싱글대디일 수도 있고 또는 저녁 시간대에 일을 하고 있어서 저녁 시간에는 행사에 참석할 수 없을 수도 있다. 그렇다면 낮 근무 시간대는 어떤가? 직장을 다니고 있지만 기업가정신 분야로 진입하려고 하는 일부 사람들은 아침 시간에 자리를 비우고 행사에 참석할 수는 없을 것이다. 주말이나 다른 요일이나 다른 시간도 마찬가지일 것이다. 요일과 시간 외에도 예를 들면 행사 참석에 상당한 금전적 부담이 따른다든가 등 다른 많은 상황이 있을 것이다. 언제나 사람들이 쉽게 참여할 수 있게 하는 방법을 찾아야 한다. 이제 이 생각을 스타트업 커뮤니티에서 시스템적으로 개인들이나 집단에 맞지 않게 이루어지는 결정들에 확장하여 적용해보자. 그런 장벽들을 제거해야 한다.

기업가정신을
폭넓은 시각으로 바라보기

혁신과 기업가정신은 구분되는 활동이다. 종종 기업가정신에 의한 벤처가 혁신을 상품화하지만 기업가정신의 과정은 전체적으로 혁신과는 다르다. 그러므로 스타트업 커뮤니티는 한 부문이나 하나의 기술보다 넓으며 새로운 아이디어를 중심으로 사업을 성장시키려는 어떤 기업에도 적용된다.

이언과 다른 사람들이 해온 연구는 첨단기술 기업들이 훨씬 많이 고도의 성장을 달성할 것 같지만 고성장 기업 대부분은 첨단기술 밖의 다른 산업들에 있다.[7] 이언은 2년 전에 수행한 연구에서 고성장 기업의 30퍼센트가 첨단기술 기업이라는 사실을 발견했다.

첨단기술 기업이 전체 기업의 5퍼센트밖에 되지 않는다는 점으로 볼 때 놀라운 일이다. 하지만 어쨌든 고성장 기업의 70퍼센트는 첨단기술 이외의 분야라는 뜻이다.

소프트웨어와 컴퓨팅의 확산으로 기술과 비기술 부문의 경계가 흐려지고 있다. 따라서 비첨단기술 부문의 창업자들은 첨단기술 부문의 창업자들에게서 배울 수 있다. 첨단기술 부문의 창업자들은 다른 산업의 성공한 창업자들로부터 배울 수 있다. 앞에서 내가 다양성을 폭넓게 바라보는 것에 대해서 이야기한 것을 기억하는가? 이것이 가장 좋은 예이다.

인접해 있거나 전혀 관련이 없는 부문에 있는 스타트업들을 접하는 것은 자기 산업 분야에서는 볼 수 없었을 신선한 관점과 독특한 통찰을 얻게 한다. 물론 동종업계 지식을 공유하는 것도 도움이 되지만 지역의 동료, 고문, 멘토, 투자자들의 네트워크 속에서 고성장 신생 기업을 경영해 나가는 데 따르는 난관들은 모든 기업에 공통적이다.

『스타트업 커뮤니티』에서는 당시 볼더의 여러 다른 산업 부문에 존재하는 각각의 스타트업 커뮤니티들에 관해 설명했다. 테크 부문에 스타트업 커뮤니티가 있었고 자연식품, 바이오테크, 클린테크, 로하스LOHAS, life-styles of health and sustainability(건강하고 지속가능한 친환경 중심의 생활방식)에도 스타트업 커뮤니티가 있었다. 저마다 활성화의 정도는 달랐지만 지난 6년간 블랙스톤 안트러프러너스 네트워크 콜로라도Blackstone Entrepreneurs Network Colorado와 같이 하나의 스타트업 커뮤니티 안에서 다양한 산업 간의 결속을 도모하려는 노력이 있어왔다.[8]

다양성은 이익이 된다

미리엄 리베라Miriam Rivera (캘리포니아주 팰로앨토)
울루 벤처스 상무 이사

재능은 모든 성별과 모든 인종의 사람에게 골고루 분포되어 있다. 하지만 기회에 대한 접근은 그렇지 않다. 모든 인종, 배경, 성별을 포괄하는 건강한 생태계를 만드는 것은 강력한 혁신 창업과 투자 커뮤니티 구축에 필수적이다. 투자자가 그런 커뮤니티를 지원하고 육성하는 데 있어 핵심이기는 하지만 벤처 산업은 어떤 범주의 사람들을 구조적으로 아예 간과한다. 이것은 창업자와 사회에 좋지 않을 뿐만 아니라 투자자들에게도 좋지 않은 결과가 된다.

다양성은 우리 울루 벤처스Ulu Ventures의 투자 지론이다. 우리는 그런 범주의 사람들을 간과하지 않으면 탁월한 재무적 성과로 이어진다고 생각한다. 울루는 모든 투자에 객관적인 기준을 적용하고 변하지 않는 동일한 기준으로 모두를 평가한다. 우리에게 지침이 된 다음의 몇 가지 실행방법과 원칙은 다른 곳에서도 적용될 수 있을 것이다.

멘토링

벤처캐피탈은 언어나 분위기의 측면에서 현저하게 백인 남성이 지배하는 문화다. 투자자들의 언어는 많은 창업자, 특히 여성, 이민자, 유색인종에게 낯설기만 하다. 울루에서는 멘토링을 많이 한다. 창업자들이 스타트업의 세계를 헤쳐나가고 그들의 이야기를 벤처캐피탈이 이해하는 언어로 바꾸도록 도와 성공 가능성이 높아지게 한다. 또한 우리는 무의식적인 편견과 일관되게 적용되지 않는 원칙들이 특정 그룹에 대한 과소한 투자로 이끌고 있다는 것을 벤처캐피탈들이 이해하도록 돕고 있다.

스토리텔링

울루는 다양한 배경의 창업자들이 투자자에게 말하는 역량을 습득해서 매력적이고 정량적인 시장 스토리를 말할 수 있도록 의사결정 분석과 시장 매핑을 활용해 도와준다. 그러한 스토리들은 창업자와 투자자 관점 모두에서 자기 자신의 비즈니스를 더 잘 이해할 수 있도록 도와준다. 시장 매핑은 창업자들이 비즈니스 기회에 관한 계량 모델뿐만 아니라 어떻게 그들의 시장성을 밀고 나갈 것인지에 관한 시각적 이미지를 만들어준다. 한 시장에서 우위를 점한 후에 발생할 수 있는 문제라든가 기업이 생애주기에 따라 마주하게 되는 리스크의 유형도 미리 볼 수 있다. 한마디로 창업자들이 사업의 전반적인 여정을 좀 더 효과적으로 분명하게 파악할 수 있게 해준다.

협업

디자인 싱킹design-thingking의 원칙은 사람들의 아이디어를 비판하지 말고 더 낫게 만들라는 것이다. 우리의 멘토링에서 이루어지는 대화의 대부분은 창업자들이 사업 기회나 비즈니스 모델을 구상하거나 설명하는 더 나은 방법을 찾도록 협업해서 돕는 것이다. 또는 창업자들이 비즈니스 현장에서 몰입 경험으로부터 얻은 분절된 지식과 직관들을 민감도 분석* 재무 모델에 적용하여 더 나은 시장 진입 지점을 찾을 수 있도록 돕는 것일 것이다.

부가가치

하나의 팀으로서 울루는 창업자들에게 좋은 투자를 구성하는 것이 무엇인가에 대해 투명하기를 원하기 때문에 다음과 같이 기여할 수 있다. 우리는 우리가 보는 기회의 1퍼센트 정도에만 투자할 수 있는 타깃이 풍부한 환경

---

* 투자효과를 분석하는 모형의 투입요소에 따라 그 산출 결과가 어떠한 영향을 받는가를 분석하는 기법이다.

에서 일하고 있다. 그렇지만 우리가 만나지 않기로 했거나 우리의 투자 대상이 아닌 창업자들에게도 가치를 주고 싶다. 왜냐고? 창업자들은 우리의 가장 좋은 추천인 중 하나이기 때문이다. 또한 우리는 매년 진행하는 미팅이나 강연의 수가 아니라 우리의 지식과 경험을 좀 더 확장 가능한 방법으로 공유함으로써 창업 생태계에 진정으로 기여하고 싶다. 우리도 창업자였기에 창업자들의 시간이 얼마나 소중한지 잘 알고 있다. 그래서 비생산적이고 도움도 되지 않고 심지어 맥빠지게 하는 투자유치 미팅에 쏟는 시간을 줄이고 싶다.

데이터는 편견을 줄인다

의사결정 분석 프로세스는 편견을 줄인다. 그래서 우리가 투자하는 창업자들은 산업 표준으로 볼 때 상당히 다양하다. 2019년 10월 31일 기준 울루의 포트폴리오에는 약 39퍼센트의 여성 공동창업자, 37퍼센트의 소수계 공동창업자, 37퍼센트 퍼센트의 이민자 공동창업자, 13퍼센트의 소외계층 공동창업자가 포함되어 있다(참고로 일부 창업자들은 여성이자 소외계층 또는 이민자 또는 소수자이므로 총합이 100퍼센트가 아니다). 이러한 다양성의 수준은 벤처 투자 산업 평균보다 훨씬 더 높고 테크 부문의 인적 비율과 상당히 비슷하다.

소외받는 시장 공략

우리는 다양한 사람들이 인정받을 수 있어야 한다고 생각한다. 벤처캐피탈은 다양성을 이해하고, 듣고, 보는 능력을 키울 필요가 있다. 자기 자신의 인생 경험만으로는 다양한 시장 또는 다른 삶의 경험을 타깃으로 하는 시장을 다루기에는 부족할 때가 종종 있다. 우리가 투자한 기업 중 일부는 특정 소비자들을 경제적으로 착취하는 것으로 알려진 시장에서 금융적 수용성*에 초점을 두고 있다. 예를 들어 페이데이 렌딩payday lending,** 렌트 투 오운rent to own,*** 타이틀 론title loan,**** 그리고 고리대금업은 미국에서 700억 달러 규모의 산업인데 소득이 낮거나 불안정한 사람들에게 불리하다. 안타깝게도 인종과 소득 수준 사이에는 대개 교차점이 있다. 벤처캐피탈들은 상위 1퍼센트의 고소득자이지만 미국인의 절반가량은 매우 다른 경제적 현실에 좌절하고 있고 신용카드가 없어서 온라인 구매를 하지 못한다.

그렇지만 벤처캐피탈들은 금융적 수용성 영역에서 화이트 해커와 같은 브랜드를 구축하고 있는 회사들에 투자하려고 하지 않는다. 그러한 시장에 공감할 수가 없어서 직감적으로 기회라고 느끼지 못하기 때문이다. 이때 계량화하는 것이 도움이 될 수 있다. 또한 왜 그러한 시장에서 창업자의 인식과 살아 있는 경험이 모든 벤처캐피탈들이 시장의 기회에 접근할 때 찾는 비교우위를 주고 있는지에 대해 긍정적으로 분석할 수 있게 해주는 틀도 도움이 된다. 우리는 벤처캐피탈이 놓치고 있는 것을 보여주고 싶다. 우리의 계량화된 마켓 맵, 투자에 대한 높은 기준수익률hurdle rate,***** 리스크를 계량화한 것에 기반을 둔 포트폴리오 구성, 그리고 그동안 쌓아온 실적은 우리가 벤처캐피탈과 펀드 출자자들의 언어로 말할 수 있게 해줌과 동시에 더

---

* 개인과 기업들의 필요에 부합하는 금융 상품과 서비스를 접근, 이용할 수 있는 기회를 말한다.
** 급여일에 갚는 것을 조건으로 하는 소액 대출로 이자율이 매우 높다.
*** 렌트부터 시작하고 일정기간 뒤 주택을 구입할 수 있는 옵션이 주어지는 계약. 일반 임대차 계약에 비해 월세가 더 비싸거나 부동산 가액의 상당 비율을 선금 지급으로 요구하는 경우가 있다.
**** 자산을 담보로 신용도에 상관없이 빠르게 대출받을 수 있다. 자동차 소유권을 담보로 하는 형태가 가장 일반적이며 이자율이 매우 높다.
***** 펀드 출자자와 운용사인 벤처캐피탈 간에 맺는 출자의 핵심으로 해당 수익률을 넘겨야 운용사가 성과보수를 지급받을 수 있다.

많은 다양한 창업자들에게 자본 접근성을 제공할 수 있게 해준다. 그러한 전략이 예외적인 성공을 가져다주리라고 믿는다. 다양성은 출자자들에게 탁월한 수익을 안겨주고자 하는 울루의 사명과 나란히 한다.

투명성이 신뢰를 쌓는다

울루는 투자하기로 결정했든 그렇지 않든 창업자들에게 협업에 의한 시장 매핑 훈련을 통해 생산되는 모든 실사due diligence 정보를 공유한다. 출처가 창업자들이든 우리 쪽이든 상관없이 모델 안에서 수집된 모든 데이터와 가정을 공유한다. 우리는 재무 모델을 창업자들이 그들 자신들의 숫자와 가정으로 모든 분석을 다시 해볼 수 있게 만들었다. 단지 한 번의 대화에 그치는 것이 아니라 맞춤형 보고서를 제공해서 창업자들이 도구 사용법을 알 수 있도록 도와준다. 창업자들이 투자 유치에 따르는 심적 고통에 놓이는 시간이 아니라 개별적으로 정보를 수집할 수 있게 해주고 있다. 이러한 것들이 우리가 투자자로서 창업자들의 성공을 돕기 바라면서 그들과 관계하는 방법이다. 우리는 업계에서 훨씬 더 보편적으로 관계를 가치 있게 생각하기 때문에, 만일 우리가 멘토링을 통해서든 또는 의사결정 분석 프로세스를 통해서든 사람들에게 도움이 된다면 신뢰를 쌓아올려 직접적으로든 간접적으로든 우리 자신과 우리가 돕고자 하는 다른 이들을 이롭게 할 것이라고 믿는다.

이러한 신뢰가 증명되는 방법들로는 우리가 투자하지는 않았지만 울루를 추천하는 창업자들의 수가 될 것이다. 경쟁적인 상황에서도 우리는 거의 항상 지분을 얻는다. 실사 때 창업자가 투자자와 쌓은 관계는 창업자가 투자자를 어떻게 선택해야 하는지에 있어서 중요한 부분을 이룬다. 울루가 베풂으로 얻는 대가는 비슷한 가치를 공유하거나 우리의 접근법을 중히 여기는 창업자들과의 장기적인 관계이다. 그것은 우리가 그들과 투자 미팅 때 가졌던 대화와는 전혀 상관없을 수 있는 많은 기회들로 이끈다.

16장

적극적으로

스타트업 커뮤니티는 전체 창업자 집단을 의미 있게 참여시키는 활동을 지속적으로 제공해야 한다. 지속적인 참여는 실험과 학습 기회를 만들어내면서 관계를 발전시키고 경계를 넘어 신뢰를 쌓게 한다. 커뮤니티 전체를 기업가정신 활동에 참여시키면 다양성을 받아들이는 토대가 만들어진다.

볼더 명제의 네 번째 원칙은 스타트업 커뮤니티는 구성원 전체를 참여시키는 활동을 지속적으로 추구해야 한다는 것이다. 스타트업 커뮤니티의 참여자들 간의 드물거나 불규칙한 접촉은 실질적인 변화를 주도하기에 충분한 의미 있는 연결을 만들어내지 못한다. 이러한 활동의 성격은 수동적(예를 들면 칵테일 파티나 시상식)이 아니라 적극적(예를 들면 해커톤이나 경진대회)이어야 한다. 이것은 활동들이 스타트업 커뮤니티의 폭넓은 참여자들이 참여하는 기회를 제공해야 한다는 뜻이기도 하다.

자기 유사성과 복제

복잡계에서는 작은 규모의 패턴이 더 큰 차원의 패턴으로 복제되면서 자기 유사성self-similarity이 나타난다. 이것은 하위 시스템이 더 큰 시스템 내의 행동 패턴처럼 유사한 패턴을 보일 때 발생한다. 결과적으로 더 큰 시스템은 무한한 수의 좀 더 작은 상호작용들의 산물로, 이것은 더 작은 규모의 패턴을 조사하고 변화시켜 이해될 수 있고 영향을 받게 된다.[1]

행동과 마인드셋을 향상하기 위한 노력은 심지어 스타트업 커뮤니티 안의 작은 집단들도 시간을 들이고 지속하면 전체 시스템에 엄청난 영향을 미칠 수 있다. 하향식으로 계획을 세우고 모두의 동의를 받을 필요가 없다. 그냥 시작하기만 하면 된다. 이것은 경제학자 데이비드 콜랜더와 물리학자 롤랜드 쿠퍼스의 저서 『복잡성과 공공정책』에도 잘 설명돼 있다.

복잡해 보이는 것, 그리고 전체를 고려했을 때 극도로 복잡한 것은 상대적으로 간단한 규칙들을 따르는 거의 무한 집합의 작은 변화들에 의한 결과라고 비교적 간단히 이해될 수 있다. 시간이 흘러 규칙들이 단순하게 복제되고 복잡한 패턴에 이르게 된다. 시스템의 진화를 지배하는 간단한 규칙을 찾는 것은 …… 복잡계 사회과학이 일반적인 사회과학과 근본적으로 다른 방식이다.[2]

이것은 전통적인 의미의 규칙이 아니라 도움이 되는 행동, 협력적인 사고방식, 적극적인 리더십을 강조하는 비공식적인 규범과 활동이다. 작은 규모의 개입이 전체 시스템에 영향을 미치는 의미 있는 변화를 촉발할 수 있다.

내가 볼더에서 한 경험도 마찬가지였다. 나는 1995년에 아내 에이미 배철러Amy Batchelor와 정해진 계획 없이 볼더로 이사했다.[3] 그당시에 볼더에 아는 사람이라고는 딱 한 명뿐이었는데 그마저도 1년도 안 돼 딴 곳으로 이사 갔다. 나는 볼더에서 어떤 비즈니스도 기대하지 않았다. 왜냐하면 투자처가 있는 동부와 서부 연안의 도시들로 계속 출장을 다니고 있었기 때문이다. 하지만 몇 달 후 이 지역의 창업자들을 찾아 나서기로 했다. 볼더에 살았던 친구로부터소개받은 변호사와 은행가에게 그들이 아는 창업자를 전부 소개해달라고 부탁했다. 그리고 1996년 가을에 그렇게 알게 된 창업자들을 저녁 식사에 초대했고 '젊은 창업자 조직YEO, Young Entrepreneurs Organization'의 볼더 지부(곧 콜로라도 지부가 됐다)가 설립됐다.[4]

볼더와 덴버에 인터넷 기업들이 생겨나기 시작하면서, 나는 덴버에서 다수의 창업자들과 함께 저녁식사를 했고 이것은 1997년 콜로라도 인터넷 케이레츠Colorado Internet Keiretsu를 만드는 것으로 이어졌다.[5] 몇 년 후 볼더에는 활기차고 긴밀하게 연결된 창업자 집단이 생겨났다. 이러한 모임에 참여하며 나온 기본 철학이 간단히 "서로 성공을 돕는다"였다. 나에게 이것은 동료 멘토링의 힘을 느끼게 된 초기의 중요한 경험이었고, 이것은 이제 모든 스타트업 커뮤니티에 필수적인 것이 되었다.[6]

기다리거나 허락을 구하지 마라

방금 소개한 경험에서 나는 누군가가 나를 어떤 무언가를 위해 초

대해주기를 기다리지도 않았고 나보다 경력이 더 오래된 사람의 허락을 구하지도 않았다. 나는 그저 젊은 기업가 조직 콜로라도 지부와 콜로라도 인터넷 케이레츠를 공동 설립했다. 다른 이해관계자들을 동참시키려고 하지는 않았지만 창업자나 참여를 원하는 사람은 누구든 환영했다.

나는 다른 복잡계에서 본 것을 모방한 것뿐이었다. 특히 보스턴에서의 경험과 전 세계 젊은 기업가 조직과의 경험이 큰 영향을 끼쳤다. 나는 볼더에서 작은 규모로 매우 헌신적인 사람들로 이루어진 핵심 집단들과 함께 활동하기 시작했다. 이러한 활동에 많은 사람이 반응했고 새로운 형태의 참여 패턴이 만들어졌다. 이제 거의 25년이 지나 볼더에서는 창업자가 새로운 활동, 행사, 조직을 만드는 것을 결정하는 이러한 패턴과 접근법이 보편적인 것이 되었다.

이런 행동은 큰 자유를 선사한다. 많은 스타트업 커뮤니티 구축자들은 중요한 기부자, 비영리단체, 대학, 지방정부에 얽매이고 휘둘린다고 느낀다. 시스템을 운영하는 데 필요한 재무적 자원의 중요성은 잘 알고 있지만, 즉시 나가서 의미 있는 연결을 촉진하는 것만으로도 당장 영향을 끼칠 수 있다. 꼭 새로운 건물, 프로그램, 조직만이 답은 아니다. 아주 간단한 것일 수 있다. 지역의 창업자들이 재미있고 흥미로운 환경에서 함께 모여서 뜻 있는 유대관계를 맺을 수 있는 구실을 찾아야 한다.

포지티브섬 게임을 하라

사적인 관계든 비즈니스적인 관계든 인간관계를 승자와 패자가 있는 제로섬 게임으로 바라보는 사람들이 많다. 물론 체스나 야구 경기처럼 제로섬 사고가 최적의 전략인 상황도 있다. 내가 이기기 위해서는 상대방은 져야만 한다. 하지만 이러한 사고방식은 스타트업 커뮤니티에는 매우 해롭다. 신뢰를 약화하고 사람들이 협력하고 자유롭게 정보를 공유하는 것을 불가능하게 만들기 때문이다. 스타트업 커뮤니티의 참여자들은 결핍의 사고방식을 거부하고 대신에 풍요와 성장의 사고방식을 받아들여야 한다. 정보가 풍부한 환경에서는 전체에 긍정적으로 기여함으로써 모든 사람이 더 많은 것을 얻을 수 있고 이것이 집단적인 성장을 낳는다는 것을 받아들여야 한다.

창업자의 상황에서는 성장 마인드셋으로 일하는 것이 필수적이다. 왜냐하면 창업자들은 이전에 아무것도 존재하지 않았던 데서 새로운 무언가를 본질적으로 창조하고 있기 때문이다. 이러한 개념은 진화생물학과 게임이론을 연구한 학자들에 의해서도 잘 정립되어 왔다. 협력이 이로운 곳에서 지속적인 상호작용을 해온 개인은 앞으로도 그렇게 할 가능성이 높다. 그러한 협력적인 행동은 시간이 지남에 따라 그들에게 보상을 준다.[7] 협력으로 가는 길에는 연대감(동일한 '가족'이라는 느낌)과 간접적인 호혜성(누군가에게 베풀고 공동체 안의 다른 누군가로부터 돌려받는 것)이 포함된다.

미국의 정치 경제학자 엘리너 오스트롬Elinor Ostrom은 이 사실을 실증적으로 증명한 연구로 노벨경제학상을 받았다.[8] 협동과 집단 지배 구조에 관한 그녀의 연구는 기존의 경제 이론—사람은 합리적인 자기 이익을 추구하며 그것이 공유 자원의 고갈로 이어진다는 것—이 실제 환경에서 관찰되는 내용과 일치하지 않음을 보여주었다. 그녀는 사회적 자본이나 반복적인 참여와 같이 탄탄한 유대관계가 확립돼 있는 사람들, 즉 공동의 자원을 공유하는 사람들일수록 시스템 내의 모두가 이용할 수 있는 자원을 늘리기 위해 협력할 가능성이 매우 높다는 것을 알아냈다.

스타트업 커뮤니티는 공유 자원의 한 형태다. 스타트업 커뮤니티는 사람이 소유한 것이 아니라 많은 사람이 그로 인해 이익을 얻을 수 있는 자산이다. 오스트롬의 연구는 왜 공유 자원에 대해 다른 이들과 포지티브섬 게임을 하는 것이 시간이 흘러 그 귀중한 자원의 힘, 안정성, 지속성을 보장하는지를 보여준다. 이언은 오스트롬에게 스타트업 커뮤니티의 노벨상을 수여한다면서 다음과 같이 썼다.[9]

미국의 정치 경제학자 엘리너 오스트롬은 2009년에 협력과 집단 활동에 관한 연구로 노벨경제학상을 받았다. 그녀는 중앙의 관리 당국이 없으면 공유 자원이 충분히 개발되지 않고 과도하게 사용될 것이라는 개념에 이의를 제기했다. 당시의 통상적인 사고는 인간의 이기적인 본능이 공유 자원(스타트업 커뮤니티의 자원과 같은)의 지속가능성을 보장하는 방식으로 협력하는 것을 막는다는 것이었다.

그러나 오스트롬은 이 생각을 뒤집었다. 그녀는 실험 기법과 공유(부족한) 자연 자원에 의존하고 있는 사회에 대한 관찰을 통해 사람들은 올바른 조건하에서는 기꺼이 더 큰 이익을 위해 협력하고 포지티브섬 사고방식으로 참여하려고 한다는 것을 증명했다.

그녀는 노벨상 수상 연설에서 자신의 연구를 다음과 같이 설명했다. "우리는 신중하게 설계된 실험 연구를 통해 구조적 변수의 정확한 조합을 테스트하여 고립된 익명의 개인은 공유재를 과도하게 가져간다는 사실을 알아냈다. 게임이론의 예측과 달리 단순히 소통 혹은 '값싼 대화'를 허용하는 것만으로도 참가자들의 남용을 줄이고 공동의 이익을 높일 수 있다."

다르게 말하면 인간은 잘 알고 신뢰하는 사람과 협력하는 경향이 있다. 반대로 모르거나 신뢰하지 않는 사람에 대해서는 떠나거나 제로섬 게임을 하기가 더 쉽다.

『스타트업 커뮤니티』에 담긴 핵심적인 생각은 협업, 협력, 아이디어 공유가 제2의 천성이 되도록 인간관계를 향상해야 한다는 것이다. 사회적 응집력과 신뢰는 스타트업 커뮤니티에서 협업이 일어나게 하는 일종의 규범이자 비공식적인 규칙을 위해 필수적이다. 잦은 참여가 그것이 성장하게 한다.

나는 『스타트업 커뮤니티』에서 이것을 '비제로섬 게임'이라고 불렀다.[10] 긍정적 전염의 개념을 떠올린다면 더 좋은 표현은 포지티브섬 게임일 것이다. 이것은 또한 복잡성 과학에서 수익과 비선형성을 증가시키는 노드이기도 하다. 어떤 발전 단계에서라도, 스타트업 커뮤니티는 궁극적으로 되고자 하는 모습의 아주 작은 일부분에 지나지 않는다. 따라서 미개척된 기회가 엄청나게 많이 있다.

우선 수확체증의 개념을 완전히 수용하는 것부터 시작하라. 스타트업 커뮤니티에 있는 모든 사람의 목표는 아주 오랜 기간 동안 지속될 수 있는 무언가를 창조하는 것이어야 한다. 비록 개별 기업들에는 부침이 항상 있겠지만 스타트업 커뮤니티를 하나의 완전한 개체로 보아야 한다. 스타트업 활동이 많을수록 스타트업 커뮤니티에 더 많은 관심이 생기고 더 많은 활동을 만들어낼 것이다.

다음으로 스타트업 커뮤니티가 지역 경제에 공헌하는 비율을 시장 점유율로 보라. 거시적 환경이 더 좋아지면 스타트업 커뮤니티의 전반적인 역동성도 그렇게 될 것이다. 주기는 예측할 수 없지만 침체와 상승의 변화는 세계적인 환경에만 영향을 끼칠 것이다. 침체 기간에 스타트업 커뮤니티는 지역 경제에서 시장 점유율을 높일 기회가 있다.

이러한 양상은 2007년에 시작된 세계 금융위기에서 뚜렷하게 나타났다. 경기 침체가 오랜 기간 동안 세계 경제에 먹구름을 드리웠지만 미국과 전세계 스타트업 커뮤니티들은 그동안 크게 성장했다. 결국 세계 경제를 되살리기 위해 관심이 기업가정신의 힘에 쏠렸다.

| 가치와 미덕 | ━━━━━━━━━━━━━━

소집과 연결

허락을 구하지 않고 사람들을 연결하는 접근법은 활기찬 스타트업 커뮤니티의 또 다른 특징이다. 당신이 스타트업 커뮤니티 내에서 신뢰할 수 있는 사람이고 어떤 두 사람이 커뮤니티에 참여해야 한다고 생각한다면 먼저 허락을 구하지 말고 그냥 그 둘을 소개하라. 이런 적극적인 방법으로 사람들을 연결하는 것은 네트워크 안의 마찰을 줄이고 암묵적 신뢰의 개념으로 받아들여질 수 있다. 너무 바쁘다거나 귀하신 몸이라는 이유로 다른 사람들과의 연결을 피하지 않는 모범적인 모습도 보여주게 된다.

바쁜 사람들은 사전 동의가 이루어진 소개를 선호하기도 한다. 그것 또한 존중해야 한다. 이 방법을 선호하는 사람이라면 누군가를 소개하기 전에 먼저 물어보라. 누군가를 소개해주겠다고 하면 대개는 흔쾌히 받아들일 것이다. 사전 동의를 선호하는 사람에게는 미리 물어봄으로써 존중하는 모습을 보이면 당신의 평판도 올라간다.

연결해주는 사람에 대한 신뢰가 있다면 연결해주려는 데는 이유가 있으리라는 생각이 들 것이다. 당신이 소개해주는 쪽이라면 관계를 만들어갈 것인가는 소개받은 당사자들에게 달려 있다. 관계가 즉시 발전할 수도 있다. 그런가 하면 장래의 어떤 중요한 일로 이끌 수도 있고 또는 심지어 막다른 길로 이끌 수도 있다. 필자들의 경험에 따르면 가장 의미 있는 대화는 전혀 예상하지 못한 곳에서 나온다.

테크스타가 만들어진 것도 한 예라고 할 수 있다. 데이비드 코헨은 내 '임의적인 하루'에서 나와 처음 만났다.[11] '임의적인 하루'는 내가 매달 하루 나를 만나고 싶어하는 사람이라면 누구든지 만나 15분씩 시간을 보내는 것인데 거의 10년 동안 했다. 나를 만나고 싶어하는 사람들이 6시간 넘게 대기하고 있어서 하루에 20회 정도 미팅했다. 데이비드와도 바로 그런 자리에서 만났다. 그는 테크스타라는 것을 만들 생각이라면서 나에게 개요가 정리된 자료를 주었다. 그는 투자금으로 20만 달러를 모을 계획인데 개인적으로 8만 달러를 모았다고 했다. 나는 그와 10분 정도 이야기하고 나서 말했다. "당신이 사기꾼이 아니라면 내가 5만 달러를 내죠." 데이비드는 자신의 첫 번째 회사(핀포인트 테크놀로지스) 파트너였던 데이비드 브라운(현재 테크스타 CEO)도 5만 달러를 투자할 것 같다고 했다. 데이비드가 떠난 후 나는 재레드 폴리스에게 전화를 걸었다. 첫 번째 사업 파트너의 소개로 10년 전에 만난 친구였다. 나는 재레드에게 테크스타라는 것에 5만 달러를 투자할 생각인데 혹시 자세한 내용을 알고 싶은지 물었다. 재레드는 "물론이지. 나도 5만 달러 투자할게. 그게 뭔데?" 그렇게 테크스타를 위한 첫 번째 자금 조달이 이루어졌다.

궁극적으로 창업자들과 스타트업 커뮤니티의 다른 참여자들을 모아 연결이 일어날 가능성을 높이는 공간을 만드는 것이 필수적이다. 콜로라도 대학교 로스쿨의 실리콘 플랫아이언스 프로그램이 훌륭한 예다. 이 프로그램은 무엇보다도 볼더 스타트업 커뮤니티에 그야말로 문을 활짝 열어 미팅 장소로 사용할 수 있게 했다. 친구이자 로스쿨 교수인 브래드 번탈은 『스타트업 커뮤니티』에서 그 원동력에 대해 이렇게 설명했다.

대학은 훌륭하지만 때로는 충분히 활용되지 않는 시설을 갖고 있는 사람들을 불러모으는 타고난 소집자다. 우리는 이 점을 활용하여 스타트업 커뮤니티를 연결하고 축하하는 여러 공개 행사를 개최했다.

콜로라도 대학교 캠퍼스를 창업 생태계의 소프트웨어, 통신, 컴퓨터 분야와 연결하려는 목적을 갖고 말이다.

계속해서 적극적으로
참여하라

기업가정신은 관전 스포츠가 아니다. 스타트업 커뮤니티의 구축도 마찬가지다. 칵테일파티나 성공한 창업자와 회사들을 강조하는 시상식 같은 소극적인 행사는 흥미롭지만 충분하지는 않다. 해커톤, 주제 밋업, 열린 커피 클럽, 스타트업 위크엔드, 멘토가 주도하는 액셀러레이팅처럼 촉매 역할을 하는 지속적인 행사여야 한다. 즉 스타트업 커뮤니티의 구성원들 간에 기업가정신 활동을 위해 실질적이고 집중적인 참여를 할 수 있는 장이어야 한다.

매일 스타트업 커뮤니티와 관련된 행사가 둘 이상 있으면 임계질량과 티핑 포인트에 이른다. 매일 어떤 행사에 참여할지를 선택해야 하는 상황이 되면 스타트업 커뮤니티의 활성화에 해당하는 포화점에 이른 것이다. 어느 한 개인이 참여할 수 있는 것보다 수와 범위에 있어서 더 많은 행사로 과포화 상태가 되기를 원할 것이다. 그리고 스타트업 커뮤니티의 구성원 개개인은 여러 다양한 행사들을 그저 겉핥기식으로 스쳐 지나지만 말고 소수의 몇 가지 활동에 지속적으로 깊이 있게 참여해야 한다.

소외계층 창업자들을 위한 파이프라인 구축하기

재키 로스Jackie Ros (뉴욕주 뉴욕)
테크스타 지역본부장(아메리카)·레볼라 CEO 겸 공동창업자

테크스타 커뮤니티 프로그램의 아메리카 지사장직을 수락했을 때 꼭 숙명처럼 느껴졌다. 이전에 기술이나 사업 경험이 전혀 없는 라틴계인 내가 웨어러블 보안기기 회사를 창업하는 것을 가능하게 해준 바로 그 프로그램을 현재 지원하고 있다.

내가 레볼라를 공동 창업한 이유는 나의 여동생과 가족들이 오랫동안 안전하다고 느끼지 못해 왔는데 안전하게 지켜주고 싶었기 때문이다. 공동창업자와 레볼라를 만들어 함께해온 6년간의 여정은 정말로 굉장했다. 우리는 유능한 팀 덕분에 멋진 제품을 여러 개 출시했고, 훌륭한 멘토와 친구들을 만났고, 『포브스』에 글도 썼고, 뼈아픈 교훈도 배웠다. 우리가 어떻게 수백만 달러의 벤처 투자금을 유치한 몇 명 안 되는 라틴계 여성이 될 수 있었는

지 믿기지 않을 때도 많았다.

그 여정은 매우 높은 곳과 더 깊은 낮은 곳을 경험하게 해주었지만, 스타트업 커뮤니티는 우리가 온전할 수 있게 지켜줬고 우리가 처음의 장소에 있을 수 있었던 이유이기도 했다. 많은 커뮤니티 리더가 모습을 드러내지 않고 뒤에서 조용히 놀라운 기회를 엮어주었다. 팀을 만들고 회사를 성장시키는 방법을 배울 수 있게 도와준 멘토들도 있었다. 나는 강력한 스타트업 커뮤니티에 있다는 것이 어떤 것인지 알기도 전에 볼더와 덴버의 커뮤니티에서 믿을 수 없이 놀라운 지원을 받았다. 처음 콜로라도로 이사하기로 했을 때만 해도 아는 것은 아버지가 일생에서 가장 행복한 시절을 보낸 곳이라고 말했던 것과 원하면 언제든지 암벽등반을 할 수 있으리라는 것뿐이었다. 나는 볼더 명제가 효과적으로 작용한다는 것을 보여주는 증거다. 하지만 다른 지역의 다른 스타트업 커뮤니티들도 그런지 궁금했다.

나는 아메리카 전역에 걸친 다양성에 초점을 둔 스타트업 커뮤니티 프로그램에 관여한 지 2년 만에 여러 다양한 지역의 혁신과 창업 생태계에 대한 깊이 있는 관점을 갖게 됐다. 기초단계에서 스타트업 커뮤니티 프로그램을 지원하는 것이 다양한 창업자를 지원하고 전체적으로 테크 분야의 다양성을 키우기 위해 중요하다는 사실이 명확해졌다.

소외되고 과소평가된 창업자들이 테크스타 위켄드나 테크스타 위크, 런치패드, 스타트업 그라인드, 원 밀리언 컵 같은 스타트업 커뮤니티 프로그램에서 정기적으로 만난다. 창업자들이 잘 설계된 행사를 통해 창업 생태계에 참여하고 결과적으로 지역의 네트워크와 연결되는 결과를 낳았다. 핵심 연결자들과 관계를 맺으면서 그들의 네트워크가 겹쳐지고 생태계의 다양한 네트워크가 확장되고 통합되는 것을 도왔다. 이 프로그램들에 참여하는 사람들은 기업가정신과 관련된 다른 분야로 갈라져 나가기도 하는데 대개 스타트업 커뮤니티 프로그램 덕분에 어디서 시작할지를 알고 틈새 시장을 찾는다.

진정으로 포용적인 스타트업 커뮤니티는 들어오는 사람을 환영하는 데서 더 나아가 주도적으로 나서서 초대한다. 다양한 창업자들이 행사에 초대받아 참석한 이후 다른 사람들과의 연결을 훨씬 편안하게 느끼고 다른 프로그램이나 액셀러레이터 또는 네트워크로 찾아간다. 내가 덴버 스타트업에 참여했다가 지역 인큐베이터 이노스피어Innosphere로 그리고 테크스타로 연결된 것처럼 말이다. 이런 경험을 한 창업자들은 자연스럽게 커뮤니티에 베푸는 #먼저주기 철학을 실천하게 된다.

사람들이 가장 크게 오해하는 것은 행사가 완벽해야만 하고 많은 사람이 참석해야만 영향력이 있을 거라는 것이다. 스타트업 커뮤니티는 저마다 서로 다른 단계에 놓여 있고 다른 시기에 다른 교훈을 배운다. 리더들이 힘찬 에너지와 진정한 열정을 보이면 한 생태계 내에서 여러 다양한 커뮤니티가 발전할 수 있다. 이와 함께 구글 포 스타트업Google for Startups, 카포 센터Kapor Center, HBCU.vc, 패트리엇 부트캠프Patriot Bootcamp, 카우프만재단 같은 조직들이 힘을 합쳐서 그런 네트워크가 겹쳐지는 공간을 만들고 있다. 이런 행사들은 커뮤니티에 있는 사람들에게 그들도 더 큰 기회에 접근할 수 있고 혁신 창업자가 될 수 있다는 희망을 준다.

나는 테크스타 지역본부장으로 일하면서 티치 포 아메리카Teach for America* 때의 경험을 떠올렸다. 우리가 커뮤니티에서 하는 일들이 멋지고 기대하지 않았던 방식으로 극적으로 늘어가고 있다. 하지만 티치 포 아메리카 때와 마찬가지로 이런 프로그램들은 심각한 자금 부족에 시달리고 팀들은 할 수 있는 한 최대한 많은 커뮤니티들을 맡고 있다. 많은 커뮤니티 리더들이 불안정하거나 불안하다고 느끼는 나라에서 커뮤니티 프로그램의 파급

---

* 미국 전역의 우수한 대학생들을 선발해서 2년간 소외된 지역의 공립학교 교사로 봉사하게 하는 비영리단체다.

효과는 투명성, 지역사회에 대한 봉사, 진정한 리더십에 대한 희망과 영감일 것이다.

전 세계 스타트업 커뮤니티의 리더들을 만나 그 지역을 도울 수 있는 희망과 조언을 얻을 때마다 무척 감격스럽다. 각각 라틴아메리카와 브라질 담당자인 엘리자베스 베세릴Elizabeth Becerril과 프레타 에멜린Preta Emmeline의 도움으로 그 지역의 생태계를 빠르게 파악할 수 있었다. 새로운 비즈니스 환경을 탐색할 때 나의 모국어인 스페인어는 서툴고 나의 포르투갈어 실력도 매우 부족했지만 커뮤니티들은 나를 항상 환영해주었다. 브라질의 플로리아노폴리스에서는 브래드의 『스타트업 커뮤니티』에 나오는 문구가 적힌 티셔츠를 입은 사람을 보았다. 장기적인 관점으로 스타트업 커뮤니티에 접근해야 한다는 내용의 문구였고 포르투갈어로 적혀 있었다. 스타트업 커뮤니티마다 서로 다른 차이는 있었지만 언어에 상관없이 모든 곳에서 통하는 원칙이 있다는 사실을 실감하는 순간이었다.

지난해 베네수엘라에 경제적 제재가 가해지고 더 이상 우리가 해오던 방식으로 그곳 커뮤니티 리더들을 지원할 수 없었을 때 우리 팀은 마음이 무너졌다. 엘리자베스는 수년간 그들을 코칭해왔다. 나는 사우스 플로리다에서 자란 나의 가장 친한 친구들이 생각났다. 그들은 베네수엘라, 쿠바, 또는 나처럼 콜롬비아 출신이었다. 장애가 있는 창업자들이 같은 지원 프로그램에 접근할 때의 난관, 재향군인 가족들이 창업을 할 때 맞닥뜨리는 문제, 기업가정신이 번창하기 어렵게 만드는 그들 자신의 국가 정책에 의해서 지원을 받는 창업자들에 대해서 내가 좀 더 알아갔을 때 내 세계관은 훨씬 더 넓어졌다.

이러한 경험과 나의 동료들인 글로벌 팀원들의 눈을 통해 세계를 경험하면서 다양성에 대한 나의 이해는 커져갔다. 소외계층의 다양한 창업자들이 지역 커뮤니티와 세계 사이에 다리를 놓으면서 글로벌 수준에서 영향력을 미치는 것을 보는 것은 정말로 놀랍다.

4부

결론

17장

결론

돌아보기

스타트업 커뮤니티 웨이는 어디에서든 스타트업 커뮤니티와 창업 생태계의 성과를 향상할 수 있는 일련의 원칙과 실행 방법이다. 여기에서 원칙이라고 강조하는 이유는 모든 도시가 근본적으로 다르기 때문이다. 많은 곳에서 나타나는 공통의 문제들이 있고 이 원칙들은 광범위하게 적용되지만, 어떤 것이 작용을 하는지에 대한 구체적인 내용은 오직 각각의 시간과 장소에 고유한 발견의 과정을 통해서 드러날 것이다.

우리의 핵심 메세지는 어떠한 스타트업 커뮤니티도 협업, 지원, 지식공유, #먼저주기 철학, 창업자들을 모든 것의 중심에 두는 것을 통해 향상될 수 있다는 것이다. 스타트업 커뮤니티는 인간의 사회적 시스템이므로 관계들이 신뢰, 상호주의, 장소애에 의해 뒷받침될 때 진화하고 향상될 것이다. 많은 도시에서 이것은 사람들이 생각하고 행동하는 방법을 완전히 변화시키는 것을 필요로 할 것이다. 그것은 쉽지 않은데, 특히 많은 조직의 내부 보상 구조가 이것과 반대로 움직인다. 이 작업은 시간도 걸리고 지름길도 없다. 한 세대 또는 그 이상의 헌신을 필요로 한다. 헌신적인 개인들의 수가 임계치에 도달하면 더 많은 사람이 참여해 커뮤니티 내에 확립된 규범과 행동을 따르기 때문에 더 수월해진다. 따라서 규범과 행동을 올바르게 확립하는 것이 중요하다.

스타트업 커뮤니티의 전체적인 요점은 창업자가 성공하도록 돕는 것이다. 이 아이디어는 간단하지만, 우리의 분석적인 두뇌와 구조 및 확실성에 대한 욕구가 우리의 행동을 이끌 때 문제가 나타난다. 스타트업 커뮤니티와 창업 생태계는 복잡적응계여서 결코 완전히 이해할 수 없고, 주어진 장소와 시간에서 정확하게 무엇을 해야 하는지를 예측할 수도 과거의 역사를 통해 추론할 수도 없다(오늘날의 실리콘밸리를 만든 것이 무엇인지 여전히 논쟁이 진행되고 있는 것처럼!). 너무 복잡하게 만들려는 충동을 피해야 한다. 대신 창업자들을 크고 작은 의미 있는 방법으로 일관되게 도우면서 그들이 성공할 수 있는 가능성을 높이는 방법을 찾아야 한다. 성공이라는 것은 커뮤니티마다 다를 수 있다. 그렇지만 우리의 관점에서 성공은 시간이 지남에 따라 이루어내는 향상에 관한 것으로 현재 한 지역이 갖고 있는 자원의 최대치를 끌어내는 것이다. 인위적으로 어떤 형태의 산출물을 늘리거나 다른 도시에서 성공의 객관적인 정의라고 주장하는 것을 충족하는 것이라기보다는 말이다.

이 책은 스타트업 커뮤니티를 구축하는 방법을 알려주는 플레이북도 단계적인 지침서도 아니다. 이 분야에서 더 많은 연구가 이루어져야 하겠지만, 실용적인 지침은 한계를 갖는다는 것을 기억하는 것이 중요하다. 왜냐하면 각각의 장소와 시간은 다르기 때문이다. 일반화의 이점은 제한적이다. 어떤 것은 모든 지역에서 작용했지만 그렇지 않은 경우는 훨씬 더 많다. 마찬가지로 과거에는 작용했지만 현재는 근본적인 환경이 변화해서 효과적이지 않을 수도 있다.

시행착오를 통한 발견의 과정으로 실증적 테스트를 하라. 이 책의 내용을 표준 방법이나 공식으로 만들어 다른 여러 곳에서 똑같이 복제하듯 적용해도 소용없을 것이다. 하지만 지금까지 설명해온 바와 같이 분명한 철학과 프로세스를 갖는 것은 대단히 중요하다. 만약 해결책이 분명하다면 활성화된 스타트업 커뮤니티는 모든 곳 어디에나 존재할 것이다.

전체 내용 요약

이 책의 전체 내용을 한곳에 요약해놓으면 도움이 되리라 생각한다. 우리는 스타트업 커뮤니티의 구성 요소에 대한 개요로 시작했다. 우선 왜 스타트업 커뮤니티가 존재하는지를 창업자들의 역할과 기본적인 기능, 기업가정신에 있어 외부환경의 중요성, 계층제가 아니라 신뢰 네트워크를 통한 스타트업 커뮤니티의 조직화, 창업자들의 밀도에 의해서 창출되는 가치, 그리고 현대 경제에서 장소의 질이 중요한 이유를 포함해서 설명했다. 벤 위너는 창조적 계층의 부상과 도전 정신이 어떻게 10년간의 쇠퇴 끝에 예루살렘의 스타트업 커뮤니티를 부활시켰는지 설명해준다.

다음으로는 스타트업 커뮤니티와 창업 생태계의 개별적인 구성 요소를 열거했다. 우리가 행위자라고 부르는 개인과 조직의 역할을 설명했다. 스타트업 커뮤니티 리더는 반드시 창업자 출신이어야 한다. 선동가는 창업자 출신은 아니지만 그래도 중요한 리더 역할을 맡는 사람이다. 피더는 다른 모든 사람이다. 기업가정신이 번창하는 데 필요한 자원과 환경을 요인이라고 한다. 우리는 요인을 일곱 가지 자본으로 구조화했는데, 즉 지적, 인적, 재무적, 네트워크, 문화적, 물리적, 제도적 자원으로 구성돼 있다. 이 틀은 두 가지 목적을 갖는다. 하나는 양질의 요인들을 시간이나 자원의 투자를 필요로 하는 가치창출 자산으로 인식하게 하는 것이고, 다른 하나는 행위자들이 '자본'이라는 용어를 재무적 자원 이상의 것으로 생각할 수 있게 하는 것이다. 알란 해밀턴은 #먼저주기 철학을 적용하고 올바른 의도를 설정해서 과소평가된 창업자들을 위한 커뮤니티를 구축한 방법을 소개했다. 바비 버치는 스타트랜드 뉴스를 통해서 어떻게 스토리의 힘이 예상하지 못한 방법으로 스타트업 커뮤니티에서 가치를 드러내는지를 설명해주었다.

우리는 1부를 스타트업 커뮤니티와 창업 생태계 간 유사점과 차이점에 대한 분석으로 끝맺었다. 스타트업 커뮤니티가 지역 내 기업가정신의 고동치는 심장을 상징한다면 창업 생태계는 그것을 둘러싼 주요 행위자와 요인들을 말한다. 스타트업 커뮤니티는 참여자들이 정체성, 가치, 동료의식, 창업자들의 성공을 돕는 것에 대한 근본적인 헌신을 중심으로 더 단단하게 결속돼 있을수록 더 긴밀하고 더 깊어진다. 창업자의 성공은 스타트업 커뮤니티를 위한 끌개로 작용해서 생태계로부터 더 많은 사람, 조직, 자원, 지원을 끌어당겨 활성화한다. 우리는 이것을 커뮤니티·생태계 적합성이라고 부른다. 스콧 레스닉은 이러한 연속적인 사건들이 어떻게 위스콘신주 매디슨의 창업 생태계에 추진력을 제공했는지를 설명한다.

그다음 2부는 스타트업 커뮤니티와 창업 생태계가 복잡적응계라는 것을 설명한다. 먼저 시스템이 시사하는 바를 진지하게 고려할 필요성을 강조하면서 전체 시스템에 대한 조망으로 시작했다. 우리는 세 가지 시스템, 즉 단순계, 복합계, 복잡계를 정의했고 복잡계를 다루는 데 있어 차이점, 의미, 전략이 다른 두 개와 광범위하게 왜 다른지를 설명했다. 복잡계에는 서로 상호작용을 하고 서로에게 적응하는 많은 상호의존적인 행위자들이 있다. 이것은 일련의 피드백 고리를 만들어내고 이를 통해 개인과 시스템은 끊임없이 공진화한다. 브래드 번탈은 어떻게 뉴 벤처 챌린지가 전체 시스템적인 관점을 접근해서 콜로라도 대학교 볼더 캠퍼스에서 기업가정신을 향상했는지를 설명했다.

그다음에는 예측할 수 없는 창의성의 과정으로서 각각의 복잡계를 가치 있고 고유하게 만드는 창발의 개념을 소개했다. 창발 또는 가치 있는 패턴화는 부분들 간의 상호작용으로 생겨난다. 이러한 시너지는 창발에 의한 전체가 부분의 합보다 훨씬 크고 상당히 차이가 나는 곳에서 비선형적 행동을 낳는다. 복잡계에서 창발적인 행동은 자기 조직화에 의한 것으로, 어떠한 계획이나 지배받는 것 없이 자연적으로 발생한다. 스타트업 커뮤니티 같은 복잡계는 부분들 자체가 아니라 부분들의 상호작용 때문에 가치를 갖는다. 가치창출의 과정은 계획이나 통제 기관 없이 자연스럽게 일어난다. 따라서 스타트업 커뮤니티를 구축하는 데는 오늘날까지도 이어지는 산업화 시대에 적용됐던 전통적인 지휘 통제 전략과는 매우 다른 접근법이 필요하다. 릭 투로지는 오리건주 포틀랜드에서 PIE를 성장시킨 과정을 통해 실패의 용인과 예측할 수 없는 창의성에 관한 스토리를 말해준다.

복잡계로서의 스타트업 커뮤니티가 함축하는 것에 관한 세 장 중 첫 장은 수량의 편견으로 시작한다. '거기서 우리는 모든 것에서 더 많은 것을 추구하는 접근법이 어떻게 본질적으로 결함이 있는지를 진단했다. 복잡계에서는 평균치나 수량이 아니라 특이치에 초점이 맞춰져야 한다. 왜냐하면 영량력이 큰 소수 창업자의 성공이 전체 시스템의 가치를 견인하기 때문이다. 그 한 가지 현상은 바로 기업가정신의 재순환으로 성공한 스타트업의 창업자, 투자자, 직원이 다음 세대 창업자나 또는 자신의 재창업 스타트업을 위해 시간, 부, 지식, 네트워크를 다시 투자하는 것이다. 가장 영향력 있는 네트워크 노드가 성공한 창업자이거나 그들이 이끄는 조직인 스타트업 커뮤니티는 이러한 경험이 부족한 행위자가 영향력을 갖는 커뮤니티보다 더 좋은 성과를 보인다. 인디애나주 인디애나폴리스에서 스타트업 커뮤니티의 발전을 이끌었던 스콧 도시는 이그잭트타깃을 성장시켜 결국 25억 달러에 인수합병하고 하이 알파라고 하는 새로운 회사를 만들어 이끌어가고 있다. 어떻게 이것이 가능했는지를 이야기해준다.

스타트업 커뮤니티와 창업 생태계는 통제될 수 없고 오직 가이드를 받거나 영향을 받는 것만 가능하다. 하지만 많은 사람이 통제의 착각에 빠진다. 인간은 불확실성을 피하려는 뿌리깊은 본능을 갖고 있으며 주변 세계에서 일어나는 일을 전부 다 알고 스스로 운명의 주인이 되고자 하기 때문이다. 그런 것이 전부 가능하다고 스스로를 설득하지만 그렇지 않다. 끊임없는 피드백 고리(정보 흐름과 적응 행동)가 상황을 완전히 이해하는 것을 불가능하게 만든다. 상당한 지연과 상전이(시스템을 재정의하는 시스템의 커다란 변화), 어떤 생각과 행동이 빠르게 퍼져나가는 전염(나쁜 전염과 좋은 전염)을 포함한 비선형성이 만들어지기 때문이다. 인간은 이러한 역학 관계를 효과적으로 처리할 수 없으므로 통제를 시도해서 반응한다. 복잡계에서 성공하기 위해서는 통제할 수 있다는 착각을 버려야 한다. 통제하려는 노력은 해를 입힐 뿐이다. 트로이 담브로시오는 유타 대학교가 기업가정신 센터를 만들 때 하향식 통제를 버리고 학생 창업자들을 프로세스에 포함하여 대학들이 거의 하지 않는 접근법으로 큰 성과를 이룬 이야기를 들려준다.

연구자, 컨설턴트, 스타트업 커뮤니티 구축자들은 차세대 실리콘밸리가 되기 위한 청사진을 찾으려고 한다. 이렇게 스타트업 커뮤니티의 공식을 찾으려는 유혹은 서사 오류에서 비롯된 것으로, 우리의 뇌가 이해의 틈을 사건들의 단순화된 형태로 메우려는 것이다. 그러한 생각은 잘못된 것으로 각각의 스타트업 커뮤니티는 고유하며 지역의 역사와 문화에 깊이 영향을 받는다. 복잡계에서는 과거의 작은 차이가 미래에 큰 차이를 만들어낼 수 있다. 끊임없이 계속되는 진화가 일어남에 따라 스타트업 커뮤니티는 어느 정도 안정된 상태로 나아가고, 건강하거나 건강하지 않은 패턴이 뿌리 깊이 박혀 거스르기 어려워진다. 청사진이 존재하지 않으므로 앞으로 나아가는 유일한 길은 시행착오를 통한 과정, 실패로부터 배우기, 지역의 고유한 강점 위에서 만들어가는 것이다. 깊은 장소애(토포필리아topophilia라고 불리는)는 스타트업 커뮤니티 참여자들이 피할 수 없는 부침과 굴곡을 견딜 수 있게 도와준다. 레베카 로벨은 시애틀시가 스타트업 커뮤니티의 필요에 응답하기 위해 하향식으로 어떤 것을 해야 하는지를 기술하는 것이 아니라 어떻게 상향식으로 접근했는지를 설명한다.

측정의 덫은 스타트업 커뮤니티가 상황이 잘 돌아가고 있다는 것을 뒷받침하는 데이터와 '증거'를 갖고 싶은 욕구로 잘못된 전략을 추진할 때 발생한다. 복잡계에서는 가장 덜 중요한 요인들이 측정하기가 가장 쉽다. 그러다 보니 정말로 중요한 요인들 대신에 측정하기 쉬운 요인들 중심으로 전략이 세워진다. 쉽게 특정되는 것을 우선순위에 두는 것은 스타트업 커뮤니티에서 심각한 문제다. 표준화된 측정 지표들을 순위 매기기를 위해 사용하면 문제는 더욱 심각해진다. 이것은 생태계를 지나치게 단순화하고 도시들을 서로 비교하게 만든다. 스타트업 커뮤니티의 가장 중요한 특징은 부분들이 아니라 상호작용(이것은 관찰하고 측정하기가 더 어렵다)이라는 사실을 반드시 기억해야 한다. 덧붙여 가장 유용한 비교는 동일 지역을 다른 시점에서 하는 비교다. 이것을 측정하기 위해서는 연결성과 시스템 구조(네트워크 모델), 그리고 관련된 사람들의 근본적인 행동과 태도(문화-사회적 모델)를 살펴봐야 한다. 실용적인 방법은 범주적 접근법, 비교 접근법과 동적 모델, 로직 모델 그리고 행위자 기반 모델을 비롯해서 여러 방법론을 가져오는 것이다. 이것은 창업 생태계를 좀 더 전체적으로 바라볼 수 있게 해주고 단지 하나의 정답만이 존재하는 것은 아니라는 사실을 뒷받침해준다. 렛 모리스는 10년 동안 창업 생태계를 측정한 경험을 공유하면서 명확성과 정렬, 공유와 토론, 커뮤니티 참여, 그리고 지속적인 반복의 과정이 얼마나 중요한지를 설명한다.

마지막 3부에서는 복잡성을 단순화해서 실행가능하게 만들고자 했다. 복잡성이 시스템의 특성을 설명한다면 시스템적 사고는 복잡계와 효과적으로 작용하는 일련의 도구와 방법론이다. 우리는 복잡계에서의 '레버리지 포인트'를 설명했는데, 이것은 최대한의 효과를 가지고 개입할 수 있는 지점이다. 가장 효과적인 레버리지 포인트는 네트워크 연결성과 구조를 참여자들의 근본적인 규범, 사고 패턴, 가치관과 함께 향상하는 것이다. 그다음으로 가장 영향력 있는 것은 정보 흐름과 피드백 경로를 확대하는 것이다. 가장 영향력이 적은 것은 투입의 양을 조정하는 것이다. 안타깝게도 스타트업 커뮤니티들은 여기에 많은 에너지를 쏟는다. 변화를 주기에 가장 명확하고 가장 쉽다는 이유에서다. 지속적인 변화를 우선시해야 한다는 우리의 주장을 뒷받침해주는 두 가지 기존 틀이 있는데 바로 『정글의 법칙: 혁신의 열대우림, 실리콘밸리 7가지 성공 비밀』과 『스타트업 커뮤니티』의 볼더 명제다. 후자가 더 실행 가능한 틀이므로 네 개의 장에서 복잡성의 렌즈를 통해 더 깊이 다루었다. 첫 번째 장의 마무리는 어떻게 기업가정신 마인드셋과 시스템적 사고를 적용해서 MIT를 세계 최고의 기업가정신 교육 대학의 하나로 만들었는지 빌 올렛의 글로 마무리된다.

볼더 명제의 첫 번째 원칙은 반드시 창업자 출신이 스타트업 커뮤니티를 이끌어야 한다는 것이다. 우리가 선동가라고 부르는 사람들이 리더 역할을 맡을 수 없다는 뜻이 아니라 충분한 수의 창업자 출신 리더들이 없는 스타트업 커뮤니티는 지속되기 어렵다는 뜻이다. 성공한 연쇄 창업자들은 다른 창업자들보다 더 특별하고 중요한 역할을 맡는다. 그들은 창업 과정을 거쳐봤기 때문에 스타트업 커뮤니티에서 최고의 역할 모델과 멘토가 될 수 있다. 그들은 커뮤니티 내에서 미덕이 되는 생각과 행동을 스며들게 하고 반면에 안 좋은 것은 약화할 수 있는 최고의 능력을 지녔다. 그렇지만 영감을 주는 리더십은 자동적으로 나오지 않는다. 많은 커뮤니티에서 경험 많은 창업자들이 잘못된 행동 특성을 나타내는 것처럼 말이다. 이러한 안 좋은 행위자들은 필요충분한 수의 창업자들이 영향력은 덜하더라도 협력해서 대안적인 구심점을 형성한다면 주류에서 밀려날 수 있다. 제니 필딩은 창업자를 우선시하는 접근법으로 뉴욕시에 커뮤니티 중심의 새로운 투자 모델을 구축한 이야기를 들려준다.

또한 볼더 명제는 리더가 장기적인 관점을 가져야 한다고 명시한다. 현재를 기준으로 항상 20년 앞을 내다보는 것이다. 복잡계에서 나타나는 상전이, 티핑 포인트, 시간 지연, 피드백 고리, 비선형성은 모두 장기적인 관점의 필요성을 뒷받침한다. 사람들의 행동과 사고 패턴이 기업가정신이 번창하는 쪽으로 변화하려면 오랜 시간이 걸린다. 실리콘밸리도 성공하기까지 100년이 넘게 걸렸다. 크리스 하이블리는 노스캐롤라이나 더럼에 있는 스타트업 커뮤니티의 장기적인 관점에 대해 논하였다. 시민사회 그리고 박애정신을 갖고 있는 리더들이 의지를 갖고 통제하지 않는 원칙을 받아들이고 창업자들이 이끌도록 해서 해결책을 상향식으로 도출한 것도 설명했다.

볼더 명제의 세 번째 원칙은 스타트업 커뮤니티는 참여를 원하는 사람을 모두 포용해야 한다는 것이다. 복잡계는 다양성에 의지해서 번창한다. 위계적인 하향식 접근법은 엄격한 통제와 획일성(다양성 결여)을 추구하지만 스타트업 커뮤니티에는 그 반대되는 접근법이 유익하다. 현재 다양성에 대한 논의는 정체성의 다양성(예를 들면 성별, 인종, 성적 지향)에 초점이 맞춰지는 경향이 있다. 우리는 좀 더 확장된 인지적 다양성의 관점을 지지한다. 이것은 정체성의 다양성(이것은 인지적 다양성의 부분집합으로 정체성은 사고에 영향을 미치기 때문이다)을 포함할 뿐만 아니라 다른 형태의 다양성, 예를 들어 경험, 배경, 관점들도 추가하고 있다. 포괄적 접근법을 취한다는 것은 기업가정신을 좀 더 폭넓게 생각한다는 것을 의미한다. 벤처캐피탈의 지원을 받는 하이테크 스타트업뿐만 아니라 성장 마인드셋을 가진 모든 창업자와 사람들을 포함한다. 다양성이 자리잡으려면 모든 사람을 환영하는 적극적인 포용을 실천해야 한다. 미리엄 리베라는 울루 벤처스가 어떻게 다양성을 수용하고 투자 결정에서 편견을 제거해주는 방법을 고안해내서 성과를 향상했는지를 이야기해주고 있다.

볼더 명제의 마지막 원칙은 지속적이고 의미 있는 참여만이 스타트업 커뮤니티를 지속할 수 있다는 것이다. 스타트업 커뮤니티 구축에는 허락이나 시작할 수 있는 예산을 기다리지 않아도 되는 자율성이 부여된다. 창업자들을 위해 상황을 개선하려고 하는 소수의 헌신적이고 적극적인 사람들이 필요할 뿐이다. 복잡계 이론에서 나온 자기 유사성이라는 개념이 이런 접근법을 뒷받침한다. 복잡계에서 변화는 규모와 관계 없이 일어나며 이러한 패턴은—예를 들면 해로운 환경을 바꾸려는 헌신적인 소규모 창업자 그룹—전체 시스템에 걸쳐 복제되고 확장될 수 있다. 만약 어떤 좋은 일이 일어나고 있다면, 심지어 그 주변에 나쁜 일이 많다고 해도, 결국 좋은 것이 퍼져나가 새로운 표준으로 자리잡는다. 포지티브 섬 게임의 사고방식을 갖는 것, 촉매작용을 일으키는 참여를 적극적으로 실천하는 것(단지 칵테일 파티나 시상식 연회가 아니라), 사람들을 적극적으로 불러모으고 연결하는 것이 필수적이다. 우리는 스타트업 창업자로서의 여정이 콜로라도에 있는 커뮤니티가 제공하는 많은 활동을 통해 가능했던 재키 로스의 이야기로 끝을 맺었다.

마무리하며

이 책은 우리가 처음에 이 여정을 시작하며 구상하고 계획했던 것에서 많이 바뀌었다. 우리는 『스타트업 커뮤니티』를 확장하고 최신본으로 만들어야겠다는 포부로 시작했다. 우리의 초기 생각들을 모아 많은 사람과 이야기하면서 우리는 다른 사명이 있다는 것을 깨달았다. 가장 필요한 것은 왜 우리가 스타트업 커뮤니티를 다르게 보고 관여해왔는지를 설득력 있게 말할 수 있는 책이라는 것을 알았다. 무엇을, 누가, 어떻게에 관한 많은 것은 이미 『스타트업 커뮤니티』에서 다루었다. 이 책은 그 부분들을 보완하는 것도 있지만 왜라는 부분에서 의미 있는 방법으로 진전이 있었기를 바란다.

처음부터 우리의 레이더망에 복잡성의 개념이 있었던 것은 아니었지만 이 책의 가장 중심이 됐다. 이 책이 완성되기까지의 과정에는 즐거운 반복적인 수정 작업이 있었고 또한 복잡하고 창발적인 과정의 진수가 드러나기도 했다. 우리는 서로의 재능을 결합하고 인내, 끈기, 호기심, 그리고 불편할지라도 반드시 필요한 방향으로 나아가기 위해서는 해야 할 일을 감당하는 의지를 가지고 작업을 했다. 덕분에 처음의 목표, 윤곽, 일정을 따르는 선형적이고 통제되는 과정에서 얻을 수 있는 것보다 훨씬 더 좋고 상당히 다른 결과물을 낼 수 있었다.

우리가 이 점을 강조하는 이유는 우리의 삶 어디에서든 복잡하고 창발적인 과정이 있기 때문이다. 복잡성을 표준화하면 할수록 스타트업 커뮤니티를 창업자들에게 좀 더 도움이 될 수 있게 만드는 작업에서도 복잡성을 받아들이기가 수월해진다. 복잡성을 표준화하고 다리를 놓는 것은 앞으로 나아가고 있는 스타트업 커뮤니티 참여자들의 가장 중요한 중심이 돼야 한다. 복잡성은 최근에 기하급수적으로 증가하고 있는데 세계가 디지털로 그리고 물리적으로 더욱 통합되고 있기 때문이다. 이러한 추세는 가까운 미래에도 계속될 것이다. 성공과 절차에 대한 객관적인 정의가 불분명하고 통제로 붙잡기 어려운 환경에서 사람들 간의 상호작용 또는 조율이 포함된 상황에 있다면 복잡계를 다루고 있다는 것을 인식해야 한다.

이 책에서 그 내용을 다루었는데 그렇다면 놓친 것은 무엇일까?

우선 『스타트업 커뮤니티 웨이』는 우리가 애초 계획했던 것보다 실행을 기반에 두는 것이 줄어들었다. 실용적practical이 아니라 실행practice이라는 표현을 사용했음에 유의하자. 이 책은 이론과 근거에 의해서 뒷받침되고 있지만 주로 현장에 있는 사람들을 대상으로 하고 있다. 우리는 이 책이 현장 실무자들로 하여금 피더들에게 왜 하향식 통제가 효과적이지 않고 왜 상향식 실험만이 효과적인 방법인가를 설명할 수 있게 하는 틀과 언어를 제공함으로써 교육적이고 유용하기를 바란다. 하지만 이 책은 핵심이 되는 많은 문제를 요약하거나 그 문제들을 명확한 해결 방법과 연결해서 배치하는 것에 중점을 두지는 않았으므로 실행 기반은 아니다.

우리는 이 책에서 스타트업 커뮤니티와 복잡계 간의 연결을 확고히 해서 앞으로 좀 더 실행 기반의 책이 나올 여지를 마련해두었다. 하지만 어떠한 실행 기반 접근법이라 하더라도 각각의 스타트업 커뮤니티에 맞게 맞춤형이어야 할 필요가 있다. 각각의 상황이 다르고 해결책도 오로지 시행착오를 통해서 나온다. 상상도 할 수 없을 만큼 엄청나게 많은 시나리오가 펼쳐질 수 있다. 따라서 X 문제를 Y 솔루션으로 해결한다는 매뉴얼화된 설명은 지나친 단순화다. 하지만 많은 실제 사례와 스토리들이 앞으로 나아갈 길과 상상력을 밝혀줄 것이라고 믿는다.

우리는 반복해서 원고를 보고 난 뒤 복잡계를 중심으로 책을 구성하기로 결정하고 실행 기반 부분이 있던 후반부 내용을 버렸다. 그것이 이 책의 두 번째 한계로 이어져서 폭넓은 집단의 이야기를 애초에 우리가 원했던 것보다 적게 담게 됐다. 원래는 사람들이 기고한 에세이를 많이 실을 생각이었다. 책의 후반부에 그런 외부 기고 에세이를 스타트업 지원 조직(액셀러레이터, 인큐베이터, 스튜디오), 커뮤니티 구축 조직, 대학, 정부, 대기업, 서비스 제공자, 시골 지역 스타트업 커뮤니티, 그리고 취약한 지역의 스타트업 커뮤니티 등 핵심 실행 영역별로 분류해서 실었다. 하지만 복잡계에 관한 내용이 구체화되면서 그 에세이들은 다른 별도의 출판물에 들어가야 한다는 것을 깨달았다. 그래도 우리는 스토리의 힘을 굳게 믿기에 각 장에 스토리를 최소한 한 개는 넣었다. 그렇지만 도중에 생겨난 우리의 핵심 사명에 천착하면서 그 폭넓은 범위의 에세이들을 담아낼 수가 없었다. 만약 다 넣었다면 너무 부피가 크고 일관성 없이 혼란스러운 책이 됐을 것이다. 그러나 다행히도 여기에 담을 수 없었던 스토리들에는 다른 매체가 있다.

덧붙여서, 이 책에 수록된 외부 기고문들이 다양성이 부족하다는 것을 잘 알고 있다. 특히 지리적인 부분에서(글로벌 측면에서) 그렇다. 부분적으로는 운이 안 좋았기 때문이기도 하다. 이 책이 출판되기 2년 전부터 외부 기고자들에게 에세이를 요청했다. 그리고 책의 토픽이나 핵심 주제들도 바뀌어갔다. 우리가 담은 에세이들은 이 책의 최종 구조에 최적으로 잘 맞았다. 하필 미국 이외의 지역에서 온 에세이들 중 많은 것이 책에서 삭제된 영역과 잘 맞았다. 안타깝지만 우리는 그 에세이들을 강조할 수 있는 방법을 찾을 것이다. 향후 출판물, 특히 온라인에서 많이 소개할 것이다.

　마지막으로 이 책에서 지지하는 행동, 태도, 규범, 가치관은 직업의 영역, 개인적인 삶, 시민사회 활동 등 많은 영역에서 유용하게 활용될 수 있다. 성공이나 성과를 달성하는 로드맵의 명확한 정의가 없는 복잡한 문제를 해결하기 위해 사람들 간의 협업이 필요한 상황에서는 『스타트업 커뮤니티 웨이』의 원칙을 활용하면 도움이 될 것이다. 그런 점에서 우리는 이 책이 회사의 문화, 개인적인 관계, 사람과 사람 사이의 중요한 상호작용을 향상하고자 하는 사람들에게 새로운 여정의 출발점이기를 바란다. 복잡계의 렌즈는 우리가 스타트업 커뮤니티를 더 잘 이해하고 관계할 수 있는 길을 비춰주었다. 이 책을 쓰는 동안 예측할 수 없었던 창조성을 가져다준 근본적인 힘이기도 했다. 당신에게는 어떻게 작용할까?

브래드 펠드Brad Feld

브래드 펠드는 1987년부터 초기 단계 투자자이자 창업자로 활동했다. 파운드리 그룹Foundry Group을 공동 창업하기 전에는 모비우스 벤처캐피탈Mobius Venture Capital을 공동 창업했고, 그 전에는 인텐시티 벤처스Intensity Ventures를 설립했다. 테크스타의 공동 설립기기도 했다.

브래드는 벤처캐피탈 투자와 기업가정신을 주제로 한 작가이자 강연자로도 활약하고 있다. 『벤처 딜Venture Deals』『더 많은 것을 더 빠르게Do More Faster』『스타트업 이사회Startup Boards』『스타트업 라이프Startup Life』『스타트업 기회Startup Opportunities』등 많은 책을 저술하기도 했다.

브래드는 메사추세츠 공과대학교에서 이학사와 경영학 석사학위를 받았다. 예술품 수집가이자 장거리 러너로 50개 주에서 마라톤을 완주하겠다는 목표로 지금까지 모두 25회의 마라톤 완주 기록을 갖고 있다.

콜로라도 볼더에서 아내 에이미 배철러Amy Batchelor와 브룩스와 쿠퍼라는 이름의 골든 리트리버 두 마리와 함께 살고 있다.

블로그 www.feld.com 또는 트위터 @bfeld에서 더 많은 글을 볼 수 있다.

이언 해서웨이Ian Hathaway

이언 해서웨이는 분석가, 전략 고문, 작가, 창업자다. 혁신, 전략, 공공 정책 참여 분야에서 기술, 미디어, 금융 부문 리더들을 위한 컨설턴트였다. 미국과 유럽에서 소프트웨어, 미디어, 소비재 분야 스타트업의 자문에 응하고 투자했다.

이언은 기업가정신, 혁신, 경제 분야에서 경험이 풍부한 연구자, 저자, 강연자이기도 하다. 저명한 연구 기관들과 함께 책을 출판하기도 했고 『뉴욕 타임스』 『이코노미스트』 『파이낸셜 타임스』 『월스트리트 저널』 등 유수의 매체에 글을 정기적으로 기고하고 있다.

이언은 시카고 대학교에서 경제학과 정치경제학으로 석사학위를 받았고 데이튼 대학교에서 역사학과 정부학으로 학사학위를 받았다. 아마추어 요리사이고 밴드 피시Phish의 열렬한 팬으로 1997년부터 100회 이상의 공연을 관람했다.

캘리포니아 산타바바라에서 아내 수지Suzy와 두 아들 테디와 찰리, 그리고 캐벌리어 킹 찰스 스패니얼 종 애완견 프랭키와 함께 살고 있다.

블로그 www.ianhathaway.org 또는 트위터 @IanHathaway에서 더 많은 글을 볼 수 있다.

감사의 말

많은 사람의 도움이 없었더라면 이 책을 완성할 수 없었을 것입니다. 무엇보다도 맨 먼저 가족들에게 감사를 전합니다. 브래드는 그의 글을 지지해주는 아내 에이미에게 감사를 전합니다. 글쓰기는 우리 부부가 모두 좋아하는 일이고 남은 삶에서도 함께할 일이기도 합니다.

이언은 아내 수지가 이 책이 나오기까지 보내준 사랑과 지지 그리고 삶에서 함께한 모든 것에 감사를 전합니다. 당신이 없었다면 나는 할 수 없었을 거예요. 두 아들 테디와 찰리에게 나를 아빠로 선택해주어 고맙다는 말을 전합니다. 너희들이 내 일을 자랑스러워했으면 좋겠구나. 그리고 나의 애완견 프랭키, 넌 날 무조건 사랑해주는 멋진 친구야. 어머니, 아버지, 열심히 일하는 가치를 제게 스며들게 해주셔서 고맙습니다.

브래드의 파운드리 그룹 파트너들—린델 이크먼Lindel Eakman, 세스 레바인Seth Levine, 제이슨 멘델슨Jason Mendelson, 라이언 매킨타이어 Ryan McIntyre, 크리스 무디Chris Moody—은 이 책을 지지해주었을 뿐만 아니라 전 세계에서 스타트업 커뮤니티를 구축하는 모든 활동을 담당하고 있기도 합니다. 브래드의 비서 애니 하이센부텔Annie Heissenbuttel은 우리 두 사람의 모든 종류의 무작위적인 끝없는 요청들을 참고 견뎌주면서 정말로 큰 도움이 돼주었습니다. 우리 두 사람이 협업해서 함께 작업을 시작한 지 약 1년 후에 은퇴한 브래드의 전비서 메리 와인가트너Mary Weingartner에게도 모든 수고에 대해 감사를 전합니다.

이언은 글, 토론, 격려로 이 책에 영향을 준 수많은 사람에게 감사를 전합니다. 이름을 말하자면 너무 많은데, 핵심적인 협업자들에게 특별한 감사를 전합니다. 크리스 하이블리Chris Heivly, 우리 둘이 광야에서 길을 찾아 헤매면서 매주 나눈 대화를 결코 잊을 수 없을 거예요. 고맙습니다. 제 생각을 날카롭게 해주고 폭을 넓혀준 니콜라스 콜린Nicolas Colin, 레트 모리스Rhett Morris, 스콧 레스닉Scott Resnick, 고맙습니다. 존 디어리John Dearie, 책을 쓰면서 기복이 있을 때마다 나를 코치해주면서 항상 거기에 계셨습니다.

빌 펄룬Bill Falloon과 퍼비 파텔Purvi Patel을 포함해 출판사 와일리Wiley 팀은 변함없이 계속 훌륭한 파트너가 돼주었습니다. 마무리 과정 무렵에는 테크스타 프레스Techstars Press의 부장인 레이첼 마이어Rachel Meier도 나서주어 모든 것을 완전하게 해내도록 우리를 도와주었습니다. 이 책에 수록된 그래픽 작업을 해준 파나트 넨Panat Nen, 본문 편집을 도와준 크리스티나 베리건Christina Verigan에게도 감사를 전합니다.

수많은 친구와 동료들이 초고를 읽고 코멘트를 해주었습니다. 브래드 번탈Brad Bernthal, 데이비드 브라운David Brown, 데이비드 코헨David Cohen, 리처드 플로리다Richard Florida, 크리스 하이블리Chris Heivly,

밥 리탄Bob Litan, 제이슨 멘델슨Jason Mendelson, 렛 모리스Rhett Morris, 마크 네이저Marc Nager, 잭 니스Zach Nies, 스콧 레스닉Scott Resnick, 필 와이저Phil Weiser 등 바쁜 와중에도 시간을 내주어 더 좋은 책이 될 수 있도록 도와주어 고맙습니다.

현재 300명이 넘는 테크스타의 전체 팀원들도 이 책의 아주 중요한 일부가 돼주었습니다. 테크스타가 없었다면 우리가 배운 많은 것이 존재하지 않았거나 최소한 그러한 배움에 대한 노출이 제한됐을 겁니다.

이 책에 에세이를 기고해준 많은 사람으로부터도 정말로 큰 도움을 받았습니다. 결국 전부 다 책에 넣을 수는 없었지만(일부는 『스타트업 커뮤니티』 제2판에 수록될 예정입니다) 기고자 한 분 한 분에게 감사를 전합니다. 빌 올렛Bill Aulet, 존 비들John Beadle, 브래드 번탈Brad Bernthal, 바비 버치Bobby Burch, 제니퍼 카발라Jennifer Cabala, 데이비드 코헨David Cohen, 킴 쿠푸나스Kim Coupounas, 트로이 담브로시오Troy D'Ambrosio, 오코 다바수렌Oko Davaasuren, 스콧 도시Scott Dorsey, 제니 필딩Jenny Fielding, 캐머런 포드Cameron Ford, 그렉 고츠먼Greg Gottesman, 앤드루 그리어Andrew Greer, 알란 해밀턴Arlan Hamilton, 크리스 하이블리Chris Heivly, 매트 헬트Matt Helt, 비크람 잔디아라Vikram Jandhyala, 레베카 로벨Rebecca Lovell, 제이슨 린치Jason Lynch, 브라이언 맥피크Brian McPeek, 모니샤 머천트Monisha Merchant, 벤 밀른Ben Milne, 레사 미첼Lesa Mitchell, 크리스 무디Chris Moody, 마크 네이저Marc Nager, 사예드 나셰프Saed Nashef, 톰 나스타스Tom Nastas, 아킨툰데 오예보데Akintunde Oyebode, 스콧 레스닉Scott Resnick, 미리엄 리베라Miriam Rivera, 그렉 로저스Greg Rogers, 크리스 슈뢰더Chris Schroeder, 제프리 시Geoffrey See, 재커리 슐먼Zachary Shulman, 제레미 슈어Jeremy Shure, 다이애나 소머빌Dianna Somerville, 폴 타우코봉

Pule Taukobong, 릭 투로지Rick Turoczy, 벤 위너Ben Wiener 모두 감사를 전합니다.

에릭 리스의 책『린 스타트업』과『스타트업처럼 혁신하라』는 우리의 글과 생각, 심지어 제목에도 큰 영향을 주었습니다. 에릭은 고맙게도 그의 책을 본떠서 제목을 지어도 되겠느냐는 부탁을 들어주었고 더 고맙게도 이 책을 위한 추천사까지 써주었습니다.

마지막으로 함께 일했던 수많은 창업자 그리고 우리가 가는 곳마다 기업가정신과 스타트업 커뮤니티의 메시지를 전파하면서 만난 더 많은 사람이 있습니다. 여러분을 알고 함께 일하고 배움을 얻게 해주어서 고맙습니다.

한국의 창업 생태계와 지역 스타트업 커뮤니티를 위하여

전정환, 제주창조경제혁신센터장

실리콘밸리, 뉴욕, 시애틀, 강남 테헤란로. 이 지역들은 스타트업의 요람이자 중심지다. 그런데 스타트업으로 성공하려면 반드시 실리콘밸리나 서울로 가야만 하는 것일까? 이 책은 그렇지 않다는 것을 알려준다. 다른 지역들도 스타트업 커뮤니티를 통해 저마다의 방식으로 장기간에 걸쳐 창업 생태계를 만들 수 있다는 것이다. 그동안 한국에서 창업 생태계라는 말은 서울 강남의 창업 생태계란 말의 동의어처럼 사용됐다. 이 책은 그런 고정관념을 깨고 실제 원칙과 방법론을 제안한다는 점에서 인사이트를 주고 있다.

무엇보다 저자인 브래드 펠드의 글에는 힘이 실려 있다. 실제로 그 스스로가 스타트업의 불모지였던 콜로라도 볼더를 20여 년에 걸친 노력으로 최고의 스타트업 시티로 만들어냈기 때문이다. 그는 볼더에서 글로벌 액셀러레이터 테크스타를 창립했다. 또한 2012년에 쓴 전작 『스타트업 커뮤니티: 지역 창업 생태계 구축』에서 스타트업 커뮤니티를 상징하는 '볼더 명제Boulder Thesis'를 선언한 것이 전 세계에 알려지며 수많은 스타트업 커뮤니티가 만들어지는 데 공헌했다.

그는 이번 책에서 이언 해서웨이와 함께 다양한 지역 사례들을 통해 훌륭한 스타트업 커뮤니티가 갖춰진 지역 창업 생태계의 성공 비결을 탐구한다. 그들은 스타트업 커뮤니티 웨이의 원칙을 14개의 명제로 제시한다. 협업과 지원, 지식 공유, #먼저주기, 창업자 중심의 접근을 근간으로 한다. 또한 두 사람은 "세상에 똑같은 스타트업 커뮤니티는 하나도 없다"라고 말한다. 획일적인 스타트업 커뮤니티가 아니라 지역마다 다른 생태계를 갖추기 때문이라는 것이다. 시간과 장소마다 고유한 특성이 있으며 지역의 스타트업 커뮤니티는 오직 발견의 과정을 통해서만 성장할 수 있다라는 설명이다. 이는 스타트업 커뮤니티가 '복잡계 이론'을 따르는 시스템이기 때문이다. 따라서 스타트업 커뮤니티는 단기간의 선택과 집중을 통해 만들어질 수 없다. 항상 지금부터 20년을 내다보는 '장기간의 접근'을 통해서만 만들어진다.

이 책의 원칙에 근거해 한국의 스타트업 커뮤니티를 돌아본다면 어떤 인사이트를 얻을 수 있을까? 한국의 지역 스타트업 커뮤니티와 지역 창업 생태계는 어디에 있으며 어디로 가고 있을까? 각각의 지역들에 대해 고찰이 있어야 할 것이다. 이 글에서는 내가 있는 현장인 제주도의 스타트업 커뮤니티와 창업 생태계를 중심으로 소개하고자 한다.

제주의 창업 생태계와 스타트업 커뮤니티

제주창조경제혁신센터Jeju Center for Creative Economy & Innovation(이하 제주센터)가 이 책을 번역 출간하기로 한 것은 지역 스타트업 커뮤니티의 현장에 있으면서 공감하는 내용이 많았기 때문이다. 제주센터는 2015년에 제주의 창업 생태계 조성의 미션을 가지고 민관협력 비영리기관으로 시작됐다. 나는 초대 센터장으로 시작해 7년째 운영하고 있다. 제주창조경제혁신센터는 스타트업 커뮤니티의 지원자다. 이 책의 행위자 분류에 따르면 '선동가'이자 '피더'라고 볼 수 있다.

제주의 스타트업 커뮤니티에 관한 이야기를 시작하기 전에 잠시 제주센터 설립 전인 10년 전 과거로 시간여행을 가보자. 다음커뮤니케이션은 1995년 설립된 한국 최고의 IT 포털 회사 중 하나였는데 2004년에 '즐거운 실험'이라는 프로젝트를 추진했다. 수도권 집중에 따른 과밀한 서울에서의 출퇴근 거리 문제, 커뮤니케이션의 비효율성 개선, 창의적인 업무환경, 일과 삶의 조화, 개인과 기업과 지역의 지속가능한 성장을 위해 지역으로 이전하는 도전적인 프로젝트다. 제주의 한적한 마을인 애월 유수암리의 펜션을 빌려서 20여 명의 개발자가 내려간 것을 시작으로, 2006년에 제주시 오등동에 200여 명이 일할 수 있는 사옥 글로벌 미디어 센터GMC, Global Media Center를 만들었다. 나와 제주의 인연은 2006년 10월에 다음커뮤니케이션이 제주에서 연 개발자 콘퍼런스에 놀러 간 것이 계기가 됐다. 당시 나는 서울에서 공동창업했던 스타트업을 정리하고 취업을 준비하고 있었는데 그 제주 콘퍼런스에서 다음커뮤니케이션의 멋진 문화에 반했고 입사를 결정했다.

나는 입사 후 8년간 서울의 본사에서 근무하다가 제주에서도 맡아야 할 조직이 생겨서 출장을 다녀야 했다. 그렇게 제주를 알아가게 됐다. 다음커뮤니케이션은 제주대학교에 개발자 트랙을 개설하고 테드TED와 유사한 리프트 콘퍼런스Lift Conference를 제주에 유치하는 등 지역의 미래를 열어가는 데 조금이라도 도움이 되고자 했다.

다음커뮤니케이션 이주에 힘입어 정부와 제주도는 첨단산업단지를 조성하고 보조금 혜택을 주면서 더 많은 인원의 이주를 권했다. 2012년에는 첨단산업단지에 사옥을 확장 건립해 본사를 이전했다. 2014년에는 제주의 직원이 600명 이상으로 늘었다. 그렇지만 다음커뮤니케이션의 경쟁력은 기대와 달리 지속 성장하지 못했고 모바일 시대에 탄생해 무섭게 성장하던 스타트업 카카오에 2014년 하반기 합병됐다.

이런 일련의 과정은 내게 큰 화두를 남겼다. 만일 제주가 기업이 잘될 수 있는 곳이었다면 다음커뮤니케이션이 제주에 이주한 후 더 잘됐어야 하지 않은가? 제주에 와서 오히려 경쟁에서 뒤처진 것은 아닌가? 다음커뮤니케이션이 제주에 이주해서 10여 년이 지나고 많은 인원이 이주해 근무했음에도 제주의 기업 생태계와 커뮤니티는 그다지 발전하지 못했다. 그 이유는 무엇일까?

그러던 중 합병 후 카카오 소속이 됐던 내게 뜻하지 않은 기회가 왔다. 정부가 지역의 창업 생태계 조성을 미션으로 하는 민관협력 기관으로 17개 지역에 창조경제혁신센터를 만들면서 카카오도 제주창조경제혁신센터 설립에 참여했다. 나는 초대 센터장으로 선임됐고 3번 연임해 지금까지 하고 있다(지금도 카카오에서 급여를 받는 카카오 소속이고 파견으로 센터장을 맡고 있다. 전국 17개 센터에서 유일한 파견 센터장이다). 처음에 제주센터는 정부 주도로 설립됐긴 했지만 내게는 다음커뮤니케이션 시절부터 아쉬웠던 제주 기업 생태계 문제를 풀어갈 기회이기도 했다. 지역에 기업들이 잘되고 성공할 수 있는 토양을 만드는 것이 미션이기 때문이다.

연결성이 지역 스타트업 커뮤니티의 생명력이다

2015년 6월 제주창조경제혁신센터가 개소될 때만 해도 제주에 스타트업은 아예 없는 것이나 다름없었다. 몇몇 정보통신기술ICT 기업들도 있었지만 주로 정부 대상으로 하는 용역 사업에서 크게 벗어나지 못했다. 제주의 중점 산업은 1차 산업(농수산)과 관광 산업이었고 다양성과 혁신성이 부족했다. 제주대학교는 지방공무원 희망자들이 가는 행정학과가 가장 인기가 있고 창업가나 기술인재들의 경쟁력은 낮은 편이었다.

하지만 제주만의 장점도 많았다. 제주는 천혜의 자연경관을 가져서 한국뿐 아니라 세계에 잘 알려진 매력적인 섬이다. 덕분에 창조적 계층들이 이주를 선호하는 지역이다. 1988년 록밴드 들국화의 멤버였던 최성원이 솔로 1집에서 작사 작곡해 발표한 「제주도의 푸른 밤」이 제주 이주 로망을 불러일으키기 시작했고 2010년 가수 이효리를 시작으로 문화 이주자가 급증했다. 한국의 라이프 스타일 산업의 성지인 서울의 홍대 문화가 제일 먼저 지방 도시로 유입돼 정착한 지역이기도 하다. 그 덕에 2019년 기준 전 국민 조사에서 가장 살고 싶은 곳 2위가 서귀포시(11.6%)였고 3위가 제주시(10.0%)였다(1위는 서울의 강남구).

제주도는 2010년 전후해서 생긴 제주영어교육도시 국제학교들에서 글로벌 역량을 가진 청소년들이 자라고 있다. 그들의 부모들은 많은 경제적, 사회적 자본을 가지고 있다. 또한 제주도의 부동산 가치가 크게 올라가면서 기존 제주도민 중에서도 자산가들이 많이 생겨났다. 그러나 이러한 장점들이 서로 시너지를 내지는 못했다. 제주 거주민들의 다양성이 높아지고 있지만 서로 연결되는 것이 그리 많지 않았다. 이주민들은 이주민들끼리 어울렸고 기존

도민들은 도민들끼리 어울렸다. 서로 간의 오해와 갈등도 늘어났고 협력은 거의 일어나지 않았다. 서울의 청년들이 제주에 로망을 가지고 이주하는 반면 제주의 청년들은 기회와 자극의 부족으로 서울로 이주를 꿈꾸고 있었다.

나는 제주센터의 비전을 '새로운 연결을 통한 창조의 섬, 제주'로 정했다. 제주에서 창업하고자 하는 사람들끼리도 서로 만날 기회가 없다는 문제부터 해결해야 했다. 제주센터에서 가장 먼저 만든 프로그램은 네트워킹과 커뮤니티 프로그램들이었다. 제주에서 최초의 코워킹 스페이스 J-Space를 만들었다. 이곳에서 매달 네트워킹과 커뮤니티 프로그램을 열었다. '런Learn치합시다'는 예비창업자, 창업자, 투자자 등이 함께 모여 점심을 먹으면서 자유롭게 이야기하는 프로그램이다. 이 프로그램을 지속적으로 하면서 제주의 창업자들이 교류하고 정보를 나누게 됐다. '사업 아이디어 피칭데이'는 누구나 자신의 사업 아이디어를 발표할 수 있는 장이었고 심사위원뿐 아니라 청중 누구든지 편하게 질문하고 피드백을 줄 수 있는 프로그램이었다. 이 두 프로그램을 매달 정기적으로 하니 시간이 지날수록 제주 창업가들의 허브가 됐다. 입주기업들이 졸업 데모데이를 할 때면 많은 액셀러레이터와 벤처캐피탈들을 초대했다. 아직 제주에 스타트업들이 많지 않았던 시절이다. 하지만 제주의 매력 덕분에 서울에 있는 투자자들을 많이 초대할 수 있었고 스타트업과 투자자, 스타트업과 스타트업, 투자자와 투자자 간의 네트워킹이 점점 더 활발하게 일어나게 됐다.

제주센터의 대표 프로그램인 스타트업의 제주 한 달 체류 프로그램 '제주다움'은 제주 한달살이 열풍에서 착안했다. 제주에 한 달을 사는 사람들은 보통 교외 한적한 지역에서 살다가 가는 경우가 많았다. 그런데 그렇게 해서는 여행객일 뿐 제주와 시너지를 창출하기가 어려웠다. 그래서 제주센터는 제주 이주에 관심이 있거나 제주와 시너지를 창출하고자 하는 스타트업들을 위한 프로그램으로 '제주다움'을 설계했다. 그들에게 한 달 동안 제주와의 연결고리에서 어떤 탐색과 실험을 할지의 계획안을 받은 후 한 달 동안 숙소와 모바일 오피스를 제공했다. 그리고 매주 센터 직원들도 참여하는 네트워킹 프로그램을 통해 각자 어떤 계획이 있는지, 지난 일주일간 어떤 경험을 했는지 등의 정보를 나누는 시간을 가졌다. 실제로 수년간 이 프로그램을 지속적으로 하면서 제주와 시너지를 내는 스타트업들도 많아졌고 제주에 이주해서 제주센터에 입주한 스타트업들도 많이 생겼다.

제주센터가 '연결성'을 중심으로 다양한 프로그램들을 꾸준히 진행하자 지역에 자생적인 스타트업 커뮤니티가 만들어지기 시작했다. 제주센터 설립 후 2년 뒤인 2017년 7월 센터 보육기업들이 중심이 돼 제주스타트업협회를 창립했다. 지역 스타트업 커뮤니티의 리더로서 기업가들이 전면에 등장한 것으로 지금까지도 전국 지방 도시에서 유례를 찾기 힘든 일이다. 100개를 넘는 기업이 협회에 참가해서 활발하게 교류했다.

제주스타트업협회의 대표 행사인 제주스타트업믹스는 매해 연말에 협회가 주최하며 도내 기관들이 후원하고 동참하는 방식으로 진행된다. 협회는 전국 스타트업들의 협회인 코리아스타트업포럼의 제주 워크숍 등을 연계해 활발하게 교류하고 규제 개혁과 펀드 조성 등에서 자신들의 목소리를 내기도 한다.

제주스타트업협회는 스타트업들 간에 서로 경쟁보다는 협력하는 #먼저주기에 입각한 조직이다. 2018년 4월 12일 협회 회원사인 오름열기구의 열기구가 돌풍으로 추락하는 사건이 있었다. 그날 탑승했던 사람들의 상당수가 동료 스타트업 대표들이었다. 김종국 대표가 사고의 상황에서도 마지막까지 조종간을 놓지 않았기에 승객들은 모두 무사했다. 하지만 김 대표 본인은 안타깝게도 사망했다. 김 대표의 장례식은 고향이 아니라 제주에서 열렸다. 제주스타트업협회 회원사들이 장례 비용을 대고 모든 과정을 함께했다. 다쳐서 장기간 입원한 사람들도 있었다. 하지만 그 누구도 원망하지 않았다. 지금까지도 오름열기구 김종국 대표는 제주스타트업의 도전과 협력 정신을 기리는 역사로 남아 있다.

장소애와 네트워킹으로 선순환 커뮤니티를 만든다

제주스타트업협회가 스타트업 커뮤니티 리더로서 자리잡고 활발한 활동을 하기 시작했다. 그러면서 나는 제주창조경제혁신센터의 핵심 기능을 차차 재편해갔다. 초기에 제주센터의 역할로 제주의 창업 생태계가 시작된 것은 모두가 인정하는 사실이다. 하지만 제주센터가 변화하는 환경에 맞춰가지 못하고 관성에 의해 해왔던 기능을 고집하면 한순간 도리어 생태계 파괴자로 전락할 수 있다는 것을 알았기 때문이다. 나는 제주센터의 직원들에게 "우리는 끊임없이 제주 창업 생태계의 현재의 문제를 발견하고 중장기적인 해결책을 찾으며 스스로도 계속 변화해야 합니다. 그렇지 않으면 우리가 생태계의 걸림돌이 될 수 있습니다"라고 말해왔다.

제주센터는 제주의 스타트업 커뮤니티가 성장함에 따라서 5년 이상 운영하던 프로그램을 종료하기 시작했다. 이제 한 달 체류 프로그램 '제주다움'을 하지 않더라도 스타트업들은 제주로 내려와서 지역 스타트업 커뮤니티와 쉽게 연결된다. '런치합시다'를 하지 않더라도 다양한 네트워킹이 일어난다. 대신 최근에는 지역 투자 커뮤니티의 형성에 집중하고 있다. 2015년에 설립했을 때만 해도 제주에는 투자를 유치하는 기업이 거의 없었다. 센터는 2018년부터 제주도 출연금으로 14개의 지역 스타트업에 시드머니 투자를 했다. 그리고 지역에 관심이 있는 액셀러레이터와 벤처캐피탈들이 제주와 연결되도록 해 후속 투자가 일어나도록 유도했다.

2021년이 된 이제는 제주도민 자본으로 제주도 스타트업에 투자하는 투자조합 결성을 준비 중이다. 여기서 제주도민은 거주 주소가 제주도인 사람들만을 뜻하는 것이 아니다. 제주도 출신이며 서울에 가서 사업에 성공하신 분, 제주도로 이주한 국제학교 부모, 제주도의 감귤 농사를 짓는 땅 주인 등 다양한 사람들이 제주의 미래를 위해 함께 힘을 모으는 선순환의 커뮤니티를 만드는 것이 목적이다. 모집 기준은 이 책에서 말하는 '장소애'를 가진 사람들이다. 출신과 하는 일은 다양할수록 좋다. 제주를 진정으로 사랑하는 사람들의 투자 커뮤니티이다. 이것은 경제적 자본뿐 아니라 사회적 자본 등 다양한 혁신 자본을 키우는 것이다. 투자 대상도 현재 기준으로 제주가 본사인 스타트업들만을 말하는 것이 아니다. 제주에 본사가 있지 않더라도 제주의 발전에 도움 되는 시너지를 창출하는 스타트업이라면 #먼저주기의 가치에 따라 먼저 투자한다. 시간이 지날수록 진정성 있는 인연이 중첩돼 쌓이고 그 기업은 제주에 본사를 옮기게 될 가능성이 커진다. 그러나 그것은 결과이지 선행 조건이 아니다.

또한 센터는 2017년부터 제주 원도심을 '스타트업 동네'로 만들기 위해 노력하고 있다. 비어 있던 구 기상청 건물을 제주도 도시재생지원센터와 협업으로 리모델링해 원도심 창업 거점 공간을 만들어서 2019년부터 운영하기 시작했다. 원도심의 빈 건물을 소유한 건물주들을 발굴하고 로컬 크리에이터들이 그 동네의 문화, 역사, 자원을 탐색해 비즈니스 모델을 피칭하는 '리노베이션 스쿨 인 제주'를 운영하고 있다. 그리고 2019년부터 제주에서 오랫동안 한 가지 일을 해온 다양한 분야의 장인들을 발굴해서 새로운 시대에 맞게 브랜딩하는 과정인 '로컬 브랜딩 스쿨'을 운영하고 있다. 또한 전국의 지역 혁신가들이 제주에 모여서 실천적 지식을 나누는 장인 제이커넥트 데이를 매년 개최하고 있고 여기서 생산된 지식을 아카이브해서 전국의 지역혁신 주체들에게 배포하고 있다.

 이렇게 제주의 스타트업 커뮤니티는 이 책에서 말하는 일곱 가지 자본인 지적 자본, 인적 자본, 재무적 자본, 네트워크 자본, 문화 자본, 물리적 자본, 제도적 자본을 키우는 방향으로 매년 성장해가고 있다. 지난 6년 동안 제주에서 창업한 첫 스타트업 세대 중 여러 기업이 투자유치를 하고 본격적인 성장 단계에 들어섰다. 지역의 강점을 살리는 개성 있는 안트러프러너가 속속 탄생하고 있다. 10여 년 뒤면 그들은 후배들을 위해 투자하고 성장시키는 최고의 선배들이 돼 있을 것이다. 이때 제주의 스타트업 커뮤니티는 또 한 번 크게 도약할 것이다.

상향식 협력적 거버넌스 소사이어티가 필요하다

제주창조경제혁신센터가 스타트업 커뮤니티의 진정성 있는 역할을 지속적으로 해낼 수 있을까? 창조경제혁신센터는 보수와 진보의 두 정부를 거치면서 살아남았고 그 과정에서 다양성, 자율성, 개방성을 원칙으로 장기간의 창업 생태계 조성을 하는 민관협력 비영리기관으로 설계됐다. 하지만 중앙정부와 지방정부로부터 매년 받는 자금으로 대부분 운영되기 때문에 하향식 시스템의 관리와 통제의 영향을 받고 있다. 그런데 반대로 지역에서 다양한 민간 파트너들과 연결된 비영리기관으로서 상향식 커뮤니티에도 속해 있는 특이한 조직이기도 하다. 정부의 하향식 획일적 시스템과 태동하는 지역 스타트업 커뮤니티의 상향식 복잡계 시스템이 만나고 충돌하는 지점에 센터가 있는 것이다.

따라서 혁신센터가 진정성 있는 역할을 계속해낼 수 있을지에 관한 질문은 우리나라의 비영리기관의 혁신 과제로 볼 수 있다. 비영리기관은 미션에 공감하는 다양한 이해관계자들의 기부, 출연, 참여, 모니터링을 통해 유지돼야 한다. 하지만 우리나라의 비영리기관 대부분이 정부 부처에 전적으로 의존하거나 대기업의 설립자 가족에게 전적으로 종속적이다. 이렇게 강력한 하향식 시스템이다 보니 정권이 바뀌면 좋은 사업도 한 번에 뒤집히는 경우가 많으며 대주주의 이해관계에 따른 대기업 한 곳의 사회공헌 수준에서 머무르곤 한다. 그러다 보니 아무리 좋은 취지에서 시작한 비영리기관도 시간이 지날수록 점점 관료화되거나 능동성을 잃고 핵심 역량과 기능이 후퇴하기 일쑤다.

미국과 유럽은 우리나라보다 비영리의 역사가 길다. 미국의 경우 1960~1970년대에 비영리기관이 본격적으로 부상했다. 그들의 재원 중 상당 부분은 미션에 공감하는 다양한 사람들의 후원이 차지한다. 유럽은 2000년대 들어 정부의 예산이 부족해지면서 대학과 박물관 등이 기관의 미션에 공감하는 다양한 민간인들의 기부금을 활발히 받으면서 재원을 다각화했다. 이것은 단지 재원을 다각화하는 것에 그치지 않고 기관의 미션에 공감하는 다양한 이해관계자들이 참여하는 소사이어티를 형성해 협력적 거버넌스로 혁신하는 것을 의미한다. 즉 제주창조경제혁신센터의 미션에 공감하는 스타트업 커뮤니티의 주체들이 센터에 기부금으로 출연하고 이사회 등 거버넌스에 적극적으로 참여한다면 정부의 하향식 거버넌스로부터 상당 부분 독립해 상향식 거버넌스로 나갈 수 있는 것이다. 비영리기관의 혁신은 한국에서 아직 제대로 추진되지 않고 상당히 어려운 일일 것이다. 그러나 앞으로 20여 년의 중장기적인 진화를 생각할 때 반드시 넘어야 할 단계일 것이다.

제주창조경제혁신센터는 아직은 시작이지만 그 첫걸음을 내디뎠다. 2020년부터 제주에 대한 '장소애'를 가진 다양한 주체들로부터 기부금을 모금해서 제주도 스타트업의 투자 운용사의 재원으로 활용하기 시작했다. 그리고 이들에게 투명하게 사업에 대해 공유하는 방향을 지향하면서 협력적 거버넌스의 소사이어티를 만들기 위해 노력하고 있다.

모든 지역은 자신의 스타트업 커뮤니티를 가져야 한다

한국의 스타트업 커뮤니티는 다른 모든 자원이 그렇듯이 서울에 과도하게 집중돼 있다는 것을 제외하고는 세계 최고의 수준에서 뒤처지지 않는다. 돌아보자면, 한국의 스타트업 생태계와 커뮤니티 또한 볼더의 경우처럼 20여 년에 걸쳐 형성됐다. 1990년대 후반에 닷컴 열풍으로 다음(1995년 설립), 네이버(1997년 설립), 이니시스(1998년 설립)와 같은 대표적인 스타트업들이 탄생했다. 그때 스타트업 생태계와 커뮤니티가 있었다고 보기는 어렵다. 그것이 태동하기까지는 10여 년이 걸렸다.

2007년부터 기업가 출신 고영하 회장이 고벤처포럼을 만들어 강남 테헤란로에서 매월 창업자와 예비창업자들이 만나는 행사를 운영한 것이 스타트업 네트워킹 프로그램의 시초라 볼 수 있다. 이어서 그는 2012년에 스타트업 투자 문화의 확산을 위해 한국엔젤투자협회를 만들었다. 1세대 스타트업 창업가들인 권도균, 이재웅, 장병규, 이택경, 송영길 등 다섯 명이 프라이머라는 액셀러레이터를 만든 것도 이즈음인 2010년이다. 스타트업 생태계 관련 커뮤니티 프로그램을 운영하는 스타트업얼라이언스가 출범한 것과 20개의 은행이 1,000억 원을 출연해 은행권청년창업재단을 설립한 것도 2012년이다. 이 재단은 다음 해에 강남 선릉역 인근에 디캠프 D.CAMP를 설립했고 활발한 커뮤니티 프로그램과 데모데이 등 핵심 프로그램들을 운영하면서 한국 스타트업 커뮤니티의 핵심 엔진이자 롤모델이 됐다.

위의 일들이 모두 강남을 중심으로 일어났다. 그래서 한국의 스타트업 커뮤니티는 바로 서울의 커뮤니티고 테헤란로를 중심으로 한 강남의 커뮤니티였다. 그러나 『스타트업 커뮤니티 웨이』에서 말하듯이 모든 지역은 자신의 스타트업 커뮤니티를 가져야 할 것이다. 그런 움직임들은 2015년 이후에 싹트기 시작했다. 하지만 문제는 강남 이외의 지역들은 대체로 정부의 주도성과 하향식 시스템의 영향력이 과도하게 크다는 것이다. 이 책에서 여러 번에 걸쳐 경고하듯이 하향식 시스템이 주도한다면 주객이 전도돼 스타트업 커뮤니티는 파괴될 것이다. 스타트업 커뮤니티의 리더는 창업자 출신이어야 하며 상향식 시스템이어야 한다.

세상에 똑같은 스타트업 커뮤니티는 하나도 없다

한국의 압축 성장 과정을 보면 1960년대부터 1980년대까지 정부가 주도해서 대기업과 산업도시들을 키워냈다. 하지만 2000년대

들어서 대기업들은 세계화의 흐름을 타고 더욱 성장하고 점차 정부의 영향력에서 벗어나 독립적으로 돼갔다. 그러나 경제 성장의 과정에서 서울 집중은 더욱 커졌다. 수도권에 인구의 절반 이상이 살게 됐고 대학도 더욱 서울에 집중되고 질 좋은 직장들도 서울에 집중돼 청년들은 지역을 계속 떠나게 됐다.

한국의 비수도권 지역들은 서울에 민간의 성장 동력을 끊임없이 빼앗겨 왔으며 정부 주도 산업 육성이라는 과거의 정책 관성의 영향이 아직도 매우 큰 곳이다. 따라서 시대와 도시의 전환을 꿈꾸는 지방 도시들이야말로 이 책에서 말하는 '스타트업 커뮤니티 웨이'가 절실하게 필요한 곳이다.

각각의 지역들은 저마다의 장점과 한계를 가지고 있다. 장점을 살리고 한계를 극복하면서 스타트업 커뮤니티 웨이로 장기적인 진화를 해나간다면 모두가 자신의 방식으로 개성 있는 스타트업 시티가 될 수 있다. 대전은 카이스트KAIST와 대덕연구단지를 가지고 있으며 여러 지역의 교차점에 있다. 그럼에도 이러한 강력한 연구 기능이 지역의 스타트업 생태계와 연결이 부족했는데 최근의 움직임은 좋다. 삼성 씨랩C-Lab과 블루포인트파트너스와 같은 지역 액셀러레이터가 활발히 활동하고 있다. 앞으로 20년 이상의 중장기 노력을 한다면 지금의 볼더와 같은 스타트업 시티가 될 수 있을 것이다. 경남 창원은 탱크도 만들 수 있는 중공업 도시를 자랑한다. 그러나 그동안은 대기업과 그곳에 납품하는 중소기업 중심의 생태계였지 스타트업 생태계가 아니었다. 그러다 보니 중소기업들은 기술력이 뛰어나지만 전 세계를 대상으로 제품을 팔지 못했다. 대기업과 중소기업의 임직원들이 창업으로 뛰어들고 그들이 충분한 투자와 판로지원을 받는다면 많은 글로벌 제조기업을 보유한 독일의 도시들 부럽지 않게 성장할 수 있을 것이다. 또한 강릉과 통영 등은 선진국으로 위상이 높아지고 한류가 전 세계를 지배하는 시대에 제주와 비슷하게 삶의 질이 높은 라이프 스타일 산업 도시로 주목받으며 성장해갈 잠재력이 크다. 서울 같은 대도시 안에서도 강남에 편중되지 않고 다양한 스타트업 동네들이 생길 수 있다. 홍대 앞이 그랬듯이 강남 중심을 넘어서 연남동과 성수동 등도 다양한 로컬들이 자신만의 스타트업 커뮤니티를 통해 발전해가고 있다. 이 지역들에서 더블린의 기네스처럼 가장 지역적이면서 동시에 글로벌한 기업이 탄생할 수 있다는 이야기다.

이 책에서 강조하듯이 '세상에 똑같은 스타트업 커뮤니티는 하나도 없다.' 모든 지역이 자신만의 잠재력을 발견하고 한계를 극복해가며 상향식의 복잡계 속에서 장기간의 진화의 길을 가는 것이다. 여러 주체가 함께 협력하며 #먼저주기의 정신으로 스타트업 커뮤니티 문화를 만들 때 지역의 장래는 밝게 열릴 것이다.

| 참고문헌 |

이 책을 읽기 전에

Brad Feld, Startup Communities, John Wiley & Sons, 2013

Burt Helm, "How Boulder Became America's Startup Capital." Inc., December 4, 2013

Tamara Chuang, "How Tachstars' "GiveFirst" manstra became a road map for the startup community in Colorado and beyond." The Colorado Sun, Decebmer 4, 2018

Vincent Del Giudice and Wei Lu, "These are America's New Top Tech Hubs." Bloomberg, November 18, 2019

Techstars www.techstars.com

들어가며

1. Casnocha (2008), "Start-up Town," *The American*, American Enterprise Institute, October 10, https://www.aei.org/articles/start-up-town/ 참조.

2. The Kauffman Foundation (2012), Kauffmann Sketchbook 12, "StartupVille," 10월 8일, https://www.youtube.com/watch?v=zXD5vt0xhyI에서 찾아볼 수 있다.

3. 유튜브에서 인터뷰를 볼 수 있다. https://www.youtube.com/watch?v=C7mV_Xk2gw0.

4. Brown, Mason (2017), "Looking inside the spiky bits: A critical review and conceptualization of entrepreneurial ecosystem," *Small Business Economics*, Volume 49, pages 11-30.

5. Allen (2016), "Complicated or complex—nowing the difference is important," *Learning for Sustainability*, 2월 3일, https://learningforsustainability. net/post/ complicated—complex/ 참조.

서론

1. Hathaway (2018), "America's Rising Startup Cities," *Center for American Entrepreneurship*; Florida, Hathaway (2018), "Rise of the Global Startup City: The New Map of Entrepreneurship and Venture Capital," *Center for American Entrepreneurship* 참조.

2. Gross (1982), *An Elephant Is Soft and Mushy*, Avon Books.

3. 물론 이언이 보내주는 자료를 나도 대부분 다 읽지만, 특히 이언에게 해당하는 사항이다. 나도 우리의 결론과 모순되는 것을 찾으면 전부 이언에게 보낸다. 그래야 우리의 머릿속으로 서서히 들어와 자리잡는 확증 편향을 물리칠 수 있다.

4. World Bank (2020), https://data.worldbank.org/indicator/SI.POV.DDAY 참조.

5. Freedom House (2019), *Freedom in the World: Democracy in Retreat*, https://freedomhouse.org/report/freedom—world/freedom—world—2019/ democracy—in—retreat 참조.

6. International Labour Organization (2019), *Unemployment and Underemployment Statistics*; Global Entrepreneurship Monitor (2020), *Global Report 2019/2020*.

7. 근거 참조. Audretsch, Falck, Feldman, Heblich (2012), "Local Entrepreneurship in Context," *Regional Studies* 46:3 (2012), 379–389; Figueiredo, Guimaraes, Woodward (2007), "Home—Field Advantage:Location Decisions of Portuguese Entrepreneurs," *Journal of Urban Economics* 52:2 (2002), 341–361; Michelacci Silva (2007), "Why So Many Local Entrepreneurs?," *Review of Economics and Statistics* 89:4 (2007), 615–633.

8. Jolly (2015), *Systems Thinking for Business: Capitalize on Structures Hidden in Plain Sight*, Systems Solutions Press.

9. McKelvey (2004), "Toward a Complexity Science of Entrepreneurship," *Journal of Business Venturing*, 19, 313–341; Hwang, Horowitt (2012), *The Rainforest: The Secret to Building the Next Silicon Valley*, Regenwald.

10. *The Irish Times* (2015), "Harvard MBAs Give Up on Wall Street," 8월 6일,

https://www.irishtimes.com/business/work/harvard-mbas-give-up-on-wall-stre
et-1.2308774.

11. 금리가 벤처 자본의 공급에 끼치는 영향에 관한 일반적인 논의는 Gompers,
Lerner (1998), "What Drives Venture Capital Fundraising?" *Brookings Papers on
Economic Activity: Microeconomics* 참조. 저금리 환경이 벤처캐피탈 산업에
끼치는 영향과 그 역사적 맥락에 대해서는 Janeway (2018), *Doing Capitalism
in the Innovation Economy: Reconfiguring the Three-Player Game between
Markets, Speculators and the State*, Cambridge University Press 참조.

12. Stanford, Le (2019), "Nontraditional Investors in VC Are Here to Stay," *PitchBook
Analyst Note*.

13. Hathaway (2019), "The Rise of Global Startup Investors," 이언 해서웨이 블로그,
1월 14일, http://www.ianhathaway.org/blog/2019/1/14/the-rise-of-global-sta
rtup-investors.

14. Hathaway (2018), "Startup Communities Revisited," 이언 해서웨이 블로그, 8월
30일, http://www.ianhathaway.org/blog/2018/8/30/startup-communities-revisit
ed.

15. Hathaway (2018), "America's Rising Startup Cities," *Center for American
Entrepreneurship*; Florida, Hathaway (2018), "Rise of the Global Startup City:
The New Map of Entrepreneurship and Venture Capital," *Center for American
Entrepreneurship*.

16. Hathaway (2018), "America's Rising Startup Communities," *Center for American
Entrepreneurship*; Hathaway (2018), "High-Growth Firms and Cities in the
US: An Analysis of the Inc. 5000," *Brookings Institution*; Hathaway (2016),
"Accelerating Growth: Startup Accelerator Programs in the United States," *Brookings
Institution*.

17. Florida, Hathaway (2018), "Rise of the Global Startup City: The New Map of
Entrepreneurship and Venture Capital," *Center for American Entrepreneurship*.

18. Taylor (1911), *The Principles of Scientific Management*, Harper & Brothers;
Burrows, Gilbert, Pollert (1992), *Fordism and Flexibility: Divisions and Change*,
St. Martin's Press.

19. 복잡계 이론과 복잡적응계에 대한 훌륭한 입문서인 Melanie Mitchell (2009),
Complexity: A Guided Tour, Oxford University Press 참조.

20. Ries (2011), *The Lean Startup: How Constant Innovation Creates Radically Successful Businesses*, Portfolio Penguin.

1장

1. Center for American Entrepreneurship, "What Is Entrepreneurship?", http://www.startupsusa.org/what-is-entrepreneurship/ 참조.

2. Blank (2010), "What's a Startup? First Principles," *Steve Blank*, 1월 25일, https://steveblank.com/2010/01/25/whats-a-startup-first-principles/ 참조.

3. 사실 미국에서 초기 창업자의 4분의 3은 성장을 계획하지 않고 시작한다. 유연성이나 사장이 되고 싶은 욕망 등 사업을 시작하는 이유로 금전과 관련 없는 이유에 집중한다. Hurst, Pugsley (2011), "What Do Small Businesses Do?" *Brookings Papers on Economic Activity* 참조.

4. Wise, Feld (2017), *Startup Opportunities: Know When to Quit Your Day Job* (제2판), Wiley.

5. Romer (1986), "Increasing Returns and Long Run Growth," *Journal of Political Economy*, 94, 1002-37; Lucas (1988), "On the Mechanics of Economic Development," *Journal of Monetary Economics*, 22, 3-42; Romer (1990), "Endogenous Technological Change," *Journal of Monetary Economics*, 98, S71-S102.

6. Audretsch, Keilbach, Lehmann (2006), *Entrepreneurship and Economic Growth*, Oxford University Press; Acs, Braunerhjelm, Audretsch, Carlsson (2009), "The Knowledge Spillover Theory of Entrepreneurship," *Small Business Economics*, 32(1), 15-30; Audretsch, Keilbach (2007), "The Theory of Knowledge Spillover Entrepreneurship," *Journal of Management Studies*, 44 (7), 1242-1254.

7. 근거를 요약한 내용은 Audretsch (2012), "Determinants of High-Growth Entrepreneurship," *Organisation for Economic Cooperation and Development*; Haltiwanger, Jarmin, Kulick, Miranda (2016), "High Growth Young Firms: Contribution to Job, Output and Productivity Growth," *U.S. Census Bureau, Center for Economic Studies* 참조.

8. Hathaway (2018), "High-Growth Firms and Cities in the US: An Analysis of the Inc. 5000," *Brookings Institution*; Motoyama (2015), "The State-Level Geographic Analysis of High-Growth Companies," *Journal of Small Business*

& Entrepreneurship, 27(2), 213 227; Li, Goetza, Partridge, Fleming (2015), "Location Determinants of High-Growth Firms," *Entrepreneurship & Regional Development*; Haltiwanger, Jarmin, Kulick, Miranda (2017), "High Growth Young Firms: Contribution to Job, Output, and Productivity Growth," *Measuring Entrepreneurial Businesses: Current Knowledge and Challenges*, NBER 참조.

9. Teece, Pisano, Shuen (1997), "Dynamic Capabilities and Strategic Management," *Strategic Management Journal*, 18(7), 509-533.

10. Teece (1992), "Organizational Arrangements for Regimes of Rapid Technological Progress," *Journal of Economic Behavior and Organization*, 18, 1-25.

11. 이 주제에 관한 중요 연구인 Pfeffer, Salancik (1978), *The External Control of Organizations: A Resource Dependence Perspective*, Harper & Row 참조. 요약은 Hillman, Withers, Collins (2009), "Resource Dependence Theory: A Review," *Journal of Management*, 35(6)1404-1427 참조.

12. 예를 들면 McChrystal, Silverman, Collins, Fussel (2015), *Team of Teams: New Rules of Engagement for a Complex World*, Portfolio Penguin; Hathaway (2018), "The New York Yankees and Startup Communities," 이언 해서웨이 블로그 참조.

13. Hwang, Horowitt (2012), *The Rainforest: The Secret to Building the Next Silicon Valley*, Regenwald.

14. Fukuyama (1997), *Social Capital*, The Tanner Lectures on Human Values, Oxford University.

15. Baker (1990), "Market Networks and Corporate Behavior," *American Journal of Sociology*, 96, pp. 589-625; Jacobs (1965), *The Death and Life of Great American Cities*, Penguin Books; Putnam (1993), "The Prosperous Community: Social Capital and Public Life," *American Prospect*, 13, pp. 35-42; Putnam(1995), "Bowling Alone: America's Declining Social Capital," *Journal of Democracy*, 6: 65-78; Fukuyama (1995), *Trust: Social Virtues and the Creation of Prosperity*, Hamish Hamilton.

16. Hwang, Horowitt (2012), *The Rainforest: The Secret to Building the Next Silicon Valley*, Regenwald.

17. 집적 경제에 관한 논의는 Brueckner (2011), *Lectures in Urban Economics*, The MIT Press, O'Sullivan (2011), *Urban Economics*, McGraw-Hill Education 참조.

18. 더 많은 정보는 Carlino, Kerr (2014), "Agglomeration and Innovation," *National*

Bureau of Economic Research 참조.

19. Feld (2010), "Entrepreneurial Density," *Feld Thoughts blog*, August 23; Feld (2011), "Entrepreneurial Density Revisited," *Feld Thoughts* 블로그, 10월 11일.

20. Cometto, Piol (2013), *Tech and the City: The Making of New York's Startup Community*, Mirandola Press.

21. Rosenthal, Strange (2013), "Geography, Industrial Organization, and Agglomeration," *Review of Economics and Statistics*, 85:2, pp. 377–393.

22. Arzaghi, Henderson (2008), "Networking off Madison Avenue," *Review of Economic Studies*, 75, pp. 1011–1038.

23. Feldman (2014), "The Character of Innovative Places: Entrepreneurial Strategy, Economic Development, and Prosperity," *Small Business Economics*, 43, pp. 9–20.

24. Catmull, Wallace (2014), *Creativity, Inc.: Overcoming the Unseen Forces That Stand in the Way of True Inspiration*, Bantam Press; McChrystal, Silverman, Collins, Fussel (2015), *Team of Teams: New Rules of Engagement for a Complex World*, Portfolio Penguin.

25. Endeavor Insight (2014), *What Do the Best Entrepreneurs Want in a City? Lessons from the Founders of America's Fastest - Growing Companies*; Florida (2002), *The Rise of the Creative Class: And How It's Transforming Work, Leisure, Community and Everyday Life*, Basic Books.

26. Hathaway (2017), "The Amazon Bounce Back," *Ian Hathaway* 블로그, 10월 22일; Feld (2018), "What Denver Should Do When Amazon Doesn't Choose It For HQ2," *Feld Thoughts* 블로그, 2월 1일.

27. Chatterji, Glaeser, Kerr (2013), "Clusters of Entrepreneurship and Innovation," *National Bureau of Economic Research*.

28. Hathaway (2018), "High–Growth Firms and Cities in the US: An Analysis of the Inc. 5000," *Brookings Institution*.

29. Lee, Florida, Acs (2004), "Creativity and Entrepreneurship: A Regional Analysis of New Firm Formation," 38(8), 879–91; Boschma, Fritsch (2009), "Creative Class and Regional Growth in Europe: Empirical Evidence from Seven European Countries," 85(4), 391–23; Florida, Mellander, Stolarick (2008), "Inside the

Black Box of Regional Development," *Journal of Economic Geography* 8(5), 615–649.

30. Endeavor Insight (2014), *What Do the Best Entrepreneurs Want In A City? Lessons from the Founders of America's Fastest - Growing Companies*.

31. 근거 참조. Figueiredo, Guimaraes, Woodward (2007), "Home–Field Advantage: Location Decisions of Portuguese Entrepreneurs," *Journal of Urban Economics* 52:2 (2002), 341–361; Michelacci, Silva (2007), "Why So Many Local Entrepreneurs?", *Review of Economics and Statistics* 89:4 (2007), 615–633.

32. Baird (2017), *The Innovation Blind Spot: Why We Back the Wrong Ideas - and What to Do About It*, BenBella Books.

33 히컨루퍼의 마지막 주정연설은 〈덴버 포스트〉 웹사이트 https://www.denverpost.com/2018/01/11/john–hickenlooper–coloradostate–of–state–text/ 참조.

2장

1. Renando (2019), "Roles and Functions in Innovation Ecosystems," *LinkedIn*; Renando (2019), "Network Analysis of an Entrepreneur Ecosystem–Ph.D. in progress," *LinkedIn* 참조.

2. 선동가라는 표현은 Chris Heivly와 Matt Helt가 처음으로 고안해서 사용했다.

3. Morris, Torok (2018), "Fostering Productive Entrepreneurship Communities: Key Lessons on Generating Jobs, Economic Growth, and Innovation," *Endeavor*; Goodwin (2014), "The Power of Entrepreneur Networks: How New York City Became the Role Model for Other Urban Tech Hubs," *Endeavor*.

4. Motoyama, Konczal, Bell–Masterson, Morelix (2014), "Think Locally, Act Locally: Building a Robust Entrepreneurial Ecosystem," *Kauffman Foundation*.

5. 현재 나는 『#GiveFirst: A New Philosophy for Business in the Era of Entrepreneurship』이라는 책을 집필하고 있다.

6. Feld (2012), *Startup Communities: Building an Entrepreneurial Ecosystem in Your City*, John Wiley & Sons, pp. 147–148.

7. Bernthal (2017), "Who Needs Contracts? Generalized Exchange Within Investment Accelerators," *Marquette Law Review*, 100: 997.

8. 실리콘밸리 시대를 상징하는 코치 중 한 명인 빌 캠벨(Bill Campbell)에 대해서 2019년에 나온 다음의 책에 자세하게 설명돼 있다. *Trillion Dollar Coach: The Leadership Handbook of Silicon Valley's Bill Campbell*, Eric Schmidt, Jonathan Rosenberg, Alan Eagle 지음. https://www.trilliondollarcoach.com/.

9. 리부트(https://www.reboot.io/)는 나의 오랜 친구이자 플랫아이언 파트너스의 성공한 벤처캐피탈리스트였던 제리 콜론나(Jerry Colonna)가 1990년대에(Fred Wilson과 함께) 설립했다. 제리가 쓴 훌륭한 책 *Reboot: Leadership and the Art of Growing Up*, Harper Business (2019)도 참고.

10. Calacanis (2017), Angel: How to Invest in Technology Startups: Timeless Advice from an *Angel Investor Who Turned $100,000 into $100,000,000*, Harper Business.

11. Hathaway (2017), "The Amazon Bounce Back," 이언 해서웨이 블로그, 10월 22일; Feld (2018), "What Denver Should Do When Amazon Doesn't Choose It For HQ2," *Feld Thoughts* 블로그.

12. Lach (2019), "Wisconsin's Foxconn Debacle Keeps Getting Worse," *The New Yorker*, 1월 30일, https://www.newyorker.com/news/current/ wisconsins-foxconn-debacle-keeps-getting-worse.

13. Kanter (2018), "Apple Threw Shade on Amazon with New Campus in Austin, Texas," *Business Insider*, 12월 16일, https://www.businessinsider.com/apple-threw-shade-on-amazon-with-new-campus-inaustin-texas-2018-12?r=US&IR=T.

14. Auerswald (2015), "Enabling Entrepreneurial Ecosystems: Insights from Ecology to Inform Effective Entrepreneurship Policy," *Kauffman Foundation*.

15. Lerner (2012), *Boulevard of Broken Dreams: Why Public Efforts to Boost Entrepreneurship and Venture Capital Have Failed - and What to Do about It*, The Kauffman Foundation Series on Innovation and Entrepreneurship.

3장

1. Kim, Kleinbaum (2016), "Teams and Networks," *State of the Field*; Ruef (2010), *The Entrepreneurial Group: Social Identities, Relations, and Collective Action*, Princeton University Press.

2. Stangler, Bell—Masterson (2015), "Measuring an Entrepreneurial Ecosystem," *Kauffman Foundation*

3. Motoyama (2014), "Do's and Don'ts of Supporting Entrepreneurship," *Kauffman Foundation*.

4장

1. Pennings (1982), "The Urban Quality of Life and Entrepreneurship," *Academy of Management Journal*, 25, 63–79.

2. 예를 들면 Dubini (1989), "The Influence of Motivations and Environment on Business Start—Ups: Some Hints for Public Policies," *Journal of Business Venturing*, 4, 11–26; Van de Ven (1993), "The Development of an Infrastructure for Entrepreneurship," *Journal of Business Venturing*, 8, 211–230 참조.

3. Aldrich (1990), "Using an Ecological Perspective to Study Organizational Founding Rates," *Entrepreneurship: Theory and Practice*; Moore (1993), "Predators and Prey: A New Ecology of Competition," *Harvard Business Review*, 5–6월, 75–86.

4. 예를 들면 Spilling (1996), "The Entrepreneurial System: On Entrepreneurship in the Context of a Mega—Event," *Journal of Business Research*, 36(1), 91–103; Neck 외. (2004), "An Entrepreneurial System View of New Venture Creation," *Journal of Small Business Management*, 42(2), 190–208; Isenberg (2010), "The Big Idea: How to Start an Entrepreneurial Revolution," *Harvard Business Review*, 6 월; Isenberg (2011), "The Entrepreneurship Ecosystem Strategy as a New Paradigm for Economic Policy: Principles for Cultivating Entrepreneurship," *The Babson Entrepreneurship Ecosystem Project* 참조.

5. 이 정의는 구글 검색 결과 (https://www.google.com/search?q=define%3A+com-munity/ 0), 미리엄—웹스터 온라인 사전(https://www.merriam—webster.com/dictionary/community), 우리의 각색을 결합해서 도출됐다.

6. 창업자를 우선하는 접근법에 관한 이전 글은 Hathaway (2017), "#Founders First," *Startup Revolution Blog*, https://www.startuprev. com/foundersfirst/; Birkby (2017), "What it means to put founders first," *Startup Stories Blog*, https://medium.com/startup—foundationstories/ what—it—means—to—put—founders—first—fa6f1992 1f61 참조.

7. Meadows (2008), *Thinking in Systems: A Primer*, Chelsea Green Publishing.

8. Hathaway (2017), "#FoundersFirst," *Startup Revolution*, https://www.startuprev.com/foundersfirst/.

9. Meadows (2008), *Thinking in Systems: A Primer*, Chelsea Green Publishing.

10. Griffin (2107), "12 Things about Product−Market Fit," *a16z* 블로그, 2월 18일, https://a16z.com/2017/02/18/12−things−about−product−market−fit/.

11. Florida, Hathaway (2018), "Rise of the Global Startup City: The New Map of Entrepreneurship and Venture Capital," *Center for American Entrepreneurship*.

5장

1. 시스템에 관한 참고할 만한 자료는 많지만 입문용으로 Carter, Gomez (2019), *Introduction to Systems Thinking*, Carnegie Mellon University 참조.

2. Christaskis (2009), *Connected: The Surprising Power of Our Social Networks and How They Shape Our Lives: How Your Friends' Friends' Friends Affect Everything You Feel, Think, and Do*, Little, Brown Spark.

3. Motoyama, Watkins (2017), "Examining the Connections within the Entrepreneurial ecosystem: A Case Study of St. Louis," *Entrepreneurship Research Journal* 7(1): 1−32 참조.

4. Nason (2017), *It's Not Complicated: The Art and Science of Complexity in Business*, Rotman−UTP Publishing.

5 Nason (2017), *It's Not Complicated: The Art and Science of Complexity in Business*, Rotman−UTP Publishing.

6. 가령 Kahneman (2012), *Thinking, Fast and Slow*, Penguin 참조.

7. Horowitz (2019), *What You Do Is Who You Are: How to Create Your Business Culture*, Harper Business.

6장

1. 이 챕터는 복잡계 분야의 수많은 선구자들 덕분에 가능했다. 이 책에 지대한 영향을 끼친 연구는 다음과 같다. Waldrop (1992), *Complexity: The Emerging Science at the Edge of Order and Chaos*, Simon & Schuster; Miller, Page (2007), *Complex Adaptive Systems: An Introduction to Computational Models of Social*

Life, Princeton University Press; Mitchell (2009), *Complexity: A Guided Tour*, Oxford University Press; Page (2010), *Diversity and Complexity*, Princeton University Press; Holland (2012), *Signals and Boundaries: Building Blocks for Complex Adaptive Systems*, MIT Press; Holland (2014), *Complexity: A Very Short Introduction*, Oxford University Press; Colander, Kupers (2014), *Complexity and the Art of Public Policy: Solving Society's Problems from the Bottom Up*, Princeton University Press; West (2017), *Scale: The Universal Laws of Growth, Innovation, Sustainability, and the Pace of Life in Organisms, Cities, Economies, and Companies*, Penguin Press.

2. Weaver (1948), "Science and Complexity," *American Scientist*, 36: 536.

3. Santa Fe Institute (n.d.), "History," Santa Fe Institute 웹사이트, https://www.santafe.edu/about/history.

4. Meadows (2008), *Thinking in Systems: A Primer*, Chelsea Green Publishing.

5. 위와 같은 책.

6. https://www.vocabulary.com/dictionary/emerge.

7. Miller, Page (2007), *Complex Adaptive Systems: An Introduction to Computational Models of Social Life*, Princeton University Press.

8. Johnson (2001), *Emergence: The Connected Lives of Ants, Brains, Cities, and Software*, Scribner.

9. Complexity Labs (2017), *Complex Adaptive Systems*, Systems Innovation.

10. 나는 1990년에 박사과정에서 쫓겨났다. 나는 박사과정 학생보다는 창업자로서가 더 나았다.

11. Von Hippel (1978), "A Customer-Active Paradigm for Industrial Product Idea Generation," *Research Policy*, 1978, vol. 7, issue 3, 240-266.

12. 린 스타트업에 대한 더 자세한 내용은 Blank (2005), *The Four Steps to the Epiphany: Successful Strategies for Products That Win*, K & S Ranch; Ries (2011), *The Lean Startup: How Constant Innovation Creates Radically Successful Businesses*, Portfolio Penguin 참조.

13. Seward (2013), "The First-Ever Hashtag, @-reply, and Retweet, as Twitter Users Invented Them," *Quartz*, 10월 13일, https://qz.com/135149/thefirst-ever-hashtag-reply-and-retweet-as-twitter-users-invented-them/.

14. 더 자세한 내용은 https://systemsinnovation.io/ 참조.

15. 멱법칙에 관한 더 자세한 내용은 Clauset, Shalizi, Newman (2009), "Power-Law Distributions in Empirical Data," *Society for Industrial and Applied Mathematics Review* 51(4): 661-703 참조.

16. Bonabeau, Dorigo, Theraulaz (1999), *Swarm Intelligence: From Natural to Artificial Systems*, Oxford University Press.

17. Jolly (2015), *Systems Thinking for Business: Capitalize on Structures Hidden in Plain Sight*, Systems Solutions Press.

18. 위와 같은 책.

19. Jolly (2015), *Systems Thinking for Business: Capitalize on Structures Hidden in Plain Sight*, Systems Solutions Press.

20. 위와 같은 책.

21. Forrester (1989), "The Beginning of System Dynamics," *Sloan School of Management, MIT*, Banquet Talk at the international meeting of the System Dynamics Society, Stuttgart, Germany, 7월 13일, https://web.mit.edu/sysdyn/sd-intro/D-4165-1.pdf.

22. Jolly (2015), *Systems Thinking for Business: Capitalize on Structures Hidden in Plain Sight*, Systems Solutions Press.

23. Emery, Clayton (2004), "The Mentality of Crows: Convergent Evolution of Intelligence in Corvids and Apes," *Science*, 306(5703): 1903-7.

24. 예를 들면, Kahneman (2012), *Thinking, Fast and Slow*, Penguin 참조.

25. Winslow (1996), *The Making of Silicon Valley: A One Hundred Year Renaissance*, Santa Clara Valley Historical Association.

26. Feld (2018), "Binary Star Startup Communities," 브래드 펠드 블로그, 7월 18일, https://feld.com/archives/2018/07/binary-star-startup-communities.html.

27. Jolly (2015), *Systems Thinking for Business: Capitalize on Structures Hidden in Plain Sight*, Systems Solutions Press.

28. 위와 같은 책.

29. Lerner (2012), *Boulevard of Broken Dreams: Why Public Efforts to Boost Entrepreneurship and Venture Capital Have Failed - and What to Do about It,*

The Kauffman Foundation Series on Innovation and Entrepreneurship.

7장

1. Azoulay, Jones, Kim, Miranda (2018), "Age and High-Growth Entrepreneurship," *NBER Working Paper*.

2. Motoyama (2014), "The State-Level Geographic Analysis of High-Growth Companies," *Journal of Small Business & Entrepreneurship* 27: 2; Hathaway (2018), "High-Growth Firms and Cities in the US: An Analysis of the Inc. 5000," *Brookings Institution*; Qian, Yao (2017), "The Role of Research Universities in U.S. College-Town Entrepreneurial Ecosystems," *SSRN Working Paper*; Hathaway (2016), "Accelerating Growth: Startup Accelerator Programs in the United States," *Brookings Institution*; Motoyama, Bell-Masterson (2014), "Beyond Metropolitan Startup Rates: Regional Factors Associated with Startup Growth," *Kauffman Foundation*.

3. Feldman, Zoller (2012), "Dealmakers in Place: Social Capital Connections in Regional Entrepreneurial Economies," *Regional Studies* 46.1: 23-37.

4. Chatterji, Glaeser, Kerr (2013), "Clusters of Entrepreneurship and Innovation," *NBER Working Paper*.

5. Saxenian (1994), *Regional Advantage: Culture and Competition in Silicon Valley and Route 128*, Harvard University Press; O'Mara (2019), *The Code: Silicon Valley and the Remaking of America*, Penguin Press.

6. Hwang, Horowitt (2012), *The Rainforest: The Secret to Building the Next Silicon Valley*, Regenwald.

7. Schroeder (2013), *Startup Rising: The Entrepreneurial Revolution Remaking the Middle East*, St. Martin's Press.

8. Schroeder (2017), "A Different Story from the Middle East: Entrepreneurs Building an Arab Tech Economy," *MIT Technology Review*, 8월 3일. https://www.technologyreview.com/s/608468/a-different-story-from-the-middleeast-entrepreneurs-building-an-arab-tech-economy/.

9. 문헌 검토는 다음 논문들의 관련 부분 및 결론을 참조. Shaw, Sorensen (2017), "The Productivity Advantage of Serial Entrepreneurs," *National Bureau of Economic*

Research. Roberts (2012), "Are You Experienced or Are You Talented?: When Does Innate Talent versus Experience Explain Entrepreneurial Performance?" *Strategic Entrepreneurship Journal*, 6(3): 207-219; Parker (2013), "Do Serial Entrepreneurs Run Successively Better-Performing Businesses?" *Journal of Business Venturing*, 28(5): 652-666도 참조. 창업자의 나이와 높은 성장 가능성의 긍정적 상관관계는 Azoulay, Jones, Kim, Miranda (2018), "Age and High-Growth Entrepreneurship," *National Bureau of Economic Research* 참조.

10. Feldman, Zoller (2012), "Dealmakers in Place: Social Capital Connections in Regional Entrepreneurial Economies," *Regional Studies*, Vol 46.1: 23-37.

11. Kemeny, Feldman, Ethridge, Zoller (2016), "The Economic Value of Local Social Networks," *Journal of Economic Geography*, 16, 1101-1122.

12. Feldman, Zoller (2012), "Dealmakers in Place: Social Capital Connections in Regional Entrepreneurial Economies," *Regional Studies* 46.1: 23-37; Kemeny, Feldman, Ethridge, Zoller (2016), "The Economic Value of Local Social Networks," *Journal of Economic Geography* 16(5), 1101-1122.

13. Mulas, Minges, Applebaum (2016), "Boosting Tech Innovation Ecosystems in Cities: A Framework for Growth and Sustainability of Urban Tech Innovation Ecosystems," *Innovations* 참조.

14. Morris, Torok (2018), "Fostering Productive Entrepreneurship Communities: Key Lessons on Generating Jobs, Economic Growth, and Innovation," *Endeavor*; Goodwin (2014), "The Power of Entrepreneur Networks: How New York City Became the Role Model for Other Urban Tech Hubs," *Endeavor*.

15. Mulas, Gastelu-Iturri (2016), "New York City: Transforming a City into a Tech Innovation Leader," *World Bank*; Mulas, Qian, Henry (2017), "Tech Start-up Ecosystem in Dar es Salaam: Findings and Recommendations," *World Bank*; Mulas, Qian, Henry (2017), "Tech Start-up Ecosystem in Beirut: Findings and Recommendations," *World Bank*; Mulas, Qian, Garza, Henry (2018), "Tech Startup Ecosystem in West Bank and Gaza: Findings and Recommendations," *World Bank*.

8장

1. Taylor (1911), *The Principles of Scientific Management*, Harper & Brothers;

Burrows, Gilbert, Pollert (1992), *Fordism and Flexibility: Divisions and Change*, St. Martin's Press.

2. Wolfe (1987), *Bonfire of the Vanities*, Farrar, Straus, Giroux; Nason (2017), *It's Not Complicated: The Art and Science of Complexity in Business*, Rotman−UTP Publishing 참조.

3. Colander, Kupers (2014), *Complexity and the Art of Public Policy: Solving Society's Problems from the Bottom Up*, Princeton University Press.

4. Page (2017), *The Diversity Bonus: How Great Teams Pay Off in the Knowledge Economy*, Princeton University Press.

5. Hathaway (2019), "The J−Curve of Startup Community Transition," 이언 해서웨이 블로그, 1월 15일, http://www.ianhathaway.org/blog/2019/1/15/ the−j−curve−of−startup−community−transition. Bremmer (2006), *The J Curve: A New Way to Understand Why Nations Rise and Fall*, Simon & Schuster에서 영감을 받았다.

6. Taleb (2012), *Antifragile: Things That Gain from Disorder*, Random House.

7. 위와 같은 책.

8. Nason (2017), *It's Not Complicated: The Art and Science of Complexity in Business*, Rotman−UTP Publishing.

9장

1. Motoyama, Bell−Masterson (2013), "Beyond Metropolitan Startup Rates: Regional Factors Associated with Startup Growth," *Kauffman Foundation*; Chatterji, Glaeser, Kerr (2013), "Clusters of Entrepreneurship and Innovation," *National Bureau of Economic Research*; Qian, Yao (2017), "The Role of Research Universities in U.S. College−Town Entrepreneurial Ecosystems," *working paper*; Motoyama, Mayer (2017), "Revisiting the Roles of University in Regional Economic Development," *Growth and Change*, 48(4): 787−804 참조.

2. 예를 들면 Motoyama, Watkins (2017), "Examining the Connections within the Entrepreneurial ecosystem: A Case Study of St. Louis," *Entrepreneurship Research Journal*, 7(1): 1−32; Motoyama, Fetsch, Jackson, Wiens (2016), "Little Town, Layered Ecosystem: A Case Study of Chattanooga," *Kauffman Foundation*; Motoyama, Henderson, Gladen, Fetsch, Davis (2017), "A New Frontier:

Entrepreneurship Ecosystems in Bozeman and Missoula, Montana." 참조.

3. Lorenz (1972), "Does the Flap of a Butterfly's Wings in Brazil Set Off a Tornado in Texas?", 미국과학진흥회(American Association for the Advancement of Science) 에서 발표, 12월 29일; Lorenz (1993), *The Essence of Chaos*, University of Washington Press.

4. Thomas C Schelling (1969), "Models of Segregation," *American Economic Review*, 59(2): 488−493.

5. Colander, Kupers (2014), *Complexity and the Art of Public Policy: Solving Society's Problems from the Bottom Up*, Princeton University Press.

6. McLaughlin, Weimers, Winslow (2008), *Silicon Valley: 110 Year Renaissance*. Santa Clara Valley Historical Association.

7. Vogelstein (2003), "Mighty Amazon Jeff Bezos has been hailed as a visionary and put down as a goofball. He's proved critics wrong by forging a winning management strategy built on brains, guts, and above all, numbers," *Fortune magazine*, 5월 26일.

8. Hathaway (2018), "Startup Communities Revisited," 이언 해서웨이 블로그, 8월 30일.

9. Kahneman (2011), *Thinking, Fast and Slow*, Farrar, Straus, Giroux

10. Ariely, (2009), *Predictably Irrational: The Hidden Forces That Shape Our Decisions*, Harper.

11. Hume (1739), *A Treatise of Human Nature*.

12. Jolly (2015), *Systems Thinking for Business: Capitalize on Structures Hidden in Plain Sight*, Systems Solutions Press.

13. Nassim Nicholas Taleb (2007), *The Black Swan: The Impact of the Highly Improbable*, Random House.

14. Janeway (2018), *Doing Capitalism in the Innovation Economy: Reconfiguring the Three - Player Game between Markets, Speculators and the State*, Cambridge University Press 참조.

15. Hickenlooper (2018), 주의회 주정연설, 1월 11일, https://www.denverpost.com/2018/01/11/john−hickenlooper−colorado−state−ofstate−text/.

16. Feldman, Francis, Bercovitz (2005), "Creating a Cluster While Building a Firm:

Entrepreneurs and the Formation of Industrial Clusters," *Regional Studies* 39(1).

17. Feldman (2001), "The Entrepreneurial Event Revisited: Firm Formation in a Regional Context," *Industrial and Corporate Change* 10(4): 861–891.

10장

1. Zak (2013), "Measurement Myopia," 드러커 연구소 웹사이트, July 4, https://www.drucker.institute/thedx/measurement-myopia/ 참조. 이 부분에 대한 틀은 Danny Buerkli의 BCG's Centre for Public Impact에서 영향을 받았다. Buerkli (2019), "'What Gets Measured Gets Managed—t's Wrong, Drucker Never Said It," Medium, 4월 8일, https://medium.com/centre-for-public-impact/what-gets-measured-gets-managed-its-wrong-anddrucker-never-said-it-fe95886d3df6.

2. Zak (2013).

3. Caulkin (2008), "The Rule is Simple: Be Careful What You Measure," *The Guardian*, 2월 10일, https://www.theguardian.com/business/2008/feb/10/businesscomment1.

4. 대표적으로는 Isenberg (2011), "The Entrepreneurship Ecosystem Strategy as a New Paradigm for Economic Policy: Principles for Cultivating Entrepreneurship," *The Babson Entrepreneurship Ecosystem Project*. 그밖에도 Aspen Network of Development Entrepreneurs (ANDE) (2013), "Entrepreneurial Ecosystem Diagnostic Toolkit," *The Aspen Institute*; Global Entrepreneurship Network and Global Entrepreneurship Development Institute (2019), *Global Entrepreneurship Index*; Organisation for Economic Co-operation and Development (2008), *OECD Entrepreneurship Measurement Framework*; World Economic Forum, *Entrepreneurship Ecosystem*; Stangler and Bell-Masterson (2015), "Measuring an Entrepreneurial Ecosystem," Kauffman Foundation 참조.

5. Renando (2017, 2018, 2019), LinkedIn, https://www.linkedin.com/in/chadrenando/detail/recent-activity/posts/.

6. Startup Status (n.d.), www.startupstatus.co.

7. Global Entrepreneurship Network and Global Entrepreneurship Development Institute (2019), Global Entrepreneurship Index; and Startup Genome (2019), *Global Startup Ecosystem Report*. 그 밖에도 Aspen Network of Development Entrepreneurs (ANDE) (2013), "Entrepreneurial Ecosystem Diagnostic Toolkit,"

The Aspen Institute; World Economic Forum (2013), *Entrepreneurship Ecosystem*; Organisation for Economic Co-operation and Development (2008), *OECD Entrepreneurship Measurement Framework*; Szerb, Acs, Komlosi, Ortega-Argiles (2015), "Measuring Entrepreneurial Ecosystems: The Regional Entrepreneurship and Development Index (REDI)," *Henley Centre for Entrepreneurship, University of Reading* 참조.

8. 테크 분야에 있으면서 벤처캐피탈의 지원을 받을 수 있는 스타트업을 겨냥한 다른 모델들로는 StartupBlink (https://www.startupblink.com/), Startup Meter (http://startup-meter.org)가 있다.

9. Feldman, Zoller (2012), "Dealmakers in Place: Social Capital Connections in Regional Entrepreneurial Economies," *Regional Studies*, Vol 46.1, pp 23-37; Kemeny, Feldman, Ethridge, Zoller (2016), "The Economic Value of Local Social Networks Role: ProductionEditor," *Journal of Economic Geography*, 16(5), 1101-1122.

10. Morris, Torok (2018), "Fostering Productive Entrepreneurship Communities: Key Lessons on Generating Jobs, Economic Growth, and Innovation," *Endeavor*; Goodwin (2014), "The Power of Entrepreneur Networks: How New York City Became the Role Model for Other Urban Tech Hubs," *Endeavor*; Mulas, Gastelu-Iturri (2016), "New York City: Transforming a City into a Tech Innovation Leader," World Bank; Mulas, Qian, Henry (2017), "Tech Start-up Ecosystem in Dar es Salaam: Findings and Recommendations," *World Bank*; Mulas, Qian, Henry (2017), "Tech Start-up Ecosystem in Beirut: Findings and Recommendations," *World Bank*; Mulas, Qian, Garza, Henry (2018), "Tech Startup Ecosystem in West Bank and Gaza: Findings and Recommendations," *World Bank*.

11. Endeavor Insight (2013), *The New York City Tech Map*, http://nyctechmap.com/.

12. Mack, Mayer (2016), "The Evolutionary Dynamics of Entrepreneurial Ecosystems," *Urban Studies*, 53(10): 2118-2133.

13. 가령, Braunerhjelm, Feldman (eds.) (2006), *Cluster Genesis: Technology - Based Industrial Development*, Oxford University Press 참조.

14. Mack, Mayer (2016), "The Evolutionary Dynamics of Entrepreneurial Ecosystems," *Urban Studies*, 53(10): 2118-2133; Brown, Mason (2017), "Looking Inside the Spiky Bits: A Critical Review and Conceptualization of Entrepreneurial Ecosystems," *Small Business Economics* 참조.

15. Lamoreaux, Levenstein, Sokoloff, (2004), "Financing Invention During the Second Industrial Revolution: Cleveland, Ohio, 1870-1920," *National Bureau of Economic Research*.

16. Saxenian (1996), *Regional Advantage: Culture and Competition in Silicon Valley and Route 128*, Harvard University Press.

17. Pool, Van Itallie (2013), "Learning from Boston: Implications for Baltimore from Comparing the Entrepreneurial Ecosystems of Baltimore and Boston," Canterbury Road Partners; Stam (2015), "Entrepreneurial Ecosystems and Regional Policy: A Sympathetic Critique," *European Planning Studies*, 23(9); Spigel (2017), "The Relational Organization of Entrepreneurial Ecosystems," Entrepreneurship Theory and Practice, 41(1): 49-72; Stam, Spigel (2017), "Entrepreneurial Ecosystems," in Blackburn 외 . (Eds.), *The Sage Handbook of Small Business and Entrepreneurship*, forthcoming.

18. 예를 들면, Carayannis, Provance, Grigoroudis (2016), "Entrepreneurship Ecosystems: An Agent-Based Simulation Approach," *The Journal of Technology Transfer* 41(3): 631-653 참조.

19. Anderson (2010), "The Community Builder's Approach to Theory of Change: A Practical Guide to Theory Development," *The Aspen Institute Roundtable on Community Change*; Innovation Network, Inc. (2010), *Logic Model Workbook*.

20. Wilensky, Rand (2015), *An Introduction to Agent - Based Modeling: Modeling Natural, Social, and Engineered Complex Systems with NetLogo*, The MIT Press.

21. 더 자세한 내용은 Santa Fe Institute, Introduction to Agent-Based Modeling, https://www.complexityexplorer.org/courses/101-introductionto-agent-based-m odeling.

22. Schelling (1969), "Models of Segregation," *American Economic Review*, 59(2):488-493 참조.

23. McKelvey (2004), "Toward a Complexity Science of Entrepreneurship," *Journal of Business Venturing*, 19(3): 313-341; Carayannis, Provance, Grigoroudis (2016), "Entrepreneurship Ecosystems: An Agent-Based Simulation Approach," *The Journal of Technology Transfer*, 41: 631-653; Carayannis, Provance (2018), "Towards 'Skarse' Entrepreneurial Ecosystems: Using Agent-Based Simulation of Entrepreneurship to Reveal What Makes Regions Tick

Entrepreneurial Ecosystems and the Diffusion of Startups, Carayannis, Dagnino, Alvarez, Faraci (eds.), Edward Elgar.

24. Roundy, Bradshaw, Brockman (2018), "The Emergence of Entrepreneurial Ecosystems: A Complex Adaptive Systems Approach," *Journal of Business Research*, 86: 1−10.

11장

1. Hwang, Horowitt (2012), *The Rainforest: The Secret to Building the Next Silicon Valley*, Regenwald.

2. Hathaway (2017), "Colorado and the Importance of Startup Density," *Startup Revolution*, https://www.startuprev.com/colorado−and−theimportance−of−startup− density/.

3. Motoyama, Konczal, Bell−Masterson, Morelix (2014), "Think Locally, Act Locally: Building a Robust Entrepreneurial Ecosystem," *Kauffman Foundation*.

4. Andreessen, Horowitz, Cowen (2018), "Talent, Tech Trends, and Culture," *a16z* 팟 캐스트, 12월 29일, https://a16z.com/2018/12/29/talent−tech−trends−culture− ben−marc−tyler−cowen−summit−2018/.

5. Stroh (2015), *Systems Thinking for Social Change: A Practical Guide to Solving Complex Problems, Avoiding Unintended Consequences, and Achieving Lasting Results*, Chelsea Green Publishing Co.

6. Stroh (2015), *Systems Thinking for Social Change: A Practical Guide to Solving Complex Problems, Avoiding Unintended Consequences, and Achieving Lasting Results*, Chelsea Green Publishing Co.

7. Meadows (2008), Stroh (2015).

8. da Costa (2013), "Exploring Pathways to Systems Change," *Sustainability Leaders Network*; Meadows (1999), "Leverage Points: Places to Intervene in a System," *Sustainability Institute*.

9. Meadows (1999), "Leverage Points: Places to Intervene in a System," *Sustainability Institute*.

10. Meadows (1999).

11. 위와 같은 책.

12. Meadows (1999).

13. 12개 레버리지 포인트를 환경 시스템을 위한 4개의 레버로 추출한 da Costa (2013), "Exploring Pathways to Systems Change," *Sustainability Leaders Network*를 지침 삼았다.

14. Putnam (2000), *Bowling Alone: The Collapse and Revival of American Community*, Simon & Schuster.

15. Meadows (1999).

16. Meadows (2008).

17. Stroh (2015).

18. Senge (1990), *The Fifth Discipline: The Art & Practice of The Learning Organization*, Random House.

19. Aulet, Murray (2013), "A Tale of Two Entrepreneurs: Understanding Differences in the Types of Entrepreneurship in the Economy," *Kauffman Foundation*.

20. Eesley, Roberts (2017), "Cutting Your Teeth: Learning from Entrepreneurial Experiences," *Academy of Management*.

21. Aulet (2017), "Entrepreneurship Is a Craft and Here's Why That's Important," *Sloan Management Review*, 7월 12일, https://sloanreview.mit.edu/article/entrepreneurship-is-a-craft-heres-why-thats-important/.

22. Wasserman (2013), *The Founder's Dilemmas: Anticipating and Avoiding the Pitfalls That Can Sink a Startup*, Princeton University Press.

23. Aulet (2015), "The Most Overrated Things in Entrepreneurship," *The Sloan Experts* 블로그, 12월 17일, http://mitsloanexperts.mit.edu/themost-overrated-thing-in-entrepreneurship/.

24. Aulet (2013), "Teaching Entrepreneurship Is in the Startup Phase: Students Are Clamoring for Instruction, but It's Hard. There Are No Algorithms for Success," *The Wall Street Journal*, 9월 11일, https://www.wsj.com/articles/teaching-entrepreneurship-is-in-the-startup-phase-1378942182.

12장

1. 학계 문헌은 아직 초기 단계이지만 다음과 같이 탄탄한 연구들이 있다. Sanchez-Burks, Brophy, Jensen, Milovac (2017), "Mentoring in Entrepreneurial Ecosystems: A Multi-Institution Empirical Analysis from the Perspectives of Mentees, Mentors and University and Accelerator Program Administrators," *Ross School of Business Paper*, No. 1376; Hallen, Cohen, Bingham (2016), "Do Accelerators Accelerate? If So, How? The Impact of Intensive Learning from Others on New Venture Development," *SSRN*. 프로그램 설문조사에는 MicroMentor (2016) *Impact Report*가 있다.

2. Sanchez-Burks, Brophy, Jensen, Milovac (2017).

3. Sanchez-Burks, Brophy, Jensen, Milovac (2017).

4. Techstars (n.d.), "Mentoring at Techstars," https://www.techstars.com/mentoringattechstars/.

5. Memon, Rozan, Ismail, Uddin, Daud (2015), "Mentoring an Entrepreneur: Guide for a Mentor," *SAGE Open*, 5(1).

6. Bosma, Hessels, Schutjens, Van Praag, Verheul (2012), "Entrepreneurship and Role Models", *Journal of Economic Psychology*, 33, pp. 410-424.

7. Easley, Wang (2014), "The Effects of Mentoring in Entrepreneurial Career Choice," *University of California, Berkeley working paper*; Easley, Wang (2017), "The Effects of Mentoring in Entrepreneurial Career Choice," *Research Policy*, 46(3): 636-650.

8. Dr. Seuss (1971), *The Lorax*, Random House. 이언은 이 개념을 스타트업 커뮤니티에 접목해준 잭 그레코(Jack Greco)에게 감사를 전한다.

9. Feldman (2014), "The Character of Innovative Places: Entrepreneurial Strategy, Economic Development, and Prosperity," *Small Business Economics*, 43: 9-20; Feldman, Francis, Bercovitz (2005), "Creating a Cluster While Building a Firm: Entrepreneurs and the Formation of Industrial Clusters," *Regional Studies*, 39(1): 129-141.

10. Stroh (2015), *Systems Thinking for Social Change: A Practical Guide to Solving Complex Problems, Avoiding Unintended Consequences, and Achieving Lasting Results*, Chelsea Green Publishing Co.

13장

1. 미국에는 베이비부머, X세대, 밀레니얼, Z세대 등 다양한 세대가 있다. 각 세대는 보통 15~20년 정도 걸쳐 있기는 하지만 그보다는 훨씬 더 미묘한 차이가 있다. Kasasa (2019), "Boomers, Gen X, Gen Y, and Gen Z Explained," Kasasa.com, 7월 29일, https://www.kasasa.com/articles/generations/gen-x-gen-y-gen-z 참고.

2. Colander, Kupers (2014), *Complexity and the Art of Public Policy: Solving Society's Problems from the Bottom Up*, Princeton University Press.

3. 이 세 기업은 Zayo(IPO, 현재 비공개 회사로 전환 중), Rally Software(IPO, CA가 인수), Datalogix(Oracle이 인수)다. 이 기업들이 티핑 포인트를 마련했지만 그밖에도 SendGrid (IPO, Twilio가 인수)와 같은 볼더의 다른 기업들도 상당한 엑시트를 했다.

4. Winslow (1996), *The Making Of Silicon Valley: A One Hundred Year Renaissance*, Santa Clara Valley Historical Association.

5. Leslie, Kargon (1996), "Selling Silicon Valley: Frederick Terman's Model for Regional Advantage," *The Business History Review*, 70:04.

6. Weber (1905), *The Protestant Ethic and the Spirit of Capitalism*, Charles Scribner's Sons.

14장

1. Jacobs (1961), *The Death and Life of Great American Cities*, Random House; Jacobs (1984), *Cities and the Wealth of Nations*, Random House; Glaeser, Kallal, Scheinkman, Shleifer (1992), "Growth in Cities," *Journal of Political Economy*, 100(6), 1126-1152; Quigley (1998), "Urban Diversity and Economic Growth," *Journal of Economic Perspectives*, 12(2): 127-138; Page (2008), *The Difference: How the Power of Diversity Creates Better Groups, Firms, Schools, and Societies*, Princeton University Press.

2. Reynolds, Lewis (2017), "Teams Solve Problems Faster When They're More Cognitively Diverse," *Harvard Business Review*, 3월 30일, https://hbr.org/2017/03/teams-solve-problems-faster-when-theyre-more-cognitively-diverse.

3. Hong, Page (2004), "Groups of Diverse Problem Solvers can Outperform Groups of High-Ability Problem Solvers," *Proceedings of the National Academy of Sciences*; Page (2008), *The Difference: How the Power of Diversity Creates Better Groups, Firms, Schools, and Societies*, Princeton University Press; Page (2017), *The Diversity Bonus: How Great Teams Pay Off in the Knowledge Economy*, Princeton University Press.

4. 예를 들면 스포츠 분야에 관하여는 Hathaway (2018), "The New York Yankees and Startup Communities," 참조. 이언 헤서웨이 블로그.

5. Feld (2017), "Go for Culture Add, Not Culture Fit," Feld Thoughts 블로그, 6월 12일, https://feld.com/archives/2017/06/go-culture-add-notculture-fit.html.

6. Page (2017), *The Diversity Bonus: How Great Teams Pay Off in the Knowledge Economy*, Princeton University Press.

7. Hathaway (2018), "High-Growth Firms and Cities in the US: An Analysis of the Inc. 5000," *Brookings Institution*; Haltiwanger, Jarmin, Kulick, Miranda (2017), "High Growth Young Firms: Contribution to Job, Output, and Productivity Growth," *National Bureau of Economic Research*; Audretsch (2012), "Determinants of High-Growth Entrepreneurship," *Organisation for Economic Cooperation and Development*.

8. Blackstone Entrepreneurs Network에 관한 더 자세한 정보는 https://www.bencolorado.org/ 참조.

15장

1. 복잡계의 규모 특징에 관한 더 자세한 내용은 West (2017), *Scale: The Universal Laws of Growth, Innovation, Sustainability, and the Pace of Life in Organisms, Cities, Economies, and Companies*, Penguin Press 참조.

2. Colander, Kupers (2014), *Complexity and the Art of Public Policy: Solving Society's Problems from the Bottom Up*, Princeton University Press.

3. 아내와 함께 쓴 책 『*Startup Life: Surviving and Thriving in a Relationship with an Entrepreneur*』에 좀 더 자세히 나오지만 간단히 말하자면 내가 30세가 되기 몇 달 전에 아내가 말했다. "나 이사 가. 당신도 같이 가고 싶으면 같이 가고." 결혼한 지 좀 됐을 때라 별로 고민할 일은 아니었다.

4. 현재 이름은 Entrepreneurs Organization (https://www.eonetwork.org/). 나는 1994년 초에 매우 비슷한 이유로 더 많은 창업자들을 알기 위해서 YEO의 보스턴 지부를 창설했다.

5. BizWest (1999), "Keiretsu: A Who's Who of Local Net Experts," 5월 9일, https://bizwest.com/1999/05/01/keiretsu-a-whos-who-of-local-net-experts/.

6. Feld (2000), "The Power of Peers," *Inc.*, 7월, https://www.inc.com/articles/2000/07/19767.html.

7. 게임 이론 입문서로는 Binmore (2007), *Game Theory: A Very Short Introduction*, Oxford University Press 참조. 진화 게임 이론은 Smith (1982), *Evolution and the Theory of Games*, Cambridge University Press 참조.

8. 그녀의 연구 내용을 요약한 것은 Ostrom (2000), "Collective Action and the Evolution of Social Norms," *Journal of Economic Perspectives*, 14(3), 137-158; Ostrom (2009), "Beyond Markets and States: Polycentric Governance of Complex Economic Systems," *Nobel Prize Presentation* 참조.

9. Hathaway (2018), "The Nobel Prize in Startup Communities," 이언 해서웨이 블로그, 3월 12일.

10. Feld (2012), *Startup Communities: Building an Entrepreneurial Ecosystem in Your City*, John Wiley & Sons: 49-50.

11. Feld (2016), "#GivingThanks: David Cohen and the Techstars Foundation," *Feld Thoughts* 블로그, 11월 25일, : https://feld.com/archives/2016/11/givingthanks-david-cohen-techstars-foundation.html.

| 색인 |

스타트업 커뮤니티 웨이: 창업 생태계의 진화

초판 1쇄 인쇄 2021년 12월 6일
초판 1쇄 발행 2021년 12월 13일

지은이 브래드 펠드, 이언 해서웨이
옮긴이 이정원 **해제** 전정환

한국어판 출판권 ⓒ 제주창조경제혁신센터, 2021
출판등록 2018년 12월 14일 (251002018000047)
주소 우) 63208 제주특별자치도 제주시 중앙로 217 (이도이동) 제주벤처마루 3층
전화 064-710-1900 **팩스** 064-710-1918
이메일 info@jccei.kr

펴낸이 안현주
기획 이정원 류재운 **편집** 안선영 **마케팅** 안현영
디자인 최승협 장덕종

펴낸 곳 클라우드나인 **출판등록** 2013년 12월 12일(제2013-101호)
주소 우) 03993 서울시 마포구 월드컵북로 4길 82(동교동) 신흥빌딩 3층
전화 02-332-8939 **팩스** 02-6008-8938
이메일 c9book@naver.com

값 18,000원
ISBN 979-11-91334-28-9 03320